Wassilios E. Fthenakis (Hrsg.)

Elementarpädagogik nach PISA

Wassilios E. Fthenakis (Hrsg.)

Elementarpädagogik nach PISA

Wie aus Kindertagesstätten
Bildungseinrichtungen werden können

HERDER

FREIBURG · BASEL · WIEN

Gedruckt auf umweltfreundlichem, chlorfrei gebleichtem Papier

Umschlaggestaltung und Konzeption:
R·M·E München / Roland Eschlbeck, Rosemarie Kreuzer

Alle Rechte vorbehalten – Printed in Germany
© 2003 Verlag Herder Freiburg im Breisgau
www.herder.de
Satz: Barbara Herrmann, Freiburg
Druck und Bindung: fgb · freiburger graphische betriebe 2003
www.fgb.de
ISBN 3-451-28062-0

Inhalt

Vorwort 9

Teil I: Ansätze und Grundlagen für eine Bildungsreform

Wassilios E. Fthenakis
Zur Neukonzeptualisierung von Bildung in der frühen Kindheit ... 18

Pamela Oberhuemer
Bildungsprogrammatik für die Vorschuljahre:
Ein internationaler Vergleich 38

Hartmut Kasten
Die Bedeutung der ersten Lebensjahre: Ein Blick über den
entwicklungspsychologischen Tellerrand hinaus 57

Wolf Singer
Was kann ein Mensch wann lernen?
Ein Beitrag aus Sicht der Hirnforschung 67

Teil II: Beiträge zur Bildungsqualität

Kristin Gisbert
Wie Kinder das Lernen lernen: Vermittlung lernmethodischer
Kompetenzen 78

Corina Wustmann
Was Kinder stärkt: Ergebnisse der Resilienzforschung und ihre
Bedeutung für die pädagogische Praxis 106

Wilfried Griebel und Renate Niesel
Die Bewältigung des Übergangs vom Kindergarten in die
Grundschule 136

Michaela Ulich und Pamela Oberhuemer
Interkulturelle Kompetenz und mehrsprachige Bildung 152

Toni Mayr und Michaela Ulich
Die Engagiertheit von Kindern: Zur systematischen Reflexion
von Bildungsprozessen in Kindertageseinrichtungen 169

Toni Mayr und Michaela Ulich
Seelische Gesundheit bei Kindergartenkindern 190

Teil III: Konzeptualisierung pädagogischer Qualität

Wassilios E. Fthenakis
Pädagogische Qualität in Tageseinrichtungen für Kinder 208

Tassilo Knauf
Der Einfluss pädagogischer Konzepte auf die Qualitätsentwicklung
in Kindertageseinrichtungen 243

Teil IV: Rahmenbedingungen von pädagogischer und Bildungsqualität

Hedi Colberg-Schrader
Informelle und institutionelle Bildungsorte: Zum Verhältnis von
Familie und Kindertageseinrichtung 266

Norbert Hocke
Zu den strukturellen Voraussetzungen der Weiterentwicklung von
Tageseinrichtungen 285

Ilse Wehrmann
Zukunft der Kindergärten – Kindergärten der Zukunft:
Neue Formen der Kindergartenbetreuung 294

Hilde von Balluseck, Helga Metzner, Barbara Schmitt-Wenkebach
Ausbildung von Erzieherinnen und Erziehern in der
Fachhochschule 317

Sigrid Ebert
Zur Reform der Erzieher/innenausbildung 332

*Inge Schreyer, Kirsten Hanssen, Bernhard Kalicki, Bernhard Nagel,
Pamela Oberhuemer*
Trägerqualität: Die Steuerung von Bildungs-, Erziehungs- und
Betreuungsqualität durch Evaluation 352

Angaben zu den Autor/innen 372

Vorwort

1972 wurde das Curriculum Soziales Lernen als Bildungscurriculum präsentiert. Es galt seinerzeit als die Antwort auf die Forderung, den Elementarbereich, also die Tageseinrichtungen für Kinder unter sechs Jahren, als erste Stufe des Bildungssystems zu etablieren. Der so genannte ‚Situationsansatz' stellte dann die Konkretisierung dar. Seitdem sind genau dreißig Jahre vergangen. Damals wie heute waren es gesellschaftliche Anforderungen an das Bildungssystem, die die Debatte über eine Neukonzeptualisierung des frühpädagogischen Bildungsauftrags in Gang brachten.

Das Curriculum Soziales Lernen war für seine Zeit eine durchaus provokante Antwort auf die anstehenden Probleme. Man begriff das Kind als Subjekt im Lernprozess und förderte seine Kompetenzen – die Ich-, Sozial- und Sachkompetenz – im Kontext, d. h. in der jeweiligen Situation. Dieser Ansatz könnte durchaus auch am Ausgangspunkt heutiger Überlegungen stehen, vergleicht man etwa die Art und Weise, wie man die Interaktionen zwischen Kindern und Fachkräften mit der sozialen Umgebung in einen Zusammenhang stellte und dabei gewissermaßen Ideen des sozialkonstruktivistischen Ansatzes vorwegnahm.

Auf die Frage, warum wir dreißig Jahre später vor kaum veränderten Problemen stehen und warum es nicht gelingen konnte, diese für die damalige Zeit sehr innovativen Ansätze umzusetzen, habe ich an anderer Stelle eine Antwort zu geben versucht.[1] Aus heutiger Sicht ist es jedoch müßig zu untersuchen, ob es am Situationsansatz liegt, an einer falschen Organisation des Systems der Tageseinrichtungen für Kinder, an den gewandelten Einstellungen zur Bedeutung frühkindlicher Entwicklung und Bildung, oder ob die Gründe in strukturellen Veränderungen wie Migration, Ausgrenzung, Armut u. Ä. oder gar in der Globalisierung

---

[1] Vgl. Wassilios E. Fthenakis & Martin Textor (Hrsg.) (2000): Pädagogische Ansätze im Kindergarten. Beltz, Weinheim

der Wirtschaft zu suchen sind. Tatsache ist: Wir stehen heute vor einer vergleichbaren Situation wie vor dreißig Jahren. Eine tief greifende Reform des Bildungsauftrags des Kindergartens wird gefordert. Im Unterschied zu den siebziger Jahren kommt jedoch diesmal die Forderung von unterschiedlichen Seiten, und sie ist stärker als je zuvor auf die Bildung und Erziehung von Kindern unter sechs Jahren fokussiert. Mindestens sieben unterschiedliche Argumentationslinien kann man dabei ausmachen.

■ An erster Stelle steht eine gesellschaftliche Argumentation: Sie besagt, dass sich die Welt so tief greifend verändert hat, dass dies auch Konsequenzen für das Bildungscurriculum haben muss. Die Welt ist kulturell diverser und sozial komplexer geworden und verändert sich immer schneller. Das Individuum ist in einem Höchstmaß herausgefordert und muss immer neue Kompetenzen entwickeln, um mit solchen Veränderungsprozessen umgehen zu können. Es ist dies eine Welt, die sich nicht mehr mit Hilfe allgemeiner Grundsätze steuern lässt, sondern die Bewältigung der Probleme als individuelle Herausforderung definiert und vom Einzelnen Orientierungskompetenz verlangt.

■ Unsere bisherigen Bildungscurricula waren stark von den Erwartungen des Nationalstaates geprägt. Sie reflektierten die Normen und Werte der Nation und banden die Bildung des Kindes eng an den jeweiligen geographischen, lingualen und ethnischen Raum. Die Folge war eine Dominanz der Muttersprache und die Stärkung ethnischer Identität auf Kosten der Entwicklung von Multilingualität und interkultureller Kompetenz. In einer Zeit, in der (zumindest in Europa) der Nationalstaat nicht mehr den zentralen Bezugspunkt bildet und der mögliche Lebens- und Arbeitsraum unserer Kinder diese Grenzen längst gesprengt hat, müssen wir daraus auch Konsequenzen für die Qualität der Bildung und Erziehung unserer Kinder ziehen.

■ Eine dritte Argumentationslinie liefert uns die Wirtschaft mit ihren neu definierten Anforderungen an das Individuum als zukünftige Arbeitskraft und an das Bildungssystem insgesamt: Sie erwartet nicht mehr bloß Wissen, sondern Kommunikationskompetenz, Teamfähigkeit, Mobilität, interkulturelle Kompetenz, die Fähigkeit, unter unterschiedlichsten Umständen angemessene Entscheidungen zu treffen,

Risikobereitschaft und vieles mehr. Dieses veränderte Profil an Erwartungen eröffnet erstmalig die Chance, ein Konzept von Bildung zu entwerfen, das nicht bloß eng auf die berufliche Vorbereitung des Kindes gerichtet ist, sondern auf Kompetenzerwerb für das ganze Leben. Die Forderung, die hieraus abzuleiten ist, heißt dann: Stärkung kindlicher Kompetenzen und zwar von Beginn des Lebens an.

- Ich habe bereits erwähnt, dass herkömmliche Bildungskonzepte die Rahmenbedingungen der kindlichen Lebenswelt wenig, wenn überhaupt, berücksichtigen. Jeder von uns macht nun aber die Erfahrung, und dies ist die vierte Argumentationslinie, dass Bedingungen wie Migration, Armut, soziale Ausgrenzung, Mobilität, und in extremen Fällen Kriege und Katastrophen, unmittelbaren Einfluss auf die kindliche Entwicklung, auf die schulische Leistung, und nicht zuletzt auf die Leistungsfähigkeit von Bildungsinstitutionen selbst haben. Die Forschung bestätigt dies. In unseren bisherigen Konzepten haben wir uns in dieser Hinsicht allerdings bislang eher abstinent verhalten.

- Auch die fünfte Argumentationslinie zielt in diese Richtung: Kinder wachsen in unterschiedlichen Familienstrukturen auf, müssen zahlreiche, und immer häufiger auch tiefgreifende, Veränderungen bewältigen, die mit der Entwicklung des Familiensystems bzw. mit der veränderten Qualität der Beziehungen ihrer Eltern zusammenhängen. Hieraus erwachsen für die Kinder in einem Ausmaß Herausforderungen, die sie kaum noch ohne fachliche Begleitung und Unterstützung bewältigen können. Wenn jedes vierte Kind mit geschiedenen Eltern und fast jedes zweite Kind mit erneut verheirateten Eltern eine solche Hilfe braucht, muss die Frage aufgeworfen werden, wie das Bildungssystem darauf reagieren soll. Aber auch in Familien mit vielen Konflikten, hohen Risikopotenzialen für Kinder oder in solchen, die unerwartet von Belastungen betroffen werden, lauern Gefahren für die kindliche Entwicklung, denen gegenüber Bildungsinstitutionen nicht gleichgültig bleiben dürfen.

- Bildung findet in einem sozialen Kontext statt. Ein Bildungscurriculum muss deshalb die Reflexion veränderter Lebensbedingungen eines Kindes einschließen und sensibel darauf reagieren. In diesem Zusammenhang werden z. B. soziale und kulturelle Unterschiede neu bewertet: Sie sind nicht länger zu ignorieren, sondern zu bejahen und für die Erziehungs- und Lernprozesse zu nutzen. Bildung wird in diesem Sinn nicht mehr als ein primär individuumzentrierter, sondern als ein sozialer Prozess definiert, in dessen Verlauf neben den Fachkräften und den Kindern auch deren Eltern und Andere eine aktive, ko-konstruktive Rolle spielen. Diesem Verständnis von Bildung liegt eine Vorstellung vom kompetenten Kind zugrunde, das Mitgestalter seiner Entwicklung und seines Lernens ist.

▪ Schließlich werden pädagogische Argumente angeführt, die eine eigenständige Argumentationsperspektive liefern, deren Grundtenor neben einem veränderten Verständnis von Bildung vor allem in der Entwicklung und Einführung neuerer Bildungspläne seinen Ausdruck findet. So ist seit dem Ende der achtziger Jahre international zu beobachten, dass eine z.T. radikale Abkehr von herkömmlichen Bildungskonzepten stattfindet und eine neue Qualität von Bildung verlangt wird. Nicht mehr die Wissensvermittlung, sondern die Stärkung übergreifender lernmethodischer Kompetenz steht nun im Mittelpunkt der Bildungsbemühungen. Dies gilt bereits für vorschulische Einrichtungen: Nun heißt es, dem Kind zu vermitteln, wie man lernt, wie man Wissen erwirbt, wie man dieses organisiert und es in sozialer Verantwortung einsetzt. Zudem wird vom Bildungskonzept erwartet, dass es entwicklungsangemessen strukturiert, d. h. die kindliche Entwicklung fördert, und dabei darauf achtet, dass kindliche Kompetenzen gestärkt werden. Und hier genau kehren wir zurück an den Punkt, an dem das Curriculum Soziales Lernen bereits vor dreißig Jahren ansetzte. Nur kann man heute die damit verbundenen Forderungen genauer formulieren und Handlungsansätze auf der Grundlage neuer Erkenntnisse entwerfen.

Diese Debatte ist für unser Land in mancher Hinsicht vielleicht noch neu und mag manchem unbequem erscheinen, da sie verlangen könnte, Sicherheiten aufzugeben, die uns in den letzen dreißig Jahren begleitet haben. Aber die Philosophie, die den neueren Bildungskonzepten zugrunde liegt, verbietet eine solche Sicherheit. Vielmehr wird die Suche nach Veränderung, die fortdauernde Bereitschaft zur Weiterentwicklung sowie eine grundsätzliche Aufgeschlossenheit für Neues und Andersartiges erwartet.

Seit einigen Jahren ist dieser Prozess nun auch in Deutschland im Gang, und Mitte der neunziger Jahre haben wir begonnen, eine politische und eine fachliche Debatte über die Angemessenheit unseres Bildungskonzeptes für Kinder unter sechs Jahren zu führen. Einen ersten Markstein bildete 1998 die Veröffentlichung der Ergebnisse der Delphi-Befragungen, die verschiedene Stellungnahmen von Bildungsexperten bezüglich eines zukunftsweisenden Bildungssystems wiedergab. Eine Konsequenz daraus war, das Forum Bildung einzurichten, das daraufhin in zwei Jahren und in vier Arbeitsgruppen Empfehlungen zur Weiterentwicklung des Bildungssystems in Deutschland erarbeitete. Diese wurden im Januar 2002 erstmalig der Öffentlichkeit präsentiert. Besonders bemerkenswert ist hierbei, dass die Bedeutung des Bildungsauftrags der Tageseinrichtungen und die Notwendigkeit der Stärkung frühkindlicher Lernprozesse an erster Stelle der zwölf Empfehlungen hervorgehoben wird.

Die PISA-Studie ließ sich zwar nicht als Beleg dafür heranziehen, dass die Defizite bei 15-Jährigen, die sie konstatierte, tatsächlich ihren Ursprung in der frühen Kindheit haben. Sie konnte jedoch auch nicht der erwartbaren schnellen Ursachenanalyse der Politik entgegenwirken, die wie so oft zu allererst strukturell-organisatorische Maßnahmen in Erwägung zog, etwa die frühe Einschulung oder einen verstärkten Deutschunterricht bereits Monate vor dem Übergang in die Grundschule. Zwar erfordern die Befunde der PISA-Studie im Hinblick auf die Entwicklung kindlicher Kompetenzen auch eine Reflexion der Pädagogik der frühen Kindheit. Sie verbieten jedoch politische Maßnahmen der angedeuteten Art.

Woher kommt jedoch das Interesse? Fragen der Bildung in den Tageseinrichtungen haben an Brisanz gewonnen, und es ist uns eine Bildungsdebatte frei Haus geliefert worden, auf die die Fachleute, jedenfalls in ihrer großen Mehrzahl, nicht einmal vorbereitet waren. Zwar wird schon seit Mitte der neunziger Jahre über die Angemessenheit des Situationsansatzes als modernem Bildungscurriculum kontrovers diskutiert, und es werden auch erste Ansätze für eine Neukonzeptualisierung von Bildung geliefert. Noch aber sind wir weit davon entfernt, das Problem in seiner Tragweite zu erkennen, geschweige denn, es angemessen zu behandeln.

Anstatt sich aber zunächst auf die Qualität von Bildung zu besinnen, und die Frage aufzuwerfen und zu behandeln, nach welchem Konzept Kinder gebildet und gefördert werden sollten, um von da ausgehend die Frage nach der pädagogischen Qualität der Tageseinrichtungen für Kinder zu stellen, reagierte die Administration mit einer Nationalen Qualitätsinitiative, deren Ziel lediglich darin bestand, pädagogische Qualität zu konzeptualisieren und Instrumente zu deren Messung und Evaluation zu ermitteln. Hier hat man das Pferd vom Schwanz her aufgezäumt und erwartet trotzdem von ihm, nun die Probleme im Galopp lösen zu können. Dass wir das Rennen auf diese Art und Weise nicht gewinnen können, steht schon heute fest.

Wann wir in Deutschland so weit sind, eine andere Einsicht zu entwickeln, wie man die Probleme lösen soll, lässt sich derzeit noch nicht ausmachen. Jedenfalls sollten wir nicht verkennen, was unsere europäischen Nachbarn in dieser Hinsicht tun. Dort stellt sich die Situation zwar ähnlich dar, aber die Bewältigung der Probleme erfolgt auf unterschiedlichen Wegen. Nicht die Debatte über pädagogische Qualität, sondern eine Debatte über die Bildungsqualität steht in mehreren europäischen wie außereuropäischen Ländern im Mittelpunkt der Diskussion. Bereits seit Mitte der 90er Jahre werden Bildungspläne vorgelegt und verabschiedet, denen ein verändertes Verständnis zugrunde liegt, die den Stellenwert von Bildung und Erziehung neu bestimmen und ihnen eine bis dahin noch nicht da gewesene Verbindlichkeit verleihen.

Diese Entwicklungen nehmen wir auf und versuchen, den Anschluss an diese Debatte herzustellen. Nachdem Bayern bereits öffentlich erklärt hat, dass ein neuer Bildungsplan ab dem Jahr 2005 verbindlich für alle bayerischen Tageseinrichtungen für Kinder gelten soll, die Bundesregierung in der Koalitionsvereinbarung die Notwendigkeit eines Bildungsplanes anerkannt hat und auch einzelne Bundesländer sich bereits halböffentlich einem solchen Bemühen gegenüber aufgeschlossen zeigen, ist zu erwarten, dass die Debatte um die Angemessenheit des Bildungs- und Erziehungskonzeptes nicht mit der bloß politischen Rezeption der PISA-Befunde ihr Ende findet.

Die fachliche Verantwortung bleibt davon unberührt: Wir müssen die Diskussion weiterführen, um Antworten auf die anstehenden Fragen zur

Bildung unserer Kinder und die Curricula für die Tageseinrichtungen für Kinder im vorschulischen Alter zu finden.

Es war eine Idee von Sigrid Weber, Lektorin vom Verlag Herder, auf diese Debatte mit einer Publikation zu reagieren. Ich habe die Idee gerne aufgegriffen und verschiedene Kolleginnen und Kollegen um Beiträge für dieses Projekt gebeten. Dass alle so konsequent ihre Bereitschaft signalisiert haben, werte ich auch als Zeichen ihrer wahrgenommenen Mitverantwortung, der Anerkennung der Relevanz der Thematik und der Bereitschaft zur Ko-Konstruktion an einem Bildungskonzept, das den gewandelten Bedingungen Rechnung tragen soll. Dafür danke ich allen Autorinnen und Autoren und insbesondere Sigrid Weber, die in einer einzigartigen Mischung aus Geduld und Nachhaltigkeit den Entstehungsprozess dieses Buches begleitet hat.

München im November 2002
Wassilios E. Fthenakis

Teil I: Ansätze und Grundlagen für eine Bildungsreform

Wassilios E. Fthenakis

Zur Neukonzeptualisierung von Bildung in der frühen Kindheit

Bis zu Beginn der neunziger Jahre bot das Curriculum für die frühe Kindheit auf internationaler Ebene wenig Anlass zu Kontroversen. Der staatliche Einfluss auf die Frühpädagogik erstreckte sich eher auf Strukturfragen. Pädagogische Fachkräfte hatten folglich in curricularen Fragen große Entscheidungsfreiheiten. Im Praxisfeld selbst herrschten relativ einheitliche Ansichten darüber vor, was ein angemessenes Curriculum für die frühe Kindheit ausmacht.

Die Quellen frühpädagogischer Curricula

Die Auffassung, was wichtig und richtig für die Erziehung der Kleinkinder sei, beruhte zu einem großen Teil auf Erkenntnissen der Entwicklungspsychologie. Man griff gerne auf die international bekannten pädagogischen Ansätze z. B. von Fröbel, Montessori, Piaget, Vygotzki et al. zurück, um das eigene Handeln in den Tageseinrichtungen für Kinder zu begründen. Dort, wo die staatlichen Erziehungsbehörden unterstützende Curriculum-Materialien entwickelt hatten, entsprachen diese der vorherrschenden Ideologie. Sie konzentrierten sich auf entwicklungsorientierte Ergebnisse und auf eine kindzentrierte und auf Spiel begründete Pädagogik, die das ganze Kind im Blick hatte.

Die Inspiration und Rechtfertigung dieses curricularen Ansatzes erwuchs hauptsächlich aus Entwicklungen in der nördlichen Hemisphäre, z. B. dem „Entwicklungsangemessenen Ansatz", sowie amerikanischen entwicklungsorientierten Programmen wie dem *High Scope Preschool Curriculum* (Schweinhart & Weikart 1988). In der Tat begann man seit den späten achtziger Jahren sog. entwicklungsgemäße Curricula (*Developmentally Appropriate Curricula*) (Bredekamp 1987; Bredekamp &

Copple 1997) zu erstellen, die die vielfältigen Entwicklungsaspekte eines Kindes berücksichtigten. Diese entstanden in erster Linie aus der Erfahrung, Kinder sehr früh an tief greifende Konzepte wie z. B. Problemlösestrategien, Entscheidungskompetenz, soziale Umgangsfertigkeiten u. Ä. heranzuführen, damit sie mit späteren Aufgaben erfolgreich umgehen können (Bredekamp 1987). Initiierend wirkte vor allem das „*Position Statement on Developmentally Appropriate Practice in Early Childhood Programmes Serving Children From Birth Through Age 8*" (1987) der National Association of the Education of Young Children (NAEYC), eine Position, die wenig später auch von der National Association of State Boards on Education (NASBE) sowie der National Association of Elementary School Principals (NAESP) übernommen wurde. Proklamationen und Richtlinien, die dieser Philosophie folgten, findet man auch in Kanada, Australien und Neuseeland.

Auch wenn diese Tendenz nicht unwidersprochen blieb und Kritik vor allem wegen des zugrunde liegenden entwicklungspsychologischen Paradigmas geübt wurde, hat sie dennoch ihre Wirkung dahin gehend nicht verfehlt, dass man begann, international über die Angemessenheit von Bildungs- und Erziehungskonzepten nachzudenken. Diese Entwicklung setzte in den neunziger Jahren an verschiedenen Orten ein. Beispielhaft für eine solche multilokale Entwicklung sollen einige Curricula vorgestellt werden, denen die hier angedeuteten innovativen Ansätze zugrunde liegen.

Bis Mitte der neunziger Jahre lagen bereits eine Reihe von Curricula und neuere pädagogische Ansätze vor, z. B. der „Projektansatz" von Lilian Katz (Katz & Chard 1991), „*The Bank Street-Approach*", ein entwicklungsorientiertes interaktionelles Modell (Bank Street College of Education), ein Ansatz, der auf der Philosophie von John Dewey und anderen gründet, welche davon ausgingen, dass Lernen nur in Form von aktiver Erkundung und durch Erfahrungsbezug erfolgreich sein kann. Erwähnt wurde bereits „*The Cognitive Oriented High Scope Approach*" von David Weikart und Kollegen (Weikart & Schweinhart 1993), der auf der Entwicklungstheorie von Jean Piaget basiert. Grundannahme dieses Konzeptes ist, dass Kinder aktive Lerner sind, die sich in einem Prozess der Wissenskonstruktion durch bedeutsame Erfahrungen befinden. Nach diesem Curriculum soll die kognitive Entwicklung der

Kinder durch „Schlüsselerfahrungen" in acht Gebieten gefördert werden: (a) aktives Lernen; (b) Gebrauch der Sprache; (c) Erfahrungen und Ideen darstellen; (d) Klassifikation; (e) Reihenbildung; (f) Nummernkonzepte; (g) Raumbeziehungen und (h) Zeitkonzept. Ferner sind Entwicklungen zu nennen, die man mit bestimmten Arten von Curricula verbunden hat, z. B. das „Multiethnic, Multicultural, Antibias Curriculum" von King und Kollegen (1994); „The Emergent Curriculum" von Jones & Nimmo (1994), das sie als „responsiv für bestimmte Menschen an einem bestimmten Ort, zu einer bestimmten Zeit" beschreiben (1994); „The Open Structures Integrated Learning Approach" von Fortson & Reiff (1995), dessen Philosophie in dem Glauben gründet, dass Kinder und Erwachsene am meisten Leistung erbringen und sich zugleich am wohlsten fühlen, wenn sie sich kreativ und dabei zugleich verantwortungsbewusst verhalten (können). Kindern sollte, diesem Ansatz zufolge, die Freiheit, Ermutigung und die nötige Führung für ihre kreativen und problemlösenden Prozesse angeboten werden. Übergreifendes Ziel ist der Aufbau von Kompetenz und die Bereitschaft zu beständigem Lernen. Der Begriff der „offenen Strukturen" bezieht sich dabei auf die bewusste Strukturierung der Aktivitäten, um Offenheit für die Initiativen der Kinder zu erreichen.

In diesem Zusammenhang sind auch „The Integrated Whole Language Curriculum" von Sawyer & Sawyer (1993) und „The Transformational Curriculum" von Rosegrant & Bredekamp (1992) zu nennen. Letzteres kann als transformational charakterisiert werden, da es sich (1) den jeweiligen Entwicklungsbedürfnissen und Interessen der Kinder anpasst und (2) das Kind aufgrund des Curriculums spezifische Veränderungen und/oder Weiterentwicklungen erlebt. Diese zuletzt genannten Curricula unterscheiden sich von den anderen dahingehend, dass Kindern keine Aufgaben für eine bestimmte Dauer zur Bearbeitung vorgegeben werden. Stattdessen werden für Kinder wichtige und relevante Themen ausgewählt, was zugleich voraussetzt, dass die Kinder selbst sowie ihr Interesse an einem speziellen Thema beobachtet werden. Ausgangsbasis für diese Curricula sind die Theorien und Erziehungsphilosophien von Bruner, Dewey, Erikson, Maslow, Piaget und Vygotsky.

Diese Situation, dass die Curriculumentwicklung als Aufgabe von Experten angesehen wurde, scheint sich nunmehr verändert zu haben. Immer mehr zeigt sich ein staatliches Interesse an der vorschulischen Erziehung, das mit einem stärkeren Druck auf die Fachkräfte bezüglich der Nachweisbarkeit von Lehr- und Lernergebnissen einhergeht. Neuere Forschungserkenntnisse, die die bisherige Wissensbasis in der Frühpädagogik in Frage stellen, haben zu dieser veränderten Wahrnehmung beigetragen. Zunehmende Einflussnahme durch marktorientierte Ideologien und die damit zusammenhängende Privatisierung der Dienste auf dem Sektor der Früherziehung sowie Bestrebungen, Bildung und Curriculum zu Bedarfsgütern zu machen, sind ebenfalls wichtige Gründe für die veränderte Situation.

Interdisziplinäre Beiträge zur Curriculum-Debatte

Heute, in einer veränderten Landschaft der frühen Kindheit, gibt es weniger Sicherheit und mehr Auseinandersetzungen über angemessene Richtungen für Curricula und Pädagogik. Internationale Perspektiven aus Reggio Emilia, theoretische Herausforderungen zur Neukonzeptualisierung von Bildung in der Frühpädagogik, neue Erkenntnisse aus der Hirnforschung (vgl. dazu auch Singer in diesem Band) und weit reichende Bildungsreformen haben die Debatte über Curricula für die frühe Kindheit neu belebt, und neue Positionen werden in die Diskussion eingebracht. Dies alles hat dazu beigetragen, dass Curricula zu einem umkämpften Terrain geworden sind, auf dem es zahlreiche Perspektiven und teilweise auch widersprüchliche Vorstellungen gibt.

Hier ist als erstes auf den Ansatz aus Reggio Emilia hinzuweisen, der (1) zu Diskussionen über das dem Curriculum zugrunde zu legende Bild vom Kind (Robertson 1996) provoziert hat und (2) dafür sorgte, dass Wissen als situativ, sozial und kulturell beeinflusst betrachtet wird (Dahlberg et al. 1999). Aus dieser Perspektive werden Annahmen über das „sich entwickelnde" Kind und die dem entwicklungsorientierten Curriculum zugrunde liegenden Beziehungsmuster zwischen Pädagogen und Kindern infrage gestellt. Dadurch wurden verschiedene Diskussionen über Bildungskonzepte in der frühen Kindheit angeregt und zur Grundlage für wichtige Debatten über Kinder, Kindheit und die Konstruktion neuer Curricula.

Erkenntnisse der Hirnforschung, die auf die Wichtigkeit früher Erfahrungen hinweisen, haben bislang nur wenig Auswirkung auf das Curriculum gezeigt, und es ist unter den Experten für Frühpädagogik noch wenig diskutiert, welche Bedeutung diese Erkenntnisse besitzen. Es ist jedoch offensichtlich, dass sie der Politik ein starkes Argument liefern, den frühen Jahren mehr Beachtung zu schenken. Für die Fachleute liegen sowohl Risiken als auch Chancen in einer Ausrichtung des Curriculums auf diese Forschungsergebnisse (Corrie 2000).

Von grundsätzlicher Bedeutung scheint aber eine andere Entwicklungslinie zu sein. In jüngster Zeit erwuchs dem orthodoxen entwicklungsorientierten Curriculum auf nationaler und internationaler Ebene eine bedeutsame Herausforderung. Sie kommt hauptsächlich aus universitären Kreisen, in denen es eine stärker werdende Bewegung von Wissenschaftler/innen der Frühpädagogik gibt, die sich auf kritische und feministische Analysen stützen. Sie fordern einen neu konzeptualisierten Curriculum-Ansatz, der der Vielfalt und Unterschiedlichkeit besser entspricht und die Realität *heutiger* Kindheit widerspiegelt. Die internationale kindheitssoziologische Forschung auf dem Gebiet der sozialen Konstruktion der Kindheit hat ebenfalls zu dieser Entwicklung beigetragen.

Die Eingliederung der Erzieher/innenausbildung in die Universitäten in vielen europäischen Ländern hat eine Zunahme der Forschungsaktivitäten durch Ausbildungsdozenten mit frühpädagogischem Hintergrund bewirkt und zur Gründung der European Early Child Education Research Association (EECERA) geführt. Im Rahmen der jährlich in Europa stattfindenden Kongresse – vor allem seit 1999 – werden diese neueren Trends in der Frühpädagogik z. T. kontrovers diskutiert.

Als Folge dieser Tendenzen lässt sich eine zunehmend fundierte kritische Analyse der Curriculumentwicklung in der Frühpädagogik beobachten. Mit den sich daraus ergebenden Perspektiven lassen sich Machtverhältnisse und Festlegungen demaskieren, die mit der kindzentrierten Pädagogik einhergehen (Kessler & Swadener 1992; Grieshaber & Cannella 2001). So wurden viele bis dahin unhinterfragte Thesen in Zweifel gezogen, die den traditionellen wissenstheoretischen Bezugsrahmen des Curriculums für die frühe Kindheit stützen. Dies betraf insbesondere die Rolle der pädagogischen Fachkraft als „Unterstützer" (*facilitator*), das Verständnis von Wissen im Kontext der „Postmoderne"[1] und das problematische Konstrukt vom Kind (Alloway 1997). Es wird z. B. darauf hingewiesen, dass die dominierenden Curriculum-Ansätze dazu neigen, geschlechterblind zu sein, soziale Ungleichheit zu schaffen und Kindern und Erwachsenen nur begrenzten Bewegungsraum anzubieten (MacNaughton 2000; Alloway 1995). Diese Bemühungen signalisieren Veränderungen im Hinblick auf eine andere Art von Beziehung, in der Macht geteilt und das Curriculum offen ausgehandelt wird. Der Erziehende nimmt im Hinblick auf die Themen Vielfalt und Gerechtigkeit eine aktive Rolle ein (MacNaughton 1997).

Zunehmend findet man in der Forschung Hinweise auf eine Tendenz zu Ansätzen der Curriculumentwicklung, die Fachwissen aus der Praxis einbinden (MacNaughton 1996). Obwohl diese Projekte bislang nur auf Initiative der Universitäten oder einzelner Praxiseinrichtungen entstanden, deuten sie doch auf einen Trend hin, der die Stimmen der Praktiker in der Diskussion um das Curriculum stärkt. Er wird orthodoxe Ansichten zunehmend herausfordern und zu konzeptionellen Veränderungen in der Frühpädagogik führen.

Diese hier nur angedeuteten Entwicklungen haben bereits in den letzten Jahren dazu geführt, Curricula vor dem Hintergrund der Postmoderne zu entwickeln. Die alte wissenschaftstheoretische Position des Konstruktivismus wird zunehmend verlassen zugunsten einer sozial-konstruktivistischen Orientierung. Auf diese neueren Trends soll etwas näher eingegangen werden.

Es war vor allem die Konferenz der EECERA in Helsinki 1999, auf der provokante, aber nichtsdestoweniger zukunftsweisende und für die Entwicklung der Frühpädagogik zentrale Problemstellungen behandelt wurden. Im selben Jahr erschien auch das Buch von Dahlberg, Moss und Pence mit dem Titel „Beyond Quality in Early Childhood Education". Beides bildete den Ausgangspunkt für eine neue Ära in der Frühpädagogik. Im Folgenden werden einige Aspekte angesprochen, die für die Curriculumentwicklung der letzten Jahre von Bedeutung sind. Begonnen

---

[1] Der Terminus wird hier und im weiteren verwendet, obwohl wir ihn nicht als unproblematisch einschätzen.

werden soll mit der Frage nach dem Weltbild, das dem jeweiligen Curriculum zugrunde liegt.

Die postmoderne Perspektive: Zur Bedeutung der Unterschiede

Gunilla Dahlberg (1999, 2002) weist darauf hin, dass der aktuelle gesellschaftliche Wandel – ökonomisch, sozial, technologisch – mehr als nur den Übergang von einer Industriegesellschaft zu einer Informations- und Wissensgesellschaft umfasst. Vielmehr findet nach Dahlberg eine grundlegende Neubewertung der Art und Weise statt, wie wir die Welt und uns selbst sehen und verstehen. Seit der Aufklärung wurde unser Weltbild stark durch das *Projekt der Moderne* geformt. Die Kernprämissen dieses Projekts sind kontinuierlicher und linearer Fortschritt, Gewissheit und Universalität, die Entdeckung „nachweisbarer" Wahrheiten durch die Anwendung „objektiver" wissenschaftlicher Methoden – sie werden allerdings zunehmend in Frage gestellt. Heute gewinnt das *Projekt der Postmoderne* an Bedeutung. Dieses Konzept geht von ganz anderen Prämissen aus: Ungewissheit, Komplexität, Vielfalt, Multiperspektivität sowie historische und Kontextbezogenheit werden nicht nur akzeptiert, sondern sogar unterstützt. Dieser Paradigmenwechsel eröffnet neue Sichtweisen darauf, wie pädagogische Theorie und Praxis zu verstehen und zu konzeptualisieren ist.

Eine Bildungskonzeption, die sich der *Postmoderne* verpflichtet fühlt, spiegelt ein Weltbild wider, das durch kulturelle Diversität und soziale Komplexität gekennzeichnet ist, Merkmale also, die die geringe Prognostizierbarkeit berücksichtigen, die typisch für die postmodernen Gesellschaften ist. Hier muss sich der Einzelne mit Diskontinuität, Verlust und schnellen Veränderungen auseinandersetzen. In einer so gestalteten Welt kann Orientierung nicht mehr mit Hilfe von Normen und von außen definierten Standards erreicht werden, sondern muss vom Individuum selbst geleistet werden.

Bildungskonzepte, die dieser Philosophie folgen, schätzen bestehende Unterschiede als positiv ein und sehen in ihnen eine Quelle für reichhaltige Lernerfahrungen. Unterschiede werden im Bildungsprozess genutzt und nicht mehr ignoriert oder gar eliminiert. Nachdem die meisten Curricula der vergangenen Jahrzehnte der Unterschiedlichkeit von Kindern in einer Gruppe nicht die angemessene Beachtung (King et al. 1994) schenkten, werden in jüngerer Zeit dem Geschlecht (MacNaughton 2002), der sozialen Klasse und der ethnischen Zugehörigkeit vermehrt Bedeutung zugemessen (McCracken 1993; Ramirez & Ramirez 1994; York 1991; Zarillo 1994). Im Gegensatz zu modernistisch nationalstaatlich geprägten Curricula stellen postmoderne die Dominanz der Muttersprache oder der ethnischen Identität in Frage und befürworten den Erwerb von Fremdsprachen- und interkultureller Kompetenz. Diesem Verständnis folgend werden kulturelle Unterschiede in einem Land nicht negiert, sondern bei der Curriculumkonstruktion angemessen berücksichtigt und konstruktiv einbezogen, beispielsweise in Neuseeland, wo in der Entwicklung des Curriculum Te Whäriki die Maori-Tradition und die kulturelle Tradition der Pakeha, der Einwanderer westlicher Herkunft, gleichwertig berücksichtigt werden.

Derman-Sparks (1992) hat vier wesentliche Ziele eines multikulturellen Antibias-Curriculum definiert: (1) Aufbau einer zuverlässigen Selbst-Identität; (2) angemessener und empathischer Umgang mit Menschen unterschiedlicher Herkunft; (3) kritisch-nachdenkliche Haltung gegenüber Vorurteilen; (4) Aufbau von Standfestigkeit und Einsatzwille im Kontakt mit vorurteilsbehafteten Haltungen. Ein derartiges Curriculum ist natürlich auch sensibel für Aspekte des Geschlechts, des Alters und physischer Merkmale. In der Zwischenzeit ist der Schwerpunkt der *„cultural diversity"* weltweit einer der zentralen Aspekte in der modernen Curriculumkonstruktion geworden.

Geschlechtsspezifische Erfahrungen in der frühen Kindheit finden international zunehmend Beachtung (MacNaughton 2002). Damit verbunden ist das Anliegen, Geschlechtergerechtigkeit innerhalb frühpädagogischer Curricula zu gewährleisten. Bis Mitte der achtziger Jahre wurde in zahlreichen Forschungsarbeiten aus Ländern wie den USA, Großbritannien und Australien detailliert dargestellt, dass junge Kinder in frühpädagogischen Settings geschlechtsstereotyp spielen, denken und reagieren. In den neunziger Jahren wurde immer wieder bestätigt, dass sich junge Kinder häufig hochgradig geschlechtsstereotyp verhalten (MacNaughton 2000; Alloway 1995). MacNaughton (2002) betont, dass das Wissen über die Entwicklung geschlechtsstereotypischen Verhaltens Forschungen darüber angeregt hat, ob und wie Geschlechtergerechtigkeit in frühpädagogischen Settings erreicht werden kann. Dabei weist sie sowohl die Grundsätze der klassischen als auch der liberalen feministischen Frühpädagogik zurück. Beide Ansätze, die Veränderungen im Verhalten der Geschlechter durch die Herstellung von Chancengleichheit für Jungen und Mädchen intendiert haben, sind nach MacNaughton gescheitert. Sie argumentiert aus der Perspektive des feministischen Poststrukturalismus und konzentriert sich darauf, wie Geschlecht in der sozialen Interaktion, im Diskurs konstruiert wird. Dabei reflektiert sie die Beziehungen zwischen Wissen und Macht im Hinblick auf geschlechtliche Konstruktionsprozesse, aber auch auf die Möglichkeiten, geschlechtliche Zuschreibungen zu verändern.

Bemühungen, behinderte und nicht behinderte Kinder gemeinsam in Tageseinrichtungen zu erziehen, bilden ein weiteres Beispiel für die Wertschätzung von Diversität. Die Wahrnehmung von Unterschieden im Sinne einer Quelle der Bereicherung, führt zu einer neuen Qualität von Curricula. Individualität und Eigenart des Kindes werden berücksichtigt und seine Perspektive mit einbezogen.

Dies ist vielleicht auch der Grund dafür, weshalb in den neueren Curricula dem Bild vom Kind besonderer Wert zugemessen wird. Aus postmoderner Perspektive kann es kein einheitliches Bild vom Kind und von Kindheit geben. Vielmehr werden unterschiedliche Bilder akzeptiert, die von den jeweiligen kulturellen und lokalen Gegebenheiten abhängig sind. Vor allem aber ist das Kind nicht bloß Objekt der Bildungsbemühungen anderer. Im Gegenteil, es wird nunmehr als Subjekt im Bildungsprozess behandelt, als kompetent handelndes Wesen, das seine Entwicklung, sein Lernen und seine Bildung ko-konstruiert.

Eine solche postmoderne Betrachtungsweise hat bereits Veränderungen in der Curriculumkonstruktion nach sich gezogen: Die Berücksichtigung der kindlichen Perspektive, die Autonomie des Kindes und seiner Rechte gewinnen an Bedeutung. Diese Entwicklung wird auch durch die UN-Konvention über die Rechte des Kindes gefördert.

In fast allen neueren Curricula wird die eigenständige Position des Kindes betont, und es wird erwartet, dass kindliche Rechte dort auch thematisiert werden. Cathy Nutbrown (2002) argumentiert, dass Kinderrechte Kernelement eines Curriculums seien und als Kriterium herangezogen werden können, um Effektivität und Qualität der Lernprozesse zu evaluieren. Dieser Anspruch ist universeller Natur, da die Rechte von Kindern für alle Kinder gelten, unabhängig von Kultur, Religion, Geschlecht, nationaler oder ethnischer Herkunft oder anderen Besonderheiten. Nutbrown thematisiert einige Klauseln der UN-Konvention über die Rechte des Kindes 1989. Sie zeigt, dass diese Rechte in engem Zusammenhang mit dem Thema Bildung und Erziehung junger Kinder stehen. In vielen europäischen und aussereuropäischen Ländern (z. B. in Australien) haben Kinderrechte einen zentralen Stellenwert in der Curriculumkonstruktion für die Frühpädagogik erhalten.

Lernen und Bildung als sozialer Prozess

Einen weiteren zentralen Aspekt in der neueren Curriculumkonstruktion stellt das zugrunde liegende Verständnis von Bildung dar. Curricula, die der Philosophie der Moderne folgen, sind universell orientiert, richten sich an alle Kinder. Lernen wird als individueller Prozess verstanden, das Kind bildet sich in erster Linie selbst. Der Kontext spielt dabei nur eine untergeordnete Rolle. In solchen Curricula werden kontextuelle Veränderungen und Belastungen aufgrund geographischer Mobilität, Migration, Armut oder sozialer Ausgrenzung weitgehend ignoriert. Veränderungen, wie Trennung, Scheidung und Wiederheirat eines Elternteils oder andere normative und nicht normative Lebensereignisse und deren Bewältigung, werden ebenfalls kaum thematisiert.

In postmodern orientierten Curricula wird Bildung hingegen als sozialer Prozess konzeptualisiert, der in einem spezifischen Kontext stattfindet, und an dem, neben Kindern und Fachkräften, auch Eltern und andere Erwachsene aktiv beteiligt sind. Kulturelle Unterschiede und soziale Komplexität werden intensiv thematisiert. Bildungskonzepte dieser Art fokussieren auf interaktionale und prozessuale Aspekte pädagogischer Qualität: die Interaktion zwischen Erzieherin und Kind, zwischen den Fachkräften in der Einrichtung und zwischen Fachkräften und Eltern. Nicht zuletzt spielen die Interaktionen zwischen den

Gleichaltrigen eine entscheidende Rolle in der Organisation der Bildungsprozesse. Individuelle Differenzen werden nicht übergangen, sondern in ihrer Bedeutung für das Lernen betrachtet. Wenn man zum Beispiel anerkennt, dass die verschiedenen Kinder unterschiedliche Stärken und Schwächen haben, dann gilt es, jedem Kind seine Stärken und Schwächen bewusst zu machen. Dadurch erfährt das Kind, dass sich seine Stärken von denen seiner Freunde unterscheiden. Die Aufmerksamkeit soll also auch auf die Unterschiede gerichtet werden, ohne diese zu werten, gleichzeitig aber auch darauf, dass die Kinder mit vereinten Kräften mehr erreichen können als allein. Unterschiede werden somit als Quelle von Bereicherung und stabile Grundlage für zukünftige Erfolge betrachtet.

In neueren Curricula steht nicht mehr die Vermittlung von Kenntnissen, sondern von Lernkompetenzen im Mittelpunkt. Es geht darum zu lernen, wie man lernt und sein eigenes Wissen organisiert, um Problemsituationen zu lösen und zwar auf eine sozial verantwortliche Weise. Ein zweiter Schwerpunkt liegt in der frühzeitigen Stärkung individueller kindlicher Kompetenzen: Stärkung des Selbstkonzepts, des Selbstwertgefühls, der Selbstregulationfähigkeit, eine sichere Bindung an die Eltern und die Erzieherin, Förderung der Fähigkeit, interpersonelle Konflikte friedlich zu lösen, die Entwicklung von Selbstvertrauen (*self-confidence*) und Selbstwirksamkeit (*self-efficacy*) sowie interkultureller und sprachlicher Kompetenz usw.

Diese Hinweise zeigen, dass viele Elemente, die in den neueren Curricula zu finden sind, ihre Vorläufer in den Curricula der achtziger und neunziger Jahre haben. Ein wichtiger Unterschied besteht allerdings: Die neuen Curricula sind nicht mehr primär das Produkt von Experten. Der Einfluss des Staates auf die Entwicklung, Implementation und Evaluation der Curricula hat zugenommen. Curricula sind zu normativen Standards für Bildungseinrichtungen geworden und dienen als Mittel zur administrativ-politischen Steuerung des Systems der Tageseinrichtungen.

Im Weiteren sollen einige der neueren Curricula und insbeondere ihre innovativen Anteile etwas eingehender vorgestellt werden.

Innovative Aspekte neuerer Curricula

Eine gute Einführung in die Philosophie der neueren Curricula, im Sinne eines Übergangscurriculums, bieten die 1997 in Australien in Queensland eingeführten Curriculumrichtlinien (*Pre School Curriculum Guidelines*). Sie sind um die folgenden fünf Elemente herum strukturiert: (a) Kinder verstehen; (b) Partnerschaften; (c) Flexible Lernumwelten; (d) Spiel; (e) Inhalt. Die sieben grundlegenden Lernbereiche (*foundation learning areas*) umfassen: (a) Denken; (b) Kommunikation; (c) Bewusstsein von sich selbst und anderen; (d) Gesundheits- und Körperbewusstsein; (e) Soziales Leben und Lernen; (f) Kulturelles Verständnis; (g) Verständnis der Umwelt. Sprachliche und mathematische Grundbildung (*literacy and numeracy*) werden diesen Lernbereichen zugeordnet. Dabei wird erwartet, dass Lernerfahrungen, die diese fördern, in das Spiel und die interaktiven Erfahrungen integriert sind. Lernergebnisse sind für jeden Lernbereich spezifiziert.

Der Fokus des Curriculums liegt auf dem „sich entwickelnden Kind". Beobachtung wird als eine wichtige Grundlage für die Planung entwicklungsangemesser Lernerfahrungen betrachtet. Die Richtlinien adaptieren eine konstruktivistische Perspektive, in der das Kind als aktiv Lernender gesehen wird. Die Aufgabe des Pädagogen ist es, für Lerngelegenheiten zu sorgen und Lernbedürfnisse des Kindes zu unterstützen. Das Dokument ermutigt die pädagogischen Fachkräfte, kulturelle Vielfalt und verschiedenartige Konzepte vom Kind zu berücksichtigen. Selbsteinschätzung wird als Schlüsselaspekt von Evaluation und professioneller Entwicklung angesehen. Hier wird die Bildungsreform noch konstruktivistisch begründet. Die theoretische Fundierung von Curricula jüngeren Datums liegt im Sozial-Konstruktivismus. Hier wird Bildung als sozialer Prozess gesehen.

Alle neueren Curricula repräsentieren eine veränderte Bildungsphilosophie und sind durch eine Reihe von innovativen Aspekten gekennzeichnet. Dies soll an einigen ausgewählten Aspekten illustriert werden. Neuere Curricula betonen beispielsweise die Notwendigkeit, die Kinder zu befähigen, soziale Mitverantwortung zu übernehmen. Sie sollen lernen, die Konsequenzen ihres Handelns nicht nur für sich selbst, sondern auch für Andere zu reflektieren und an der Verbesserung der Lebensbedingungen für alle konstruktiv mitzuwirken. So wird im schwedischen Curriculum dem Demokratieprinzip als Regulativ des Bildungsprozesses eine zentrale Rolle zugeschrieben.

Dem schwedischen Bildungsplan liegt überdies ein Verständnis von Bildung zugrunde, das auf einer sozial-konstruktivistischen Grundlage die Stärkung früher Lernprozesse in den Mittelpunkt stellt. Es geht weniger um Wissensvermittlung und bloßes Tun, sondern um Wissenskonstruktion und die Stärkung von Metakompetenzen. Auch in Norwegen und England werden vergleichbare Ziele verfolgt.

Das Curriculum „Te Whāriki" aus Neuseeland ist ein gelungenes Beispiel dafür, wie unterschiedliche kulturelle Traditionen innerhalb des Landes die Curriculumkonstruktion nicht nur gleichberechtigt bedingen, sondern auch bereichern. Es zeigt, dass es möglich ist, Lernprozesse auf eine breitere Grundlage zu stellen, so dass Kinder mit unterschiedlichem kulturellen Hintergrund davon profitieren können.

Neu konzeptualisiert wird auch das Verhältnis zwischen Institution und Familie: Ansätze, die die Einrichtung als „dienstleistende Institution" und die Eltern lediglich als „Kunden" begreifen, werden zurückgewiesen. Stattdessen werden Eltern und Fachkräfte in einen Prozess gemeinsamer Gestaltung und Mitverantwortung eingebunden. Dies zeigt sich in der Etablierung neuer Mitwirkungsformen, wie beispielsweise dem „Einrichtungsbeirat" in Dänemark, oder dem „Koordinierungsausschuss", wie er dem Bayerischen Bildungs- und Erziehungsplan zugrunde liegt. Der Koordinierungsausschuss ist mit einer Drittelparität von Fachkräften, Eltern, Träger/Gemeinde besetzt und hat die Aufgabe, alle Entscheidungen zu treffen, die für die Einrichtung vor Ort von Belang sind.

Neuere Curricula lassen den notwendigen Raum frei für methodische Vielfalt, für die Anpassung an die Bedingungen vor Ort und für die erforderliche Kreativität. Sie dienen nicht der Standardisierung, sondern der Orientierung und Weiterentwicklung der Pädagogik der frühen Kindheit. Zugleich wird der Versuch unternommen, die Formen, in denen solche Curricula zur Anwendung kommen, weiterzuentwickeln. Dabei wird das Angebot für Kinder erweitert, Angebote für Eltern werden in die Einrichtung integriert und Beratungs- und Professionalisierungsangebote für die Fachkräfte bilden einen festen Bestandteil des Programms solcher Einrichtungen. In diesem Sinne vergrößern sie ihren Interventionsrahmen, beziehen die Familie ein und stärken die elterliche Kompetenz. Dies eröffnet Chancen für eine präventiv orientierte Curriculum-Konzeption, die allerdings noch in den Kinderschuhen steckt.

Neue Methoden zur Sicherung der Bildungsqualität

Die Evaluation stellt einen neuen Aspekt der modernen Curriculumentwicklung und -implentierung dar, einen Aspekt, der zentral der Sicherung der Bildungsqualität dient, aber nicht zuletzt unter dem Druck ökonomischer Zwänge und politischer Interessen entstanden ist.

Betrachtet man die Situation auf internationaler Ebene, so lassen sich im wesentlichen zwei unterschiedliche Vorgehensweisen in der Evaluation frühpädagogischer Curricula identifizieren: Auf der einen Seite stehen standardisierte Beobachtungs- und Einschätzskalen wie z. B. die *Early Childhood Environment Rating Scale* (ECERS)[2], auf der anderen Seite finden sich beteiligungsorientierte Ansätze, die eine multiperspektivische Einschätzung und Weiterentwicklung von pädagogischer Qualität bevorzugen. Während sich der erste Ansatz bei der Ermittlung pädagogischer Qualität primär der Fremdevaluation bedient, neigt der beteiligungsorientierte Ansatz eher zu Verfahren der Selbstevaluation. Eine Variante des letzteren Ansatzes bieten Verfahren wie die Dokumentation oder der Lerngeschichten-Ansatz, eingesetzt etwa bei der Evaluation des Curriculums Te Whāriki in Neuseeland.

Dokumentation ist notwendig, um die pädagogischen Aktivitäten zu evaluieren. Reggio Emilia's Vorschulen wurden wegen ihrer Dokumentation berühmt (Edwards et al. 1993). In Schweden werden verschiedene Methoden für die Evaluation eingesetzt, auch hier wird nicht ein einzelner Weg empfohlen, sondern mehrere sind möglich. Hier gilt es aber zu bedenken, dass viele Methoden eine herkömmliche Perspektive bezüglich kindlichen Lernens einnehmen. Wichtig sind jedoch Wege und Methoden zum Beschreiben kindlichen Lernens, die die Menschen und die Umwelt, in der die Kinder leben, mit einbeziehen (Sheridan & Pramling

---

[2] ECERS ist ein Messinstrument zur Erfassung der Qualität von Einrichtungen des frühkindlichen Bereichs (Kinder ab 2,5 Jahre) (vgl. Roßbach 1993, S. 43)

Samuelson 2000). Die Perspektive der Kinder ist dabei von entscheidender Wichtigkeit.

Bei der Evaluation von Te Whäriki kam man zu dem Schluss, dass eine echte Curriculumreform eine gleichzeitige Reform der Bewertungsmethoden voraussetzt (Bredekamp & Rosegrant 1992) und dass Evaluation das wahrscheinlich mächtigste Werkzeug im Bildungssektor ist (Broadfoot 1996).

Um staatliche Zuschüsse zu erhalten, müssen Tageseinrichtungen in Neuseeland einige Bewertungen schriftlich festhalten. Das Dokument *„Revised Statement of Desirable Objectives and Practices"* (Revidiertes Positionspapier erstrebenswerter Ziele und Praktiken – auch bekannt unter der Abkürzung DOPs) enthält die Aufforderung, dass pädagogische Fachkräfte Curriculum-Aktivitäten und Bewertungsmethoden anwenden sollen, die die ganzheitliche Art und Weise, wie Kinder lernen, widerspiegeln; die die wechselseitigen Beziehungen zwischen Kindern, anderen Menschen und der Lernumwelt darstellen; Eltern/Erziehungsbevollmächtigte und – wenn angemessen – auch „whanau" (die erweiterte Familie) einbeziehen; und das Selbstbild des Kindes als kompetent Lernendes fördern.

Seit 1998 sind diese DOPs für alle Einrichtungen verbindlich. Mit anderen Worten, Einschätzungs- und Bewertungsmethoden müssen den Prinzipien von Te Whäriki entsprechen. Die Prinzipien betonen die soziokulturelle Natur des Curriculums: Soziale, emotionale und kognitive Lerndimensionen sind verbunden mit der Beziehung zwischen Lernendem und Lerngelegenheit. Familien und Gemeinde sind Teil des Curriculums, und ein Schlüsselelement bildet wie gesagt das Selbstverständnis des Kindes als lernendem Menschen. Das bedeutet zwangsläufig, dass auch die Einschätzungsverfahren einen soziokulturellen Ansatz haben müssen (Gipps 2001). Das Projekt *„Assessing Children's Experience"* arbeitete mit fünf verschiedenen Einrichtungen, um herauszufinden, wie dies mit spezifischem Bezug auf die fünf curricularen Dimensionen verwirklicht werden könnte.

Ein neues Verhältnis von Frühpädagogik und Schule

Ein weiterer Aspekt, den neuere Curricula fokussieren, betrifft die Beziehung zwischen Frühpädagogik und Schule. Während der letzten 30 Jahre wurde dem Übergang von der Vorschule zur Grundschule viel Aufmerksamkeit gewidmet. Zu Beginn der Neunziger haben viele Länder damit begonnen, einen so genannten „flexiblen Schulbeginn" einzuführen, d. h., es wurde den Eltern überlassen, ob ihr Kind mit sechs oder sieben Jahren starten soll. Das Alter für den Schulbeginn variiert allerdings beträchtlich: Während in manchen Ländern bereits mit vier Jahren die Schulpflicht beginnt, werden in anderen Ländern Kinder erst nach Vollendung des sechsten Lebensjahrs eingeschult. Besonders in den Ländern, in denen Kinder relativ spät eingeschult werden, hat man Interesse an flexiblen Übergängen vom Kindergarten in die Schule gezeigt.

Bemühungen dieser Art lag bislang eine *Kontinuität*sannahme bei der Gestaltung des Übergangs zugrunde. Gegenwärtig wird im Staatsinstitut für Frühpädagogik (IFP) in Bayern ein Konzept entwickelt, das auf *Diskontinuität* aufbaut und neueste Erkenntnisse der Transitionsforschung nutzt. Dieser Ansatz geht von der Annahme aus, dass der Übergang vom Kindergarten in die Schule ein komplexer Prozess ist, der mit Veränderungen auf der individuellen, familialen und kontextuellen Ebene einhergeht und dass eine starke Verbindung zwischen der Bewältigung der Anpassung an die Schule, dem Leistungsniveau und generell der weiteren kindlichen Entwicklung besteht (vgl. dazu Griebel & Niesel in diesem Band).

Zu bewältigende Aufgaben stehen auf verschiedenen Ebenen an. Als Beispiele auf der *individuellen Ebene* lassen sich nennen: Die Neudefinition der eigenen Identität und des Selbsts des Kindes, Veränderungen in den Annahmen bezüglich der Welt des Kindes, Erwerb neuer Kompetenzen und nicht zuletzt die Bewältigung transitionsbedingter emotionaler Belastungen, die neu angepasste Bewältigungsstrategien erfordern. Nach der Einschulung definiert das Kind seine Identität neu: Es ist nunmehr ein „Schulkind" und nicht mehr ein „Kindergartenkind".

Als Beispiele für Änderungen auf der *kontextuellen Ebene* lassen sich nennen: Der Verlust mindestens eines Teils des Freundeskreises oder die Notwendigkeit, ein neues soziales Beziehungsnetz aufzubauen. Beide Prozesse sind für die schulische Anpassung und die Bewältigung der mit der Einschulung verbundenen Herausforderungen von großer Bedeutung.

Diese Beispiele sollen genügen, um zu verdeutlichen, wie wichtig es ist, ein neues Konzept des Übergangs vom Kindergarten in die Grundschule zu entwickeln, das (auch) diskontinuierlich verlaufenden Veränderungen gerecht wird und die Erzieher/innen für solche Veränderungsprozesse sensibel werden lässt.

Überlegungen hierzu finden sich in neueren Beiträgen, z. B. die Arbeit von Fabian & Dunlop (2002) *„Transitions in the early years. Debating continuity and progression for children in early education"* oder von Fthenakis (1998), die zeigen, wie der Übergang vom Kindergarten in die Grundschule von der gesellschaftlichen Konzeptualisierung von Kindheit mitbestimmt wird. In diesen Arbeiten wird deutlich, wie über die Curricula unterschiedlicher Bildungseinrichtungen Macht von Erwachsenen über Kinder ausgeübt wird und wie notwendig es deshalb ist, ein Transitionsmodell für den Übergang vom Kindergarten in die Schule zu entwickeln, welches offen für Diversität ist, Unabhängigkeit schätzt und nicht zuletzt von der *Schule* erwartet, sich an das Kind anzupassen, und nicht umgekehrt eine Anpassung vom *Kind* an die Schule.

Aufgaben für die Zukunft

Neben den Bemühungen zur Weiterentwicklung der Erziehungs- und Bildungskonzepte für Kinder unter sechs Jahren in den Tageseinrichtungen, sollte gleichzeitig die Qualität der Ausbildung von Erzieher/innen und ihre weitere Qualifikation in den Blick genommen werden. In den skandinavischen Ländern hat man in den zurückliegenden zehn Jahren innovative Konzepte für die Ausbildung und Schulung der Fachkräfte entwickelt. Darüber hinaus müssen die allgemeinen Bedingungen für die Förderung und Steuerung von Qualität diskutiert werden. Am Ende dieser Debatte muss eine Neubestimmung des staatlichen Einflusses auf den frühpädagogischen Bildungsbereich stattfinden, und zwar auf eine Weise, die dessen Kreativitätspotenzial nicht einschränkt, sondern die Entwicklungsbedingungen für unsere Kinder optimiert. Dazu werden Einrichtungen benötigt, in denen Angebote für Kinder und Eltern mit Beratungs- und Professionalisierungsangeboten für die Fachkräfte verknüpft werden und Eltern und Kinder gemeinsam lernen. Zugrunde gelegt werden muss ein Bildungskonzept, das formelles mit informellem Lernen verbindet und das in der Stärkung elterlicher Kompetenz ebenfalls einen vorrangigen Schwerpunkt innerhalb moderner curricularer Ansätze erkennt. Nimmt man dies alles zusammen, werden diese Bemühungen das Profil der Einrichtung neu prägen. Für manche mögen diese Veränderungen und Forderungen das Ende gewohnter Sicherheit bedeuten. Für andere sind sie vielleicht ein willkommener Anlass (a) zur Öffnung unserer Bildungskonzepte und (b) zur Befähigung des Kindes, nicht nur seine ethnische und kulturelle Identität zu entwickeln und zu stärken, sondern auch (c) von kultureller Unterschiedlichkeit zu profitieren und insgesamt eine stärker kosmopolitische Ausrichtung zu fördern.

Die Welt, in der die Kinder heute aufwachsen, stellt eine große Herausforderung für die Frühpädagogik dar. Mit den neuen Curricula wurde bereits begonnen, sich diesen Veränderungen zu stellen, und wir sind alle gemeinsam eingeladen, an der Konstruktion einer friedlichen Welt verantwortungsvoll mitzuwirken. Innerhalb des Bildungssystems kann die Frühpädagogik über ihren spezifischen Beitrag vielleicht die wichtigste Komponente bilden. Ein für diese Welt angemessenes Curriculum zu entwickeln, stellt zu Beginn des 21. Jahrhunderts weltweit eine große Herausforderung für die Bildung und Erziehung junger Kinder dar und verpflichtet zu einem verantwortungsvollen und ko-konstruktiven Handeln.

Literatur

Alloway, Nola (1995): Foundation stones: The construction of gender in early childhood. Curriculum Corporation, Melbourne

Alloway, Nola (1997): Early childhood encounters the post-modern: What do we know? What can we count as true? In: Australian Journal of Early Childhood, Bd. 22, S. 1–5

Bredekamp, Sue (1987): Developmentally appropriate practice in early childhood programs serving children from birth through age 8. National Association for the Education of Young Children, Washington, DC

Bredekamp, Sue; Copple, Carol (1997): Developmentally appropriate practice in early childhood programs serving children from birth through age 8 (Rev. Aufl.). National Association for the Education of Young Children, Washington, DC

Bredekamp, Sue; Rosegrant, Teresa (1992): Reaching potentials through appropriate curriculum: conceptual frameworks for applying the guidelines. In: Dies. (Hrsg.), Reaching Potentials: appropriate curriculum and assessment for young children. Vol. 1. National Association for the Education of Young Children, Washington, DC

Broadfoot, Patricia (1996): Assessment and learning: power or partnership? In: Harvey Goldstein; Toby Lewis (Hrsg.), Assessment: Problems, Development and Statistical Issues. John Wiley, Chichester

Corrie, Loraine (2000): Neuroscience and early childhood? A dangerous liaison. In: Australian Journal of Early Childhood, 25 (2), S. 34–40

Dahlberg, Guuilla (1999): The co-constructing child and the co-constructing pedagogue – some reflections on the child as an active citizen. In: Christine Lost; Pamela Oberhuemer (Hrsg.), Auch Kinder sind Bürger. Kindergarten- und Kinderpolitik in Deutschland, Schneider-Verlag, Hohengehren, S. 118–134

Dahlberg, Guuilla (in Druck): The co-constructing child and the co-constructing pedagogue – some reflections on the child as an active child. In: Wassilios E. Fthenakis; Pamela Oberhuemer (Hrsg.), Frühpädagogik international: Bildungsqualität im Blickpunkt

Dahlberg, Guuilla, Moss, Peter; Pence, Alan (Hrsg.) (1999): Beyond quality in early childhood education and care: Postmodern perspectives. Falmer Press, Philadelphia, PA

Derman-Sparks, Louise (1992): Reaching potentials through antibias, multicultural curriculum. In: Sue Bredekamp; Teresa Rosegrant (Hrsg.), Reaching potentials: Appropriate curriculum and assessment for young children. National Association for the Education of Young Children, Washington, DC

Edwards, Carolyn; Gandini, Lella; Forman, George (1993): The Hundred Languages of Children. The Reggio Emilia Approach to Early Childhood Education. Ablex, Washington, DC

Ernst, Andrea (2000): Look again. Documantation and communication through audio-visual media. In: Early Childhood Matters, 96, S. 38–42

Fortson, L. R.; Reiff, J. C. (1995): Early childhood curriculum: Open structures for integrative curriculum. Boston MA: Allyn & Bacon

Fthenakis, Wassilios E. (1989): Family transitions and quality in early childhood education. In: European early childhood education research journal 6, (1), S. 5–17

Gipps, Caroline (2001): Sociocultural Perspectives on Assessment. In Gordon Wells; Guy Claxton (Hrsg.), Learning for Life in the 21st Century: Sociocultural Perspectives on the Future of Education. Blackwell, London

Grieshaber, Susan; Cannella, Gaile S. (2001): From identity to identities: Increasing possibilities in early childhood education. In: Dies. (Hrsg.), Embracing identities in early childhood education: Diversity and possibilities. New York: Teachers College Press

Jones, Elizabeth; Nimmo, John (1994): Emergent curriculum. National Association for the Education of Young Children, Washington, DC

Katz, Lilian; Chard, Sylvia C. (1991): Engaging children's minds: The project approach. Ablex, New Jersey

Kessler, Shirley A.; Swadener, Beth Blue (1992): Reconceptualising early childhood education. Beginning the dialogue. Teachers College Press New York

King, Edith W. et al. (1994): Educating young children in a diverse society. Allyn & Bacon, Boston

MacNaughton, Glenda (1996): Commentary: Co-constructing curricula: A comment on two curricula (Te Whäriki and the English Curriculum) and their developmental bases. In: New Zealand Journal of Educational Studies, 31 (2), S. 189–196

MacNaughton, Glenda (1997): Feminist praxis and the gaze in early childhood curriculum. Gender and Education, 9 (3), S. 317–326

MacNaughton, Glenda (im Druck): Rethinking gender in early childhood education. Paul Chapman, London

MacNaughton, Glenda (2002): Rethinking gender in early childhood pedagogies. In: Wassilios E. Fthenakis; Pamela Oberhuemer (Hrsg.), Frühpädagogik international: Bildungsqualität im Blickpunkt, Leske + Bodrich, Opladen

McCracken, J. B. (1993): Valuing diversity: The primary years. National Association for the Education of Young Children, Washington, DC

Ramirez, Gonzalo; Ramirez, Jan Lee (1994): Multiethnic children's literature. Delmar, Albany, NY

Robertson, Janet (1996): Unpacking our Australian images of children. Unpacking Reggio Emilia: Implications for Australian early childhood practice. Conference Papers. Macquarie University, Sydney

Rosegrant, Teresa; Bredekamp, Sue (1992): Planning and implementing transformational curriculum. In: Dies. (Hrsg.), Reaching potentials. In: Appropriate curriculum and assessment for young children. National Association for the Education of Young Children, Washington, DC

Roßbach, Hans-Günter (1993): Analyse von Messinstrumenten zur Erfassung von Qualitätsmerkmalen frühkindlicher Betreuungs- und Erziehungsumwelten

Sawyer, W. E.; Sawyer, J. C. (1993): Integrated language arts for emerging literacy. Delmar, Albany, NY

Schweinhart, Lawrence J.; Weikart, David P. (1988): The High-Scope Perry Preschool Program. In: Richard H. Price et al. (Hrsg.), 14 ounces of prevention: A casebook for practitioners. American Psychological Association, Washington DC

Weikart, David P.; Schweinhart, Lawrence J. (1993): The High Scope curriculum for early childhood care and education. In: Jaipaul L. Roopnarine; James E. Johnson (Hrsg.), Approaches to early childhood education. Merril, New York

York, Stacey (1991): Roots and wings: Affirming culture in early childhood. Redleaf, St. Paul, MN

Zarillo, J. (1994): Multicultural literature, multicultural teaching. Harcourt Brace Jovanovich, Orlando, FL

Pamela Oberhuemer

Bildungsprogrammatik für die Vorschuljahre

Ein internationaler Vergleich

In vielen Ländern weltweit lässt sich ein verstärktes staatliches Interesse an Fragen der Bildung und Erziehung in den Jahren vor Eintritt in die Pflichtschule beobachten (vgl. OECD 2001; Fthenakis & Oberhuemer im Druck; Oberhuemer im Druck). Mit Blick auf die Herausforderungen einer globalisierten Wirtschaft und die damit verbundenen sozialen und kulturellen Folgen wird Bildung als zentrale gesellschaftliche Ressource grundsätzlich neu bewertet. Dies hat sowohl die westlichen Industrieländer als auch Länder der Majority World dazu veranlasst, ihre Bildungssysteme kritisch zu überprüfen und neu zu regulieren. Die Bildungserfahrungen der frühen Kindheit werden dabei zunehmend als bedeutende Phase in der individuellen Bildungsbiographie erkannt. Als Grundstein einer Lernperspektive, die heute auf den gesamten Lebenslauf gerichtet ist, gewinnt die Bildung und Erziehung in früher Kindheit an bildungspolitischer Bedeutung. Hinzu kommt die Rezeption von neueren Theorien über das Lernpotenzial von Kindern in den ersten Lebensjahren (dazu gehören z. B. neurowissenschaftliche Befunde), die mancherorts auch als Begründung für eine politische Neubewertung der Vorschulzeit zitiert werden. Erwartungen an die vorschulische Bildungsund Erziehungsarbeit sind entsprechend gestiegen. Als Konsequenz im Sinne einer gesellschaftlichen Aufwertung dieser Arbeit haben sich gerade in den letzten Jahren mehrere Länder für die Einführung von Rahmencurricula für den vorschulischen Bereich (hier verstanden als die Zeit vom ersten Lebensjahr bis zur Einschulung) entschieden, entweder für die Altersgruppe der unter Ein- bis Fünf-/Sechsjährigen (z. B. Norwegen, Schweden, Chile, Neuseeland) oder für die ein oder zwei Jahre direkt vor der Einschulung (z. B. England, Schottland, Finnland).

Die frühpädagogische Bildungs- und Erziehungsarbeit war in vielen Ländern bislang wenig reguliert. Oft haben sich vielfältige Organisationsformen der Tagesbetreuung und vorschulischen Bildung nebeneinander etabliert, jeweils mit einer spezifischen Bildungskonzeption. In diesem Kontext werden übergreifende Rahmenvorgaben, die in Absprache mit den Hauptakteuren im Feld erarbeitet worden sind, als ein verbindendes und verbindliches Element in einem pädagogisch-philosophisch bunten Handlungsfeld gesehen. Sie geben den pädagogischen Fachkräften – auch im Sinne der Chancengerechtigkeit – eine Orientierungsgrundlage für die Bildungs- und Erziehungsarbeit und für die Kommunikation und Verständigung mit Eltern. Gleichzeitig gelten sie als politisch-administratives Steuerungsinstrument, um die Qualität des Bildungsangebots zu überprüfen, zu sichern und weiterzuentwickeln.

In diesem Beitrag werden insbesondere vier Länder ins Visier genommen, die seit 1996 Rahmenkonzepte für die vorschulische Bildung und Erziehung verabschiedet haben: drei europäische Länder (England, Norwegen und Schweden) und ein außereuropäisches Land (Neuseeland). Die Darstellung für jedes Land erfolgt in vier Schritten. Zunächst wird der spezifische Kontext der Curriculumentwicklung kurz beschrieben. Danach werden die Grundprinzipien des jeweiligen Rahmenkonzepts, dann die zentralen Leitziele und Lernfelder der vorschulischen Bildungsarbeit und schließlich die erkennbaren Evaluationsstragien im Überblick dargestellt.

Auch wenn die Bildungs- und Jugendhilfesysteme in diesen Ländern zum Teil anders konzipiert und strukturiert sind als in Deutschland, bieten diese Beispiele dennoch Impulse und Orientierungen für die Weiterentwicklung der Diskussion hierzulande.

Curriculumentwicklung in England

Die „Curriculare Orientierung für die Grundstufe" (Curricular Guidance for the Foundation Stage) wurde im Jahr 2000 vom englischen Bildungsministerium eingeführt (QCA/DfEE 2000)[1]. Diese Rahmenvor-

---

[1] Die anderen Länder des Vereinigten Königreichs (Schottland, Wales, Nordirland) haben jeweils ein eigenes Bildungswesen.

gaben beziehen sich auf die Arbeit mit Kindern im Alter von drei bis sechs Jahren. Das sind in England die zwei Jahre vor der Einschulung und das erste Schuljahr (Eingangsklasse/reception class). Seit 1998 haben alle Vierjährigen einen Rechtsanspruch auf einen beitragsfreien Halbtagsplatz in einer vorschulischen Tageseinrichtung. Ab 2004 soll der Rechtsanspruch auf Dreijährige ausgeweitet werden.

Das Vorschulsystem in England ist schon immer sehr komplex gewesen. Es zeichnet sich durch eine breite Vielfalt von Einrichtungsformen, Trägerschaften, Philosophien und administrativen Zuständigkeiten aus (vgl. Oberhuemer & Ulich 1997). Die „Curriculare Orientierung für die Grundstufe" wurde von staatlicher Seite aus als Steuerungsinstrument eingeführt. Sie sollte zum einen die Bedeutung der Vorschuljahre als Bildungsphase sichtbar unterstreichen und zum anderen einen verbindlichen Rahmen für vergleichbare Bildungserfahrungen in der vorhandenen Vielfalt des Praxisfeldes sichern. Das Dokument (ein Ordner mit 128 Seiten) entstand unter der Leitung einer Fachbehörde (Qualifications and Curriculum Authority) in enger Konsultation mit der Praxis sowie mit Vertretern der nationalen literacy- und numeracy-Programme und der nationalen Schulaufsichtsbehörde.

Grundprinzipien des Rahmenkonzepts

Als zentrale Grundprinzipien und Merkmale einer „effektiven" Bildung und Erziehung werden hervorgehoben:

- ein relevantes Curriculum, sorgfältig strukturiert mit (a) Angeboten, die die unterschiedlichen Ausgangslagen der Kinder berücksichtigen und an ihre bisherigen Kenntnisse und Erfahrungen anknüpfen; (b) relevanten und angemessenen Inhalten und (c) zielorientierten Aktivitäten, die vielfältige Chancen des Lernens und der Vermittlung ermöglichen; Fachkräfte, die fundierte Kenntnisse vom Lernen in den frühen Jahren haben;
- Inklusion und Wertschätzung, d. h., es soll keine negative Diskriminierung entstehen aufgrund der Zugehörigkeit zu bestimmten ethnischen, kulturellen oder religiösen Gruppen, aufgrund der Familiensprache und Familiensituation, oder aufgrund von besonderen

Bedürfnissen, Behinderung, dem Geschlecht oder dem Entwicklungsstand der Kinder;
■ eine Atmosphäre des gegenseitigen Vertrauens zwischen Eltern und Fachkräften;
■ Aktivitäten, die sowohl von Erwachsenen geplant als auch von Kindern initiiert werden;
■ Fachkräfte, die die Kinder sorgfältig beobachten und ein Verständnis für die darauf aufbauenden Lern- und Entwicklungsschritte haben;
■ eine vielseitig anregende, gut geplante und strukturierte Lernumgebung.

Vielfalt wird betont, mit besonderen Hinweisen für die Arbeit mit Risikokindern, mit behinderten Kindern sowie mit Kindern, die mit Englisch als zusätzlicher Sprache aufwachsen. Spiel wird als ein bedeutender „Schlüssel zum Lernen" hervorgehoben (QCA/DfEE 2000, S. 25).

Lernfelder und Leitziele

Das Rahmenkonzept orientiert sich an sechs Lernfeldern (diese orientieren sich wiederum an bestimmten Fächern im nationalen Schulcurriculum):
■ Persönliche, soziale und emotionale Entwicklung
■ Kommunikation, Sprache, Textverständnis (literacy)
■ Mathematische Grundbildung
■ Umweltwissen und -verständnis
■ Körperliche Entwicklung
■ Kreative Entwicklung

Jedes Lernfeld gliedert sich in: (a) einen Einführungstext; (b) Lernschritte und Lernziele; (c) Praxisbeispiele; und (d) methodische Hinweise für die pädagogischen Fachkräfte. In jedem Lernfeld soll auf die Aneignung von Wissen, Kompetenzen, Verständnis und Einstellungen geachtet werden. In den folgenden zwei Übersichten werden einige Beispiele der Leitziele für die Lernfelder „Kommunikation, Sprache, Textverständnis" und „Mathematische Grundbildung" stichwortartig dargestellt.

Lernfeld „Kommunikation, Sprache, Textverständnis"
– Mit anderen kommunizieren, Pläne und Aktivitäten aushandeln, sich bei Gesprächen der Reihe nach einbringen;
– Freude zeigen an der Nutzung von Sprache (mündlich und schriftlich); aufmerksam zuhören, auf Erzähltes relevante Bemerkungen oder Fragen einbringen;
– Geschichten, Liedern, der Musik, Reimen, Gedichten gerne zuhören und Geschichten erfinden;
– den eigenen Namen – auch Beschriftungen – schreiben, einfache Sätze schreiben, gegebenenfalls auch mit den richtigen Satzzeichen;
– einen Bleistift nutzen und korrekt halten, um erkennbare und in der Mehrzahl korrekte Buchstaben zu schreiben.

Auszüge aus: QCA/DfEE (2000), Übersetzung aus dem Englischen von der Verf.

Lernfeld „Mathematische Grundbildung"
– Bis zu zehn Sachen zählen;
– die Ziffern eins bis neun erkennen;
– bei Aktivitäten und Gesprächen gelegentlich die Rechensprache (addieren, subtrahieren) nutzen (z. B. „Wenn zwei Kinder dazu kommen, dann sind wir sieben Kinder, denn fünf und zwei sind sieben");
– Begriffe wie „mehr" und „weniger" anwenden, um zwei Zahlen zu vergleichen;
– Begriffe wie „größer", „kleiner", „schwerer", „leichter" angemessen anwenden.

Auszüge aus: QCA/DfEE (2000), Übersetzung aus dem Englischen von der Verf.

Evaluation

Die curricularen Leitlinien enthalten keine spezifischen Aussagen über Evaluation, wohl aber über die Schlüsselrolle der Fachkräfte für „effektives Lernen" und „effektive Entwicklung". Planung, Organisation des Lernumfeldes, regelmäßige Beobachtung der Kinder sowie der Einsatz von Einschätzungsverfahren werden als zentrale Werkzeuge der pädagogischen Arbeit hervorgehoben. In England werden alle anerkannten frühpädagogischen Institutionen durch eine externe Fachaufsicht (inspection) bewertet. Bei den Evaluationsverfahren liegt der Schwerpunkt auf standardisierten Einschätzungsverfahren. Zum Schulanfang wird zum Beispiel ein „baseline assessment" durchgeführt. Diese bevorzugte Orientierung an rationalen Verfahren wurde im OECD-Evaluationsbericht (2000) mit Blick auf die enorme Vielfalt an kindlichen Lebens- und Entwicklungsverläufen kritisch angemerkt.

Curriculumentwicklung in Norwegen

Norwegen hat ein integriertes System der Bildung, Erziehung und Betreuung für Kinder im Alter von null bis sechs Jahren unter der Zuständigkeit des Ministeriums für Kinder- und Familienangelegenheiten. 1997 wurde das Einschulungsalter von sieben auf sechs Jahre herabgesetzt. In den letzten Jahren wurden zunehmend Aufgaben in die Verantwortungsbereiche der 19 Regionen und 435 Kommunen übertragen, die mehrheitlich das schulische Bildungssystem und den Vorschulsektor in einer Behörde zusammengefügt haben. Die Hauptformen der Kindertagesbetreuung sind die barnehager (Tageseinrichtungen für unter Ein- bis Sechsjährige), apen barnehager (offene Tageseinrichtungen für Kinder und Eltern) und Familientagespflege. Kindertagesbetreuung ist – wie auch in Deutschland – gebührenpflichtig. Bis zum Jahr 2005 soll der Anteil der Kosten für Eltern auf 20 Prozent reduziert werden.

Der neue Rahmenplan für die barnehager, der in einem umfangreichen Dokument von 160 Seiten Grundsätze, curriculare Ziele und methodische Hinweise für die Bildungs- und Erziehungsarbeit vorgibt, wurde 1996 eingeführt. Alle Tageseinrichtungen – auch die offenen Einrichtungen und die Familientagespflege – müssen ihre Jahrespläne an diesem nationalen Curriculum orientieren. Der Jahresplan wird von einem einrichtungsspezifischen Koordinierungsbeirat formuliert. Mitglieder des Beirats sind der Einrichtungsträger, Vertreter des pädagogischen Personals und Vertreter der Elternschaft. Die Tageseinrichtung orientiert sich an lokalen Bedingungen bei der Umsetzung der Rahmenvorgaben. Der Träger sorgt dafür, dass die Einrichtungen über die entsprechenden Rahmenbedingungen für die Umsetzung des Rahmenplans verfügen.

Grundprinzipien des Rahmencurriculums

Die wichtigsten Grundorientierungen des norwegischen Rahmencurriculums sind folgende:

- Der Rahmenplan geht von einer ganzheitlichen Sichtweise des Kindes und der kindlichen Lernprozesse aus.
- Kindheit wird als eine Lebensphase mit intrinsischem Wert betrachtet (und nicht vorwiegend als eine Vorbereitungsphase für die Schule und für das Erwachsenenleben).
- Es wird unterschieden zwischen Zuwendung (care), informellem Lernen (spontanen Hier-und-Jetzt-Situationen, Spiel) und formellem Lernen (täglicher Versammlung als Großgruppe, thematische Arbeit).
- Kommunikation und soziale Kompetenz werden als die wichtigsten anzustrebenden Basiskompetenzen gesehen.

Lernfelder und Leitziele

„Eine glückliche Kindheit" und das „Wohlergehen" der Kinder werden als Leitziele genannt. Die zentralen Lern- und Erfahrungsbereiche werden nach fünf Dimensionen strukturiert:

- Gesellschaft, Religion, Ethik
- Ästhetische Erfahrungsbereiche
- Sprache, Text, Kommunikation
- Natur, Ökologie, Technologie
- Körperliche Aktivitäten, Gesundheit

Für jedes Lernfeld gilt – wie auch in England – die Aneignung von Erfahrungen, Wissen, Kompetenzen und Einstellungen. Es werden jeweils Ziele formuliert sowie methodische Hinweise für die Umsetzung dieser Ziele gegeben. Als „Basiskompetenz" sind insbesondere folgende Dimensionen hervorgehoben:

„Basiskompetenz"
- Kontakt aufnehmen und Beziehungen aufbauen;
- ein positives Selbstbild und eine positive Einstellung zur eigenen Lernkompetenz;
- Selbstständigkeit, Kreativität und Flexibilität;
- sich mit den Situationen anderer identifizieren und eine Situation aus verschiedenen Perspektiven betrachten können;
- mit anderen kooperieren, Respekt und Wertschätzung für andere zeigen; lernen und dazu beitragen, positive Ziele für die Kooperation mit anderen zu formulieren;
- mündliche Sprachkompetenz;
- mit anderen durch verschiedene Mittel kommunizieren können.

Auszug aus: Ministry of Children and Family Affairs (1996), S. 22; Übersetzung aus dem Englischen von der Verf.

Evaluation

Eines der neun Kapitel im norwegischen Rahmenplan befasst sich mit den Themen „Planung, Implementierung und Evaluation" (S. 30 ff.). Der nationale Rahmenplan bietet dem pädagogischen Personal und dem Koordinierungsbeirat einen verbindlichen Rahmen für die Planung, Implementierung und Evaluierung des pädagogischen Programms der Tageseinrichtung. Die lokalen Aufsichtsbehörden haben die Aufgabe sicherzustellen, dass die Tageseinrichtungen nach dem Rahmenplan arbeiten.

Der einrichtungsspezifische Jahresplan (siehe oben) wird einerseits als Orientierungsgrundlage nach innen gesehen: für die einzelnen Fachkräfte, für das Einrichtungsteam, für die Zusammenarbeit mit den Eltern wie auch als Hilfsinstrument für das Management und die Evaluation der Bildungs- und Erziehungsarbeit. Andererseits ist der Jahresplan eine wichtige Quelle der Außendarstellung von Informationen über die Tageseinrichtung: für die Einrichtungsträger, Politiker, kommunale Arbeitgeber, kooperierende Fachdienste und weitere Interessierte.

Evaluation wird als Teil des Jahresplans gesehen und orientiert sich an folgenden Fragen: Was soll evaluiert werden? Was sind die relevanten Evaluationskriterien? Wie werden Informationen gesammelt? Wer soll evaluieren und wann bzw. wie sollen die Bewertungen präsentiert und diskutiert werden? Neben der täglichen Beobachtung und Reflexion über die pädagogische Arbeit sollen gezielte und systematische Datensammlungen über längere Zeiträume geplant werden. Selbstevaluation wird als Herausforderung für das Einrichtungsteam verstanden. Alle Fachkräfte sollen an den Evaluationsprozessen beteiligt sein, hervorgehoben wird jedoch die Rolle der Einrichtungsleitung in der Entwicklung und Implementierung der Evaluationsarbeit.

Curriculumentwicklung in Schweden

Wie Norwegen hat auch Schweden ein koordiniertes System der Bildung, Erziehung und Betreuung von Kindern im vorschulpflichtigen Alter. Bis 1996 waren alle Tageseinrichtungen und die Familientagespflege unter der administrativen Zuständigkeit des Ministeriums für Gesundheit und Soziales. Es folgte dann ein Wechsel zum Ministerium für Bildung und Wissenschaft sowie eine weitgehende Dezentralisierung der Verantwortung an lokale Bildungsbehörden, die auch für das schulische Bildungssystem zuständig sind. Unmittelbar danach wurden Vorschulklassen für Sechsjährige an Grundschulen eingerichtet, die zwar nicht verpflichtend sind, aber von nahezu allen Sechsjährigen besucht werden. Insofern stellen sie de facto eine Herabsetzung des Schulpflichtalters dar, das nach wie vor bei sieben Jahren liegt.

Gründe für die erstmalige Einführung eines nationalen Curriculums für die Ein- bis Sechsjährigen waren: die oben genannte administrative Neuordnung der Tageseinrichtungen; die Notwendigkeit der Einführung neuer Formen der Zielsteuerung im Rahmen der Dezentralisierung; eine allgemeine Bildungsdiskussion aufgrund von Gesellschaftsanalysen, die einen Übergang in neue Gesellschaftsformen konstatierten („Wissensgesellschaft", „Kreativgesellschaft" usw.). Die frühen Kindheitsjahre wurden in einem neuen Licht gesehen – als Grundstein für die Entwicklung positiver Lerndispositionen für ein „lebenslanges Lernen". Der 1998 in Kraft tretende Bildungsplan für die Vorschuljahre gilt als Steuerungsinstrument mit dem gleichen Status wie der Grundschullehrplan.

Grundprinzipien

Das schwedische Curriculum betont insbesondere staatsbürgerliche Ziele und demokratische Prinzipien (vgl. Ministry of Education and Science in Sweden 1998). Im Einleitungstext heißt es: „Demokratie bildet den Grundstein der Vorschule."[2] Es werden Werte hervorgehoben wie: Achtung vor dem menschlichen Leben, individuelle Freiheit und Integrität, die Gleichwertigkeit aller Menschen, die Gleichstellung der Geschlechter und Solidarität mit Schwächeren (ebd. S. 7). Diese Grundsätze und die daraus abzuleitenden Ziele für die Bildungs- und Erziehungsarbeit werden in einer schlichten Broschüre von 16 Seiten festgelegt.[3] Im Wesentlichen werden relativ abstrakte Zielvorgaben formuliert, nicht aber methodische Vorgaben. Stattdessen setzt der schwedische Ansatz auf die Professionalität der Fachkräfte und insbesondere auf das gesamte Einrichtungsteam, um diese Grundsätze und Zielvorstellungen umzusetzen. So wird zum Beispiel betont:

Curriculumdimension „Normen und Werte"
Das Personalteam
– trägt Verantwortung dafür, dass die Bedürfnisse jedes einzelnen Kindes respektiert und berücksichtigt werden und dass jedes Kind seine Individualität erleben kann;
– trägt Verantwortung dafür, dass die Kindertageseinrichtung demokratische Arbeitsformen umsetzt, die Kindern aktive Partizipationsmöglichkeiten bieten;
– sollte bewusst Situationen aufgreifen, die ethische Dilemmata und Lebensfragen berühren;
– sollte Kindern nahe bringen, dass Menschen unterschiedliche Einstellungen und Wertvorstellungen haben, die ihre Meinungen und Handlungen beeinflussen;

---

[2] In der englischsprachigen Übersetzung des offiziellen Curriculumdokuments wird der Begriff „pre-school" gewählt. Es handelt sich aber nicht um „Vorschulen" im deutschsprachigen Sinne, sondern um Tageseinrichtungen für Kinder im Alter von ein bis sechs Jahren.
[3] In anderen Ländern sind diese Dokumente zum Teil erheblich umfangreicher. Beispielsweise hat der norwegische Rahmenplan 160 Seiten (Alvestad & Pramling Samuelsson 1999, S. 5).

> – sollte mit der Familie in Fragen des Aufwachsens kooperieren und mit Eltern die Regeln und Vorstellungen der Kindertageseinrichtung diskutieren.

Auszug aus: Ministry of Education and Science in Sweden 1998, S. 13, Übersetzung aus dem Englischen von der Verf.

Es ist kein präskriptives Dokument im Sinne von Vorgaben über die Inhalte oder Methoden der pädagogischen Arbeit. Grundgedanke dabei ist: Es gibt nicht nur einen Weg, ein bestimmtes Ziel zu erreichen, sondern die Wege können – müssen sogar – unterschiedlich sein, um der Individualität der einzelnen Kinder und Familien gerecht zu werden.

Lernfelder und Leitziele

Das schwedische Vorschulcurriculum nennt allgemeine „Lebens- bzw. Basiskompetenzen", die angestrebt werden sollen, um Kinder nicht nur in ihrem „Hier-und-Jetzt" zu unterstützen, sondern sie auch auf ein Bestehen in der „Gesellschaft von morgen" vorzubereiten. Dazu gehören: Kooperationsfähigkeit, Verantwortungsübernahme, Flexibilität, Kreativität, Problemlösekompetenz, Initiative, Reflexionsvermögen, Selbststeuerung, Kritikfähigkeit, Kommunikationsfähigkeit sowie lernmethodische Kompetenz – die Fähigkeit zu lernen, wie man lernt. Es werden fünf Dimensionen der Bildungs- und Erziehungsarbeit genannt:

- Normen und Werte
- Entwicklung und Lernen
- Einfluss des Kindes
- Vorschuleinrichtung und Elternhaus
- Zusammenarbeit zwischen Vorschulklasse, Schule und Hort

Von diesen fünf Dimensionen bildet die Dimension Entwicklung und Lernen den Schwerpunkt. Jede Dimension ist unterteilt in eine kurze Einleitung, Ziele, die angestrebt werden sollen, sowie Anregungen für die pädagogische Arbeit, die jeweils die tragende Rolle des gesamten Einrichtungsteams unterstreichen. In der folgenden Übersicht werden stichwortartig die wesentlichen Ziele für den Bereich „Entwicklung und Lernen" dargestellt.

Curriculumdimension „Entwicklung und Lernen"

- Identität, Selbstvertrauen, Neugierde, Lust und Fähigkeit zum Spielen und Lernen, Autonomie, Vertrauen in die eigenen Kompetenzen;
- Sinn für Beteiligung an der eigenen Kultur, Anerkennung und Respekt vor anderen Kulturen;
- zuhören, erzählen, eigene Ideen zum Ausdruck bringen, sich als Individuum und als Gruppenmitglied verhalten, mit Konflikten umgehen, Verständnis für Rechte und Pflichten, Verantwortung für vereinbarte Regeln;
- körperbezogene Kompetenzen: Koordination, Körperbewusstsein, Pflege der eigenen Gesundheit und des persönlichen Wohlbefindens;
- Begriffsdeutungen, Zusammenhänge wahrnehmen, Verständnis für die unmittelbare Umwelt vertiefen;
- differenzierte mündliche Sprache, Kommunikationsfähigkeit, Gedanken zum Ausdruck bringen, Begriffsentwicklung, mit Worten spielen, Interesse an der Schriftsprache, Verständnis für die kommunikative Funktion von Symbolen;
- kreative Kompetenzen: Ideen und Erfahrungen durch verschiedene Ausdrucksformen vermitteln (Spiel, Bilder, Lieder und Musik, Tanz, Theaterspiel), bauen, gestalten mit verschiedenen Materialien und Techniken;
- Mathematik in sinnhaltigen Situationen und Zusammenhängen entdecken, Eigenschaften des Zahl- und Messsystems kennen lernen, sich orientieren in Zeit und Raum;
- Verständnis entwickeln für einfache naturwissenschaftliche Phänomene, Kenntnisse von Pflanzen und Tieren.

Auszüge aus: Ministry for Education and Science in Sweden and National Agency for Education (2001), Übersetzung aus dem Englischen von der Verf.

Evaluation

Im Einleitungstext zum schwedischen Curriculum wird auf die Bedeutung von „Planung, Implementierung, Evaluation und Entwicklung" hingewiesen (S. 4 f.). Die Aktivitäten der Vorschuleinrichtungen sollen in Bezug zu den curricularen Zielen geplant, umgesetzt, evaluiert und weiterentwickelt werden. Es wird viel Wert auf „pädagogische Dokumentation" als Basis für Reflexions- und Evaluationsgespräche gelegt. Die notwendige Professionalität der Fach- und Leitungskräfte wird hervorgehoben sowie die Rolle der Kommunen in der Gesamtorganisation. Externe Evaluationsverfahren werden nicht thematisiert.

Curriculumentwicklung in Neuseeland

Neuseeland ist vielleicht das einzige Land der Welt, in dem die gesamte Anlage des vorschulischen Bildungs- und Erziehungskonzepts (für unter Ein- bis Fünfjährige) konsequent auf einem bikulturellen Prinzip aufgebaut wurde. Die kulturellen Traditionen und Bildungsvorstellungen der Ureinwohner (Maori) und der mehrheitlich anglo-europäischen Bevölkerung (Pakeha) waren gleichermaßen Ausgangspunkt für die Entwicklung gemeinsamer pädagogischer Grundsätze und Leitideen. Die Metapher Te Whäriki („Eine Matte, auf der alle stehen können" – so heißt der Bildungsplan) unterstreicht das gemeinsame Konzept. Das Verständnis von „Curriculum" ist sehr breit und wird definiert als „... die Summe der Erfahrungen, Aktivitäten, Ereignisse, die direkt oder indirekt in Einrichtungen auftreten, die sich mit der Entwicklung und dem Lernen von Kindern beschäftigen" (Ministry of Education 1996, S. 10).

Te Whäriki, ein Dokument mit genau 100 Seiten, bildet die Grundlage für die pädagogische Arbeit in allen subventionierten Tageseinrichtungen, ist aber nicht verbindlich. Das Rahmenkonzept wurde 1996 eingeführt.

Seit 1989 sind die sehr vielfältigen Angebotsformen im Vorschulsektor (Halb- und Ganztagseinrichtungen, Einrichtungen mit unterschiedlichen kulturellen und philosophischen Orientierungen, Tagespflege in Familien, Elterninitiativen usw.) dem Bildungsministerium unterstellt. Te Whäriki soll einen verbindenden Rahmen für diese Vielfalt schaffen. Es war das erste Mal in der Geschichte der neuseeländischen Frühpädagogik, dass eine Regierung sich mit curricularen Fragen für die Vorschulzeit befasste. Auch hier war Neuseeland vermutlich das erste Land weltweit, das auch die unter Dreijährigen in ein umfassendes Bildungskonzept für die Vorschuljahre einbezog. Kinder werden am fünften Geburtstag in die Pflichtschule eingeschult.

Die Grundprinzipien

Folgende vier Prinzipien bilden die Grundlage des Curriculums:

Whakamana	**Ermächtigung (empowerment):** Das Curriculum ermächtigt Kinder zu lernen und zu wachsen
Kotahitanga	**Ganzheitliche Entwicklung:** Das Curriculum verkörpert die ganzheitliche Art und Weise, wie Kinder lernen und wachsen
Whanau tangata	**Familie und Gemeinde:** Familie und Gemeinde sind integrierter Teil des Curriculums
Nga Hononga	**Beziehungen:** Kinder lernen durch offene und wechselseitige Beziehungen mit Menschen, Orten und Dingen

Auszug aus: New Zealand Ministry of Education (1996), S. 14, Übersetzung aus dem Englischen von der Verf.

Das Curriculum gründet sich auf folgende Vision für Kinder in Neuseeland: „Sie sollen als kompetent und selbstbewusst Lernende und Kommunizierende aufwachsen, gesund an Körper, Verstand und Geist, sich sicher fühlen durch ein Bewusstsein der Zugehörigkeit und in dem Wissen, dass sie einen wertvollen Beitrag zur Welt darstellen." (Ministry of Education 1996, S. 9)

Lernfelder und Leitziele

Fünf Dimensionen (curriculare „Fäden") werden als wichtige Lernfelder hervorgehoben:

- Wohlbefinden
- Zugehörigkeit
- Partizipation
- Kommunikation
- Exploration

Für jede Dimension werden mögliche „Lernergebnisse", relevantes Wissen sowie entsprechende Kompetenzen und Einstellungen beschrieben, ohne konkrete inhaltliche oder methodische Vorgaben zu machen. Stattdessen gibt es Fragen zur Reflexion der pädagogischen Arbeit und Beispiele für die Bildungs- und Erziehungsarbeit, getrennt für drei Altersgruppen dargestellt: Kinder im Alter von null bis achtzehn Monaten, im Alter von eins bis drei Jahren und im Alter von zweieinhalb bis zur Einschulung.

Die folgende Übersicht stellt die vier genannten Ziele für die Dimension „Kommunikation" dar.

Ziele der Curriculumdimension „Kommunikation"
– Kinder erleben eine Umgebung, in der sie nichtverbale Kommunikationsformen für eine Vielfalt situativer Anforderungen entwickeln;
– Kinder erleben eine Umgebung, in der sie mündliche Sprachkompetenz für eine Vielfalt situativer Anforderungen erwerben;
– Kinder erleben eine Umgebung, in der sie die Geschichten und Symbole ihrer eigenen Kultur und von anderen Kulturen erfahren;
– Kinder erleben eine Umgebung, in der sie verschiedene Möglichkeiten entdecken, sich kreativ auszudrücken.

Auszug aus: New Zealand Ministry of Education (1996), S. 72, Übersetzung aus dem Englischen von der Verf.

Evaluation

„Planung, Evaluation und Einschätzung (assessment)" (S. 28 f.) werden als zentrale Werkzeuge der pädagogischen Arbeit dargestellt. Evaluation wird als Mittel der Feststellung von Qualität und Effektivität des Programms gesehen. „Evaluative Prozesse betonen die Qualität des Angebots und nutzen alle Einschätzungsverfahren, die von Erwachsenen und Kindern durchgeführt werden können" (S. 29). Weiter heißt es: „Die Bedürfnisse der Kinder sollen das Curriculum bestimmen, nicht Einschätzungsverfahren" (ebd.).

Mit der Einführung des Curriculums wurden zwei Projekte eingeleitet, die sich mit Evaluationsfragen befassten. Das Projekt „Lerngeschichten" (Carr 2000) betonte die Bedeutung des Schlüsselbegriffs „Lerndisposition", d. h. mit der Entwicklung einer positiven Haltung zum Lernen. Das Projekt ging von einem umfassenden Verständnis von den geforderten „Lernergebnissen" aus, das Motivation, Basiskompetenzen, Wissen und Lernstrategien einbezog. Am Ende der Vorschulzeit (mit knapp fünf Jahren) sollte jedes Kind ein „Selbstbild als Lernender" haben (vgl. May et al. 2002). Das Projekt „Lehrgeschichten" richtete die Aufmerksamkeit auf die professionelle Haltung der pädagogischen Fachkräfte. Hier ging es zum Beispiel darum, Fragen und Themen aus der Perspektive des Kindes besser wahrzunehmen. Wichtige Themen waren außerdem die Co-Konstruktion von Lernprozessen durch Erwachsene und Kinder sowie der Stellenwert von Beobachtung, Planung, Reflexion und Dokumentation als fortlaufender Zyklus und integrierter Bestandteil der pädagogischen Evaluation. Fragen der externen Evaluation werden im Curriculum nicht thematisiert.

Die Diskussion um eine verbindliche Bildungsprogrammatik in Deutschland

Aufgrund der komplexen historischen Tradition der Kindertageseinrichtungen in Deutschland wird die Idee eines – vor allem verbindlichen – Rahmenkonzepts für die pädagogische Arbeit oft kontrovers diskutiert. Heute wird sehr viel Wert auf Regionalität und Subsidiarität gelegt. Die staatliche Zurückhaltung in konzeptionellen Fragen korrespondiert mit einer weitgehenden Autonomie der Träger und der einzelnen Kindertageseinrichtung in der Ausgestaltung ihrer Bildungs- und Erziehungskonzeption. In den ostdeutschen Bundesländern bleiben widersprüchliche Erinnerungen an den verbindlichen Bildungsplan der DDR-Zeiten. Und trotzdem wird in der Fachdiskussion und auch in den verantwortlichen Landesbehörden die Frage eines verbindlicheren Rahmens für die Bildungs- und Erziehungsarbeit in den Vorschuljahren verstärkt diskutiert (vgl. Fthenakis 2002). In Bayern zum Beispiel wird schon an der konkreten Ausgestaltung eines Bildungs- und Erziehungsplans gearbeitet.

Diese Entwicklungen werfen grundsätzliche Fragen auf (vgl. Oberhuemer 2002). Wie eng oder wie breit wird curriculare Regulierung verstanden? Welche Grundsätze, Leitziele, Lern- und Kompetenzfelder gelten als relevant? Welchen Stellenwert haben Evaluationsfragen? Welche „Bilder" von Kindern und Pädagogen sind in der curricularen Programmatik zu erkennen? Werden Kinder als kompetente, eigenständige Lernende wahrgenommen, als Co-Konstrukteure von Lern- und Bildungsprozessen? Oder gelten sie vorwiegend als Rezipienten von kulturell bedeutenden Wissensbeständen? Werden Pädagog/innen als Vermittler von vorgeschriebenen Curricula gesehen oder als Mitgestalter von Lernprozessen, als Praxisforschende, als Netzwerkexpert/innen, als Fürsprecher für Kinder in den frühen Jahren? Wie wird der Übergang in die Pflichtschule konzeptualisiert? Welche Vorstellungen gibt es von „Schulbereitschaft"? Welche Strategien gelten als wichtig für einen gelingenden Schulstart?

In den genannten Ländern – vor allem in Schweden und Neuseeland – wurden diese Fragen breit diskutiert. So ruhen die dort eingeführten Curricula auf einem fundierten fachlichen Konsens. Lernen und Bildung werden vorwiegend aus soziokultureller Perspektive gesehen. Das Leitziel der Bildungsarbeit ist die Unterstützung eines positiven Selbstbildes des Kindes als lernendes Individuum und als Träger eigener Rechte in einer demokratischen Gemeinschaft. Die pädagogischen Fachkräfte verstehen sich dabei als Beziehungspartner in co-konstruktiven Lern- und Bildungsprozessen und sollten darin unterstützt werden.

Die breite Diskussion über Bildung in den frühen Kindheitsjahren fängt in Deutschland – dank der gebündelten Ergebnissen des Forum Bildung (2001), der PISA-Studie (Baumert et al. 2001) sowie des Bundesjugendkuratoriums (2001) – jetzt erst richtig an.

Literatur

Alvestad, Marit; Pramling Samuelsson, Ingrid (1999): A Comparison of the National Preschool Curricula in Norway and Sweden. In: Early Childhood Research & Practice, Vol. 1, No. 2, S. 1–22

Baumert, Jürgen; Klieme, Eckhard; Neubrand, Michael; Prenzel, Manfred; Schiefele, Ulrich; Schneider, Wolfgang; Stanat, Petra; Tillmann, Klaus-Jürgen; Weiß, Manfred (Hrsg.) (2001): PISA 2000. Basiskompetenzen von Schülerinnen und Schülern im internationalen Vergleich. Leske + Budrich, Opladen

Boyd, Ross (2001): Early Childhood Education and Care in New Zealand. Unpublished Paper. In: Ministry of Education, New Zealand

Bundesministerium für Familie, Senioren, Frauen und Jugend (Hrsg.) (2001): Zukunftsfähigkeit sichern! Für ein neues Verhältnis von Bildung und Jugendhilfe. Eine Streitschrift des Bundesjugendkuratoriums. Bonn

Carr, Margaret (2000): Assessment in Early Childhood Settings. Learning Stories. Paul Chapman / Sage, London

Forum Bildung (Hrsg.) (2001): Empfehlungen des Forum Bildung. Bonn: Arbeitsstab Forum Bildung in der Geschäftsstelle der Bund-Länder-Kommission für Bildungsplanung und Forschungsförderung

Fthenakis, Wassilios E. (2002): Ein Bildungsplan für die Zukunft. In: klein und groß, H. 4, S. 6–14

Fthenakis, Wassilios E.; Oberhuemer, Pamela (Hrsg.) (im Druck): Frühpädagogik international. Bildungsqualität im Blickpunkt. Leske + Budrich, Opladen

May, Helen; Carr, Margaret; Podmore, Valerie (im Druck): Te Whäriki. Neuseelands Curriculum für die frühen Kindheitsjahre 1991–2001. In: Wassilios E. Fthenakis; Pamela Oberhuemer (Hrsg.): Frühpädagogik international. Bildungsqualität im Blickpunkt. Leske + Budrich, Opladen

Ministry of Education and Science in Sweden and National Agency for Education (2001): Curriculum for the pre-school, Lpfö 98. Stockholm

Ministry of Children and Family Affairs (1996): Framework Plan for Day Care Institutions. A brief presentation. Barne- og familiedeparetementet, Oslo

Moss, Peter (2001): Britain in Europe: Fringe or Heart? In: Gillian Pugh (Ed.): Contemporary Issues in the Early Years. Working Collaboratively for Children. Paul Chapman, London, S. 25–39

New Zealand Ministry of Education (1996): Te Whäriki. Early Childhood Curriculum. Wellington

Norwegian Background Report for the OECD Thematic Review (1999): Ministry of Children and Family Affairs, Oslo http://www.oecd.org/els/education/ecec/docs. html (10.8.2002)

Norwegian Country Note for the OECD Thematic Review on Early Childhood Education and Care (1999). http://www.oecd.org/els/education/ecec/docs.html (10.8.2002)

Oberhuemer, Pamela (2002): Internationale Entwicklungen in der vorschulischen Bildung und Kindertagesbetreuung: OECD-Studie in 12 Ländern. In: KiTa aktuell (BY), 14. Jg., H. 10, S. 199–201

Oberhuemer, Pamela (im Druck): Bildungskonzepte für die frühe Kindheit in internationaler Perspektive. In: Wassilios E. Fthenakis; Pamela Oberhuemer (Hrsg.): Frühpädagogik international. Bildungsqualität im Blickpunkt. Leske + Budrich, Opladen

Oberhuemer, Pamela; Ulich, Michaela (1997): Kinderbetreuung in Europa. Tageseinrichtungen und pädagogisches Personal. Eine Bestandsaufnahme in den Ländern der Europäischen Union. Beltz, Weinheim und Basel. Auch erschienen als: Working with Young Children in Europe. Paul Chapman, London

OECD (2001): Starting Strong. Early Childhood Education and Care. Organisation for Economic Co-operation and Development, Paris

Pramling Samuelsson, Ingrid (im Druck): Demokratie: Leitprinzip des vorschulischen Bildungsplans in Schweden. In: Wassilios E. Fthenakis; Pamela Oberhuemer (Hrsg.): Frühpädagogik international. Bildungsqualität im Blickpunkt. Leske + Budrich, Opladen

QCA (Qualifications and Curriculum Authority); DfEE (Department for Education and Employment) (2000): Curriculum Guidance for the Foundation Stage. QCA/DfEE, London

Smith, Anne B. (im Druck): Vielfalt statt Standardisierung: Curriculumentwicklung in Neuseeland in theoretischer und praktischer Perspektive. In: Wassilios E. Fthenakis; Pamela Oberhuemer (Hrsg.): Frühpädagogik international. Bildungsqualität im Blickpunkt. Leske + Budrich, Opladen

Swedish Background Report for the OECD Thematic Review on Early Childhood Education and Care (1999). Ministry of Education and Science: Stockholm http://www.oecd.org/els/education/ecec/docs.html (10.8.2002)

Swedish Country Note for the OECD Thematic Review on Early Childhood Education and Care (2000). http://www.oecd.org/els/education/ecec/docs.html (10.8.2002)

UK Background Report for the OECD Thematic Review on Early Childhood Education and Care (1999). Department for Education and Employment: London http://www.oecd.org/els/education/ecec/docs.html (10.8.2002)

UK Country Note for the OECD Thematic Review on Early Childhood Education and Care (2000). http://www.oecd.org/els/education/ecec/docs.html (10.8.2002)

Hartmut Kasten

Die Bedeutung der ersten Lebensjahre

Ein Blick über den entwicklungspsychologischen Tellerrand hinaus

Die Frage nach der Bedeutung der frühen Kindheit für die Entwicklung der Persönlichkeit wird bis heute kontrovers diskutiert. Psychoanalytisch und psychobiologisch orientierte Autoren betonen, wie wichtig früheste Entwicklungsabschnitte sind und gehen davon aus, dass in dieser Zeit entscheidende Prägungen stattfinden, die sich auf das ganze weitere Leben auswirken. Behavioristisch und lerntheoretisch orientierte Psychologen bezweifeln dies und heben demgegenüber die nahezu unbegrenzte Flexibilität und Plastizität menschlichen Lernens hervor.

In den letzten Jahrzehnten hat es – geleitet von der jeweiligen Mainstream-Psychologie – mehrere Paradigmenwechsel gegeben: In den frühen siebziger Jahren waren Werner Correll und Heinz-Rolf Lückert typische Vertreter der Frühleselern-Bewegung. Ihr erklärtes Ziel war es, die schlummernden Begabungen von Kindergartenkindern durch angemessene Förderprogramme zu wecken. Kurz darauf formierten sich Gegner dieser Bewegung, die dafür plädierten, Kinder spielen zu lassen und nicht zu früh mit Leistungsanforderungen zu belasten. In den achtziger Jahren verlor man die egalitär und kompensatorisch orientierte Vorschulerziehung („gleiche Chancen für alle") mehr und mehr aus den Augen und entdeckte die Hochbegabten neu; Einrichtungen zur Selektion und Förderung der „kleinen Genies" wurden, oft in Angliederung an Universitätsinstitute, gegründet.

Durch Ergebnisse der neurophysiologischen Forschung wurde die frühpädagogische Diskussion in den letzten Jahren neu angefacht. Grundlage dafür waren neue, so genannte bildgebende Untersuchungsmethoden, wie z. B. die Positronen-Emissions-Tomographie. Im Folgenden wird zunächst ein kurzer Überblick über die wichtigsten, für die

Entwicklungspsychologie und Frühpädagogik relevanten Ergebnisse gegeben, die im letzten Jahrzehnt gewonnen wurden.

Neuronale Muster prägen die Entwicklung – Ergebnisse der Hirnforschung

Bei der Geburt verfügt unser Gehirn über 100 Milliarden Neuronen – das sind so viele Nervenzellen wie unsere Milchstraße Sterne hat. Sie sind durch mehr als 50 Billionen Verbindungen (Synapsen) miteinander verknüpft. Diese Verbindungen wurden zum großen Teil durch genetisch gesteuerte Programme angelegt (rund 40.000 Gene sind für die Ausbildung und Funktion des Gehirns zuständig). Sie werden aber auch durch intrauterine Erfahrungen gebildet (die Sinnesorgane funktionieren größtenteils bereits im siebten intrauterinen Monat). Die Anzahl der Synapsen verzwanzigfacht sich in den ersten Lebensmonaten – erfahrungsabhängig – durch die Anreize und Anregungen, die der Säugling aus seiner Umwelt erhält, auf mehr als 1.000 Billionen im achten Lebensmonat. „(Unser) Gehirn als körperliches Organ ist zugleich ein gesellschaftliches Organ: Schon im Mutterleib und in den ersten Lebensabschnitten nach der Geburt saugt es sich (…) mit Gesellschaft voll", beschreibt Gerhard Roth (Tagesspiegel vom 10.6.1999, Artikel „Den Hirngespinsten auf der Spur") trefflich diesen Prozess. Nicht benötigte Synapsen sterben ab und werden sozusagen wieder eingeschmolzen („pruning"). Dabei schöpft das Gehirn aus dem Vollen: Ungefähr 30 bis 50 Prozent der „überflüssigen" Verbindungen verschwinden wieder. Das Gehirn verbraucht während dieser Zeit (und in den folgenden zehn Lebensjahren) doppelt so viel Energie wie ein Erwachsenengehirn.

Es finden sich Anhaltspunkte dafür, dass bestimmte sensorische, sensumotorische und psychische Funktionen, wie z. B. die Tiefenwahrnehmung, das zielorientierte Greifen, das Stapel-Gedächtnis, an neurophysiologische Prozesse gekoppelt sind, die – einer endogenen Entwicklungsdynamik folgend – zu bestimmten Zeitpunkten der Ontogenese schwerpunktmäßig in Erscheinung treten und während dieser sensiblen Phasen besonders wirksam gefördert werden können. Einige wenige (dafür aber umso wesentlichere) endogen vorstrukturierte psychische und psychosoziale Funktionen, wie z. B. das Bindungsverhalten und der Spracherwerb, bedürfen zwingend der externen Anregung und Unterstützung. Bleibt diese aus, so wird die entsprechende Funktion nicht (oder allenfalls in verkümmerter Form) ausgebildet.

Des Weiteren gibt es Belege dafür, dass die im Verlaufe des ersten Lebensjahres und insbesondere in den ersten Lebensmonaten entstandenen synaptischen Verbindungen ein Netzwerk oder „neuronales Grundmuster", eine bestimmte „funktionelle Architektur der Grosshirnrinde" (vgl. Singer in diesem Buch), bilden. Dies ist nicht nur grundlegend für die weitere biopsychosoziale Entwicklung, sondern erweist sich auch als besonders veränderungsresistent gegenüber neuen äußeren Einflüssen. Zwar finden während der Pubertät – ausgelöst in erster Linie durch hormonelle Faktoren – noch einmal umfassende und weit greifende Veränderungen im Gehirn statt. Sie tangieren jedoch das individuelle Grundmuster in der Regel nicht, sondern bestehen vor allem in der Verstärkung, Abschwächung und Löschung bestimmter Verbindungen.

Auch die Lernprozesse des erwachsenen Menschen, seine Strategien der Interaktion, Kommunikation, Informationsverarbeitung und des Wissenerwerbs, werden also entscheidend durch die frühkindlich ausgebildeten neuronalen Grundmuster bestimmt. Die vorgegebenen Netzwerke prägen die Verarbeitung des gesamten Inputs des Individuums in qualitativer und quantitativer Hinsicht, d. h. sie konstruieren die subjektive Wirklichkeit der Person, determinieren ihren Erfahrungshorizont, indem sie auswählen und ablehnen, ignorieren und vermeiden.

Die Möglichkeit einer gravierenden Veränderung frühkindlicher neuronaler Verknüpfungsmuster zu einem späteren Zeitpunkt wird nicht gänzlich in Abrede gestellt. Sie dürfte jedoch nur im Gefolge lang anhaltender und/oder traumatischer Einflüsse, z. B. durch permanenten, nicht bewältigbaren Stress oder eine Lebenskrise, gegeben sein. In solchen singulären Fällen, die gelegentlich in den Blickpunkt der klinischen Psychologie gelangen, werden gegebenenfalls auch umfassendere Veränderungen der neuronalen Grundmuster vorgenommen.

Zweifellos untermauern die vorgestellten Forschungsergebnisse die These von der zentralen Bedeutung der frühen Kindheit für die Persönlichkeitsentwicklung und alles menschliche Lernen. Manche Autoren fordern deshalb eine radikale Veränderung der familialen und außerfamilialen Kleinkinderziehung (z. B. Hüther 2001, Singer 2000). Sie gehen davon aus, dass mehr Förderung und Anregung in der frühesten Kindheit ein differenzierteres neuronales Netzwerk schafft, welches grundlegend ist für alle hochwertigen emotionalen, kognitiven und sozialen Lernvorgänge und damit die wichtigste Ressource darstellt für eine erfolgreiche Auseinandersetzung mit allen Anforderungen des späteren Lebens. Andere Autoren reagieren nüchterner und versuchen, die euphorische Aufbruchsstimmung etwas zu dämpfen. Sie weisen darauf hin, dass Kleinkinder auch ohne besondere Förderung sehr viel lernen und auch ohne große Unterstützung und Anregung alle wichtigen Entwicklungsaufgaben von sich aus bewältigen. Lediglich extreme Deprivation, z. B. durch unzulängliche Betreuung, fehlende oder ständig wechselnde Bezugspersonen und mangelhafte physische Versorgung, würde sich langfristig negativ auswirken (z. B. Bruer 2001).

Auch wenn die entscheidende Bedeutung der frühen und frühesten Kindheit für alles menschliche Lernen kaum noch bestritten werden kann, lässt sich über die Vorgehensweisen einer möglichst optimalen Kleinkinderziehung, die an neurophysiologische Voraussetzungen und Veränderungen anknüpft, nach wie vor nur spekulieren. Bis heute fehlen zuverlässige empirische Untersuchungen, in denen, z. B. im Rahmen von Modellversuchen, spezifische Strategien der Anregung und Förderung längsschnittlich in Bezug gesetzt werden zu biologischen, neurophysiologischen und psychosozialen Veränderungen.

Einige in der Vergangenheit veröffentlichte, für die Frühpädagogik relevante, theoretische Ansätze und methodische Vorgehensweisen verdienen es jedoch, im vorliegenden Zusammenhang kurz dargestellt zu werden, auch wenn sie (noch) nicht in einen direkten Bezug zu neurophysiologischen Variablen und Veränderungen gesetzt werden können.

Jeder Säugling ist ein Tragling – Erkenntnisse der Evolutionsbiologie

Wenn Säuglinge unter den Armen hochgehoben werden, reagieren sie mit der Spreiz-Anhock-Reaktion, d. h. sie winkeln die Beine beidseitig im Kniegelenk an und spreizen sie gleichzeitig etwas auseinander. Hier, so vermuten Evolutionsbiologen, äußert sich ein archaischer Reflex: Säuglinge nehmen dadurch die ideale Position ein, um auf der Hüfte ihrer Mutter sicheren Halt zu finden und über längere Strecken getragen zu werden. Auch aus Sicht der modernen Entwicklungspsychologie und Frühpädagogik spricht einiges dafür, diese anscheinend genetisch verankerte Verhaltensausstattung des Säuglings aufzugreifen und ihn, wann immer sich dazu die Gelegenheit bietet, am Körper, möglicherweise unterstützt durch ein entsprechendes Tuch, zu tragen. Getragenwerden, im seitlichen Hüftsitz oder mit Tragehilfen etwas höher in Face-to-face-Orientierung, entspricht den anatomischen Gegebenheiten des Säuglings, sofern sein Rücken dabei ausreichend gestützt wird. In dieser Tragehaltung erfährt der Säugling, gleichgültig in welcher Wachheitsphase er sich gerade befindet, über alle fünf Sinne die jeweils für ihn optimale Interaktion und Kommunikation mit der Außenwelt und der ihn tragenden Bezugsperson: Seine Wahrnehmung der Bewegung der Tragenden stimuliert das proprio-vestibuläre System, d. h. den Gleichgewichtsinn im Innenohr, und wirkt sich beruhigend auf ihn aus.

Die beruhigende Wirkung des Wiegens und der Wiege wurde schon vor vielen Jahrhunderten erkannt. Der permanente Hautkontakt des Säuglings mit der Tragenden nützt nicht nur seinem Körperbewusstsein und seiner Sensibilität für taktile Reize, sondern schafft auch Nähe und Vertrauen und unterstützt den Aufbau einer sicheren Bindung zur Bezugsperson. Ähnliches gilt für die Stimulation der beiden anderen Nahsinne, Geruch und Geschmack. Gesichert ist z. B., dass ein Säugling bereits wenige Tage nach der Geburt seine Mutter am Geruch wieder erkennen kann. Wenn er wach und aufnahmefähig ist, vermag er auch mit seinen Fernsinnen, d. h. visuell und auditiv, Kontakt zu seiner Umwelt aufzunehmen. Dabei ist er in der Lage, selbst die Art und den Umfang der Kommunikation mitzubestimmen und zu steuern, z. B. den Blick von der Außenwelt abzuwenden, wenn ihm Dinge Unbehagen oder Angst einflößen, und Schutz zu suchen am Körper und im Blickkontakt mit der Bezugsperson. Dadurch lernt er ihre Mimik und sonstige Reaktionen immer besser zu verstehen. Was den mitstimulierten auditiven Wahrnehmungskanal betrifft, so wurde gezeigt, dass die besänftigende Stimme vertrauter Personen, z. B. auch die Herztöne der Mutter, eine beruhigende Wirkung auf den Säugling haben (vgl. dazu z. B. Kirkilionis 1997).

Fazit: Säuglinge sind von ihrer genetischen Ausstattung auch Traglinge. Sie von klein auf regelmäßig und auch für längere Zeit am Körper zu tragen, regt sie auf vielfältige Weise an und fördert die Integration ihrer Sinne, d. h. die Strukturierung, Ordnung und Verbindung der von ihnen über die verschiedenen Sinneskanäle wahrgenommenen Reize. Gerade die ganzheitliche Form der Anregung trägt dazu bei, dass sich die Sinnesorgane und entsprechenden Gehirnareale optimal entwickeln.

Das „richtige" Angebot an Reizen – Ergebnisse aus der Neugierforschung

Seit vielen Jahren beschäftigen sich Psychologen mit der Frage, warum Menschen sich in der Regel „interessanten" Dingen zuwenden und „langweilige" Situationen meiden. Die Erforschung des Neugierverhaltens bzw. des Neugiermotivs hat in den letzten Jahrzehnten beträchtliche Fortschritte gemacht. Eine Verbindung zwischen unserer Reflexausstattung, insbesondere dem schon beim Neugeborenen beobachtbaren, angeborenen Orientierungsreflex, d. h. der reflexartigen Hinwendung zu neuartigen Reizkonfigurationen und dem späteren erkundenden, wissbegierigen Verhalten von Kleinkindern, wird nicht mehr in Abrede gestellt. Im Normalfall schließt sich an die reflexartige Hinwendung zur „neuen" Reizkonstellation eine Phase der Verarbeitung oder Gewöhnung (Habituation) an, deren Intensität und Dauer von Fall zu Fall unterschiedlich sein kann. Beeinflusst wird dies u. a. durch die (teilweise angeborenen, teilweise intrauterin modulierten) Fähigkeiten des Säuglings zur Spannungsregulation und seine aktuelle Befindlichkeit. Mit Blick auf das Erregungsniveau werden im Allgemeinen sechs Stufen der Wachheit und Ansprechbarkeit unterschieden, die sich auch mit Hilfe psychophysiologischer Parameter relativ eindeutig voneinander unterscheiden lassen: Tiefschlaf, leichter Schlaf, Träumen, Halbwachsein, Hellwachsein, Quengeln und Weinen. Es leuchtet ein, dass im Zustand der Hellwachheit eine intensivere, d. h. tiefere und differenziertere Exploration und eine entsprechend langsamere Habituation erfolgt als im Zustand des Halbwachseins oder Quengelns.

Aus diesem Zusammenhang lässt sich bereits eine erste – fast trivial anmutende – pädagogische Empfehlung ableiten. Säuglinge und Kleinkinder sollten nur dann mit Neuem konfrontiert werden, wenn sie wach und entspannt sind. Anderenfalls erfolgt nur eine oberflächliche, von Unlustbekundungen begleitete Exploration oder sogar eine spontane Abwendung. Es kommt also darauf an, sensibel zu sein für die aktuell gegebene Aufnahmefähigkeit des Babys!

Einleuchtend ist auch, dass der Habituationsverlauf und das Ausmaß der Exploration von der Beschaffenheit der Reizkonfiguration selbst und von situativen Randbedingungen abhängen. Optimal sind Reizkonstellationen, die ein mittleres Erregungsniveau aktivieren, d. h. Reize, die in der Regel nicht zu unvertraut, aber auch nicht zu alltäglich sind, also in der „Zone der proximalen Entwicklung" (Vygotski 1980) liegen und eine „dosierte Diskrepanz" (Sigel 1977) darstellen. Hieraus lässt sich eine zweite pädagogische Empfehlung ableiten:

Es ist wichtig, die Kleinen nicht zu überfordern und nicht zu unterfordern. Sinnvollerweise sollte an ihren Erfahrungshintergrund angeknüpft und vor allem im Auge behalten werden, wie die Reaktionen auf die Darbietung des Neuen ausfallen. Solange die Kleinen gespannt und aufmerksam bei der Sache sind, kann fortgefahren werden mit behutsamen Veränderungen der Reizkonfiguration.

Was die situativen Randbedingungen angeht, so wurde in der Kleinkindforschung immer wieder festgestellt, dass Säuglinge schon wenige Wochen nach der Geburt auch visuelle und akustische Reize verarbeiten, die an der Peripherie ihres Wahrnehmungsfeldes liegen. Ein solcher Input erweist sich oft als störend und behindert eine wirklich tiefe Exploration des Neuen. Im pädagogischen Klartext: Wenn man Kleinkinder etwas Neues erkunden lassen will, sollten die Rahmenbedingungen im Auge behalten werden und, soweit möglich, alle „störenden" Reizquellen beseitigt werden.

Wie sich Interessen entwickeln – Ergebnisse aus der Interessenforschung

In der Interessenforschung wurden Anhaltspunkte dafür gefunden, dass aus den reflexartigen Hinwendungen des Säuglings zu attraktiven, neuen Gegenständen Vorläuferformen von späteren umfassenderen Interessenbereichen und Beschäftigungsvorlieben entstehen. Wenn diese Vorläuferformen in den nachfolgenden Jahren durch kontinuierliche weitere Anregung und Förderung ausgebaut werden, ist die Wahrscheinlichkeit groß, dass sie eine motivationale Eigendynamik entwickeln und das Explorationsverhalten der Kinder mehr und mehr steuern. Die Kinder suchen dann von sich aus „passende" neue Gegenstände aus und beginnen damit, sich konzentriert und ausdauernd mit diesen zu beschäftigen. Ihre Auseinandersetzungsformen werden immer vielfältiger und differenzierter, und sie beziehen Nah- und Fernsinne ein. All das trägt dazu bei, dass ihr Wissen, ihre kognitiven Strukturen und Netzwerke beständig wachsen (vgl. Kasten 1991).

Die orientierenden Hinwendungen des Kleinkindes zu neuen (und/oder vertrauten) Gegenständen sollten aufmerksam beobachtet werden. Außerdem sollte dafür Sorge getragen werden, dass es sich eigenständig und in aller Ruhe mit diesen Dingen beschäftigen kann. Das Kind darf nicht gestört werden, und man sollte sich Zeit nehmen, genau hinzuschauen, und ihm gegebenenfalls dann helfen, wenn es bestimmte attraktive Gegenstände (noch) nicht erreichen oder greifen kann. Ein aktives Sich-Einschalten ist aber nur dann sinnvoll, wenn die eigenen Anregungen dazu beitragen, die kindlichen Interaktionsformen mit dem Gegenstand zu vertiefen. Die Materialien und Gegenstände, mit denen sich das Kind von sich aus und mit Vorliebe beschäftigt, sollten genau in Augenschein genommen und eventuell ergänzt werden. Das Kind wird von sich aus signalisieren, mit welchen Dingen es sich intensiver befassen möchte.

Einige Befunde der Interessenentwicklungsforschung untermauern, dass auch ein Wechsel der pädagogischen Betreuungssituation (z. B. durch Kindergartenbesuch oder Einschulung) nicht zwangsläufig zu einer vollständigen Neustrukturierung der Beschäftigungsvorlieben und Interessengegenstände führen muss. Bei den nach den Vorgaben der

„pädagogischen Interessentheorie" (vgl. Krapp und Prenzel 1995) geförderten Kindern erhält und verbessert sich in der Regel zumindest die Differenziertheit und Tiefe der gegenstandsbezogenen Auseinandersetzungen, daneben häufig aber auch die Neigung, spezielle Inhalte und Bereiche in neuen Interessenfeldern zu bevorzugen.

Kinder brauchen multifunktionale Angebote – Ergebnisse aus der Medien- und Spielmittelforschung

Ergebnisse der Medien- und Spielmittelforschung untermauern zum einen, wie wichtig es ist, dem Kleinkind „unkonfektioniertes" Spielzeug und sonstige Materialien zur Verfügung zu stellen. Damit kann es mit dem Auge, dem Ohr und den Händen (und gegebenenfalls auch mit dem Mund und der Nase) immer wieder Neues entdecken und sich daher auf vielfältige, variantenreiche Weise beschäftigen. Zum anderen liefern die Forschungsergebnisse auch Belege dafür, dass eine passive Haltung im Umgang mit Medien und Spielmaterial aufgebaut wird, wenn den Kindern nicht genügend Zeit gelassen wird, sich auf alle Aspekte des angebotenen Materials einzulassen und sie möglichst eigenständig zu erkunden und praktisch zu erproben.

Pädagogisch sinnvoll ist es, dem Kind „multifunktionale" Materialien zur spielerischen Erkundung anzubieten und ihm Zeit zu lassen, selbstständig mit den Materialien umzugehen. Vermieden werden sollte, es mit einfältigem, monofunktionalem Spielzeug zu überhäufen – dies würde einer passiven, konsumierenden Haltung Vorschub leisten (vgl. dazu z. B. Einsiedler 1991).

Ausblick

Die vorangehend skizzierten, für die frühpädagogische Praxis besonders relevanten theoretischen Ansätze und mit ihnen verbundenen methodischen Vorgehensweisen stellen nur eine (relativ willkürlich getroffene) Auswahl dar. Andere Konzepte, wie Bindung und Autonomie, Dezentrierungs- und Dekontextualisierungskompetenz, Selbstregulations-

und Selbstwirksamkeitsfähigkeiten, lernmethodische Kompetenz und selbstgesteuertes Lernen, Resilienz- und Transitionskompetenz oder sensible Phasen (Nutzung von Zeitfenstern) hätten es z. B. auch verdient, etwas ausführlicher behandelt zu werden. Abgesehen von der Tatsache, dass diese Konzepte teilweise außerhalb der Domäne der Entwicklungspsychologie angesiedelt sind und stärker in den Bereich der Pädagogischen Psychologie und Pädagogik hineinreichen, hätte deren Darstellung den Rahmen dieses Beitrags gesprengt.

Es bleibt der zukünftigen anwendungsorientierten Forschung vorbehalten, die Nützlichkeit und Umsetzbarkeit der vorangehend aufgezählten Ansätze und Konzepte zu prüfen und dauerhaft in die Praxis der Bildung, Erziehung und Betreuung von Kindern im Alter von null bis sechs Jahren zu integrieren.

Literatur

Bruer, John T. (2000): Der Mythos der ersten drei Jahre. Warum wir lebenslang lernen. Beltz, Weinheim

Einsiedler, Wolfgang (1991): Das Spiel der Kinder. Zur Pädagogik und Psychologie des Kinderspiels. Julius Klinkhardt, Bad Heilbrunn

Hüther, Gerald (2001): Bedienungsanleitung für ein menschliches Gehirn. Vandenhoeck und Ruprecht, Göttingen

Kasten, Hartmut (1991): Beiträge zu einer Theorie der Interessenentwicklung. Peter Lang, Bern/Frankfurt

Kirkilionis, Evelin (1997): Die Grundbedürfnisse des Säuglings und deren medizinische Aspekte – dargestellt und charakterisiert am Jungentypus Tragling. In: Notabene Medici 2, 61–66 und 3, 117–121

Lückert, Heinz R. (1991): Lesen, Schreiben und Rechnen im Vorschulalter. In: Correll, W. (Hrsg.), Lernen und Lehren im Vorschulalter. Donauwörth, Ludwig Auer, 11–57

Singer, Wolf (2000): Was kann ein Mensch wann lernen? Universitas 663/664, 1011–1019

Sigel, I. E. (1977): Das Early Childhood Education Project. Ein Interventionsprogramm zur kognitiven Förderung zwei- und dreijähriger Kinder. In: Fthenakis, Wassilios E. und Kasten, H. (Hrsg.), Neuere Studien zur kognitiven und sozialen Entwicklung des Kindes. Donauwörth, Ludwig Auer, 103–154

Vygotski, Lew S. (1980): Das Spiel und seine Bedeutung in der psychischen Entwicklung des Kindes. In: Elkonin, D. (Hrsg.), Psychologie des Spiels. Köln, Pahl-Rugenstein, 430–465

Wolf Singer

Was kann ein Mensch wann lernen?

Ein Beitrag aus Sicht der Hirnforschung[1]

Gerade in den hoch entwickelten Industrienationen, die sich als Wissensgesellschaften und Wissen als ihren wichtigsten Kultur- und Wirtschaftsfaktor begreifen, wird immer häufiger über Bildungssysteme und Bildungsreformen nachgedacht, diskutiert und gestritten. Kaum nachvollziehbar ist aber, dass dabei stets Fragen zur Ausbildung jenseits der Pubertät des Menschen im Mittelpunkt des Interesses stehen. Frühe Phasen des Lernens werden nicht nur selten angesprochen, sondern stellen weithin eine Terra incognita dar. Aber gerade hier besteht dringender Aufholbedarf. Denn: Falsches oder fehlendes Verständnis von Lernprozessen in frühen Lebensphasen kann zu Versäumnissen in der Erziehung führen, die später kaum mehr durch Bildungssysteme, wie optimiert sie auch sein mögen, wettgemacht werden können. Im Folgenden möchte ich diese Terra incognita vermessen helfen und einige Kernfragen beantworten: Über welche Mechanismen gelangt Wissen ins Gehirn? Wann kann was erlernt werden? Welchen Einfluss haben Deprivation und intensives Training auf die Hirnentwicklung des Menschen? Und schließlich: Wie wichtig ist Kommunikation für die Entwicklung des Gehirns?

---

[1] Bei dem Text handelt es sich um die gekürzte Fassung eines Vortrags anlässlich des 1. Werkstattgesprächs der Initiative „*McKinsey bildet*" (2001 in der Deutschen Bibliothek, Frankfurt/Main). Die ungekürzte Fassung findet sich im Internet unter: www.mpih-frankfurt.mbg.de/global/np/pubs/mckinsey.htm

Gehirnentwicklung und Umwelt

Bis in die jüngste Vergangenheit wurden von maßgeblichen Stellen immer noch die unvereinbaren Positionen vertreten, die Hirnentwicklung sei vollkommen genetisch determiniert oder das Menschenhirn komme als frei instruierbare Tabula rasa zur Welt und sei in seiner Entwicklung somit allein von seiner Umwelt abhängig. Heute neigen viele zu der Annahme, dass sowohl Gene als auch die Umwelt für die Entwicklung des Gehirns eine Rolle spielen – ohne freilich die Gründe dafür und deren Einfluss nennen zu können. Wie sieht nun die wissenschaftlich fundierte Position zum Verhältnis von Genen und Umwelt aus? Werfen wir zunächst einen Blick darauf, wie sich aus Eizellen Embryonen, aus diesen Babys und schließlich erwachsene Menschen entwickeln.

Gene sind stets in eine Umwelt eingebettet. Die Signale aus dieser Umwelt initiieren das Auslesen der genetischen Information und koordinieren die Entwicklung vom Ei zum Organismus. Diese setzt ein, weil molekulare Signale auf das Genom einwirken und das Auslesen der ersten Gene veranlassen. Dies führt zur Synthese neuer Eiweißmoleküle, die zum einen Strukturänderungen realisieren und zum anderen das Auslesen weiterer Gene auslösen. Die Zellen teilen und differenzieren sich und informieren sich durch Austausch chemischer Signale über die sich ständig wandelnden Nachbarschaftsbeziehungen. Dadurch verändert sich das molekulare Milieu in den Zellen, was wiederum unterschiedliche Genexpressionsmuster zur Folge hat. Ein sich selbst organisierender Prozess vollzieht sich, der zur Bildung zunehmend komplexerer Strukturen führt. Schließlich beginnen bestimmte Zellen damit, just jene Gene zu exprimieren, die die Synthese von Bausteinen steuern, die für Nervenzellen charakteristisch sind. So entstehen die ersten Nervenzellen. Welche Zellen diesen Weg gehen, bestimmt also deren Umgebung.

Die Nervenzellen entwickeln Dendriten und Axone – Fortsätze für den Empfang und die Weiterleitung elektrischer Signale –, nehmen miteinander Kontakt auf und beginnen, lokale Geflechte zu bilden, wobei sie ihre Partner über molekulare Signalsysteme identifizieren und finden. Schließlich werden diese Nervenzellen elektrisch aktiv. Damit eröffnen sie eine neue Kommunikationsform, durch die sie Signale schnell und mit großer räumlicher Präzision über weite Entfernungen austauschen und miteinander verrechnen können. Diese elektrischen Signale übernehmen eine zentrale Funktion bei der Steuerung der weiteren Entwicklung des Nervensystems. An den Kontaktstellen zwischen den Nervenzellen werden die elektrischen Impulse in chemische Signale umgesetzt. Diese erfüllen eine Doppelfunktion: Zum einen werden sie von den nachgeschalteten Zellen wieder in elektrische Signale umgewandelt, die als Grundlage für informationsverarbeitende Prozesse dienen. Zum anderen wirken sie auf die Genexpression ein. Damit eröffnen sich neue Optionen für die Selbstorganisation. Über neuronalen Signalaustausch kann jetzt ein Ereignis an einer Stelle des Embryos Zellen an entfernten Orten veranlassen, ganz bestimmte Gene zu exprimieren. So lässt sich das Ausdifferenzieren von Organismus und Gehirn über große Entfernungen hinweg koordinieren. Die tragende Rolle spielt dabei zunächst die selbst erzeugte Aktivität, mit der sich die Nervenzellen mitteilen, ob sie benachbart sind oder weit voneinander entfernt liegen, wer sie sind, mit welchen Muskeln oder Sinnesorganen sie verbunden sind etc. In dem Maße, in dem die Sinnesfunktionen ausreifen, werden diese selbst erzeugten Aktivitätsmuster dann zunehmend von Sinnesreizen moduliert. Damit gerät die Steuerung der Genexpression bzw. der Strukturentwicklung unter den Einfluss außerkörperlicher Faktoren. Das Milieu, das auf Entwicklungsprozesse einwirken kann, weitet sich. Vor der Geburt beschränken sich die Einflüsse jedoch auf das wenige, was "in utero" rezipiert werden kann. Zudem ist das Nervensystem beim Menschen zum Zeitpunkt seiner Geburt noch sehr unreif – lediglich die Basisfunktionen zum Aufrechterhalten von Lebensprozessen sind ausgebildet.

Mit der Geburt vollzieht sich ein dramatischer Sprung in der Hirnentwicklung. Die Sinnesorgane können nun Signale aus der Umwelt aufnehmen. Der Selbstorganisationsprozess – das Wechselspiel zwischen diesen Signalen und den Genen – wird jetzt plötzlich von Aktivitätsmustern bestimmt, die von der Umwelt mitgeprägt werden. Alles, was auf die Sinnesorgane des Babys einwirkt, nimmt fortan Einfluss auf die weitere Entwicklung des Gehirns.

Worauf also beruht diese aktivitäts- und nach der Geburt auch erfahrungsabhängige Ausreifung von Hirnstrukturen? Die Nervenzellen sind zum Zeitpunkt der Geburt im Wesentlichen angelegt, aber in bestimmten Bereichen des Gehirns, z. B. in der Großhirnrinde, noch nicht miteinander verbunden. Viele Verbindungen bilden sich erst jetzt aus, ein großer Teil wird jedoch bald wieder vernichtet. Ein stetiger Umbau von Nervenverbindungen vollzieht sich, wobei nur etwa ein Drittel der einmal angelegten erhalten bleibt. Welche dies sind, hängt von ihrer Aktivität ab. Die Ausbildung der funktionellen Architektur der Großhirnrinde wird somit in erheblichem Umfang von Sinnessignalen und damit von Erfahrung geprägt. Genetische und epigenetische Faktoren kooperieren in untrennbarem Wechsel. Eine strenge Unterscheidung zwischen Angeborenem und Erworbenem ist damit unmöglich.

Der erste Beleg für die große Bedeutung dieses erfahrungsabhängigen Selektionsprozesses kam aus der Klinik: Früher litten Neugeborene häufig an Augeninfektionen, die sie sich bei der Geburt zuzogen. Die Folge waren Trübungen der Hornhaut oder gar der Linse. Die Kinder erblindeten und konnten nur noch diffuse Helligkeitsschwankungen wahrnehmen. Als es dann möglich wurde, Linse und Hornhaut zu transplantieren, erwartete man – da dem Gehirn selbst ja nichts fehlte –, mit solchen Operationen die Sehfähigkeit wieder herstellen zu können. Entsprechend groß war die Enttäuschung, als diese spät operierten Patienten blind blieben! Zwar hatten Sie jetzt funktionstüchtige Augen, konnten aber mit den neuen Informationen nichts anfangen. Grund für diesen Fehlschlag: Wenn visuelle Signale in bestimmten Entwicklungsphasen nach der Geburt ausbleiben, werden wichtige Verbindungen als sinnlos interpretiert und irreversibel eingeschmolzen.

Das sich entwickelnde Gehirn überlässt jedoch die Optimierung seiner Verschaltung nicht beliebigen, ungeprüften Signalen aus der Umwelt. Es verfügt über Bewertungssysteme, die nur ausgewählten Signalen gestatten, auf die Entwicklung Einfluss zu nehmen. Das Gehirn entscheidet, gesteuert von seinen eigenen Bewertungen, welche Aktivitätsmuster Veränderungen der Verschaltung bewirken dürfen. Das dazu benötigte Vorwissen ist in der funktionellen Architektur der Bewertungssysteme gespeichert und genetisch festgelegt. Ein verwandter Mechanismus sorgt ferner dafür, dass Sinnessignale nur dann strukturierend auf die Entwicklung einwirken können, wenn sie Folge aktiver Interaktionen mit der Umwelt sind, bei denen der junge Organismus die Initiative hat. Selbermachen ist entscheidend, weil nur so der interaktive Dialog mit der

Umwelt einsetzen kann, der für die Optimierung von Entwicklungsprozessen unabdingbar ist.

Kritische Phasen – Anregungen müssen zur rechten Zeit kommen

Verschiedene Bereiche der Hirnrinde entwickeln sich mit unterschiedlicher Geschwindigkeit, was sich in der sequentiellen Ausreifung kognitiver Leistungen widerspiegelt. Entsprechend benötigt das Gehirn in verschiedenen Phasen unterschiedliche Informationen aus der Umwelt, um seine Entwicklung optimieren zu können. Die elementaren Verschaltungen in der Sehrinde werden sehr früh ausgebildet und dann erfahrungsabhängig optimiert: Bei Kätzchen dauert diese kritische Phase ca. sechs Wochen, bei Primaten einige Monate und beim Menschen einige Jahre. Dabei ist die Plastizität und auch die Verletzlichkeit der neuronalen Architekturen zu Beginn der kritischen Phasen am höchsten und nimmt dann ab.

Kommen wir zu den kognitiven Leistungen. Die Erstsprache wird mühelos erlernt, wenn die Interaktionen mit einer sprachkompetenten Umwelt im richtigen Zeitfenster erfolgen, also während der ersten Lebensjahre. Die Zweitsprache, die meist erst im Schulalter angeboten wird, lernt sich sehr viel schwerer und ganz anders als die Erstsprache. Lernen erfolgt jetzt regelbasiert und unter Kontrolle des Bewusstseins. Entsprechend bilden sich unbewusst ablaufende Automatismen für die Decodierung und Produktion von Sprache nur noch unvollkommen aus. Die Zweitsprache erreicht somit selten die Perfektion der Erstsprache. Deren Akzent und Melodie hingegen prägen sich so stark und irreversibel ein, dass sie ein Leben lang begleiten und meist auch später erlernte Sprachen durchdringen.

Dass es auch sensible Entwicklungsphasen für den Erwerb motorischer Fertigkeiten gibt, ist Gemeingut der Alltagspsychologie. Fahrradfahren ist ein Beispiel: Erwachsene haben in der Regel größte Schwierigkeiten, im Sattel zu bleiben, wenn sie das Fahrrad fahren nicht als Kinder erlernt haben. Auch das Beherrschen von Musikinstrumenten muss früh erlernt werden, wenn Virtuosität das Ziel ist. Schließlich gibt es Hinweise darauf, dass geschlechtsspezifische Verhaltensweisen und gewisse soziale Kompetenzen früh eingeprägt werden und dann nur noch schwer, wenn überhaupt, veränderbar sind. Die Identifikation der neuronalen Grundlagen für diese sozialen Prägungs- und Lernvorgänge steht allerdings noch aus. Vermutlich beruht auch die Prägung dieser komplexeren Verhaltensdispositionen auf erfahrungsabhängigen Veränderungen neuronaler Architekturen in den jeweiligen Verarbeitungszentren.

Diese Beispiele für frühe Prägungsphasen sollen jedoch nicht den Blick dafür verstellen, dass sich die Hirnentwicklung bis zum Abschluss der Pubertät hinzieht und es sehr späte sensible Entwicklungsphasen gibt – wegen der langsamen Ausreifung des Präfrontalhirns. Auf dessen Funktionen beruhen komplexe kognitive Leistungen des Menschen wie die Fähigkeiten, die eigene Existenz in der Zeit zu begreifen, Handlungen aufzuschieben und von vorausgehenden Überlegungen abhängig zu machen, ein Konzept vom eigenen Ich zu entwickeln und sich in soziale Wertgefüge einzuordnen. Die Entwicklung dieser Fähigkeiten korreliert direkt mit der späten Ausreifung präfrontaler Hirnstrukturen. Werden diese Prozesse behindert, z. B. durch Verletzungen in den entsprechenden Hirnrindenregionen, kann die Entwicklung dieser kognitiven Leistungen irreversibel geschädigt werden. Dies kann Probleme bei der Ausbildung sozial angepassten Verhaltens und moralischer Verbindlichkeiten zur Folge haben.

Die Auswirkungen von Deprivation und Training

Was geschieht aber im Gehirn, wenn visuelle oder akustische Signale ausbleiben, die während der entsprechenden sensiblen Entwicklungsphasen benötigt werden? Die Nervenzellen schrumpfen, ihre Dendriten, mit denen sie Signale von anderen Zellen aufnehmen, bilden weniger Verzweigungen aus, und die Zahl der Synapsen zwischen den Nervenzellen nimmt dramatisch ab. Auch die Fläche der für eine bestimmte Funktion zur Verfügung gestellten Bereiche der Großhirnrinde kann sich verringern, wenn diese Funktion nicht trainiert oder nicht gebraucht wird. Bei früh Erblindeten kann es vorkommen, dass Hirnrindenareale, die eigentlich mit der Verarbeitung visueller Signale befasst sind, die Auswertung taktiler oder akustischer Signale übernehmen. Die Funktionen von Hirnrindenarealen sind also durch Deprivation in Grenzen verschiebbar.

Konträre Veränderungen lassen sich durch intensives Training oder durch Überexposition auf bestimmte Sinnesreize induzieren. Wer früh anfängt, intensiv Geige zu üben, kann erreichen, dass die Repräsentation der Saiten greifenden Hand in der Großhirnrinde mehr Platz eingeräumt bekommt. Ob dies auf Kosten anderer Funktionen geschieht, ist unbekannt. Da es im Gehirn keine Leerstellen gibt, sollte sich eine nur auf Kosten der anderen ausbreiten können. Übertraining und Deprivation gehen oft zusammen, weil Zeitfenster und Lernfähigkeit begrenzt sind.

Training bewirkt somit das Gegenteil von Deprivation. Die Zahl der Kontakte zwischen Nervenzellen nimmt zu, die für die geübten Funktionen zuständigen Areale dehnen sich aus und die neuronalen Antworten spezialisieren sich auf die trainierten Inhalte. Während gesichert ist, dass Deprivation die optimale Ausbildung neuronaler Architekturen einschränkt, ist weit weniger klar, ob die strukturelle Komplexität durch Üben über das normale Maß hinaus gesteigert werden kann. Auch lässt sich im Einzelfall nie angeben, inwieweit ein bestimmtes Verbindungsmuster von genetischen oder erfahrungsbedingten Faktoren geprägt ist. Hirnstrukturen sind das Ergebnis eines steten Dialogs zwischen genetischen und epigenetischen Faktoren – beide Einflüsse wirken auf dieselben Mechanismen der Strukturbildung ein. Was Ursache für eine fehlende Verbindung ist, lässt sich nicht festlegen.

Konsequenzen für die Erziehung

Die Schlussfolgerungen: Kein Kind kann dem anderen gleichen, weil im Laufe der Entwicklung zahllose Verzweigungen durchlaufen werden müssen und Entscheidungen darüber, welche Gabelung gewählt wird, oft von kleinen, mitunter zufälligen Fluktuationen der Umgebungsbedingungen abhängen. Wegen unterschiedlicher Anlagen und Entwicklungsgeschwindigkeiten ist kaum damit zu rechnen, dass Kinder gleichen Alters gleiche Bedürfnisse und Fähigkeiten haben. Dies stellt das fast ausschließlich altersorientierte Klassensystem in Frage.

Die Existenz zeitlich gestaffelter sensibler Phasen für die Ausbildung verschiedener Hirnfunktionen führt zu dem Postulat, dass das Rechte zur rechten Zeit verfügbar sein oder angeboten werden muss. Es ist nutzlos und womöglich sogar kontraproduktiv, Inhalte anzubieten, die nicht adäquat verarbeitet werden können, weil die entsprechenden Entwicklungsfenster nicht offen sind. Da bislang nur wenige Daten darüber vorliegen, wann das menschliche Gehirn welche Informationen benötigt, ist wohl die beste Strategie, sorgfältig zu beobachten, wonach die Kinder fragen. Selbst Babys können im vorsprachlichen Stadium durch Lachen, Weinen und differenzierte Mimik signalisieren, was für sie richtig und wichtig ist.

Wie lässt sich also das Angebot optimieren? Natürlich muss die Umwelt hinreichend anregend sein, aber dies dürfte in aller Regel der Fall sein. Wenig hilfreich dürfte es sein, die Kleinen mit Angeboten zu überschütten. Hier vermischt sich oft Elternehrgeiz mit missverstandenen Botschaften über die Bedeutung kritischer Entwicklungsphasen. Es macht keinen Sinn, Entwicklungen forcieren zu wollen. Die Kinder werden aufgezwungene Angebote nicht annehmen, unnütz Zeit mit deren Abwehr verbringen und es schwer haben, das für sie Wichtige herauszufiltern. Wichtig ist es vielmehr, Deprivationen zu vermeiden bzw. der Gefahr vorzubeugen, dass das Rechte nicht zur rechten Zeit angeboten wird.

Kommunikative Prozesse sind entscheidend

Abschließend möchte ich noch zwei Aspekte hervorheben, an denen mir ganz besonders gelegen ist: Die differenzierte Entwicklung kognitiver Funktionen hängt ganz wesentlich von den Kommunikationsfähigkeiten und -möglichkeiten der Kinder ab. Autismus wird u. a. darauf zurückgeführt, dass es den Kindern nicht gelingt, emotionale Signale ihrer Bezugspersonen in deren Mimik und Gestik zu dechiffrieren. Über diese nicht-sprachliche Kommunikation wird den Kindern vermittelt, wie ihre Aktionen und Fragen von ihrem sozialen Umfeld bewertet werden.

Diese Information scheint für die Einbindung in das soziokulturelle Umfeld und alle damit verbundenen Lernprozesse von herausragender Bedeutung zu sein. Wenn die Kinder nicht in der Lage sind, diese bewertenden Signale zu dechiffrieren, führt dies zu sozialer Isolation und zu gravierenden Fehlentwicklungen aller höheren kognitiven Funktionen. Der Dialog mit der Umwelt bricht ab und Entwicklungsprozesse werden somit fehlgeleitet. In diesem Fall liegt eine pathologische Störung der Kommunikationsfähigkeit vor. Dieses Beispiel belegt, wie außerordentlich wichtig kommunikative Prozesse für die Hirnentwicklung sind. Investieren wir genügend, um die normalen Kommunikationsmöglichkeiten auszuschöpfen?

Zweitens möchte ich für einen verstärkten Einsatz nicht-rationaler Ausdrucksmittel plädieren. Wir setzen derzeit in der Kommunikation vor allem auf die rationale Sprache. Sie ist das einzige der Ausdrucksmittel, das unser Erziehungssystem mit Nachdruck ausbildet. Ein großer Teil der vermittelten Information wird aber über Mimik, Gestik und Intonation transportiert. Ebenso lassen sich durch bildnerische, musikalische, mimische, gestische und tänzerische Ausdrucksformen Informationen transportieren, die sich in rationaler Sprache nur sehr schwer fassen lassen, z. B. überzeugende Schilderungen widersprüchlicher Gestimmtheiten. Die nicht-rationalen Kommunikationstechniken können gerade solche Inhalte hervorragend vermitteln, weil sie nicht an binäre Logik gebunden sind. Nahezu alle Kinder möchten diese nicht-rationalen Kommunikations- und Ausdrucksmittel nutzen, vernachlässigen sie aber zu Gunsten der Ausbildung der rationalen Sprache. Hier liegt auch ein Fall von Deprivation vor. Somit müssen wir uns damit begnügen, uns mit dem relativ jämmerlichen Vehikel rationaler Sprachen zu verständigen. Doch just die Informationen, die bei der Stabilisierung sozialer Systeme eine so wichtige Rolle spielen, lassen sich selbst bei hoher Sprachkompetenz nur sehr unvollkommen transportieren. Vielleicht läge aber gerade darin der Schlüssel zu interkulturellen Dialogen und dauerhaften Konfliktlösungen.

Teil II: Beiträge zur Bildungsqualität

Kristin Gisbert

Wie Kinder das Lernen lernen

Vermittlung lernmethodischer Kompetenzen

Sowohl national als auch international wird aktuell auf einen umfassenden Reformbedarf im Bildungswesen aufmerksam gemacht, und zunehmend werden auch die Einrichtungen der Elementarerziehung auf ihre Verpflichtung zur frühen Bildung hingewiesen. Lernmethodische Kompetenz ist eines der zentralen Themen, die in der aktuellen Diskussion aufgeworfen werden. Mit lernmethodischer Kompetenz wird die Fähigkeit bezeichnet, Methoden des Lernens zum Lernern einzusetzen – eine Fähigkeit, die die Grundlage zum lebenslangen Lernen bildet und angesichts der Umwandlung der westlichen Industrienationen in Wissensgesellschaften zunehmend an Bedeutung gewinnt.

Auf der nationalen Ebene ist die öffentliche Bildungsdiskussion durch das Wissens- und das Bildungsdelphi des Bundesministeriums für Bildung und Forschung aus den Jahren 1996–1998 geprägt. Ausgehend von diesen Expertenprognosen für den Bildungsbedarf der nächsten beiden Jahrzehnte, hat sich 1999 das durch den Bund und die Länder initiierte „Forum Bildung" konstituiert, das nach zweijähriger Arbeit im Dezember 1991 mit zwölf Empfehlungen für eine Bildungsreform in Deutschland an die Öffentlichkeit trat. Fast zeitgleich mit dieser Veröffentlichung wurden auch die Befunde der PISA-Studie bekannt, die die öffentliche Bildungsdiskussion wie kein internationaler Leistungsvergleich zuvor stimuliert hat. Aus diesen drei öffentlich geführten Diskussionssträngen resultiert die Empfehlung, bereits im Elementarbereich Schlüsselqualifikationen, wie lernmethodische Kompetenz zu fördern. Die fachlich geführte Diskussion in der Elementarpädagogik weist ebenfalls auf die Notwendigkeit neuer Konzepte für die Bildung von Kindern im Vorschulalter hin, auf nationaler Ebene liegen solche Konzepte allerdings erst in frühen Ansätzen vor. Inspirierend ist hier die internationale Diskussion, die in den letzten Jahren durch das Bemühen der Regierungen geprägt ist, verbindliche Bildungspläne zu verabschieden. Schlüsselqualifikationen wie lernmethodische Kompetenz nehmen hier eine herausgehobene Stellung ein.

Die neuen Akzente in der Frühpädagogik – weg von den alten Betreuungskonzepten hin zu neuen Bildungsplänen – sind nicht nur durch den geänderten gesellschaftlichen Bedarf, sondern ebenfalls durch neue entwicklungspsychologische Theorien und Forschungsbefunde stimuliert worden. Einen maßgeblichen Einfluss haben so genannte *sozialkonstruktivistische Theorien*, die soziale Vermittlungsprozesse und die Ko-Konstruktion von Sinn und Bedeutung für das Lernen in den Vordergrund stellen.

Im Folgenden werden diese Diskussionsstränge und neuen Entwicklungen dargestellt, um auf dieser Grundlage eine Definition von lernmethodischer Kompetenz vorzustellen. Die hier vertretene Auffassung von lernmethodischer Kompetenz wird mit einem metakognitiven Ansatz für die Elementarpädagogik in Verbindung gebracht. Dieser zielt darauf ab, das Bewusstsein der Kinder für ihre Lernprozesse durch soziale Lernarrangements zu fördern und ihnen auf diese Weise zum einen die zu vermittelnden Inhalte effektiv nahe zu bringen und zum anderen ihre Fähigkeit zu lernen zu erhöhen.

Die Bildungsdiskussion im Elementarbereich

Ergebnisse der Delphi-Studien

Bei den Delphi-Studien handelt es sich um eine zweistufige Expertenbefragung, die sich aus dem Wissensdelphi und dem Bildungsdelphi zusammensetzt (vgl. Bundesministerium für Bildung und Forschung [BMBF] 1998a, 1998b). Das Wissensdelphi hat die Potenziale und Dimensionen der Wissensgesellschaft erhoben, indem Experten unterschiedlicher wissenschaftlicher Disziplinen und Praxisfelder in einem mehrstufigen und rückgekoppelten Prozess miteinander diskutiert und wiederholt ihre Einschätzungen in standardisierten Befragungen geäußert haben. Das Bildungsdelphi baut auf diesen Befunden auf und hat Bildungsexperten mit unterschiedlichem Erfahrungshintergrund zu den Folgerungen des Wissensdelphi für die Gestaltung des Bildungsbereichs befragt.

Das Wissensdelphi basiert auf der These der entstehenden Wissensgesellschaft. Der Begriff bringt zum Ausdruck, dass die Gesellschaft – zugespitzt formuliert – zunehmend vom Wissen lebt. Der Einsatz von Wissen leistet schon jetzt einen erheblichen Beitrag zum gesellschaftlichen Wertschöpfungsprozess, der volkswirtschaftlich betrachtet höher liegt als der Einsatz jeder anderen Ressource (Miegel 2001).

Die zukünftig wesentliche Form des Wissens, die die Gesellschaft zu einer produktiven Fortentwicklung braucht, ist der Expertenprognose zufolge ein hochkomplexes und hochspezialisiertes Fachwissen, dem eine völlig neue Form des Allgemeinwissens gegenüber steht. *Allgemeinwissen* im Sinne des Delphi kennzeichnet jene Form von Wissen, die notwendig ist, um angesichts der gegenwärtigen Informationsflut die Komplexität des Wissens zu reduzieren und für den Einzelnen überschau- und handhabbar zu machen. Zum Allgemeinwissen in diesem Sinne zählen instrumentelle Kompetenzen wie Kulturtechniken, personale und soziale Kompetenzen sowie eine große Bandbreite inhaltlichen Basiswissens.

Die Ergebnisse des Wissensdelphi bilden die Grundlage für das Bildungsdelphi. In dieser Studie haben Bildungsexperten aus Forschung und Praxis eingeschätzt, welche Kenntnisse, Fähigkeiten und Qualifikationen im Bildungssystem des Jahres 2020 vermittelt und erworben werden sollten. In den allgemeinbildenden Einrichtungen stehen lerntechnische und lernmethodische Kompetenzen auf dem Spitzenplatz der Rangliste. Es folgen psycho-soziale (Human-)Kompetenz und Fremdsprachenkompetenz. Weitere Aspekte waren spezifische Fachkompetenz, Medienkompetenz und interkulturelle Kompetenz, denen ebenfalls eine hohe Bedeutung zugemessen wurde, z.T. allerdings eher für die berufliche oder die Hochschulbildung, weniger für die allgemeinbildenden Einrichtungen.

Den herausgehobenen Stellenwert der lernmethodischen Kompetenzen begründen die Experten vor allem mit der Notwendigkeit zu lebenslangem Lernen, das angesichts der immer kürzeren Halbwertszeit des Wissens zunehmend wichtiger wird. Hinzu treten die sich stetig wandelnden Anforderungen in der Arbeits- und Berufswelt und die damit einhergehende wachsende Bedeutung eigenverantwortlichen und selbstgesteuerten Lernens. Der Schule wird in diesem Kontext attestiert, dass sie derzeit hinter diesen Ansprüchen weit zurückstehe und sich auf ein „Abfüllen" (BMBF 1998a, S. 53) mit Fachinhalten beschränke. Diese Delphi-Studie hebt die besondere Bedeutung der vorschulischen Erziehung und Bildung hervor. Tageseinrichtungen für Kinder haben eine wichtige Funktion im Bildungswesen. Dieses wird künftig die Aufgabe haben, mit entsprechend qualifiziertem Personal der Gefahr eines *knowledge gap* entgegenzuwirken, wie sie die Wissensgesellschaft in sich birgt.

Die Bedeutung der PISA-Studie

In jüngster Zeit sind es die Ergebnisse der ersten Erhebungswelle der PISA-Studie, die die öffentliche Bildungsdiskussion in der Bundesrepublik Deutschland prägen und auch die elementarpädagogische Diskussion beeinflussen (vgl. Deutsches PISA-Konsortium 2001). Das *Programme for International Student Assessment* der OECD hat eklatante Mängel im Leistungsvermögen deutscher Jugendlicher aufgedeckt. Wie in keiner internationalen Vergleichsuntersuchung zuvor wurde aufgezeigt, dass das Leistungsniveau der untersuchten Kohorte der 15-Jährigen in den Basisfähigkeiten Lesekompetenz, mathematische und naturwissenschaftliche Grundbildung sowie im Bereich der fächerübergreifenden Kompetenzen und Schlüsselqualifikationen im internationalen Vergleich einen der unteren Rangplätze einnimmt.

Die PISA-Studie ermöglicht es auf ihrer Datengrundlage nicht, Aussagen über die Einflüsse der Bildung im Elementarbereich auf das schulische Lernen von 15-Jährigen zu treffen. Sie zeigt aber auf, welcher Stellenwert aus internationaler Perspektive heute solchen Schlüsselqualifikationen wie selbstgesteuertem Lernen zukommt. Sie macht darüber hinaus deutlich, dass es in vielen Ländern wesentlich besser zu gelingen scheint als in Deutschland, die „harten" Bildungsziele des Wissenserwerbs und abfragbarer kognitiver Fähigkeiten mit *soft skills* wie selbstgesteuertem Lernen zu verbinden.

PISA basiert auf einem Modell selbstregulierten Lernens, in dem Fertigkeiten und Fähigkeiten erfasst werden, die zukünftiges Lernen fördern und erleichtern. Für erfolgreiches lebenslanges Lernen ist die Fähigkeit, das eigene Lernen zu organisieren und zu regulieren, unerlässlich, und zwar sowohl in Gruppen als auch individuell (vgl. Artelt et al. 2001; Boekaerts et al. 2000; Deutsches PISA-Konsortium 2001). Dies erfordert kognitive, metakognitive, soziale und emotional-motivationale Ressourcen, deren Aufbau und Anreicherung bereits mit der Geburt des Kindes beginnen müssen. Breit angelegte Forschungsarbeiten wie PISA geben Hinweise darauf, welche Kompetenzen es sind, die selbstreguliertes und eigenständiges Lernen fördern.

Reformvorschläge des Forum Bildung

Fast zeitgleich mit den Ergebnissen der PISA-Studie wurden im Dezember 2001 die Empfehlungen des Forum Bildung veröffentlicht, die Anstöße für eine Bildungsreform liefern sollen. Das Forum Bildung, das bei der Bund-Länderkommission für Bildungsplanung und Forschungsförderung angesiedelt ist, versteht sich als eine Reaktion auf die aktuellen gesellschaftlichen Veränderungsprozesse in Richtung auf eine Wissensgesellschaft. Es widmet sich den daraus entstehenden notwendigen Reformen im Bildungsbereich, der die nachwachsende Generation auf die Erfordernisse der Arbeitswelt in diesen neuen gesellschaftlichen Zusammenhängen vorbereiten soll.

Die Dokumentation des ersten Kongresses des Forum Bildung, der im Juli 2000 in Berlin stattfand, verschafft einen Einblick in die Reichhaltigkeit und wissenschaftliche Fundierung der inhaltlichen Bemühungen um eine Bildungsreform (vgl. Arbeitsstab Forum Bildung 2000). Unter dem Stichwort „Lernen des Lernens" wurde auch die Altersgruppe der Null- bis Zehnjährigen einbezogen, indem der „Kindergarten als basale Bildungseinrichtung" (Elschenbroich 2000) Berücksichtigung fand und das Thema „Lebenslanges Lernen in der Grundschule" (Lankes 2000) behandelt wurde. In einem Resümee der Befunde aus der Arbeitsgruppe „Lernen des Lernens" hebt Dünow (2000) hervor, dass sich das lebenslange Lernen zum „wohl wichtigsten bildungspolitischen Paradigma" (S. 144) entwickelt habe. Im Hinblick auf das Lernen des Lernens wurden in der Arbeitsgruppe sechs Aspekte herausgearbeitet:

- Trotz der Bedeutung informeller Lernumfelder wie der *peer groups* sind institutionalisierte Lernumfelder wie die Schule unverzichtbar, da nur in diesem Rahmen eine fundierte Reflexion des Lernerfolgs stattfinden kann und nur sie effektives Lernen ermöglichen. Aufgrund der mangelnden Effizienz informeller Lernumgebungen sollte auch bei gelockerten Unterrichtsformen wie dem Projektunterricht der Erwerb lernmethodischer Kompetenzen explizit Berücksichtigung finden.

- Die Aspekte „Lernen des Lernens" und „Lernen von Inhalten" sind untrennbar miteinander verknüpft. Es ist nur anhand konkreter Inhalte möglich, individuelle Lernstrategien zu entwickeln. Somit sind eigene Unterrichtseinheiten zum Thema „Lernen des Lernens" nicht sinnvoll (vgl. auch Weinert 2000).

- Die zusätzliche Berücksichtung lernmethodischer Aspekte bei allen Unterrichtsformen und Inhalten macht neue Formen der Aus- und Fortbildung von Lehrkräften erforderlich.

- Neue Unterrichtsformen erfordern Konzepte, bei denen Ziele klar definiert und Teilbereiche festgelegt werden, in denen konkrete Erfahrungen ermöglicht werden sollen, die anschließend evaluierbar sind.

- Wie die Vermittlung von Schlüsselqualifikationen gelingen kann, wurde angesichts eines Bildungssystems, das auf der Bewertung von kognitiven und abfragbaren Leistungen aufbaut, als zunächst nicht beantwortbar eingeschätzt.

- Der vorschulischen Bildung kommt für das Lernen des Lernens eine besondere Bedeutung zu, „in diesem Bereich scheinen in Deutschland aber die größten Defizite zu bestehen" (Dünow 2000, S. 147). Bis heute würden Kindergärten nicht als Bildungs-, sondern eher als Verwahreinrichtungen begriffen. Dies habe negative Konsequenzen für die Ausbildung und den sozialen Status der Erzieherinnen. Es fehle darüber hinaus an einer entsprechenden wissenschaftlichen Infrastruktur.

Bringt man die ersten fünf Aspekte mit dem sechsten in Verbindung, ergibt sich für den Elementarbereich das folgende Bild: Wenn die Einrichtungen der Tagesbetreuung ihre Aufgabe als Bildungseinrichtungen wahrnehmen sollen, ist es erforderlich, dass sie den heutigen Status eines eher informellen Lernumfeldes verlassen und jene Reflexionen der Lernergebnisse mit in Betracht ziehen, die effizientes Lernen erst ermöglichen. Die Vermittlung lernmethodischer Kompetenzen ist dabei an den

Erwerb von Inhalten zu knüpfen, und es müssen Methoden zur Verfügung gestellt werden, mit denen Erzieher/innen dieser didaktischen Aufgabe gerecht werden können. Auch im Kindergarten sind Lernziele klar zu definieren und Erfahrungsbereiche einzugrenzen, die einer Evaluation unterzogen werden können. In Bezug auf den fünften Aspekt sind die Einrichtungen der Tagesbetreuung gegenüber der Schule klar im Vorteil, da eine Leistungsbeurteilung in Form von Noten nicht gegeben und auch nicht anzustreben ist.

Den Befunden dieser Arbeitsgruppe entsprechend, richtet sich auch die erste der insgesamt zwölf abschließenden Empfehlungen des Forum Bildung darauf, die „Kindertageseinrichtungen zur Unterstützung früher Bildung deutlich besser zu nutzen". Hervorgehoben wird, dass „die Motivation und die Fähigkeit zu kontinuierlichem und selbstgesteuertem Lernen (…) früh zu wecken" seien (Arbeitsstab Forum Bildung 2001, S. 9).

In einer Analyse des derzeitigen Bildungsangebots in Kindertageseinrichtungen wird der Schluss gezogen, dass Deutschland im europäischen Vergleich von entsprechenden Fördermöglichkeiten zu wenig Gebrauch macht. Um diesem Mangel Abhilfe zu schaffen, wird gefordert, den Bildungsauftrag von Kindertageseinrichtungen zu definieren und durch entsprechende Maßnahmen zu verwirklichen. Zu diesen Maßnahmen zählen die Bestimmung von Bildungszielen und ihre curriculare Umsetzung. Eine solche Umsetzung erfordert, Transfer- und Beratungsstrukturen für die Praxis zu installieren sowie eine Reform und Aufwertung der Aus- und Weiterbildung von Erzieher/innen vorzunehmen. Um die Effizienz derartiger Maßnahmen einschätzen zu können, ist eine wissenschaftliche Begleitung von Praxismodellen notwendig, die einen Ausbau von Forschungskapazitäten in der Frühpädagogik notwendig macht. Als eine der vorrangigen Aufgaben von Tageseinrichtungen wird darüber hinaus eine intensive Förderung der Interessen von Kindern genannt. Kinder sollen vor allem in Naturwissenschaften, Technik, Fremdsprachen und musisch-kreativen Fächern bereits im Kindergarten gefördert werden.

Die bundesdeutsche Fachdiskussion

Die Bedeutung der frühen Bildung war bereits vor Erscheinen der PISA-Studie Gegenstand der fachlichen Bildungsdiskussion. Die elementarpädagogische Diskussion hat sich zunehmend darauf gerichtet, das Gewicht der im Kinder- und Jugendhilfegesetz in § 22 verankerten Trias „Betreuung, Erziehung, Bildung" von der Betreuung und Erziehung mehr auf die Bildung zu verschieben. Dazu zählt die von Schäfer (1995) verfasste Arbeit über kindliche Selbstbildungsprozesse (vgl. auch Schäfer 2001, 2002) sowie das von Laewen geleitete Bildungsprojekt mit dem Titel „Zum Bildungsauftrag von Kindertageseinrichtungen" (vgl. Laewen & Andres 2002a, 2002b). Zu nennen sind in diesem Zusammenhang auch der 10. Kinder- und Jugendbericht (Bundesministerium für Familie, Senioren, Frauen und Jugend 1998), die von Elschenbroich und Schweitzer (1999) produzierten Filme sowie die von Elschenbroich (2001) vorgelegte Arbeit „Weltwissen der Siebenjährigen". Krappmann (1999) hebt in einem Resümee des 10. Kinder- und Jugendberichts hervor, dass Tageseinrichtungen „einen Bildungsauftrag haben, der sie an der Förderung sozialer, emotionaler, moralischer und kognitiver Fähigkeiten beteiligt" (S. 30).

Vor dem Hintergrund, dass Tageseinrichtungen zunehmend als Bildungseinrichtungen begriffen werden, lebte auch die Diskussion um den Situationsansatz wieder auf. Ursprünglich als Bildungsansatz angetreten, konzentrierte er sich im Laufe der Jahre immer mehr auf eher soziale Themen (vgl. Fthenakis 2000). Elschenbroich (2000) charakterisiert diese Entwicklung im Forum Bildung mit den Worten: „Ein entspanntes und kommunikatives Milieu sollte ein Kindergarten bieten. Kunst und Wissenschaft blieb späteren Jahren vorbehalten, die Erzieherin war für das Soziale zuständig. Lernen, Bildung, diesen ‚Leistungsdruck' nicht ‚vorzuziehen', war die ihnen nahegelegte Aufgabe. Die Kindheit nicht verschulen!" (S. 121).

Ein weiterer Strang der bundesdeutschen Bildungsdebatte ist die pädagogische Qualitätsdiskussion, die bisher vorwiegend unter Gesichtspunkten struktureller Qualitätsmerkmale geführt wurde. Im Vordergrund standen beispielsweise Fragen der Gruppengröße oder des Betreuerschlüssels (vgl. Fthenakis & Eirich 1998; Tietze 1998). Diese Betrachtungsweise ist eher an der Aufgabe der Betreuung orientiert. Sieht man Tageseinrichtungen für Kinder als Bildungseinrichtungen, werden Prozesskomponenten wie die Erzieherinnen-Kind- oder Kind-Kind-Kommunikation bedeutsam. Dabei geht es im Kontext des Lernens und des Lernen-Lernens vorrangig darum, soziale Vermittlungsprozesse näher zu bestimmen.

Internationale Aspekte

Internationale Entwicklungen finden in der deutschsprachigen Bildungsdiskussion im Elementarbereich erst in jüngster Zeit Beachtung (vgl. Elschenbroich 2001; Fthenakis & Oberhuemer im Druck; Oberhuemer & Ulich 1997). Zu großen Teilen konzentriert sich die deutschsprachige Diskussion auf traditionelle Vorstellungen des deutschen Bildungsbegriffs humboldtscher Prägung und sieht kindliche Bildung als „Selbstbildung" an, die durch eine vom Kind initiierte Weltaneignung, insbesondere in Form des Spielens, geprägt ist (vgl. Laewen & Andres 2002a, 2002b; Schäfer 2001, 2002). Es wird bewusst ein dekontextualisierter Bildungsbegriff vertreten, der das Kind in den Mittelpunkt stellt und es unabhängig vom sozialen und historischen Kontext betrachtet (vgl. z. B. Schäfer 2001, S. 6). Im Rahmen dieser Auffassung wird das Kind als ein rein „entwicklungspsychologisches Kind" gesehen – ein Bild vom Kind, das im wesentlichen durch konstruktivistische Annahmen piagetscher Tradition geprägt ist.

Der von Fthenakis und Oberhuemer (im Druck) herausgegebene Band „Curriculum International – Bildungsqualität im Blickpunkt" macht demgegenüber deutlich, dass die internationale Diskussion um frühkindliche Bildung andere Schwerpunkte setzt. Es besteht weltweiter Konsens darüber, dass frühkindliche Bildungsprozesse auf den Kontext auszurichten sind, in dem sie stattfinden: der heutigen Gesellschaft mit ihren spezifischen Möglichkeiten und Anforderungen, die sich im wesentlichen unter Stichwörtern wie „Postmoderne" und „Wissensgesellschaft" prägnant zusammenfassen lassen. Dieser Auffassung nach ist gleichermaßen zu berücksichtigen, wie die heutige Lebenswelt der Kinder aussieht – z. B. transitionsreiche Lebensphasen durch Scheidung und

Neuverheiratung der Eltern; Aufwachsen in der Diversität multikultureller Umfelder – als auch auf welche Form von Gesellschaft sie pädagogisch vorzubereiten sind.

Andere Nationen haben die Bedeutung der frühkindlichen Bildung in diesem Sinne anerkannt, indem sie verbindliche Rahmenpläne oder Curricula für den Vorschulbereich festgelegt und verabschiedet haben (vgl. dazu auch Oberhuemer in diesem Band). Diese Pläne sehen im Einzelnen sehr unterschiedlich aus. Genauer betrachtet weisen sie jedoch eine Vielzahl von Gemeinsamkeiten auf. So finden sich in offiziellen curricularen Dokumenten unter anderem Aspekte wie eine Hinführung zu Schulbereitschaft und Schulfähigkeit, die Vorbereitung auf das Leben in einer demokratischen Gesellschaft und die Förderung der Grundlagen für lebenslanges Lernen (vgl. Bennett 2000; Oberhuemer im Druck). In solchen Zielsetzungen spiegeln sich zwei unterschiedliche Auffassungen von frühkindlicher Bildung wider: In der einen werden die Lernprozesse und die Entwicklung des Kindes in verschiedenen Bereichen in den Vordergrund gestellt, beispielsweise in körperlicher, psychomotorischer, sozialer oder kognitiver Hinsicht. Bildung richtet sich hier auf Aspekte wie Motivation und Interesse oder ganz allgemein auf eine positive Lerndisposition. In der zweiten Auffassung werden Kompetenz- und Wissenserwerb in den Mittelpunkt gestellt, indem eine fächerorientierte Lernbereitschaft, beispielsweise in Mathematik und Naturwissenschaften, sowie der Schriftspracherwerb hervorgehoben werden. Hier sind eine gezielte Vorbereitung auf die Schule und der Erwerb schulbezogener Kompetenzen das erklärte Ziel.

Oberhuemer (im Druck) nennt beispielhaft für die erstgenannte Auffassung die Länder Schweden und Dänemark, für die zweite Frankreich, Großbritannien und die Niederlande. Trotz dieser divergierenden Grundsätze erfolgt zunehmend eine Annäherung zwischen beiden Positionen. So werden auch in den skandinavischen Ländern schulbezogene Kompetenzen festgeschrieben. In Schweden beispielsweise soll die Vorschuleinrichtung sicherstellen, dass Kinder Mathematik in sinnhaltigen Zusammenhängen und Situationen entdecken und nutzen oder ein Verständnis für einfache naturwissenschaftliche Phänomene entwickeln. Darüber hinaus werden allgemeine Lebens- und Basiskompetenzen im schwedischen Curriculum festgesetzt, die die Kinder sowohl in ihrer aktuellen Lebenswelt unterstützen als auch auf die Zukunft vorbereiten.

Dazu zählen beispielsweise Verantwortungsübernahme, Kreativität, Problemlösekompetenzen, Reflexionsvermögen, Selbststeuerung und lernmethodische Kompetenzen. Dass solche „modernen" Kompetenzen und Schlüsselqualifikationen bereits im vorschulischen Bereich als Bildungsziele gesehen werden, geht maßgeblich auf ein international gewandeltes Verständnis von Kindheit und ein neues Bild vom Kind zurück. Frühere Bilder haben das Kind als ein „armes" Kind beschrieben; es galt als schwach, passiv, unentwickelt und sozial isoliert. Beispiele dafür sind nicht nur historisch zu finden, so etwa das unschuldige Kind bei J. J. Rousseau oder das Kind ohne sozialen und kulturellen Kontext bei J. Piaget, sondern auch das „sich selbst bildende Kind" von Laewen oder Schäfer gehört in diese Linie, sofern es als von der Erwachsenenwelt isoliert beschrieben wird (z. B. das Kind als „Alien" bei Laewen 1999). Neuere pädagogische Sichtweisen proklamieren ein anderes Bild vom Kind, das sich mit neuen entwicklungspsychologischen Befunden deckt. So wird das Kind in der Reggio-Pädagogik, die aktuell hohe internationale Beachtung genießt, als „reich, mächtig und stark" beschrieben (vgl. Stenger 2001). Auch Dahlberg, Moss und Pence (1999) charakterisieren das Kind als „reiches Kind" in dem Sinne, dass es aktiv und kompetent am Bildungsgeschehen durch soziale Interaktion teilhat.

Entwicklungspsychologische Grundlagen für ein neues Bildungsverständnis

Die soziale Interaktion als Basis für die kindlichen Lernprozesse hat auch in der Entwicklungspsychologie der letzten Jahre großen Einfluss gewonnen. Die Bedeutung, die den sozialen Prozessen eingeräumt wird, geht so weit, dass Barbara Rogoff (1997) Kognition als einen „kollaborativen Prozess" bezeichnet oder Katherine Nelson (1996) die kognitive Entwicklung als die „Entstehung des [sozial] vermittelten Geistes" beschreibt. Diese entwicklungspsychologische Sichtweise stimmt mit modernen Vorstellungen der Kognitionspsychologie überein, die sich auf Verstehensprozesse und die intersubjektive Bedeutungs- und Sinnkonstruktion konzentriert. Lernen und Denken werden nicht als isolierte individuelle Prozesse aufgefasst, sondern als ein sozialer Aushandlungsprozess (vgl. Bransford et al. 1999). Die Bedeutung der Dinge entsteht dieser Auffassung zufolge in einem ko-konstruktiven Prozess der Interaktionen, und individuelle Bedeutung wird aus sozialer Übereinkunft abgeleitet. Theoretisch wird diese Sichtweise als Sozialkonstruktivismus bezeichnet. In der psychologischen Literatur wird der Begriff des Sozialkonstruktivismus auch unter dem Stichwort des postmodernen Konstruktivismus behandelt (vgl. Cobb & Yackel 1996; Prawat 1996). Annemarie Palincsar (1998) sieht die Gemeinsamkeit postmoderner konstruktivistischer Ansätze darin, dass sie die Vorstellung ablehnen, „dass Wissen im Individuum lokalisierbar ist; Lernen und Verstehen werden als genuin soziale Aktivitäten aufgefasst; und kulturelle Aktivitäten und Werkzeuge (von Symbolsystemen über Gegenstände bis zur Sprache) werden als integrale Bestandteile der geistigen Entwicklung betrachtet" (S. 348; Übersetzung von der Verf.).

Auf Entwicklung und Lernen bezogen bedeutet diese Auffassung, dass Kinder nicht erst ein bestimmtes Entwicklungsniveau oder die entsprechende „Reife" erreicht haben müssen – wie man lange Zeit annahm –, um mit „kulturellen Werkzeugen" wie der Schriftsprache oder Zahlen zu operieren, sondern dass diese selbst in die Entwicklung eingebunden sind und sie ihrerseits vorantreiben, und zwar von Geburt an. So wird bereits das „Bilderbuchlesen" mit einem Kleinkind als Weg zum Schriftspracherwerb gesehen, das Spielen mit mehreren Gegenständen als frühe Erfahrung im Zahlenraum (vgl. Bruner 1996). In Interaktion mit Anderen erwerben Kinder außer den Inhalten, die verhandelt werden, auch die Methoden, sich die Inhalte anzueignen – zumindest wenn sie entsprechend unterstützt werden. In der Entwicklungspsychologie wird dieser spezifische Unterstützungsprozess als *Scaffolding* bezeichnet, womit in der wörtlichen Übersetzung ein Gerüst gemeint ist, das der Erwachsene dem Kind zur Verfügung stellt. Die Metapher des Gerüsts bezeichnet ein Unterstützungssystem, bei dem der Erwachsene seine Bemühungen in einer Lernsituation – z. B. bei der Lösung einer Problemstellung wie dem Aufbau eines Puzzles – sensibel an die Fähigkeiten des Kindes anpasst (vgl. Wood et al. 1976). Bruner (1983) beschreibt *Scaffolding* als eine Interaktionsform zwischen Erwachsenem und Kind, die nach dem Motto verläuft: „Wo zunächst ein Zuschauer ist, soll anschließend ein Teilnehmer sein" (S. 60; Übersetzung von der Verf.). Diese zunehmende Teilhaberschaft des Kindes geschieht dadurch, dass der Erwachsene die Kommunikation zunächst an die aktuellen Fähigkeiten des Kindes anpasst und die notwendige Unterstützung leistet, mit der das Kind eine Aufgabe, die seine Fähigkeiten leicht übersteigt, lösen kann. Dabei gibt er dem Kind zunehmend Hinweise, wie es selbst mehr Verantwortung für die Lösung übernehmen kann, so dass es schließlich die geforderte Tätigkeit eigenständig ausführt. Bei der Lösung eines Puzzles könnte eine Hilfestellung z. B. darin bestehen, dass der Erwachsene das Kind darauf aufmerksam macht, zunächst die Ecken und dann die weiteren Randteile herauszusuchen und zusammenzusetzen. Damit lernt das Kind zugleich die Strategien kennen, mit denen Probleme lösbar werden. Indem der Erwachsene seine Unterstützung immer mehr reduziert, übernimmt und verinnerlicht das Kind die Methoden des Vorgehens. *Scaffolding* kann durch ein modellhaftes Vorführen von Seiten des Erwachsenen eingeleitet werden oder indem Kind und Erwachsener sich in Kooperation der Aufgabe zuwenden (vgl. Palincsar & Brown 1984, 1986). Entscheidend ist in beiden Fällen, dass der Erwachsene das Kind nicht nur bei der Lösung der Aufgabe unterstützt, sondern ihm hilft, die Aufgabe zunehmend eigenständig zu bearbeiten, indem er sich mehr und mehr zurücknimmt und das Kind selbst die Überlegungen und Strategien ausführen lässt, die es zuvor erlernt hat. Statt eines Erwachsenen kann auch ein kundigeres Kind oder eine Kindergruppe gemeinsam die Rolle desjenigen übernehmen, der ein „Gerüst" bereithält.

Scaffolding ist eine wichtige Interaktionsform zum Aufbau von selbstregulativen Fähigkeiten und Metakognitionen. Metakognitionen sind die wichtigste Voraussetzung zum Erwerb lernmethodischer Kompetenzen (vgl. Brown 1997; Hasselhorn 2001). Der Begriff der Metakognition wurde Mitte der 70er Jahre in die kognitive Psychologie eingeführt. Man versteht unter Metakognition das Denken oder Nachdenken über (= meta) das eigene Denken. Als wegweisend gelten die Arbeiten von John Flavell (1976) und Ann Brown (1978) in den Bereichen „Problemlösen" und „Gedächtnis". Flavell (1976) schreibt:

„Metakognition bezieht sich auf das eigene Wissen über die eigenen kognitiven Vorgänge (...) z. B. die lernrelevanten Eigenschaften von Informationen (…). Beispielsweise bin ich metakognitiv aktiv, wenn ich wahrnehme, dass ich mehr Schwierigkeiten habe, A zu lernen als B; oder wenn mir auffällt, dass ich C zweimal überprüfen sollte, bevor ich es als Tatsache akzeptiere" (S. 232; Übersetzung von der Verf.).

Eingeschlossen in das Konzept der Metakognition sind die Aspekte „Wissen" und „Regulation" oder „Kontrolle" über die eigenen kognitiven Vorgänge. Es sind somit die eigenen kognitiven Prozesse, die zum Gegenstand der Reflexion und bewussten Steuerung gemacht werden. Die Bewusstheit dieser Vorgänge ist ein wesentliches Bestimmungsstück von Metakognition und unterscheidet sie von kognitiven Funktionen wie Denken, Gedächtnis oder Problemlösen, die auch, ohne dass das Subjekt sich Rechenschaft über sie ablegt, ausgeführt werden können.

Metakognitives Bewusstsein erwerben Kinder unter Anleitung und mit Unterstützung. Werden sie nicht auf ihre gedanklichen Prozesse hingewiesen, bleiben diese im wesentlichen unbewusst und unentwickelt (vgl. Bransford et al. 1999). Der im Folgenden vorgestellte Ansatz zum Erwerb lernmethodischer Kompetenzen zeigt auf, wie metakognitive Fähigkeiten durch die gezielte Gestaltung sozialer Prozesse gefördert werden können. Der Ansatz basiert auf den Erkenntnissen zur Bedeutung sozialer Interaktionen beim Wissenserwerb und zur Ausbildung eines metakognitiven Bewusstseins der Kinder. Auf dieser theoretischen und empirischen Grundlage erfolgt auch die Definition von lernmethodischer Kompetenz, wie sie im Folgenden verstanden wird: Lernmethodische Kompetenzen bezeichnen Fähigkeiten, die den Erwerb von Wissen fördern, indem beim Lernen soziale und individuelle Formen von Metakognition und Selbststeuerung eingesetzt werden.

Förderung lernmethodischer Kompetenzen im Kindergarten: Ein metakognitiver Ansatz

Lernmethodische Kompetenz ist in der Elementarpädagogik ein neues Themenfeld, das in der internationalen empirisch orientierten Fachliteratur bisher kaum repräsentiert ist. Obgleich einige Autoren und Autorinnen sich mit der gezielten Förderung kognitiver und metakognitiver Lernprozesse im Kindergarten befasst haben (vgl. z. B. Helm et al. 1998), fehlt es an empirischen Arbeiten, die es erlauben würden, die Effizienz der vorgeschlagenen Maßnahmen in Bezug auf die kognitive Entwicklung der Kinder zu bewerten und insbesondere ihre Wirkung auf das kindliche Verständnis der eigenen Lernprozesse zu beurteilen. So sind zwei Mankos zu konstatieren: zum einen die nicht nachgewiesene Effizienz der Programme im Hinblick auf die Förderung kognitiver Fähigkeiten, zum anderen fehlende Evidenz, dass mit dem Lernen zugleich lernmethodische Kompetenzen erworben werden.

Eine Ausnahme von dieser Regel bilden die Arbeiten der schwedischen Frühpädagogin Ingrid Pramling, die einen metakognitiv orientierten Ansatz für den Kindergarten[1] entwickelt und in einer Vielzahl von Evaluationsstudien empirisch überprüft hat (vgl. Pramling 1990, 1996). Pramling selbst bezeichnet ihre Methoden nicht als metakognitiv – obgleich sie die einschlägige ältere Literatur zu dieser Thematik berücksichtigt –, sondern als *phänomenographisch* (vgl. auch Marton & Booth, 1996). Das Wesen des phänomenographischen Ansatzes besteht darin, die Konzepte und intuitiven Theorien der Kinder zu den Phänomenen ihrer Umwelt zum Ausgangspunkt angeleiteter Lernprozesse zu machen und sie während des Lernprozesses wiederholt zu reflektieren. Gegenstand der Reflexion ist dabei nicht nur der Inhalt, der gelernt werden soll, sondern immer auch das Lernen selbst. Pramling (1996) unterscheidet in diesem Sinne in Bezug auf Lernprozesse zwischen einer Perspektive erster Ordnung und einer Perspektive zweiter Ordnung. Die Perspektive *erster Ordnung* beschäftigt sich damit, wie Kinder lernen; die Perspektive *zweiter Ordnung* fragt danach, was Kinder *denken*, wie sie lernen. Diese Perspektive zielt auf die Konzepte der Kinder über das Lernen und somit auf ihre metakognitiven Annahmen und intuitiven Theorien über ihr eigenes Denken und Lernen.

In der praktischen Durchführung ist der phänomenographische Ansatz dem Projektansatz (Katz & Chard 2000; Knauf 2001, S. 125 ff.) ver-

---

[1] Im Folgenden wird dem deutschen Sprachgebrauch entsprechend für alle vorschulischen Einrichtungen in Schweden der Begriff Kindergarten verwendet. Tatsächlich gibt es in Schweden aber neben Kindergärten auch Kindertagesstätten für Kinder von ein bis sechs Jahren und Vorschulgruppen, die hauptsächlich, aber nicht nur, von Sechsjährigen besucht werden. Das Personal hat eine dreijährige Ausbildung auf Hochschulniveau für die Arbeit in öffentlichen Vorschuleinrichtungen absolviert (vgl. Oberhuemer & Ulich 1997).

gleichbar, da bestimmte Themengebiete durch verschiedene Veranschaulichungsformen und kindergartentypische Modi der Beschäftigung – Spielen, Basteln, Malen, Singen etc. – umgesetzt werden. Darüber hinaus haben aber reflexive Phasen während der Projekte eine besondere Bedeutung und kennzeichnen das metakognitive Moment der Methoden: Die Kinder reflektieren gemeinsam und mit Hilfe der Erzieherin, *dass* sie lernen, *was* sie lernen und *wie* sie lernen.

Kindliche Lernkonzepte

Wie entscheidend es für die Effizienz von Lernprozessen ist, was die Kinder denken zu tun, wenn sie lernen – die Perspektive zweiter Ordnung also –, hat die Forschung von Pramling gezeigt. Die Befunde weisen darauf hin, dass Kinder im Vorschulalter ihre Lernprozesse in herkömmlichen Kindergärten kaum als solche wahrnehmen (vgl. Pramling 1990). Die übliche Kindergartenarbeit in Schweden ist ähnlich organisiert wie in Deutschland, nämlich vielfach in Form von thematischen Projekten. Typischerweise werden solche thematischen Projekte, wie z. B. „Der Regenwurm" oder „Der Bauernhof", aus verschiedenen Teilen zusammengesetzt: Die Erzieherin erzählt etwas über das Thema, liest Geschichten vor, singt mit den Kindern Lieder, besucht mit ihnen einen Bauernhof oder sammelt Regenwürmer, übt ein Rollenspiel oder Theaterstück ein, bastelt mit ihnen etwas zum Thema und Ähnliches. Damit die Kinder allerdings verstehen, dass diese Teile zum selben Projekt gehören, müssen sie erkennen können, dass sie Bestandteil desselben Lernprozesses sind – und dies ist nicht immer der Fall. Es ist erforderlich, dass die Erzieherin die Lernstruktur für die Kinder erkennbar macht. Tut sie dies nicht, bleiben die Teile für die Kinder unverbunden und ergeben wenig Sinn. Pramling hat Kinder befragt, warum sie einzelne Teile in ihrem Projekt durchgenommen haben, und die Kinder haben vielfach lediglich geantwortet: „Weil es Spaß macht." Spaß und Motivation sind wichtige Voraussetzungen für Lernprozesse, aber sie reichen für effektives Lernen bei Weitem nicht aus, wenn die Kinder den Sinn der Aktivitäten nicht verstehen. Wenn die Kinder z. B. nicht nachvollziehen können, warum sie einen Bauernhof besuchen und die Bezüge dieses Besuchs zum Gesamtprojekt nicht verstehen, werden sie ihre Erfahrungen nicht als Lernen verbuchen und die vermittelten Inhalte weniger tief verarbeiten. Ein weiteres Problem besteht darin, dass Kinder die Lernprozesse im Kindergarten nur schwer mit ihrer Welt außerhalb des Kindergartens in Verbindung bringen und somit nicht an ihr Vorwissen und Vorverständnis anknüpfen können. Pramling (1983) hat Kinder befragt, die an einem Projekt über Formen im Kindergarten teilgenommen hatten. Ihnen waren die geometrischen Grundformen Kreis, Dreieck, Rechteck und Quadrat erklärt worden, und die Erzieherin verfolgte vor allem das Ziel, dass die Kinder sich die Namen der Formen merken. Als die Kinder anschließend gefragt wurden, welche Formen eine Banane oder ein Ei haben, antworteten einige Kinder, sie hätten keine Form – denn diese Formen waren nicht besprochen worden. Als sie gefragt wurden, wo sie die Grundformen in ihrem Alltag noch finden könnten, antworteten wiederum einige Kinder, es gäbe sie *nur* im Kindergarten, nicht außerhalb. Die Kinder hatten also nicht von den konkreten Formen, die sie durchgenommen hatten, auf das Konzept der Form im allgemeinen Sinne generalisiert. Sie konnten es nicht anwenden und keine Bezüge zu ihrer Lebenswelt außerhalb des Kindergartens herstellen. Insofern ergaben die Formen für sie keinen tieferen Sinn und blieben als Lerngegenstände auf den Kindergarten begrenzt. Zu solchem fehlenden Transfer des Gelernten – man spricht auch von „trägem Wissen" – kommt es immer dann, wenn die Kinder keine Bezüge zwischen der Situation des Lernens (Kindergarten) und anderen Situationen, in denen das Wissen abgerufen oder angewandt werden soll, herstellen können (vgl. Greeno et al. 1993; Renkl 2001).

In einem anderen Forschungsprojekt hat Pramling (vgl. 1990) Erzieher/innen bei ihrer Arbeit mit den Kindern beobachtet. Sie beschreibt die Arbeit einer Erzieherin, die Kindern etwas über die Zeit beibringen wollte. Neben vielen anderen Aktivitäten haben die Kinder Uhren gebastelt. Als die Kinder später gefragt wurden, was sie gelernt haben, antworteten sie, sie hätten gelernt, eine Uhr zu basteln. Ähnlich antworteten Kinder aus einem Temperatur-Projekt, sie hätten gelernt, ein Thermometer zu basteln (vgl. auch Gisbert et al. 2002). Die Kinder antworten somit ihren Lernkonzepten entsprechend, indem sie Lernen als *Tun* auffassen. Das Wissen, das die Erzieherin ihnen mündlich zu vermitteln versucht hat, sowie ihre Erfahrungen in den einzelnen Projektteilen, verbuchen die Kinder nicht als Lernen.

Pramling (1996) führt die in Bezug auf Lernprozesse wenig effiziente Vorgehensweise der Erzieher/innen in diesen Beispielen auf ihre Lernkonzepte zurück, also auf das, was sie selbst über das Lernen denken. Sie gingen offensichtlich davon aus, dass die Kinder durch den Umgang mit Materialien, wie beim Basteln, auch in kognitiver Hinsicht etwas lernen. Diese Überzeugung hat in der Kindergartenpädagogik eine lange Tradition und kann bereits auf Fröbel zurückgeführt werden. Andererseits zeigen Kindergartenbeobachtungen, dass Erzieher/innen ebenfalls häufig versuchen, Kindern verbal Sachverhalte zu erklären und anschließend Fragen stellen, um zu überprüfen, ob die Kinder den fraglichen Sachverhalt tatsächlich verstanden haben. Auch wenn die Kinder in diesen Fragesituationen vielfach die richtige Antwort geben, ist dies keine Garantie dafür, dass sie den Sachverhalt auch verstanden haben. Sie interpretieren die Situation zwischen den Zeilen im Sinne der Frage: „Was will der Erwachsene?" und geben die Antwort, von der sie wissen, dass sie den Erwachsenen zufrieden stellen wird. Zugleich erwerben sie durch diesen „Unterrichtsstil" das Konzept, dass Wissen verbal vermittelt wird. Pramling (1987) hat Kindergartenkinder gefragt, wie sie einem Kind etwas beibringen würden, das nicht weiß, was sie selbst wissen. Die Kinder haben geantwortet, sie würden es dem anderen Kind *sagen*. Kein Kind kam auf die Idee zu antworten, es würde das andere Kind etwas basteln lassen.

Kurz: Kindergartenkinder entwickeln bei der heute vielfach üblichen Projektarbeit das Konzept, lernen würde bedeuten, etwas zu tun. Wenn man sie genauer nach dem Erwerb von Wissen befragt, vertreten sie das Konzept, Wissen werde verbal vermittelt. Diese Befunde zeigen, dass die Konzepte von Erzieher/innen und Kindern nicht übereinstimmen. Sofern die Erzieher/innen dazu neigen, Kindern Wissen verbal zu vermitteln, zeigen sie ein Konzept des Lernens durch direkte Wissensvermittlung. In ihrer Praxis arbeiten sie zugleich mit einem Konzept des Lernens durch den Umgang mit Materialien. Metakognitive Lernarrangements zielen darauf, dass Kinder ein Verständnis für die Phänomene ihrer Umwelt entwickeln und zugleich *bewusst* lernen, so dass sie ein metakognitives Bewusstsein und darüber vermittelt lernmethodische Kompetenzen erwerben.

Der metakognitive Ansatz in der Praxis

Bei der Planung und Durchführung eines Projekts nach dem metakogni-tiven Ansatz sollten die Erzieher/innen ihr Augenmerk simultan auf drei Aspekte richten:

- den Inhalt
- die Struktur des Inhalts
- den Lernprozess, der ebenfalls mit den Kindern thematisiert wird.

Jeder dieser drei Aspekte wird als solcher und in metakognitiver Hin-sicht behandelt. Das heißt, es wird mit den Kindern über inhaltliche Dinge gesprochen oder sie werden auf andere Weise behandelt; zusätz-lich aber werden die Reflexionsprozesse und metakognitiven Kompeten-zen bei jedem dieser Aspekte angeregt.

Pramling (1990, 1996) illustriert dieses Vorgehen anhand des Themas „Regen und Wasser". Die Kinder in der Gruppe erhalten jeweils ein Blatt Papier und werden aufgefordert, es in der Mitte zu falten. Dann bekom-men sie den Arbeitsauftrag, auf der einen Seite gutes und auf der anderen Seite schlechtes Wetter zu zeichnen. Auf diese Weise wird die Auseinan-dersetzung mit dem inhaltlichen Aspekt angeregt. Wenn die Kinder fertig sind, können sie ihre Zeichnungen vergleichen und entdecken mit Hilfe der Erzieherin, dass „gutes" und „schlechtes Wetter" relative Begriffe sind: Ein Kind freut sich, wenn es regnet, weil es in den Pfützen plantschen kann, ein Erwachsener ärgert sich, weil er nass wird; ein Kind freut sich über den Schnee, weil es einen Schneemann bauen kann, ein anderes möchte lieber Fahrrad fahren und empfindet den Schnee als störend. Bei einer solchen Vorgehensweise reflektieren die Kinder nicht nur den Inhalt „Wetter", sondern es wird ihnen ebenfalls bewusst, wie unterschiedlich die Einzelnen darüber denken. Dieses Changieren zwischen der Reflexion des Inhalts, die ihrerseits das Denken und die Ausdrucksfähigkeit der Kin-der anregt, und dem metakognitiven Niveau, auf dem das Denken der verschiedenen Kinder reflektiert und bewusst gemacht wird, ist ein Kern-stück des metakognitiven Ansatzes.

Wie der Strukturaspekt deutlich gemacht werden kann, lässt sich an-hand des Themas „Schneeflocken" innerhalb des Wetter-Projekts ver-anschaulichen. Die Kinder haben den Auftrag erhalten, sich die Schneeflocken genau anzusehen und sie dann zu zeichnen. Sie vergleichen die Flocken und finden heraus, dass alle Schneeflocken sechseckig sind, dass sie sich aber dennoch genauso unterscheiden, wie alle Menschen verschieden sind. Die Erzieherin fragt: „Wenn ihr daran denkt, wie wir im Herbst den Regen bekommen haben, was denkt ihr dann, wie bekommen wir im Winter den Schnee?" Ein Kind antwortet: „Die Wassertropfen gehen zusammen und werden zu Eiskristallen", ein anderes Kind sagt: „Das ist derselbe Kreislauf wie beim Regen". Die Erzieherin kann an dieser Aussage anknüpfen und hinzufügen, dass es im Winter nur kälter ist und der Regen als Schnee fällt. Die Kinder betrachten dann ein Wandbild, das sie über den Regenzyklus hergestellt haben. In diesem Sinne wird den Kindern die Struktur des Themas deutlich. Der Regenzyklus repräsentiert ein Ganzes, aus dem die Kinder die Einzelphänomene sinnvoll ableiten können.

Im Anschluss stellt die Erzieherin die Frage, wie nun also Schnee und Regen zustande kommen. Die Kinder sollen diese Aufgabe in Kleingruppen besprechen, lösen und aufzeichnen. Die Lösungen werden nach Abschluss der Gruppenarbeit verglichen. Hier hebt die Erzieherin die Diskussion wiederum auf das metakognitive Niveau, indem die Kinder über die verschiedenen Strukturen, die sie herausgefunden und aufgezeichnet haben, nachdenken.

In dem Wetterprojekt haben die Kinder Experimente mit Wasserdampf durchgeführt, wobei sie angeregt wurden, darüber nachzudenken, warum sie diese Experimente gemacht haben und wie man sie anders hätte gestalten können, um etwas über Wasser und Regen herauszubekommen. Auf diese Weise wird der Lernaspekt thematisiert. Eine weitere Möglichkeit, die Kinder über das Lernen nachdenken zu lassen, bestand darin, dass die Erzieherin die Kinder zu Vorhersagen aufgefordert hat, wie wohl am nächsten Tag das Wetter wird. Nachdem die Kinder ihre Schätzungen abgegeben hatten, bekamen sie die „Hausaufgabe", verschiedenen Möglichkeiten der Wettervorhersage herauszufinden. Am nächsten Tag haben die Kinder ihre Erklärungen, aus welchen Anzeichen in der Natur man das Wetter vorhersagen kann, abgegeben. Die Erzieherin fragte die Kinder dann, wie sie das herausgefunden haben. Die Kinder nannten unterschiedliche Quellen: das Fernsehen, die Tageszeitung, ihre Eltern oder einen Nachbarn, und ein Kind sagt, es habe es selbst herausgefunden. Die Erzieherin macht den Kindern die vielfältigen Möglichkeiten deutlich, etwas über das Wetter herauszufinden, und regt sie an, darüber nachzudenken, welche Möglichkeiten es noch gibt. Mit der Reflexion des Lernprozesses gelangen die Kinder auf ein metakognitives Niveau, indem sie darüber nachdenken, wie man etwas herausfinden kann, das man nicht weiß.

In der Durchführung einzelner Projekte lassen sich diese Schritte nicht deutlich voneinander trennen. Die Erzieherin sollte aber darauf achten, dass alle Aspekte realisiert werden; dass also Inhalt, Struktur und Lernprozess einerseits klar definiert sind und andererseits ebenfalls auf einem metakognitiven Niveau thematisiert werden.

Zusammengefasst bedeutet dieses Vorgehen in Bezug auf das Wetterprojekt: Die Kinder präsentieren zunächst ihre Ideen und Gedanken über das Thema (Inhalt) und machen kleine Experimente in diesem Zusammenhang. Die Erzieherin hilft ihnen, ihre unterschiedlichen Sichtweisen deutlich werden zu lassen, indem sie z. B. mit den Kindern darüber spricht oder sie Zeichnungen anfertigen lässt. Dann wird die Aufmerksamkeit der Kinder auf die Struktur in Form des Zyklus gelenkt, über den die Kinder ebenfalls nachdenken. Zuletzt wird darüber reflektiert, wie und warum die Kinder ihre Experimente durchgeführt haben, was sie darüber denken und ob es noch andere Möglichkeiten gibt, etwas über ein Thema zu lernen. In diesem Schritt wird die Aufmerksamkeit der Kinder auf ihre eigenen Lernprozesse gelenkt, die sie als solche bewusst wahrnehmen.

Evaluation des metakognitiven Ansatzes

Pramling (1990, 1996) hat diese Vorgehensweise evaluiert. Sie hat den metakognitiven Ansatz in vier Gruppen mit insgesamt 76 Fünf- und Sechsjährigen Kindergartenkindern untersucht. Zwei der Erzieher/innen, deren Kindergruppen als Kontrollgruppe fungierten, wurden aufgefordert, mit den Kindern auf die übliche Weise zu arbeiten, die beiden anderen Erzieher/innen wurden in den metakognitiven Ansatz eingeführt und wandten ihn in ihrer Arbeit über ein Jahr an (Experimentalgruppe).

Zum einen wurde gefragt, ob die Kinder ihre Konzepte des Lernens durch den metakognitiven Ansatz verändert hatten. Die Kinder wurden zu Beginn und am Ende des Kindergartenjahres untersucht. Zum anderen nahmen sie während des letzten Monats vor Abschluss des Projekts an drei Lernexperimenten teil. Mit Hilfe dieser Experimente sollte untersucht werden, ob das Lernverhalten der Kinder sich durch die Intervention verändert hatte. Bei zweien der Experimente wurden Geschichten vorgelesen, zu denen den Kindern anschließend Fragen gestellt wurden. Das dritte umfasste den Besuch eines naturkundlichen Museums, in dem die Kinder durch einen Museumsangestellten eine Unterrichtseinheit über den ökologischen Zyklus erhielten. Auch zu dieser Thematik wurden den Kindern in ausführlichen Interviews Fragen gestellt. Der Interviewerin war nicht bekannt, ob die einzelnen befragten Kinder sich in der Experimental- oder in der Kontrollgruppe befunden hatten.

Die Ergebnisse zu den Lernkonzepten zeigen, dass die Kinder aus der Experimentalgruppe ihre Vorstellungen vom Lernen im Verlauf des Jahres mehrheitlich geändert hatten, während die Lernkonzepte der Kinder aus der Kontrollgruppe überwiegend konstant blieben.[2] So dachten die Kinder aus beiden Gruppen zu Beginn des Projekts zu 85 %, dass Lernen im Tun bestehe, am Ende des Projekts dachten dies aus der Experimentalgruppe nur noch 40 %. In der Kontrollgruppe hatte demgegenüber der Anteil der Kinder, die Lernen mit dem Tun identifizierten, lediglich auf 75 % abgenommen. Über das Konzept des Lernens als Wissen verfügten zu Projektbeginn in beiden Gruppen weniger als 10 % der Kinder. In der Experimentalgruppe hatten zum Projektende 55 % der Kinder dieses Konzept erworben, in der Kontrollgruppe demgegenüber nur 15 %. Die Ergebnisse zeigen deutlich, dass der metakognitive Ansatz sich auf die Konzepte der Kinder ausgewirkt hat und sie ein Bewusstsein für ihre Lernprozesse im Kindergarten entwickelt haben.

Die Frage, auf die sich die drei Lernexperimente richteten, bestand darin, ob die Kinder durch die metakognitive Methode die lernmetho-

---

[2] In Pramling, 1996, sind die Ergebnisse in Form eines Histogramms dargestellt, so dass die exakten Zahlen nicht ermittelt werden können und im Folgenden gerundete Werte berichtet werden.

dische Kompetenz erworben haben, sich neue Inhalte effektiver und tiefergehend anzueignen.

Im ersten Lernexperiment wurde die „Geschichte vom roten Apfel" vorgelesen, der immer wieder mit einem anderen Apfel vertauscht und in verschiedenste Abenteuer verwickelt wurde (vgl. Pramling 1990, S. 63 f.). Solche Ereignisse fanden insgesamt elf Mal statt. Erhoben wurde, wie viele der Ereignisse die Kinder bei der Nacherzählung der Geschichte reproduzierten. Ungefähr 70 % der Kinder aus der Experimentalgruppe erzählten fünf bis elf Ereignisse nach, während von den Kindern aus der Kontrollgruppe 75 % nur ein bis vier Ereignisse reproduzierten. Wie auch die Befunde aus dem zweiten Lernexperiment zeigen, scheinen die Kinder, die ein metakognitives Training erhalten hatten, die Struktur der Geschichte tiefergehend erfasst zu haben, so dass es ihnen gelungen ist, auch mehr Details zu erinnern.

Im zweiten Lernexperiment wurde den Kindern ebenfalls eine Geschichte vorgelesen, aber die Struktur dieser Geschichte unterschied sich deutlich von der ersten. Die Geschichte mit dem Titel „Auf der anderen Seite des Flusses" enthielt die zugrunde liegende Idee eines gegenseitigen Austausches von Menschen, die an gegenüberliegenden Flussufern leben (Pramling 1990, S. 73 f.). Von den Kindern, die die Geschichte spontan und ohne Hilfe der Interviewerin nacherzählten, drückten aus der Experimentalgruppe gut 40 % unmittelbar die Moral der gegenseitigen Hilfe aus, während dies von den Kindern aus der Kontrollgruppe keines tat. Auf die Frage von Seiten der Interviewerin, warum die Menschen eine Brücke gebaut haben, nannten gut 80 % der Kinder aus der Experimentalgruppe die richtige Antwort, während aus der Kontrollgruppe nur etwa 30 % die gegenseitige Abhängigkeit der Menschen verstanden hatten. Die Kinder, die metakognitiv geschult worden waren, hatten somit zu einem höheren Anteil die Tiefenstruktur und Moral der Geschichte verstanden, während Kinder aus einem herkömmlichen Kindergarten nicht auf diesem abstrakten Niveau dachten. Sie erzählten vielmehr die Oberflächenhandlung nach, ohne zu verstehen, worauf diese Handlung zielte.

Im Rahmen des dritten Lernexperiments besuchten die Kinder ein Naturkundemuseum, in dem ihnen im Rahmen einer Führung etwas über Tiere und Pflanzen erzählt wurde (Pramling, 1990, S. 85 f.). Der

Museumsführer baute auf dem Boden einen ökologischen Zyklus auf und verband die Tiere und Pflanzen mit Pfeilen. Anschließend wurde in Interviews mit den Kindern erfasst, inwieweit sie den Zyklus verstanden hatten. Von den Kindern aus der Kontrollgruppe nannten 75 % lediglich einige Namen der Tiere oder erinnerten sich an andere isolierte Einzeldetails aus dem Vortrag, von den Kindern aus der Experimentalgruppe konnten demgegenüber 85 % der Kinder entweder die Nahrungskette erklären oder sogar alle Einzelbestandteile in den Zyklus einordnen. Die Kinder aus der Experimentalgruppe hatten somit den Vortrag umfassend verstanden, während er für die Kinder aus der Kontrollgruppe keinen tieferen Sinn ergab.

Perspektiven des metagognitiven Ansatzes

Der metakognitive Ansatz wird insgesamt den Forderungen, die in den nationalen wie auch internationalen Bildungsdiskussionen aufgeworfen wurden, umfassend gerecht. Er spricht die Kinder sowohl auf der Ebene erster Ordnung als auch auf der Ebene zweiter Ordnung an. Die Kinder lernen Inhalte effektiver, weil sie ein Bewusstsein dafür entwickeln, was und warum sie lernen – der Sinn der Dinge erschließt sich ihnen –, und sie lernen, wie man lernt. Zu lernen, wie man lernt, der Erwerb lernmethodischer Kompetenzen also, ist eine entscheidende Voraussetzung nicht nur für das nachfolgende schulische Lernen, sondern auch für die Fähigkeit, sich lebenslang immer wieder neues Wissen anzueignen. Der vorgestellte metakognitive Ansatz fördert die lernmethodischen Kompetenzen bereits im Kindergarten, indem er über den behandelten Inhalt hinaus die Struktur des Inhalts und die Lernprozesse selbst thematisiert. Alle drei Ebenen werden nicht nur praktisch umgesetzt, sondern auch von den Kindern reflektiert. Dieser Ansatz erlaubt es, durch seine vielfältigen Anpassungsmöglichkeiten an die traditionellen Methoden der Arbeit im Kindergarten, den alten Gegensatz zwischen eher spielorientierten und eher schulorientierten Ansätzen zu überwinden und alte Konflikte der Pädagogik beizulegen. Metakognitive Lernarrangements bieten einen dritten Weg, der Lernen als Bestandteil des kindlichen Lebens auffasst und Methoden zur Gestaltung und Moderierung von Lernprozessen zur Verfügung stellt, mit denen Kinder effektiv, nachhaltig und mit Verständnis für das Lernen lernen.

Literatur

Arbeitsstab Forum Bildung (Hrsg.) (2000): Erster Kongress des Forum Bildung am 14. und 15. Juli 2000 in Berlin (Materialien des Forum Bildung 3). Forum Bildung, Bonn

Arbeitsstab Forum Bildung (Hrsg.) (2001): Ergebnisses des Forum Bildung 1. Empfehlungen des Forum Bildung. Forum Bildung, Bonn

Artelt, Cordula; Demmrich, Anke; Baumert, Jürgen (2001): Selbstreguliertes Lernen. In: Deutsches PISA-Konsortium (Hrsg.), PISA 2000. Basiskompetenzen von Schülerinnen und Schülern im internationalen Vergleich. Leske + Budrich, Opladen, S. 271–298

Bennett, John (2000): Goals, curricula and quality monitoring in early childhood systems. Paper presented at the Consultative Meeting on International Developments in ECEC, The Institute for Child and Family Policy, Columbia University, New York, May 11–12, 2000

Boekaerts, Monique; Pintrich, Paul R.; Zeidner, Moshe (2000): Handbook of self-regulation. Academic Press, San Diego, CA

Bransford, John D.; Brown, Ann L.; Cocking, Rodney R. (1999): How people learn. Brain, mind, experience, and school. National Academy Press, Washington, DC

Brown, Ann L. (1997): Transforming schools into communities of thinking and learning about serious matters. In: American Psychologist, Vol. 52, S. 399–413

Bruner, Jerome (1983): Child's talk. Learning to use language. Norton, New York

Bruner, Jerome (1996): The culture of education. Harvard University Press, Cambridge, MA

Bundesministerium für Bildung und Forschung (Hrsg.) (1998a): Delphi-Befragung 1996/1998. Abschlußbericht zum „Bildungs-Delphi". Bundesministerium für Bildung und Forschung, Bonn

Bundesministerium für Bildung und Forschung (Hrsg.) (1998b): Delphi-Befragung 1996/1998. Integrierter Abschlußbericht. Zusammenfassung von Delphi I „Wissensdelphi" und Delphi II „Bildungsdelphi". Bundesministerium für Bildung und Forschung, Bonn

Bundesministerium für Familie, Senioren, Frauen und Jugend (Hrsg.) (1998): Bericht über die Lebenssituation von Kindern und die Leistungen der Kinderhilfen in Deutschland – Zehnter Kinder- und Jugendbericht – mit der Stellungnahme der Bundesregierung. Unterrichtung durch die Bundesregierung. Drucksache 11368, Bonn

Cobb, Paul; Yackel, Erna (1996): Constructivist, emergent, and sociocultural perspectives in the context of developmental research. In: Educational Psychologist, Vol. 31, S. 175–190

Dahlberg, Gunilla; Moss, Peter; Pence, Alan (1999): Beyond quality in early childhood education. Postmodern perspectives. Falmer, London

Dünow, Tobias (2000): Bericht aus der Arbeitsgruppe „Lernen des Lernens". In: Arbeitsstab Forum Bildung (Hrsg.), Erster Kongress des Forum Bildung am 14. und 15. Juli in Berlin. Forum Bildung, Bonn, S. 144–147

Elschenbroich, Donata (2000): „Strahlende Intelligenz". Der Kindergarten als basale Bildungseinrichtung. In: Arbeitsstab Forum Bildung (Hrsg.), Erster Kongress des Forum Bildung am 14. und 15. Juli in Berlin. Forum Bildung, Bonn, S. 117–126

Elschenbroich, Donata (2001): Weltwissen der Siebenjährigen. Wie Kinder die Welt entdecken können. Kunstmann, München

Elschenbroich, Donata; Schweitzer, Otto (1999): Das Rad erfinden. Kinder auf dem Weg in die Wissensgesellschaft. DJI-Filmproduktion, Frankfurt

Flavell, John H. (1976): Metacognitive aspects of problem solving. In Lauren B. Resnick (Ed.), The nature of intelligence. Erlbaum, Hillsdale, NJ, S. 231–235

Fthenakis, Wassilios E. (2000): Kommentar: Die (gekonnte) Inszenierung einer Abrechung – zum Beitrag von Jürgen Zimmer. In: Wassilios E. Fthenakis; Martin R. Textor (Hrsg.). Pädagogische Ansätze im Kindergarten. Beltz, Weinheim, S. 115–131

Fthenakis, Wassilios E.; Eirich, Hans (Hrsg.) (1998): Erziehungsqualität im Kindergarten. Forschungsergebnisse und Erfahrungen. Lambertus, Freiburg i. Br

Fthenakis, Wassilios E.; Oberhuemer, Pamela (Hrsg.) (im Druck): Curriculum International – Bildungsqualität im Blickpunkt. Leske + Budrich, Opladen

Gisbert, Kristin; Ladwig, Arndt; Wörz, Thomas (2002): Das Lernen lernen schon im Kindergarten. TPS – Theorie und Praxis der Sozialpädagogik, Heft 5, S. 43–47

Greeno, James G.; Moore, Joyce L.; Smith, David R. (1993): Transfer of situated learning. In: Douglas K. Detterman; Robert J. Sternberg (Eds.), Transfer on trial: Intelligence, cognition, and instruction. Ablex, Westport, CT, S. 99–167

Hart, Craig H.; Burts, Diane C.; Charlesworth, Rosalind (Eds.).(1997): Integrated curriculum and developmentally appropriate practice. Birth to age eight. State University of New York Press, Albany, NY

Hasselhorn, Marcus (2001): Metakognition. In: Detlef H. Rost. (Hrsg.), Handwörterbuch Pädagogische Psychologie. Beltz, Weinheim, S. 466–471

Katz, Lilian G.; Chard, Sylvia C. (2000): Der Projekt-Ansatz. In Wassilios E. Fthenakis; Martin R. Textor (Hrsg.), Pädagogische Ansätze im Kindergarten. Beltz, Weinheim, S. 209–223

Knauf, Tassilo (2001): Einführung in die Grundschuldidaktik. Lernen, Entwicklungsförderung und Erfahrungswelten in der Primarstufe. Kohlhammer, Stuttgart

Krappmann, Lothar (1999): Die Lebenssituation von Kindern. In: Welt des Kindes, Nr. 3, S. 29–31

Laewen, Hans-Joachim (1999): Alien Kind – das unbekannte Wesen. In: Klein & Groß, Heft 9, S. 6–16

Laewen, Hans-Joachim; Andres, Beate (2002a): Bildung und Erziehung in der frühen Kindheit. Bausteine zum Bildungsauftrag von Kindertageseinrichtungen. Weinheim, Beltz

Laewen, Hans-Joachim; Andres, Beate (2002b): Forscher, Künstler, Konstrukteure. Werkstattbuch zum Bildungsauftrag von Kindertageseinrichtungen. Luchterhand, Neuwied

Lankes, Eva-Maria (2000): Lebenslanges Lernen in der Grundschule. In: Arbeitsstab Forum Bildung (Hrsg.), Erster Kongress des Forum Bildung am 14. und 15. Juli in Berlin. Forum Bildung, Bonn, S. 138–143

Marton, Ference; Booth, Shirley (1996): The learner's experience of learning. In: David R. Olson; Nancy Torrance (Eds.), The handbook of education and human development. Blackwell, Malden, MA, S. 534–564

Miegel, Meinhard (2001): Von der Arbeitskraft zum Wissen. Merkmale einer gesellschaftlichen Revolution. In: Merkur, 55. Jg., Nr. 3, S. 203–210

Nelson, Katherine (1996): Language in cognitive development. Emergence of the mediated mind. Cambridge University Press, Cambridge, MA

Oberhuemer, Pamela (2002): Bildungskonzepte für die frühe Kindheit in internationaler Perspektive. In: Wassilios E. Fthenakis; Pamela Oberhuemer (Hrsg.), Curriculum International – Bildungsqualität im Blickpunkt. Leske + Budrich, Opladen

Oberhuemer, Pamela; Ulich, Michaela (1987): Kinderbetreuung in Europa. Tageseinrichtungen und pädagogisches Personal (IFP Handbuch). Beltz, Weinheim

Palincsar, Annemarie S. (1998): Social constructivist perspectives on teaching and learning. In: Annual Review of Psychology, Vol. 49, S. 345–375

Palincsar, Annemarie S.; Brown, Ann L. (1984): Reciprocal teaching of comprehension-fostering and comprehension-monitoring activities. In: Cognition and Instruction, Vol. 1, S. 117–175

Palincsar, Annemarie S.; Brown, Ann L. (1986): Interactive teaching to promote independent learning from text. In: The Reading Teacher, Vol. 39, S. 771–777

Pramling, Ingrid (1983). The child's conception of learning. Acta Universitatis Gothoburgensis, Göteborg, Sweden

Pramling, Ingrid (1987): Entrance to the world of knowledge. In: Roger Säljö (Ed.), The written code and conceptions of reality. Springer, New York, S. 151–160

Pramling, Ingrid (1990): Learning to learn. A study of Swedish preschool children. Springer, New York

Pramling, Ingrid (1996): Understanding and empowering the child as a learner. In: David R. Olson; Nancy Torrance (Eds.), The handbook of education and human development. Blackwell, Malden, MA, S. 565–592

Prawat, Richard S. (1996): Constructivisms, modern and postmodern. In: Educational Psychologist, Vol. 31, S. 215–225

Renkl, Alexander (2001): Träges Wissen. In: Detlef H. Rost. (Hrsg.), Handwörterbuch Pädagogische Psychologie. Beltz, Weinheim, S. 717–730

Rogoff, Barbara. (1997): Cognition as a collaborative process. In Robert S. Siegler; Dianna Kuhn (Eds.), Handbook of child psychology. Cognition, perception and language (Vol. 2). Wiley, New York, S. 679–744

Schäfer, Gerd (1995): Bildungsprozesse im Kindesalter. Selbstbildung, Erfahrung und Lernen in der frühen Kindheit. Juventa, Weinheim.

Schäfer, Gerd (2001): Frühkindliche Bildung. In: Klein und Groß, Heft 9, S. 6–11

Schäfer, Gerd (2002). Bildung beginnt mit der Geburt. In: Klein und Groß, Heft 1, S. 10–15

Stenger, Ursula (2001): Grundlagen der Reggiopädagogik: Das Bild vom Kind. In: Päd Forum, Heft 3 (Sonderheft Reggio-Pädagogik), S. 9–14

Tietze, Wolfgang (Hrsg.) (1998): Wie gut sind unsere Kindergärten? Luchterhand, Neuwied

Weinert, Franz E. (2000): Lernen des Lernens. In Forum Bildung (Hrsg.), Erster Kongress des Forum Bildung am 14. und 15. Juli in Berlin (Materialien des Forum Bildung 3). Forum Bildung, Bonn, S. 96–100

Wood, David; Bruner, Jerome; Ross, Gail (1976).:The role of tutoring in problem solving. In: Journal of Child Psychology and Psychiatry, Vol. 17, S. 89–100

Corina Wustmann

Was Kinder stärkt

Ergebnisse der Resilienzforschung und ihre Bedeutung für die pädagogische Praxis[1]

Aufgrund der rasanten Veränderungen in unserer Gesellschaft werden Kinder heute mit immer neuen Herausforderungen konfrontiert. Dazu gehört auch, mit Unsicherheiten, Belastungen und schwierigen Lebensbedingungen umzugehen. Fast tagtäglich ist in den Nachrichten von Katastrophen, Kriegen, Gewaltverbrechen, Unfällen oder Wirtschaftskrisen zu hören. Es wird von hohen Arbeitslosenquoten, einem wachsendem Armutsproblem in der Gesellschaft, Umweltbelastungen, steigenden Trennungs- und Scheidungsraten u. v. m. berichtet. Diese Risikoperspektive ist zunächst mit der Erwartung negativer Konsequenzen für die Entwicklung der Kinder verknüpft. Tatsächlich wachsen viele Kinder aber trotz dieser Risiken zu erstaunlich kompetenten, leistungsfähigen und stabilen Persönlichkeiten heran.

Dieses Phänomen hat in jüngerer Zeit das Interesse zahlreicher Forscher aus verschiedenen Fachdisziplinen geweckt und wird heute unter dem Begriff „Resilienz" lebhaft diskutiert. Folgende Fragen stehen dabei im Vordergrund: Was macht die Kinder derart „stark"? Über welche Potenziale und „Reservekapazitäten" verfügen sie, dass sie Risikolagen und Belastungen so erfolgreich bewältigen können? Welche schützenden Bedingungen in der Lebensumwelt des Kindes tragen zu einer solchen positiven Entwicklung bei?

---

[1] Die Inhalte dieses Beitrags lehnen sich an das vom Bundesministerium für Bildung und Forschung (BMBF) finanzierte Projekt „Konzeptionelle Neubestimmung von Bildungsqualität in Tageseinrichtungen für Kinder mit Blick auf den Übergang in die Grundschule" an, das derzeit unter Leitung von Prof. Dr. Dr. Dr. W. E. Fthenakis am Staatsinstitut für Frühpädagogik München (IFP) durchgeführt wird.

Die Ergebnisse der Resilienzforschung liefern entscheidende Hinweise darauf, welche Basiskompetenzen Kinder heutzutage brauchen, um sich trotz schädigender Einflüsse und erhöhter Anforderungen an ihre Anpassungsfähigkeit gesund und positiv entwickeln zu können. Kinder in diesen grundlegenden Fähigkeiten frühzeitig zu stärken, kann deshalb als ein notwendiger Bestandteil zukünftiger Erziehungs- und Bildungsprozesse betrachtet werden.

Was heißt Resilienz?

Der Begriff „Resilienz" leitet sich von dem englischen Wort „resilience" ab und bezeichnet allgemein die Fähigkeit, erfolgreich mit belastenden Lebensumständen und negativen Folgen von Stress umzugehen (vgl. z. B. Rutter 2001, S. 13; Petermann 2000, S. 12). Kurz gesagt: Es geht um die Fähigkeit, sich von einer schwierigen Lebenssituation nicht „unterkriegen zu lassen" bzw. nicht „daran zu zerbrechen" (vgl. Wustmann 2001, S. 7).

Für den Kontext der hier relevanten Altersgruppe kann Resilienz definiert werden als die psychische Widerstandsfähigkeit von Kindern gegenüber biologischen, psychologischen und psychosozialen Entwicklungsrisiken. Die Begriffe „Stressresistenz", „psychische Robustheit" oder „psychische Elastizität" werden teilweise synonym für Resilienz verwendet.

Das Phänomen der Resilienz impliziert damit zwei wesentliche Bedingungen: (1) Es muss eine signifikante Bedrohung für die kindliche Entwicklung gegeben sein und (2) eine erfolgreiche Bewältigung dieser belastenden Lebensumstände (vgl. Luthar & Cicchetti 2000, S. 858; Masten & Coatsworth 1998, S. 206). Ein bestimmtes positives Entwicklungsbild bei einem Kind, z. B. ein hohes Maß an Selbstvertrauen, Sozialkompetenz und Lernbereitschaft, kann nicht per se als Ausdruck von Resilienz gewertet werden, sondern wird zu diesem erst durch den Umstand, dass besondere Widerstände und Schwierigkeiten zu überwinden waren und eine besondere Bewältigungsleistung von dem Kind erbracht wurde (vgl. Göppel 2000, S. 80). Als resilient können somit nur die Kinder angesehen werden, die sich trotz massiver Beeinträchtigung erstaunlich positiv entwickeln, im Vergleich zu denjenigen Kindern, die unter gleichen Bedingungen – d. h. gleich hoher Risikobelastung – psychische Beeinträchtigungen aufweisen.

Unter Resilienz werden in der Fachliteratur drei Erscheinungen subsummiert:

- die positive, gesunde Entwicklung trotz hohem Risiko-Status, z. B. chronische Armut, elterliche Psychopathologie, sehr junge Elternschaft (gemeint sind auch sog. Multiproblemmilieus);
- die beständige Kompetenz unter extremen Stressbedingungen, z. B. elterlicher Trennung und Scheidung, Wiederheirat eines Elternteils (sog. nicht-normative kritische Lebensereignisse);
- die positive bzw. schnelle Erholung von traumatischen Erlebnissen wie Tod eines Elternteils, sexueller Missbrauch oder Kriegserlebnisse (vgl. Bender & Lösel 1998, S. 119; Werner 2000, S. 116).

Resilienz bezieht sich damit nicht nur auf die Abwesenheit psychischer Störungen, sondern auch auf den Erwerb und Erhalt altersangemessener Fähigkeiten und Kompetenzen der normalen kindlichen Entwicklung trotz risikoreicher Lebensumstände (vgl. Masten & Coatsworth 1998, S. 206; Rutter 2000, S. 652). Gemeint ist die erfolgreiche Bewältigung von altersspezifischen Entwicklungsaufgaben, wie z. B. die Entwicklung von Autonomie, die Sprachentwicklung oder die Bindung an nahe Bezugspersonen als bedeutende Entwicklungsaufgaben im frühen Kindesalter. Denn die positive Bewältigung einer Entwicklungsaufgabe stellt eine entscheidende Basis dafür dar, wie nachfolgende, spätere Aufgaben gemeistert werden. Im Verlauf dieses Prozesses erwirbt das Kind Fähigkeiten und Kompetenzen, die für eine positive Entwicklung benötigt werden.

Der Begriff Resilienz wird als das positive Gegenstück zu „Vulnerabilität" betrachtet. Vulnerabilität kennzeichnet die Verwundbarkeit, Verletzbarkeit oder Empfindlichkeit einer Person gegenüber äußeren (ungünstigen) Einflussfaktoren, also eine erhöhte Bereitschaft, psychisch zu erkranken (vgl. Fingerle 2000, S. 287). Ein Kind, das besonders anfällig für widrige Lebensumstände ist, besitzt demnach eine hohe Vulnerabilität.

Zusammengefasst lässt sich konstatieren: Vulnerabilität bezieht sich auf die Prädisposition eines Kindes, unter Einfluss von Risikobelastungen verschiedene Formen von Erlebens- und Verhaltensstörungen zu entwickeln; Resilienz dagegen auf die Abwehr von maladaptiven Reaktionen angesichts belastender Lebensumstände (vgl. Zimmerman & Arunkumar 1994, S. 2). Resilienz zielt somit auf *psychische Gesundheit* trotz erhöhter Entwicklungsrisiken, insofern auf *Bewältigungskompetenz* ab.

Entwicklung und Charakteristika des Resilienzkonzepts

Das wachsende Interesse an der positiven, gesunden Entwicklung trotz schwieriger Lebensumstände kann in Zusammenhang mit einem Paradigmen- bzw. Perspektivenwechsel in den Human- und Sozialwissenschaften gesehen werden, der sich von dem krankheitsorientierten, pathogenetischen Modell (Pathos, griech.: Leiden, Krankheit; Genese, griech.: Entstehung) zum ressourcenorientierten, salutogenetischen Modell (Salus, lat.: Wohlbefinden, Gesundheit, Heil) vollzogen hat (vgl. Laucht et al. 2000, S. 104). Das Konzept der Resilienz beinhaltet demnach einen starken Bezug zum Konzept der *Salutogenese,* das der Medizinsoziologe Antonovsky (1979) in den 1970er Jahren geprägt hat: Anstatt nur danach zu fragen, was eine Person krank macht oder was die Krankheit ausgelöst hat, sollte man sich vor allem darauf konzentrieren, was den Menschen gesund erhält und wie es manchen Menschen gelingt, trotz vielfältiger gesundheitsgefährdender Einflüsse nicht krank zu werden. Wesentlich war für Antonovsky eine mehr ganzheitliche, nicht ausschließlich symptomorientierte Betrachtungsweise; die salutogenetische Blickrichtung stellte für ihn insofern eine wichtige Erweiterung dar. Ansatzpunkt ist die Leitfrage: „Wie wird ein Mensch mehr gesund und weniger krank?" (Bengel et al. 2001, S. 24). Mit dieser Perspektive rückten Krankheitsverhinderung und Gesundheitsförderung immer mehr in den Blickpunkt gesundheitspolitischer und -wissenschaftlicher Diskussionen. In der Praxis ging damit eine Betonung der Prävention einher, d. h. die Stärkung von Gesundheitsressourcen bzw. Bewältigungskapazitäten.

Während die Risikoforschung untersucht, welche Risiken in welchem Ausmaß und auf welche Art und Weise mit welchen Entwicklungsbeeinträchtigungen verknüpft sind, fragt die Resilienzforschung in salutogenetischer Perspektive danach, welche Eigenschaften und Fähigkeiten jene Kinder und Jugendlichen auszeichnen, die sich trotz vorliegender Risikokonstellationen positiv und gesund entwickeln (vgl. Göppel 2000, S. 80). Denn durch zahlreiche Untersuchungen zu Risikoeinflüssen kindlicher Entwicklung hat man zunehmend erkannt, dass große Unterschiede existieren, wie Kinder auf Risikobedingungen reagieren. Auf der einen Seite gibt es Kinder, die Verhaltensstörungen entwickeln, auf der anderen Seite Kinder, die diese schweren Lebensbedingungen relativ unbeschadet überstehen oder die an ihnen sogar erstarken und wachsen. Lange Zeit wurde dieses Phänomen der psychischen Widerstandskraft in der Erforschung kindlicher Entwicklungsverläufe nahezu ausgeblendet. In gewisser Weise schien es unerklärbar und viele Forscher zeigten auch Scheu, den Fokus auf die „positiven" Reaktionen zu richten (vgl. Rutter 2000, S. 651). Man charakterisierte diese Kinder zunächst als „unverwundbar, unbesiegbar oder unverwüstlich" (vgl. Anthony & Cohler 1987; Werner & Smith 1982), ohne genau zu wissen, wodurch und wie sie es geschafft hatten, sich an die belastenden Lebenssituationen effektiv anzupassen (vgl. Wustmann 2001, S. 7). Es wurde angenommen, dass sie so stark sind, dass sie unter keinen Umständen psychische Beeinträchtigungen entwickeln. Ihnen wurden deshalb beinahe mystische, übermenschliche Qualitäten zugeschrieben, was sich in Titeln wie „Wunderkinder" oder „Superkids" (vgl. z. B. Kauffman et al. 1979; Tress 1986) in der Literatur widerspiegelte. Dieses Konzept der sog. „unverwundbaren Kinder" gewann Anfang der 1980er Jahre zunehmend an Popularität. Die Erkenntnis, dass manche Kinder schwierige Lebensumstände derart gut meistern, führte dann doch zu einem größer werdenden Forschungsinteresse, die individuell verschiedenen Entwicklungsverläufe der Kinder detailliert zu ergründen und insbesondere deren personale Qualitäten und sozialen Ressourcen zu untersuchen (vgl. z. B. die Kauai-Längsschnittstudie von Werner & Smith 1982, 1992, 2001). Die Beachtung von solchen schützenden Bedingungen führte somit zu einer erheblichen Erweiterung der traditionellen Risikoforschung. Im Zuge neuerer Forschungsbefunde wurde die Annahme der „absoluten Unverwundbarkeit" bald widerlegt. Das Phänomen der Resilienz wird heute vielmehr wie folgt charakterisiert (vgl. Egeland et al. 1993; Luthar & Cicchetti 2000; Rutter 2000, 2001):

(1) Resilienz bezeichnet kein angeborenes Persönlichkeitsmerkmal eines Kindes, sondern eine Kapazität, die im Verlauf der Entwicklung im Kontext der Kind-Umwelt-Interaktion *erworben* wird. Resilienz bezieht sich damit auf einen dynamischen, transaktionalen Prozess zwischen Kind und Umwelt. Bedeutsam ist hierbei insbesondere die bidirektionale Betrachtungsweise – d. h. die Beteiligung sowohl der Person als auch der Umwelt an der Entwicklung resilienten Verhaltens. Die Wurzeln für die Entstehung von Resilienz liegen in besonderen risikomildernden Faktoren innerhalb oder außerhalb des Kindes. Aufgrund dieser konstitutionellen, erlernten oder anderweitig verfügbaren Ressourcen unterscheiden sich die Menschen in ihrer Fähigkeit zur Belastungsregulation (vgl. Bender & Lösel 1998, S. 124).

(2) Resilienz bedeutet keine stabile Immunität und absolute Unverwundbarkeit gegenüber negativen Lebensereignissen und psychischen Störungen, sondern ist ein (relationales) Konstrukt, das über Zeit und Situationen hinweg variieren kann. Resilientes Verhalten kann sich in der Entwicklung des Kindes sehr verändern (vgl. Scheithauer et al. 2000, S. 81). Kinder können insofern zu einem Zeitpunkt ihres Lebens resilient sein, zu einem späteren Zeitpunkt, unter anderen Risikoeinflüssen, wesentlich verletzlicher erscheinen. Im kindlichen Entwicklungsverlauf gibt es Phasen erhöhter Vulnerabilität, sog. kritische Perioden, z. B. zu Zeiten sozialer Entwicklungsübergänge (Transitionen), in denen Kinder besonders anfällig sind (vgl. Scheithauer & Petermann 1999, S. 7). Denn Transitionen sind mit zahlreichen neuen Entwicklungsaufgaben verbunden und stellen somit erhöhte Anforderungen an die Anpassungsfähigkeit von Kindern, beispielsweise beim Übergang vom Kindergarten in die Grundschule (vgl. Griebel & Niesel in diesem Band). Während dieser Phasen können risikoerhöhende Bedingungen eine stärkere Wirkung auf das psychosoziale Funktionsniveau des Kindes haben. Resilienz bezieht sich also auf eine flexible, den jeweiligen Situationsanforderungen angemessene, insofern „elastische" Widerstandsfähigkeit (vgl. Bender & Lösel 1998, S. 119) und bezeichnet keine „lebenslange" Fähigkeit gemäß „einmal erworben und damit immer präsent" (vgl. Zimmerman & Arunkumar 1994, S. 4).

Resilienz umfasst folglich ein hochkomplexes Zusammenspiel aus Merkmalen des Kindes und seiner Lebensumwelt. Die Annahme von „relationaler Resilienz" hat das Konzept der „absoluten Unverwundbarkeit" ersetzt. Resilienz wird heute als ein multidimensionales, kontextabhängiges und prozessorientiertes Phänomen betrachtet, das auf einer Vielzahl interagierender Faktoren beruht, zu denen sowohl genetische Prädispositionen und sozial vermittelte Qualitäten als auch soziale Unterstützungssysteme in der Lebensumwelt gehören (vgl. Petermann et al. 1998, S. 223; Zimmerman & Arunkumar 1994, S. 4).

Zentrale Konzepte der Resilienzforschung

Das Risikofaktorenkonzept

Als Risikofaktor wird ein Merkmal bezeichnet, „... das bei einer Gruppe von Individuen, auf die dieses Merkmal zutrifft, die Wahrscheinlichkeit des Auftretens einer Störung im Vergleich zu einer unbelasteten Kontrollgruppe erhöht" (Garmezy 1983, zit. nach Laucht 1999, S. 303). Die Wahrscheinlichkeit einer Störung ist bei Vorliegen eines solchen Faktors erhöht, jedoch nicht determiniert. Damit wird deutlich: Das Risikofaktorenkonzept versteht sich als ein Wahrscheinlichkeitskonzept, nicht als ein Kausalitätskonzept. Risikobedingungen sind nicht immer unmittelbar mit psychischen Störungen oder Entwicklungsrisiken verknüpft, vielmehr muss in zahlreichen Fällen eine Vulnerabilität des Kindes vorausgesetzt sein (vgl. Scheithauer et al. 2000, S. 78).

Die epidemiologische Risikoforschung zielt insbesondere darauf ab, Lebensbedingungen zu ermitteln, die die kindliche Entwicklung beeinträchtigen können (risikoerhöhende Bedingungen), sowie Gruppen von Kindern zu identifizieren, deren Entwicklung gefährdet ist (sog. Risikokinder; vgl. Laucht et al. 2000, S. 98). In der Entwicklungspsychopathologie werden dabei heute zwei große Gruppen von Entwicklungsgefährdungen unterschieden: zum einen Bedingungen, die sich auf biologische oder psychologische Merkmale des *Kindes* beziehen – sie werden als Vulnerabilitätsfaktoren bezeichnet – und zum anderen Bedingungen, die psychosoziale Merkmale der *Umwelt* des Kindes betreffen – sie werden

Risikofaktoren genannt. Im Falle der Vulnerabilitätsfaktoren kann von Defiziten, Defekten oder Schwächen des Kindes gesprochen werden (vgl. Scheithauer et al. 2000, S. 67), z. B. schwierige Temperamentsmerkmale, neuropsychologische Defizite, unsichere Bindungsorganisation, chronische Erkrankungen, geringe kognitive Fertigkeiten oder niedriges Geburtsgewicht. Risikofaktoren sind hingegen entweder in der Familie oder im weiteren sozialen Umfeld des Kindes lokalisiert, beispielsweise niedriger sozioökonomischer Status, chronische familiäre Disharmonie, Erziehungsdefizite bzw. ungünstige Erziehungspraktiken der Eltern, Ablehnung durch Gleichaltrige, Verlust eines Geschwisters oder engen Freundes.

Eine besonders extreme Form von Risikoeinflüssen stellen traumatische Erlebnisse dar. Laut Butollo und Gavranidou (1999) sind traumatische Erlebnisse „… existentielle Erfahrungen, in denen die Endlichkeit des eigenen Lebens konkret erfahren wird" (S. 461). Das Ausmaß der erlebten Machtlosigkeit, des Kontrollverlustes und der Lebensgefährdung setzt die eigenen Bewältigungsmechanismen zunächst außer Kraft. Das traumatische Erlebnis wird daher als existentiell bedrohlich und unabwendbar erlebt. Als traumatische Erlebnisse lassen sich u. a. folgende benennen: Natur-, technische oder durch Menschen verursachte Katastrophen (wie Erdbeben, Hochwasser, Brände, Atomreaktorunfall), Kriegs- und Terrorerlebnisse, schwere (Verkehrs-)Unfälle, direkte Gewalterfahrung (z. B. sexueller Missbrauch, körperliche Misshandlung, seelische Gewalt, Geiselnahme), beobachtete Gewalterlebnisse (d. h. indirekte Gewalterfahrung wie die Beobachtung von Verletzung oder Tötung von nahen Bezugspersonen) sowie Tod oder schwere Erkrankung eines bzw. beider Elternteile (vgl. Fischer & Riedesser 1999, S. 289 f.; Petermann 2000, S. 22).

In der Erforschung kindlicher Risikoeinflüsse konnte festgestellt werden, dass Risikobedingungen selten isoliert, sondern häufig zusammen auftreten und kumulieren (vgl. Laucht et al. 2000, S. 100 f.; Rutter 2000, S. 657). Man spricht in diesem Zusammenhang auch von „Risikokonstellationen", „koexistierenden Stressoren" bzw. „kumulativer Traumatisierung". So haben beispielsweise Kinder, die in chronischer Armut aufwachsen, mit höherer Wahrscheinlichkeit auch Eltern, die arbeitslos, psychisch krank, alkoholabhängig oder allein erziehend sind; sie sind zudem oftmals mehr Gesundheitsgefährdungen ausgesetzt, insbesondere aufgrund schlechterer Ernährung und Pflege sowie beengter Wohnverhältnisse (vgl. Scheithauer & Petermann 1999, S. 5). Für Kinder verbindet sich Armut in den meisten Fällen auch mit Erfahrungen sozialer Deprivation, Wohnen in Gegenden mit hohem Kriminalitätsanteil, Einschränkungen ihrer Bildungs- und Zukunftschancen sowie elterlichem Stress (vgl. Opp & Fingerle 2000, S. 169). Mehrere, gemeinsam auftretende Risikobedingungen können sich demzufolge summieren oder gegenseitig verstärken. Entscheidend ist also nicht nur die Art und Spezifität, sondern vor allem die Anzahl bzw. Intensität auftretender Risikobelastungen. Empirische Untersuchungen belegen, dass bei dem Vorliegen eines Risikofaktors keine signifikant höhere Wahrscheinlichkeit besteht, psychische Störungen zu entwickeln, im Vergleich zu den Kindern, die keinem Risikofaktor ausgesetzt sind (2 %); bei zwei Risikofaktoren vervierfacht sich die Wahrscheinlichkeit für psychische Beeinträchtigungen (6 %); bei vier Risikofaktoren liegt die Wahrscheinlichkeit schon zehnmal so hoch (20 %; vgl. Rutter et al. 1975). Kinder mit multipler Risikobelastung gelten daher als besonders stark entwicklungsgefährdet.

Ein wichtiges Kriterium zur Abschätzung kindlicher Entwicklungsrisiken ist darüber hinaus die Frage, wann (Alter und Entwicklungsstand des Kindes) und wie lange (Chronizität) ein Kind Risikobelastungen ausgesetzt ist. Der kognitive Entwicklungsstand des Kindes ist z. B. insofern von Bedeutung, inwieweit es überhaupt versteht, was sich ereignet – z. B. hinsichtlich einer Katastrophe wie dem 11. September 2001 in New York oder Naturkatastrophen. Jüngere Kinder (bis ca. 8/9 Jahre) sind noch nicht imstande, komplexe Situationen und Zusammenhänge zu erfassen. So können sie sich von den realistischen Umständen nur begrenzt eine Vorstellung bilden, weil sie die komplexen technischen Abläufe oder menschlichen Handlungen, die dazu beigetragen haben, noch nicht überblicken bzw. gedanklich rekonstruieren können (vgl. Fischer & Riedesser 1999, S. 250). Oft finden sie dann magische Erklärungen. Ihre Reaktionen auf das akute Ereignis bestimmen sich infolgedessen zumeist dadurch, wie enge Bezugspersonen (Mutter, Vater und andere Erwachsene) sich verhalten und mit dem Ereignis umgehen. Dies führt häufig dazu, dass sie sich hilflos, ohnmächtig und unsicher fühlen und Ängste entwickeln. Dieser Aspekt verdeutlicht, wie entscheidend es insbesondere für jüngere Kinder ist, von nahen Bezugspersonen Hilfe, emotionale Unterstützung und Informationen in solchen Krisenzeiten zu erhalten, damit sie die Situation erfassen und realistisch einschätzen können.

Welche Auswirkungen negative Lebenserfahrungen haben können, wird zudem davon mitbestimmt, wie das Kind selbst das Ereignis und die Belastung subjektiv erlebt und kognitiv bewertet: Gemeint ist, welche Bedeutung und Ursache das Kind dem Stressor beimisst und wie es die Realität der negativen Lebenserfahrungen in sein Selbstkonzept einverleibt (Attribuierungsstil; vgl. Rutter 2001, S. 33). Die Trennung der Eltern kann z. B. für manche Kinder eine Befreiung aus der Stresssituation darstellen, während andere Kinder mit Verlustängsten reagieren oder ihr eigenes Verhalten für die Scheidung der Eltern verantwortlich machen und Schuldgefühle entwickeln. Kinder nehmen sich und ihre Umwelt unterschiedlich wahr und bringen auch sehr unterschiedliche Vorerfahrungen mit. Es lässt sich daher festhalten: Ein und derselbe risikoerhöhende Faktor kann sehr unterschiedliche Effekte haben (Multifinalität). Wie eine Risikosituation zu beurteilen ist, kann somit jeweils nur aus der Perspektive des betroffenen Kindes beantwortet werden.

Das Schutzfaktorenkonzept

Risikomildernde bzw. schützende Bedingungen haben eine Schlüsselfunktion im Prozess der Bewältigung von Stress- und Risikosituationen. Sie fördern die Anpassung eines Individuums an seine Umwelt bzw. erschweren die Manifestation einer Störung. Schützende Bedingungen erhöhen also die Wahrscheinlichkeit, dass ein Kind gegenüber Belastungen besser gewappnet ist und erfolgreicher mit Problemsituationen umgehen kann.

Risikomildernde Bedingungen bezeichnen zum einen *personale Ressourcen* (Eigenschaften des Kindes) und zum anderen *soziale Ressourcen*, d. h. Schutzfaktoren in der Betreuungsumwelt des Kindes. Schützende Bedingungen lassen sich damit drei wesentlichen Einflussebenen zuordnen: (1) dem Kind, (2) der Familie und (3) dem außerfamiliären sozialen Umfeld (vgl. Werner & Smith 1982, 1992). Die drei genannten Einflussbereiche dürfen jedoch nicht isoliert voneinander betrachtet werden, sie sind vielmehr alle miteinander verwoben und unterliegen gegenseitigen Wechselwirkungen. Viele Eigenschaften und Merkmale, die allem Anschein nach in der Person des Kindes liegen, bilden sich in Wirklichkeit z. B. aus der kontinuierlichen Interaktion des Kindes mit seiner Umwelt heraus (beispielsweise auf der Grundlage der jeweiligen familiären Einflussfaktoren; vgl. Luthar & Cicchetti 2000, S. 863).

Multiple schützende Bedingungen – also multiple Ressourcen – können die Chance für eine gute Anpassung trotz schwieriger Lebensbedingungen erheblich verbessern. So ist z. B. die Qualität der Bindungsbeziehungen zu wichtigen Bezugspersonen im Umfeld des Kindes, wie den Eltern, mit der Entwicklung eines positiven Selbstbildes und einem erhöhten Gefühl der Selbstwirksamkeit gekoppelt (vgl. Egeland et al. 1993, S. 521 ff.). Personen mit einem positiven Selbstbild sind im weiteren Entwicklungsverlauf wiederum verstärkt in der Lage, zwischenmenschliche Beziehungen aufzubauen und soziale Unterstützung durch andere zu mobilisieren.

Mit diesem sog. Schutzkonzept verbinden sich somit sehr große Hoffnungen: zum einen auf eine Verbesserung der Entwicklungsprognose von Risikokindern und eine Entstigmatisierung von Risikogruppen und zum anderen auf wichtige Anregungen, wie Maßnahmen zur Prävention und Intervention gestaltet werden müssen, damit sich Kinder zu resilienten Persönlichkeiten entwickeln können (vgl. Laucht 1999, S. 311).

Von der Defizitorientierung zur Ressourcenorientierung

Was ist nun das Besondere oder Neuartige der Resilienzforschung? Ungeachtet einiger methodischer Unklarheiten und damit einhergehender Kontroversen im Forschungsfeld lassen sich hierzu folgende Kennzeichen des Resilienz*paradigmas* zusammenfassen:

(1) Das Konzept der Resilienz legt den Fokus auf die Bewältigung von Risikobedingungen und -situationen (vgl. Luthar & Cicchetti 2000, S. 861; Rutter 2000, S. 652). Es interessieren nicht mehr nur Anpas-

sungs- und Bewältigungs„probleme". Schwerwiegende Lebensbedingungen und -ereignisse beinhalten nach Ansicht der Resilienzforschung also auch die Chance einer neuen Lebensgestaltung und persönlichen Weiterentwicklung.

(2) Das Konzept der Resilienz ist damit nicht defizitorientiert, sondern orientiert sich an den Ressourcen und Stärken jedes einzelnen Kindes (vgl. Luthar & Cicchetti 2000, S. 861), ohne aber Probleme zu ignorieren oder zu unterschätzen. Man interessiert sich vielmehr dafür, wie individuell verschieden mit Stress/Stressbewältigung umgegangen wird und wie Bewältigungskapazitäten aufgebaut bzw. gefördert werden können.

(3) Das Resilienzparadigma beinhaltet in besonderem Maß die Sichtweise vom Kind als aktivem „Bewältiger" und Mitgestalter seines eigenen Lebens, z. B. durch den effektiven Gebrauch seiner internen und externen Ressourcen (vgl. Egeland et al. 1993, S. 518) – also nicht „die Vorstellung vom Kind als bloß passivem Prägeprodukt äußerer Einflüsse" (Göppel 1999, S. 177). In diesem Zusammenhang muss jedoch angefügt werden, dass Kinder sich natürlich nicht selbst dauerhaft „resilient machen können" (vgl. Luthar & Cicchetti 2000, S. 863), sondern hierzu auch maßgeblicher Hilfe und Unterstützung durch andere bedürfen. Denn Kinder sind viel stärker von ihrem Lebensraum abhängig als Erwachsene und aufgrund dessen wesentlich mehr auf stützende Systeme angewiesen. Im Vergleich zu Erwachsenen haben Kinder auch weniger Erfahrung mit Stressoren und können oftmals ihre eigenen Ressourcen nur vage einschätzen.

Damit wird deutlich, wie wichtig es ist, Kinder schon früh an aktive und konstruktive Formen der Stress- und Problembewältigung heranzuführen. Denn dadurch kann einer generalisierten Selbstzuschreibung von Inkompetenz sowie einer kognitiven Repräsentanz von Hilflosigkeit (vgl. Seligman 1979) entgegengewirkt werden. Die Resilienzforschung zielt aus diesem Grund auf eine stärkere Betonung primärer Prävention ab. Hierzu gehört die Förderung wichtiger Resilienzfaktoren, wie z. B. Problemlösungsfähigkeiten, Selbstwirksamkeit, Selbstwertgefühl, Gesundheitsressourcen, Entspannungsfähigkeiten. Zentral ist außerdem die Stärkung der Motivation zur Bewältigung von Herausforderungen. Kinder sollen insbesondere erkennen, dass sie selbst aktiv zur Bewältigung von Stress- und Problemsituationen beitragen können und nicht in passiver Hilflosigkeit verharren müssen. Sie sollten daher lernen, sich selbstständig Hilfe zu holen sowie ihre eigenen Ressourcen realistisch wahrzunehmen und dann problem- und situationsgerecht einzusetzen. Auf diesem Wege wird ihre positive Selbstzuschreibung von Bewältigungsmöglichkeiten effektiv gestärkt. Dies führt wiederum zu einer positiveren Einschätzung der Stress- und Risikosituation selbst, da diese dann weniger als belastend und bedrohlich, sondern vielmehr als *herausfordernd* erlebt wird (vgl. Hampel & Petermann 1998, S. 4).

Ein großer Bestand an Coping-Fähigkeiten trägt also zu einer aktiven, konstruktiven und erfolgreichen Auseinandersetzung mit der Risikosituation bei und stellt insofern ein wesentliches Präventionsziel der Resilienzforschung dar. Denn ein effektives Bewältigungshandeln ist mit adaptiven Lernprozessen verknüpft, die auch einen Zugewinn an Kompetenzen für zukünftige Belastungssituationen erwarten lassen.

Empirische Forschungsergebnisse

Was zeichnet nun widerstandsfähige Kinder konkret aus, dass sie sich im Vergleich zu anderen Kindern trotz ihres hohen Risikopotenzials zu kompetenten und leistungsfähigen Erwachsenen entwickeln können? Welche protektiven Merkmale konnten hierzu anhand empirischer Untersuchungen ermittelt werden? Obwohl es große Unterschiede u. a. in den methodischen Vorgehensweisen der Untersuchungen gibt, kamen viele Forscher zu relativ übereinstimmenden Befunden hinsichtlich jener Faktoren, die Resilienz charakterisieren bzw. an der Entstehung maßgeblich beteiligt sind. Zusammenfassend lassen sich die Ergebnisse der Resilienzforschung den drei beschriebenen Einflussebenen zuordnen: Merkmale des Kindes, seiner Familie und des sozialen Umfeldes. Als bedeutsame Untersuchungen können insbesondere die „Mannheimer Risikokinderstudie" von Laucht et al. (1999, 2000), die „Bielefelder Invulnerabilitätsstudie" von Lösel und Mitarbeitern (vgl. z. B. Lösel & Bender 1999; Lösel, Kolip & Bender 1992), das „Rochester Child Resili-

ence Project" von Cowen et al. (1997) und die „Kauai-Längsschnittstudie" von Werner & Smith (1982, 1992, 2001), die sog. Pionierstudie der
Resilienzforschung mit einer Laufzeit von 40 Jahren, hervorgehoben
werden.

Personale Ressourcen des Kindes

Schon im Säuglingsalter wurden die resilienten Kinder der Kauai-
Längsschnittstudie (vgl. Werner & Smith 1982, 1992, 2001) von ihren
Bezugspersonen als sehr aktiv, liebevoll, „pflegeleicht" und sozial aufgeschlossen charakterisiert. Sie zeigten sich als äußerst anpassungsfähig
an neue Situationen, hatten kaum Schlafprobleme oder Schwierigkeiten
mit der Nahrungsaufnahme und konnten leicht beruhigt werden. Als
Kleinkinder wiesen sie ein hohes Antriebsniveau auf und zeigten sich
annäherungsbereiter, emotional ausgeglichener und fröhlicher als vergleichbare nichtresiliente Kinder. Die genannten Eigenschaften stehen
in direktem Gegensatz zu sog. „schwierigen" Temperamentsmerkmalen
wie niedrige Anpassungsfähigkeit, irreguläre biologische Funktionen,
soziale Gehemmtheit oder hohe Reizbarkeit. Kinder mit einem „schwierigen" Temperament haben nicht nur genetisch mitbedingte ungüns-
tigere Entwicklungsvoraussetzungen. Sie sind auch in größerer Gefahr,
zur Zielscheibe negativer, feindseliger Gefühle und kritisierenden, best-
rafenden Erziehungsverhaltens zu werden. Dies erhöht wiederum die
Wahrscheinlichkeit, psychische Beeinträchtigungen zu entwickeln (vgl.
Bender & Lösel 1998, S. 127). Sie können relativ schnell in einen „Teu-
felskreis" sich gegenseitig bedingender, negativer Reaktionen geraten.
Kinder mit sog. „einfachen" Temperamentsmerkmalen lösen dagegen
eher positive Reaktionen, d. h. Aufmerksamkeit, Wärme und soziale
Unterstützung bei den Bezugspersonen aus (vgl. Fingerle et al. 1999, S.
304).

Im Kleinkindalter (zwei Jahre) erschienen die resilienten Kinder der
Kauai-Längsschnittstudie als selbstständiger, selbstbewusster und unabhängiger im Vergleich zu den nichtresilienten Kindern gleichen Alters
und Geschlechts. Sie waren sowohl in ihren Kommunikations- und Bewegungsfähigkeiten weiter entwickelt als auch stärker in das soziale Spiel

mit Gleichaltrigen integriert. Einerseits verfügten sie über gut entwickelte Selbsthilfefertigkeiten (verbunden mit dem Streben nach Autonomie), andererseits besaßen sie aber auch die *Fähigkeit, Hilfe zu erbitten*, wenn diese für sie als notwendig erachtet wurde. Gegenüber neuen Erfahrungen zeigten sie sich offen und neugierig (Explorationslust, Neugierverhalten). In engem Zusammenhang damit steht die Tatsache, dass die meisten resilienten Kinder auch ein *sicheres Bindungsverhalten* entwickelt hatten.

Im Alter von zehn Jahren verfügten die resilienten Kinder der Kauai-Längsschnittstudie über besser entwickelte *Problemlöse- und Kommunikationsfähigkeiten* sowie ein *positives Selbstkonzept.* Die Haltung der resilienten Kinder war in Problemlösesituationen weniger reaktiv, sondern vielmehr proaktiv: Sie warteten nicht erst ab, bis ihnen jemand von außen (ein Erwachsener) das Problem abnahm oder zu Hilfe kam. Obwohl die resilienten Kinder weder besonders talentiert noch intellektuell hochbegabt waren, nutzten sie ihre eigenen Ressourcen und Fähigkeiten effektiv aus. Sie konnten sich gut auf ihre Schularbeiten konzentrieren und zeigten ein überdurchschnittliches Maß an Ausdauervermögen und Hartnäckigkeit (schulische Leistungsfähigkeit). Die guten Schulleistungen waren für sie insofern auch eine bedeutende Quelle der Selbstbestätigung.

Darüber hinaus besaßen die resilienten Kinder die Einstellung, mit eigenem Handeln tatsächlich etwas bewirken zu können und nicht einfach der Willkür des Schicksals ausgeliefert zu sein *(Selbstwirksamkeit).* Die protektive Wirkung von Selbstwirksamkeit liegt v.a. in der Motivation für und Ausführung von aktiven Bewältigungsversuchen (vgl. Fingerle et al. 1999, S. 304; Julius & Goetze 2000, S. 297): Wer nicht erwartet, mit seiner Handlung etwas zu bewirken, wird gar nicht erst versuchen, etwas zu verändern bzw. zu riskieren, sondern die Situationen meiden. Wer dagegen positive Erwartungen hinsichtlich seiner eigenen Selbstwirksamkeit hat, wird diese auch auf neue Situationen übertragen. Aufgrund dieser Selbstwirksamkeitsüberzeugungen entwickelten die resilienten Kinder auch Zuversicht und Vertrauen in sich selbst, was letztlich mit einer größeren Selbstsicherheit, positiveren Selbsteinschätzung und mehr Eigenaktivität einherging.

Des Weiteren wiesen die resilienten Kinder stärker ausgeprägte *inter-*

nale Kontrollüberzeugungen auf. Gemeint sind hiermit generalisierte Erwartungen darüber, dass man selbst in der Lage ist, Kontrolle über oder zumindest Einfluss auf die Dinge des eigenen Lebens auszuüben, d. h. dass Probleme durch eigenes Tun beeinflusst bzw. verhindert werden können (vgl. Julius & Goetze 1998, S. 13). Das Gegenteil davon ist die Überzeugung, dass die Ereignisse außerhalb der eigenen Kontrolle liegen und von Faktoren wie Glück, Zufall oder anderen Personen (external) bestimmt werden. So glaubten die resilienten Kinder beispielsweise, ihre Schulschwierigkeiten mit Hilfe eigenen Fleißes zu überwinden. Diese Überzeugung war dann mit erhöhter Aktivität, Motivation und Anstrengung verbunden. Die resilienten Kinder nahmen an, *für sie* kontrollierbare Probleme oder Ereignisse mit steuern zu können; sie waren jedoch *nicht* der Überzeugung, einen Einfluss auf de facto *un*kontrollierbare Situationen wie den Streit der Eltern oder die Alkoholkrankheit eines Elternteils zu haben (realistische Kontrollüberzeugung).

Oft besaßen die resilienten Kinder ein spezielles Interesse oder Hobby, welches sie mit einem Freund oder einer Freundin teilten und das ihnen in der schweren Zeit Lebenssinn und Trost vermittelte. Diese außerschulischen Aktivitäten – dazu gehörten z. B. auch Aktivitäten in der Kirchengemeinde, in einer Schulband oder Sportgruppe – ermöglichten ihnen, sich zum einen von der Stresssituation innerlich zu distanzieren und abzulenken und zum anderen trotz der schwierigen Lebensumstände auch Freude und Spaß zu erleben.

Auch im Jugendalter (18 Jahre) kennzeichnete die resilienten Kinder der Kauai-Studie eine stärker ausgeprägte internale Kontrollüberzeugung, eine höhere Sozialkompetenz und ein positives Selbstkonzept. Sie waren verantwortungsbewusster, selbstständiger, leistungsorientierter und sozial reifer als vergleichbare nichtresiliente Jugendliche. Sie verfügten über mehr effektive Konfliktlösestrategien, besaßen Selbstvertrauen in ihre eigenen Fähigkeiten und die Zuversicht, dass die Dinge sich erwartungsgemäß zum Guten wenden werden *(optimistische, zuversichtliche Lebenseinstellung)*. Darüber hinaus zeigten sie Empathie und Hilfsbereitschaft gegenüber anderen Menschen. Viele resiliente Jugendliche mussten z. B. Verantwortung für die Betreuung eines jüngeren Geschwisterkindes übernehmen, den Haushalt führen, wenn die Eltern krank oder behindert waren oder Teilzeit-Jobs nach der Schule ausüben, um zum Lebensunterhalt der Familie beizutragen. Diese frühzeitige Verantwortungsübernahme für sich und andere hat offenbar die Entwicklung von internaler Kontrollüberzeugung, Selbstwirksamkeit und Ausdauervermögen begünstigt (vgl. Julius & Goetze 2000, S. 298). Die Tätigkeiten gaben ihnen die Fähigkeit, Bedeutung und Wert im eigenen Tun sowie Sinn und Zweck in der eigenen Existenz zu sehen (Erleben von Sinn und Struktur im Leben). Antonovsky (1987) bezeichnet diese kognitive, affektiv-motivationale Eigenschaft als „Kohärenzgefühl": Aufgrund der Überzeugung, dass das Leben und die Aufgaben, die man zu bewältigen hat, sinnvoll bewertet werden, lohnt es sich, sich dafür einzusetzen.

Es kann zusammengefasst werden: Die resilienten Kinder der Kauai-Studie rechneten mit dem Erfolg eigener Handlungen, sie gingen Problemsituationen aktiv an, nutzten ihre Ressourcen/Talente effektiv aus, sie glaubten an eigene Kontrollmöglichkeiten, konnten aber auch erkennen, wenn etwas realistischerweise für sie unbeeinflussbar, d. h. außerhalb ihrer Kontrolle war. Diese Fähigkeiten und Kompetenzen führen dazu, dass Ereignisse als weniger belastend, sondern vielmehr als herausfordernd wahrgenommen werden.

Die beschriebenen Ergebnisse der Kauai-Längsschnittstudie konnten durch andere Untersuchungen bestätigt bzw. ergänzt werden: In dem „Rochester Child Resilience Project" konnte mit Hilfe von fünf Prädiktoren in bis zu 84 % aller Fälle vorhergesagt werden, ob Kinder, die unter widrigen Lebensumständen aufwuchsen, Jahre später eine fehlangepasste Entwicklung aufwiesen oder aber als resilient eingestuft werden konnten (vgl. Cowen et al. 1997, S. 566). Zu diesen Faktoren zählten Empathie, emotionale Ausdrucksfähigkeit, ein realistischer Attribuierungsstil, soziale und effektive Problemlösefähigkeiten sowie ein hohes Selbstwertgefühl. Die resilienten Jugendlichen der „Bielefelder Invulnerabilitätsstudie" zeigten ein flexibleres und weniger impulsives Temperament, hatten eine realistischere Zukunftsperspektive, waren in ihrem Bewältigungsverhalten aktiver und weniger vermeidend, erlebten sich als weniger hilflos, vielmehr als selbstvertrauend und waren leistungsmotivierter als vergleichbare Jugendliche mit Verhaltensstörungen (vgl. Lösel & Bender 1999, S. 38).

Schutzfaktoren in der Familie

Trotz enormer Risikobelastungen wie elterlicher Psychopathologie, Scheidung der Eltern oder familiärer Disharmonie hatten die meisten resilienten Kinder der Kauai-Studie (vgl. Werner & Smith 1982, 1992, 2001) die Möglichkeit, eine *enge, positiv-emotionale und stabile Beziehung zu mindestens einer Bezugsperson* aufzubauen, welche ihnen eine konstante und kompetente Betreuung sowie Anregungen bot. Diese Bezugsperson ging adäquat und feinfühlig auf die Bedürfnisse und Signale des Kindes ein. Infolge dieser kontinuierlichen, zuverlässigen und warmen Beziehung konnte der Großteil der Kinder im Kleinkindalter sichere Bindungsmuster und Vertrauen entwickeln. Feinfühligkeit und Kompetenz der Bezugsperson im Umgang mit dem Säugling und Kleinkind erweisen sich dabei als entscheidende Faktoren für die Qualität der Bindungsbeziehung und letztlich für die sozial-emotionale Entwicklung des Kindes.

In engem Zusammenhang mit der Bindung an Bezugspersonen stehen Merkmale des Erziehungsklimas und des Erziehungsstils. In den meisten Studien hat sich hier ein Beziehungsmuster als protektiv bewährt, das durch Wertschätzung, Respekt und Akzeptanz dem Kind gegenüber, durch Sicherheit im Erziehungsverhalten und durch Monitoring charakterisiert werden kann (vgl. Bender & Lösel, 1998, S. 134). Diese genannten Aspekte lassen sich auch unter dem Begriff „autoritativer bzw. demokratischer Erziehungsstil" zusammenfassen. Nach Baumrind (1989) kennzeichnet sich ein solches Erziehungsverhalten durch eine klare Vermittlung kompetenzfördernder Verhaltenserwartungen, durch die Überwachung entsprechender Verhaltensweisen, durch die Unterstützung von Selbständigkeit, durch ein erkennbares emotionales Engagement und durch eine offene, partnerschaftliche Kommunikation. Autoritative Erziehung beinhaltet insofern ein warmes, unterstützendes, aber dennoch forderndes und zugleich Grenzen setzendes Elternverhalten.

Unter solchen positiven Gesichtspunkten erzieherischen Verhaltens können Kinder lernen, sich mit unterschiedlichen Standpunkten und Perspektiven auseinander zu setzen, Grenzen zu akzeptieren, das eigene Verhalten zu kontrollieren, selbstverantwortlich zu handeln, mit Erfolg und Misserfolg umzugehen, Entscheidungen zu treffen, eigene Stärken und Schwächen zu erkennen und sich bei Bedarf um soziale Unterstützung zu bemühen. Durch die empathische Haltung der Bezugsperson kann das Kind Sicherheit, Geborgenheit, Entspannung und Zuversicht erfahren. Ein autoritativer Erziehungsstil kann somit zur Entwicklung problemorientierter Bewältigungsstrategien, zu einem angepassten psychosozialen Funktionsniveau, zu Selbstvertrauen und einem stärkeren Selbstwertgefühl beitragen (vgl. Petermann et al. 1998, S. 278 f.). Eltern in dieser Erziehungsfunktion entscheidend zu stärken, kann deshalb als ein zentraler Ansatzpunkt zur Resilienzförderung angesehen werden.

Neben dem positiven Erziehungsklima erwiesen sich in den meisten Untersuchungen *familiale Stabilität* und *familiärer Zusammenhalt* (Kohäsion) als wesentliche Schutzfaktoren. Gemeinsame Unternehmungen, routinierte Tagesstrukturen oder familiale Rituale wie regelmäßige Essenszeiten, Ausflüge oder Geburtstagsfeiern unterstützen Gefühle der Zusammengehörigkeit und Sicherheit, die gerade in Umbruchssituationen und Krisenzeiten besonders stabilisierend wirken. Als protektiv zeigten sich darüber hinaus ein religiöser Glaube in der Familie, ein geringes Konfliktpotenzial in der Familie (verbunden mit einer harmonischen Paarbeziehung der Eltern), ein soziales Eingebundensein der Familie in informelle und formelle Netzwerke (Verwandte, Bekannte, Selbsthilfegruppen u. a.), ein hohes Bildungsniveau der Eltern sowie ein höherer sozioökonomischer Status (vgl. Werner 2000).

Schutzfaktoren im sozialen Umfeld

Viele resiliente Kinder der Kauai-Studie (vgl. Werner & Smith 1982, 1992, 2001) verfügten auch außerhalb ihrer Familie über entscheidende *Quellen emotionaler und sozialer Unterstützung*: Großeltern, Verwandte, Nachbarn, Pfarrer, Erzieher/innen und Lehrer. Waren z. B. die Eltern selbst zu einem fürsorglichen Erziehungsverhalten gegenüber dem Kind nicht in der Lage, so fungierten häufig die Großeltern als stabile Bezugspersonen und Identifikationsmodelle. Viele Kinder konnten Lehrer benennen, die ihnen Aufmerksamkeit entgegenbrachten, sich für sie einsetzten und sie herausforderten (Lehrer wurden in der Untersuchung sogar am häufigsten als Vertrauenspersonen außerhalb der Familie genannt). Diese unterstützenden Personen trugen nicht nur zur unmittelbaren Problemreduzierung bei, sondern dienten gleichzeitig auch als Modelle für ein aktives/konstruktives Bewältigungsverhalten sowie für prosoziale Handlungsweisen (positive Modellfunktion; vgl. Bender & Lösel 1998, S. 135). Ein wirksames Unterstützungssystem stellten darüber hinaus Peerkontakte und *positive Freundschaftsbeziehungen* dar. Als protektive Funktionen der Peers können u. a. Erholung, Unterhaltung, Rat, positives Feedback und emotionaler Beistand angesehen werden. Kinder erleben durch die Peerkontakte vor allem Ablenkung von schwierigen Situationen und erfahren dadurch „Normalität" und „Entspannung" in der Beziehung zu anderen Menschen. Das soziale Spiel mit Gleichaltrigen kann z. B. als eine maßgebliche Bewältigungshilfe betrachtet werden, da sich das Kind hierbei vom Ernst des Alltags lösen und seine Gefühle ungezwungen ausdrücken kann (vgl. Wustmann 2001, S. 12). Peer-Interaktionen schaffen außerdem Möglichkeiten der Perspektivenübernahme und Empathie: In Peer-Interaktionen lernen Kinder zu teilen, sich gegenseitig zu helfen und sich in den anderen hinein zu versetzen. Peer-Beziehungen fördern somit Kommunikationsfähigkeiten, Impulskontrolle, Kreativität und interpersonales Bewusstsein. Kinder darin zu unterstützen, Freundschaften mit sozial kompetenten Peers zu entwickeln (d. h. prosoziale Beziehungen aufzubauen), kann insofern als ein wesentliches Präventions- und Interventionsziel angesehen werden. In diesem Zusammenhang erweisen sich z. B. die Arbeit in Kleingruppen oder Tutorien sowie gemeinschaftliche Projektarbeiten in den Bildungsinstitutionen als mögliche Ansatzpunkte. Als weitere Schutzfaktoren im sozialen Umfeld haben sich positive Erfahrungen in der Schule, das Vorhandensein prosozialer Rollenmodelle, Normen und Werte in der Gesellschaft sowie Ressourcen auf kommunaler Ebene, insbesondere der Zugang zu sozialen Einrichtungen und professionellen Hilfsangeboten, gezeigt, z. B. Angebote der Eltern- und Familienbildung, Beratungsstellen, Einrichtungen der Frühförderung, medizinisch-gesundheitliche Vorsorgeleistungen und Gemeindearbeit.

Grotberg (1995) nimmt auf der Basis ihres „International Resilience Projects" eine gänzlich andere Aufteilung schützender Bedingungen vor, die hier in Form einer Zusammenfassung der empirischen Befunde als sehr erwähnenswert erscheint. Die Autorin klassifiziert die risikomildernden Faktoren hinsichtlich drei Kategorien: „Ich habe", „Ich bin" und „Ich kann". Die „Ich habe"-Faktoren beziehen sich auf soziale Ressourcen, durch die das Kind Gefühle der Sicherheit und des Schutzes entwickeln kann. Die „Ich bin"-Faktoren betreffen personale Ressourcen, d. h. Gefühle, Überzeugungen und Verhaltensweisen des Kindes. Die „Ich kann"-Faktoren bezeichnen soziale und interpersonale Fähigkeiten des Kindes, die es durch die Interaktion mit anderen Menschen bzw. durch Lernen im sozialen Kontext erwirbt. Diese Dreiteilung der risikomildernden Faktoren kann laut Grotberg als Richtschnur dienen und Anhaltspunkte zur Förderung von resilientem Verhalten geben.

Ein resilientes Kind sagt:
Ich habe (I have)
- Menschen um mich, die mir vertrauen und die mich bedingungslos lieben,
- Menschen um mich, die mir Grenzen setzen, an denen ich mich orientieren kann und die mich vor Gefahren schützen,
- Menschen um mich, die mir als Vorbilder dienen und von denen ich lernen kann,
- Menschen um mich, die mich dabei unterstützen und bestärken, selbstbestimmt zu handeln,
- Menschen um mich, die mir helfen, wenn ich krank oder in Gefahr bin und die mich darin unterstützen, Neues zu lernen.

Ich bin (I am)
- eine Person, die von anderen wertgeschätzt und geliebt wird,
- froh, anderen helfen zu können und ihnen meine Anteilnahme zu signalisieren,
- respektvoll gegenüber mir selbst und anderen,
- verantwortungsbewusst für das, was ich tue,
- zuversichtlich, dass alles gut wird.

Ich kann (I can)
- mit anderen sprechen, wenn mich etwas ängstigt oder mir Sorgen bereitet,
- Lösungen für Probleme finden, mit denen ich konfrontiert werde,
- mein Verhalten in schwierigen Situationen kontrollieren,
- spüren, wann es richtig ist, eigenständig zu handeln oder ein Gespräch mit jemandem zu suchen,
- jemanden finden, der mir hilft, wenn ich Unterstützung brauche.

Einteilung risikomildernder Faktoren nach Grotberg 1995, S. 6 f.

Die Bedeutung der Resilienzforschung für die Bildungspraxis

Die vorangegangenen Ausführungen haben die theoretischen Grundlagen und empirischen Befunde zu Resilienz beleuchtet. Nun stellt sich jedoch die entscheidende Frage, was sich daraus für Prävention und Intervention sowie für die pädagogische Praxis ableiten lässt. Wie können also solche Bewältigungskompetenzen und Resilienzfaktoren wirksam gefördert werden? An welchen Punkten kann Resilienzförderung in den einzelnen Bildungs- und Erziehungskontexten konkret ansetzen?

Als allgemeine Ziele aller Präventions- und Interventionsmaßnahmen in Bezug auf Resilienz lassen sich die *Verminderung von Risikoeinflüssen* sowie die *Erhöhung von Resilienz- und Schutzfaktoren* benennen (Masten & Coatsworth 1998, S. 214). Im Einzelnen ist hiermit gemeint, die Auftretenswahrscheinlichkeit von Risikoeinflüssen zu vermindern, situative Bedingungen und die Stress- bzw. Risikowahrnehmung beim Kind zu verändern, die sozialen Ressourcen in der Betreuungsumwelt des Kindes zu erhöhen, die kindlichen Kompetenzen zu steigern und die Qualität interpersoneller Prozesse (Bindungsqualität, Erziehungsqualität, Qualität sozialer Unterstützung etc.) zu verbessern. Im Vordergrund steht also, bereits im Vorfeld bzw. in der Frühphase Entwicklungsrisiken zu beseitigen oder in ihren Wirkungen abzumildern sowie Bedingungen zu schaffen und Kompetenzen zu fördern, mit denen es gefährdeten Kindern und Familien gelingt, belastende Erfahrungen zu bewältigen (vgl. Laucht et al. 2000, S. 106 f.).

In diesem Kontext können hier insbesondere zwei Förderansätze hervorgehoben werden:

- Resilienzförderung auf individueller Ebene, d. h. direkt/unmittelbar beim Kind, indem man es für den Umgang mit Belastungen stärkt und wichtige Basiskompetenzen vermittelt;
- Resilienzförderung auf Beziehungsebene, d. h. mittelbar über die Erziehungsqualität, indem man die Erziehungskompetenzen von Eltern bzw. Erzieherinnen und Lehrern stärkt.

In den folgenden Ausführungen wird dabei auf den ersten Förderansatz eingegangen. Als Ansatzpunkte zur Förderung von Resilienz in frühkindlichen Bildungs- und Erziehungsprozessen lassen sich folgende Aspekte akzentuieren:

- Förderung von Problemlösefertigkeiten und Konfliktlösestrategien,
- Förderung von Eigenaktivität und persönlicher Verantwortungsübernahme (Schaffung von Möglichkeiten der Partizipation und des kooperativen Lernens),
- Förderung von Selbstwirksamkeit und realistischen Kontrollüberzeugungen,
- Förderung positiver Selbsteinschätzung des Kindes (Stärkung des Selbstwertgefühls),
- Förderung der kindlichen Selbstregulation,
- Förderung von sozialen Kompetenzen wie Empathie und soziale Perspektivenübernahme, verbunden mit der Stärkung prosozialer Beziehungen,
- Förderung von Stressbewältigungskompetenzen (effektiven Coping-Strategien),
- Förderung von körperlichen Gesundheitsressourcen.

Diese Fähigkeiten und Kompetenzen können in Erziehungs- und Bildungsprozessen grundlegend gestärkt werden. Für eine Umsetzung der Förderaspekte in der pädagogischen Praxis können folgende Präventionsprogramme bereits erste Anhaltspunkte liefern:

- Das „Trainingsprogramm zur Veränderung maladaptiver Attributionsmuster" von Julius und Goetze (1998, 2000): Im Vordergrund dieses Trainings steht die Entwicklung von realistischen Attributionen (Ursachenzuschreibungen) und Kontrollüberzeugungen sowie die Mobilisierung sozialer Unterstützung. Kinder lernen dabei anhand von Bildtafeln und Identifikationsgeschichten, dass es sowohl internale als auch externale Attributionen gibt, dass Kognitionen ursächlich für die Entstehung von Gefühlen sein können, dass Gefühle in einer Situation von der Bewertung dieser Situation abhängig sind und dass die günstigste Form der Bewältigung von schwierigen Situationen darin besteht, sich Hilfe und Unterstützung zu holen. Darüber hinaus basiert dieses Trainingsprogramm auf dem „Buddy-Prinzip", d. h. Partnerarbeit bzw. Arbeit in Zweiergruppen von Kindern mit funktionalen und dysfunktionalen Attributionsmustern (positive Modellwirkung).

- Das Programm zur Verbesserung verbaler/non-verbaler Problemlösestrategien und sozialer Perspektivenübernahme von Shure und Spivack (1981): Dieses Programm zielt u. a. darauf ab, die eigenen Gefühle sowie die Gefühle anderer Menschen wahrzunehmen, zu benennen bzw. mit verschiedenen Gefühlen angemessen umgehen zu können und Problemlösefertigkeiten zu erwerben (z. B. Ziele zu formulieren, Alternativlösungen zu konzeptualisieren, Kompromisse zu suchen).

- Das „Streßpräventionstraining für Kinder im Grundschulalter" von Klein-Heßling und Lohaus (1998) sowie das „Anti-Streß-Training" von Hampel und Petermann (1998): Hauptziele dieser Programme sind die Verbesserung der Fähigkeit, Stressreaktionen bei sich zu erkennen, die Stärkung der Fähigkeit zur Wahrnehmung und Bewertung von stresserzeugenden Situationen, die Erweiterung des Spektrums verfügbarer Stressbewältigungsstrategien, die Erhöhung der bei sich selbst wahrgenommenen Kompetenzen zur Problembewältigung und die Verbesserung des eigenen Selbstwertgefühls (vgl. Lohaus & Klein-Heßling 1999, S. 82).

- Das Erziehungsprogramm FAUSTLOS (vgl. Cierpka 2001): Dieses primär-präventiv angelegte Programm verfolgt das Ziel der Gewaltprävention über den Weg der Förderung von Empathie, sozialer Perspektivenübernahme, Impuls- bzw. Selbstkontrolle und Konfliktlösefähigkeit. Im Vordergrund steht dabei, mit Hilfe von Interaktionsübungen, Problemgeschichten und Rollenspielen einen angemessenen, reflektierten Umgang mit eigenen Gefühlen (wie Angst, Wut, Ärger) und äußeren Konflikten zu lernen sowie konstruktive, interpersonale Problem- und Konfliktlösestrategien anzuwenden (diplomatisches Streitverhalten). Nennenswert sind darüber hinaus der Ansatz „Kinder brauchen Optimismus" von Seligman (1999), das Konzept bzw. der Leitfaden zur Resilienzförderung von Grotberg (1995) anhand des Paradigmas „Ich kann", „Ich bin", „Ich habe" sowie der Ansatz zur Resilienzförderung von Joseph (1994). Joseph legt den Schwerpunkt auf die Selbsteinschätzung des Kindes, auf Problemlösestrategien, soziale Fertigkeiten und körperliche Gesundheitsressourcen. Darüber hinaus geht sie darauf ein, wie resiliente Verhaltensweisen mittels Geschichten und Märchen gefördert werden können.

Zukünftig wird es entscheidend sein, diese punktuellen Förderansätze in ein Gesamtkonzept der Resilienzförderung zu integrieren. Wie können die oben aufgezeigten Förderaspekte in der Interaktion mit dem Kind umgesetzt werden? In Anlehnung an Joseph (1994) lassen sich hierzu u. a. folgende pädagogische Maßnahmen festhalten, die wesentlich zur Förderung resilienten Verhaltens beitragen.

Resiliente Verhaltensweisen können gefördert werden, indem man
- das Kind ermutigt, seine Gefühle zu benennen und auszudrücken,
- dem Kind konstruktives Feedback gibt (d. h. das Kind konstruktiv lobt und kritisiert),
- vorschnelle Hilfeleistungen vermeidet,
- das Kind bedingungslos wertschätzt,
- dem Kind aktiv zuhört,
- das Kind ermutigt, positiv und konstruktiv zu denken,
- dem Kind zu Erfolgserlebnissen verhilft,
- dem Kind hilft, soziale Beziehungen aufzubauen,
- dem Kind hilft, sich erreichbare Ziele zu setzen,
- realistische, angemessene Erwartungen aufstellt (d. h. das Kind mit Anforderungen konfrontiert, die es fordern, aber nicht überfordern),
- Routine in den Lebensalltag des Kindes bringt,
- ein „resilientes" Vorbild ist.

Wenn Kinder beispielsweise von früh an in wichtige Entscheidungsprozesse eingebunden werden, können sie ein Gefühl entwickeln, selbstwirksam zu sein und Kontrolle über ihr eigenes Leben zu haben. Wenn Kindern realisierbare, kleine Verantwortlichkeiten übertragen werden, gewinnen sie Vertrauen in die eigenen Fähigkeiten und lernen, selbstbestimmt zu handeln. Wenn Kinder schon von einem frühen Entwicklungszeitpunkt an vermittelt bekommen, dass sie sich mit Problemen an ihre Eltern oder an andere Personen aus ihrem Umfeld wenden können und bei ihnen Gehör finden, wird ihnen die Grundeinstellung vermittelt, sich bei Problemsituationen um soziale Unterstützung zu bemühen (vgl. Lohaus & Klein-Heßling 1999, S. 55). Wenn Kinder frühzeitig lernen, sich auf ihre Stärken zu besinnen sowie das Positive an sich selbst und an belastenden Situationen zu sehen, werden sie sich von Problemen weniger verunsichern lassen und somit weniger Stress erleben. Wenn Kinder erleben, dass nahe Bezugspersonen Erholung, Entspannung und Ruhepausen als Maßnahmen einsetzen, um mit eigenen Anforderungen besser umgehen zu können, lernen Kinder, diese Maßnahmen auch für sich zu nutzen.

Die Ausführungen zeigen, wie wichtig es ist, Kinder frühzeitig an effektive Bewältigungsformen heranzuführen. Die einzelnen Bildungsinstitutionen können hierzu einen elementaren Beitrag leisten: Sie können frühzeitig, lang andauernd, intensiv und umfassend Kindern wichtige Basiskompetenzen vermitteln, wie sie mit zukünftigen Stress- und Risikosituationen umgehen können bzw. sie bei der Bewältigung von schwierigen Lebensumständen unterstützen. In den Bildungseinrichtungen können sowohl im Sinne primärer Prävention alle Kinder als auch spezielle Risikokinder erreicht werden – Bildungseinrichtungen verfügen somit über einen direkteren und systematischeren Zugang zu einer großen Zahl von Kindern als irgendeine andere soziale Institution (vgl. Opp 1999, S. 235). Darüber hinaus ist in den Bildungseinrichtungen nicht nur der Zugang zum Kind, sondern auch der Zugang zu den Eltern des Kindes gegeben. Die Bildungseinrichtungen können insofern z. B. als Schnittstelle für die Förderung kindlicher Basiskompetenzen und die Förderung elterlicher Kompetenzen fungieren (z. B. pädagogische Fachkräfte als Multiplikatoren für Elterntrainings).

Gezielte Resilienzförderung kann somit als ein Aspekt des Bildungsauftrages für Kinder unter sechs angesehen werden. Die dargelegten Ansatzpunkte sollten aus dem Grund Eingang in curriculare Konzepte von Bildungseinrichtungen finden und weiterführend ausgearbeitet werden. Das Konzept der Resilienz kann in Anlehnung an Opp, Fingerle und Freytag (1999) wie folgt resümiert werden: „Es ist vor allem die Vorstellung schützender Qualitäten über die jedes Individuum verfügt und schützender Ressourcen, die es auch in hochriskanten Umwelten gibt, die positive, auf die individuelle Stärkung der Kinder ausgerichtete Erziehungsmaßnahmen und Hilfen bestimmen. Daraus wächst ein realistisch-optimistischer Blick auf moderne pädagogische Herausforderungen. In schwierigen Zeiten und angesichts der Folgen rasanter gesellschaftlicher Umbrüche können [Erzieher,] Pädagogen und Heilpädagogen auf diesen Optimismus immer weniger verzichten" (S. 19 f.). Der Vorteil des Resilienzparadigmas liegt also darin, dass es grundsätzlich danach fragt, was Kinder „stärkt".

Literatur

Anthony, Elwyn J.; Cohler, Bertram J. (1987): The invulnerable child. Guilford Press, New York

Antonovsky, Aaron (1979): Health, stress, and coping. New perspectives on mental and physical well-being. Jossey-Bass, San Francisco

Antonovsky, Aaron (1987): Unraveling the mystery of health. How people manage stress and stay well. Jossey-Bass, San Francisco

Baumrind, Diane (1989): Rearing competent children. In: William Damon (Hrsg.), Child development today and tomorrow. Jossey-Bass, San Francisco, S. 349–378

Bender, Doris; Lösel, Friedrich (1998): Protektive Faktoren der psychisch gesunden Entwicklung junger Menschen. Ein Beitrag zur Kontroverse um saluto- und pathogenetische Ansätze. In: Jürgen Margraf; Johannes Siegrist; Simon Neumer (Hrsg.), Gesundheits- oder Krankheitstheorie? Saluto- vs. pathogenetische Ansätze im Gesundheitswesen. Springer, Berlin, S. 117–145

Bengel, Jürgen; Strittmatter, Regine; Willmann, Hildegard (2001): Was erhält Menschen gesund? Antonovskys Modell der Salutogenese – Diskussionsstand und Stellenwert: eine Expertise. BzgA, Köln

Butollo, Willi; Gavranidou, Maria (1999): Intervention nach traumatischen Ereignissen. In: Rolf Oerter; Cornelia von Hagen; Gisela Röper; Gil Noam (Hrsg.), Klinische Entwicklungspsychologie. Ein Lehrbuch. Beltz, PVU, Weinheim, S. 459–477

Cierpka, Manfred (Hrsg.)(2001): FAUSTLOS – Ein Curriculum zur Prävention von aggressivem und gewaltbereitem Verhalten bei Kindern der Klasen 1 bis 3. Hogrefe, Göttingen

Cowen, Emory L. et al. (1993): Follow-up study of young stress-affected and stress-resilient urban children. In: Development and Psychopathology, 9. Jg., 1997, S. 565–577

Egeland, Byron; Carlson, Elizabeth; Sroufe, Alan L.: Resilience as process. In: Development and Psychopathology, 5. Jg., S. 517–528

Fingerle, Michael (2000): Vulnerabilität. In: Johann Borchert (Hrsg.), Handbuch der Sonderpädagogischen Psychologie. Hogrefe, Göttingen, S. 287–293

Fingerle, Michael; Freytag, Andreas; Julius, Henri (1999): Ergebnisse der Resilienzforschung und ihre Implikationen für die (heil)pädagogische Gestaltung von schulischen Lern- und Lebenswelten. In: Zeitschrift für Heilpädagogik, 50. Jg., Nr. 6, S. 302–309

Fischer, Gottfried; Riedesser, Peter (1999): Lehrbuch der Psychotraumatologie mit 20 Tabellen. Ernst Reinhardt, München

Göppel, Rolf (1999): Bildung als Chance. In: Günther Opp; Michael Fingerle; Andreas Freytag (Hrsg.), Was Kinder stärkt. Erziehung zwischen Risiko und Resilienz. Ernst Reinhardt, München, S. 170–190

Göppel, Rolf (2000): Die Bedeutung der Risiko- und Resilienzforschung für die Sonder- und Heilpädagogik. In: Konrad Bundschuh (Hrsg.). Wahrnehmen – verstehen – handeln. Perspektiven für die Sonder- und Heilpädagogik im 21. Jahrhundert. Klinkhardt, Bad Heilbrunn, S. 79–96

Grotberg, Edith H. (1995): A guide to promoting resilience in children. Strengthening the human spirit. [WWW-document]. URL: http://resilnet.uiuc.edu/library/grotb95b.html. (Stand: 11.7.2001)

Hampel, Petra; Petermann, Franz (1998): Anti-Streß-Training für Kinder. Beltz, PVU, Weinheim

Joseph, Joanne M. (1994): The resilient child. Preparing today's youth for tomorrow's world. Plenum Press, New York

Julius, Henri; Goetze, Herbert (1998): Resilienzförderung bei Risikokindern – Ein Trainingsprogramm zur Veränderung maladaptiver Attributionsmuster. Potsdamer Studientexte, Heft 15. AVZ-Druckerei, Potsdam

Julius, Henri; Goetze, Herbert (2000): Resilienz. In: Johann Borchert (Hrsg.), Handbuch der Sonderpädagogischen Psychologie. Hogrefe, Göttingen, S. 294–304

Kauffman, Carol; Grunebaum, Henry; Cohler, Bertram; Gamer, Enid (1979): Superkids. Competent children of psychotic mothers. In: American Journal of Psychiatry, 136. Jg., Nr. 111, S. 1398–1402

Klein-Heßling, Johannes; Lohaus, Arnold (1998): Streßpräventionstraining für Kinder im Grundschulalter. Hogrefe, Göttingen

Laucht, Manfred (1999): Risiko- vs. Schutzfaktor? Kritische Anmerkungen zu einer problematischen Dichotomie. In: Günther Opp; Michael Fingerle; Andreas Freytag (Hrsg.), Was Kinder stärkt. Erziehung zwischen Risiko und Resilienz. Ernst Reinhardt, München, S. 303–314

Laucht, Manfred; Esser, Günter; Schmidt, Martin H. (1999): Was wird aus Risikokindern? Ergebnisse der Mannheimer Längsschnittstudie im Überblick. In: Günther Opp; Michael Fingerle; Andreas Freytag (Hrsg.), Was Kinder stärkt. Erziehung zwischen Risiko und Resilienz. Ernst Reinhardt, München, S. 71–93

Laucht, Manfred; Schmidt, Martin H.; Esser, Günter (2000): Risiko- und Schutzfaktoren in der Entwicklung von Kindern und Jugendlichen. In: Frühförderung interdisziplinär, 19. Jg., Nr. 3, S. 97–108

Lösel, Friedrich; Bender, Doris (1999): Von generellen Schutzfaktoren zu differentiellen protektiven Prozessen. Ergebnisse und Probleme der Resilienzforschung. In: Günther Opp; Michael Fingerle; Andreas Freytag (Hrsg.), Was Kinder stärkt: Erziehung zwischen Risiko und Resilienz. Ernst Reinhardt, München, S. 37–58

Lösel, Friedrich; Kolip, Petra; Bender, Doris (1992): Streß-Resistenz im Multiproblem-Milieu. Sind seelisch widerstandsfähige Jugendliche „Superkids"? In: Zeitschrift für Klinische Psychologie, 21. Jg., S. 48–63

Lohaus, Arnold; Klein-Heßling, Johannes (1999): Kinder im Streß und was Erwachsene dagegen tun können. Beck, München

Luthar, Suniya S.; Cicchetti, Dante (2000): The construct of resilience. Implications for interventions and social policies. In: Development and Psychopathology, 12. Jg., S. 857–885

Masten, Ann S.; Coatsworth, J. Douglas (1998): The development of competence in favorable and unfavorable environments. Lessons from research on successful children. In: American Psychologist, 53. Jg., Nr. 2, S. 205–220

Opp, Günther (1999): Schule – Chance und Risiko. In: Günther Opp; Michael Fingerle; Andreas Freytag (Hrsg.), Was Kinder stärkt. Erziehung zwischen Risiko und Resilienz. Ernst Reinhardt, München, S. 229–243

Opp, Günther; Fingerle, Michael; Freytag, Andreas (1999): Erziehung zwischen Risiko und Resilienz. Neue Perspektiven für die heilpädagogische Forschung und Praxis. In: Günther Opp; Michael Fingerle; Andreas Freytag (Hrsg.), Was Kinder stärkt. Erziehung zwischen Risiko und Resilienz. Ernst Reinhardt, München, S. 9–21

Opp, Günther; Fingerle, Michael (2000): Risiko und Resilienz in der frühen Kindheit am Beispiel von Kindern aus sozioökonomisch benachteiligten Familien. Amerikanische Erfahrungen mit Head Start. In: Hans Weiß (Hrsg.), Frühförderung mit Kindern und Familien in Armutslagen. Ernst Reinhardt, München, S. 164–174

Petermann, Franz (2000): Grundbegriffe und Trends der Klinischen Kinderpsychologie und Kinderpsychotherapie. In: Franz Petermann (Hrsg.), Lehrbuch der klinischen Kinderpsychologie und -psychotherapie. 4., vollständig überarb. u. erw. Aufl., Hogrefe, Göttingen, S. 9–26

Petermann, Franz; Kusch, Michael; Niebank, Kay (1998): Entwicklungspsychopathologie. Ein Lehrbuch. Beltz, PVU, Weinheim

Rutter, Michael (2000): Resilience reconsidered. Conceptual considerations, empirical findings, and policy implications. In: Jack P. Shonkoff; Samuel J. Meisels (Hrsg.), Handbook of early childhood intervention. Cambridge University Press, Cambridge, S. 651–682

Rutter, Michael (2001): Psychosocial adversity. Risk, resilience and recovery. In: Jack M. Richman; Mark W. Fraser (Hrsg.), The context of youth violence. resilience, risk, and protection. Praeger Publishers, Westport, CT, S. 13–41

Rutter, Michael et al. (1975): Attainment and adjustment in two geographical areas. The prevalence of psychiatric disorder. In: British Journal of Psychiatry, 126. Jg., S. 493–509

Scheithauer, Herbert; Niebank, Kay; Petermann, Franz (2000): Biopsychosoziale Risiken in der Entwicklung. Das Risiko- und Schutzfaktorenkonzept aus entwicklungspsychopathologischer Sicht. In: Franz Petermann; Kay Niebank; Herbert Scheithauer (Hrsg.), Risiken in der frühkindlichen Entwicklung. Entwicklungspsychopathologie der ersten Lebensjahre. Hogrefe, Göttingen, S. 65–97

Scheithauer, Herbert; Petermann, Franz (1999): Zur Wirkungsweise von Risiko- und Schutzfaktoren in der Entwicklung von Kindern und Jugendlichen. In: Kindheit und Entwicklung, 8. Jg., Nr. 1, S. 3–14

Seligman, Martin E. P. (1979): Erlernte Hilflosigkeit. Urban & Schwarzenberg, München

Seligman, Martin E. P. (1999): Kinder brauchen Optimismus. Rowohlt, Reinbek

Shure, Myrna B.; Spivack, George (1981): Probleme lösen im Gespräch. Klett-Cotta, Stuttgart

Tress, Wolfgang (1986): Das Rätsel der seelischen Gesundheit. Traumatische Kindheit und früher Schutz gegen psychogene Störungen. Vandenhoek, Göttigen

Werner, Emmy E. (2000): Protective factors and individual resilience. In: Jack P. Shonkoff; Samuel J. Meisels (Hrsg.), Handbook of early childhood intervention. Cambridge University Press, Cambridge, S. 115–132

Werner, Emmy E.; Smith, Ruth S. (1982): Vulnerable but invincible. A study of resilient children. McGraw-Hill, New York

Werner, Emmy E.; Smith, Ruth S. (1992): Overcoming the odds. High risk children from birth to adulthood. Cornell University Press, Ithaca

Werner, Emmy E.; Smith, Ruth S. (2001): Journeys from childhood to midlife. Risk, resilience, and recovery. Cornell University Press, Ithaca

Wustmann, Corina: Resilienzförderung in Kindertageseinrichtungen. Neue Impulse aus der Forschung. In: Bildung, Erziehung, Betreuung von Kindern in Bayern, 6. Jg., Nr. 2, 2001, S. 7–13

Zimmerman, Marc A.; Arunkumar, Revathy (1994): Resiliency research. Implications for schools and policy. In: Social Policy Report, 8. Jg., Nr. 4, S. 1–17

Wilfried Griebel und Renate Niesel

Die Bewältigung des Übergangs vom Kindergarten in die Grundschule

Angesichts sich verändernder Familienstrukturen, in denen Kinder aufwachsen, sind schon vor einiger Zeit Konsequenzen für die Frühpädagogik gefordert worden. Auf der 7. Konferenz der European Early Childhood Education and Research Association 1997 in München wurden neue Impulse für das Thema Diskontinuitäten und Transitionen im Leben von Kindern sowie die Qualität der Frühpädagogik vermittelt. Ergebnis war die Forderung eines Qualitätskonzeptes in der Kindertagesbetreuung, das vor dem Hintergrund der sich verändernden Lebenswirklichkeit von Kindern die Bewältigung von Diskontinuitäten thematisiert und die grundlegenden Kompetenzen dazu fördert (Fthenakis 1998, 2000, 2001). Mittlerweile ist der Übergang von einer vorschulischen Einrichtung in das formale Schulsystem zu einem Schwerpunkt des Interesses der frühpädagogischen Forschung geworden. Aus einer Reihe von Ländern, vor allem aus Nordeuropa, Nordamerika und Australien liegen bereits Studien vor, die den Übergang in die Schule unter verschiedenen Blickwinkeln und bezogen auf das jeweilige System von Bildungsinstitutionen beleuchten.

Der Übergang in die Schule ist ein internationales Forschungsthema

Anders als Deutschland und die europäischen Länder verfügen die nordamerikanischen Staaten durch repräsentative Längsschnittstudien über zuverlässigere Erkenntnisse über die Schuleingangsvoraussetzung und die Schullaufbahnen ihrer Kinder. So führt Kanada seit 1994 den National Longitudinal Survey of Children and Youth (NLSCY) zur Erhebung einer nationalen Datenbasis über Merkmale und Lebenserfahrung kanadischer Kinder und Jugendlicher während ihres Aufwachsens bis ins Erwachsenenalter durch. „The basis of school readiness" ist dabei ein Schwerpunkt der Untersuchung von Bildungsverläufen in vorschulischen Einrichtungen und Schule. Übergeordnetes Ziel ist die Entwicklung effektiver bildungspolitischer politischer Maßnahmen. In den USA ist die 1982 begonnene „Beginning School Study" (BSS oder Baltimore-Study) wegweisend (Entwisle et al. 1997). Untersucht wird die Übergangsbewältigung von amerikanischen Vorschuleinrichtungen (Kindergarten) in die 1. Klasse der Schule. Hauptanliegen ist, herauszuarbeiten, auf welche Weise die Schule sozialer Ungleichheit entgegenwirkt oder diese verstärkt. Im Jahre 1994 wurden die „Goals 2000: Educate America" formuliert. Es handelt sich um acht Ziele zur Verbesserung der Bildungsqualität an amerikanischen Schulen. Ziel 1 lautet: „By the year 2000, all children in America will start school ready to learn". Es wurde nicht nur eine Vielzahl komplexer Forschungsvorhaben gestartet, sondern eine von einer breiten Öffentlichkeit getragene kritische Diskussion über Schuleingangsvoraussetzungen, den Übergang in das formale Bildungssystem und die Konsequenzen für die weitere Schullaufbahnen eröffnet. In der Folge wurden zahlreiche ministerien- und behördenübergreifende Programme aufgelegt. Die Erlangung bzw. Nichterlangung der Ziele wurde durch einen unabhängigen Ausschuss (The National Educational Goal Panel – NEGP) auf nationaler wie auch auf bundesstaatlicher Ebene dokumentiert. Eine Zusammenstellung der maßgeblichen Forschungsarbeiten zum Übergang in das formale Bildungssystem wurde von Pianta & Cox (1999) herausgegeben. Hauptergebnisse der internationalen Studien sind:

- Bei aller Diversität der institutionellen Organisation von vorschulischer und schulischer Bildung ist der Eintritt des Kindes in das formale Schulsystem ein bedeutender Entwicklungsabschnitt für das einzelne Kind.

- Schlüsselvoraussetzung zur Erreichung von Chancengleichheit in der Schule ist die Förderung benachteiligter Kinder, bevor sie in die Schule kommen (Pianta & Cox 1999).

- Der Übergang in die Schule ist für die Kinder in verschiedenen Bereichen stressbelastet (Fabian 2002; Griebel & Niesel 2002a, b; Margetts 2002; Kienig 2002). Die Angaben zum Anteil von Kindern mit Übergangsproblemen schwanken; in den USA werden etwa zwei Fünftel angegeben (Pianta & Cox 1999).

- Der Übergang bietet neben Risiken auch Chancen, d. h. neben Kindern, die Probleme mit der Anpassung an die Schule haben, gibt es auch Kinder, denen es in der Schule besser als vorher geht (Beelmann 2000).

- Längsschnittliche Belege dafür, dass sich über die Qualität der Bewältigung des Eintritts in eine vorschulische Institution auch die des Schuleintritts vorhersagen lässt, sind eher mager (Kienig 2002).

- Multiperspektivität, d. h. der Einschluss der Perspektiven nicht nur der Fachkräfte, sondern auch der Eltern und der Kinder selbst, ist eine wichtige Voraussetzung zum Verständnis von Bewältigungsprozessen (Griebel & Niesel 2002b).

- Kooperation zwischen vorschulischer Einrichtung, Schule und Eltern wird als wesentlicher Faktor bei der Übergangsbewältigung angesehen (Broström 2002; Fabian 2002; Margetts 2002; Yeboah 2002).

- Entwickeln von Kontinuität über die Institutionen hinweg ist die Leitvorstellung (Dunlop & Fabian 2002; Margetts 2002; Yeboah 2002) für die Erleichterung des Übergangs in die Schule.

Ein übergreifendes theoretisches Konzept für Transitionen ist im Institut für Frühpädagogik in München (IFP) entwickelt worden, das auch den Umgang mit Diskontinuität thematisiert und überdies berücksichtigt, dass sowohl die Kinder als auch die Eltern den Übergang in die Schule bewältigen müssen. Es stammt aus der Familienentwicklungspsychologie und ist für unterschiedliche familiale Übergänge anwendbar (Griebel & Niesel 2002a, b; Niesel & Griebel 2000).

Theoretische Ansätze zur Bewältigung von Veränderungen und Übergängen

Allgemeine Anwendung in der einschlägigen Forschung findet das heuristische Modell der Systemebenen von Bronfenbrenner (1989), das in Deutschland von Nickel (1990, 1992) für die Einschulung vorgeschlagen worden ist. Die Stressforschung lieferte einen Rahmen für die Erklärung von Belastungsreaktionen und kann auch als Hintergrund für die Kontinuitätshypothese angesehen werden. Danach sind Überlastungsreaktionen vermeidbar, wenn Veränderungen im Lebensumfeld des Kindes gering gehalten werden, wenn sie vorhersehbar und kontrollierbar gestaltet werden. Zudem ist die motivationale Ebene – Vorfreude oder Befürchtung von bevorstehenden Veränderungen – mit zu berücksichtigen (Lazarus 1995).

Veränderungen im Lebensumfeld des Kindes lassen sich unter Betrachtung der gesamten Lebensspanne in kritischen Lebensereignissen (Filipp 1995) bündeln. Dazu gehört auch der Übergang in die Schule (Beelmann 2000). Außer Belastung kann ein kritisches Lebensereignis auch eine entwicklungsfördernde Herausforderung sein (Olbrich 1995).

Cowan (1991) hat einen Transitionsansatz für die Entwicklung der Familie vorgelegt, den wir auf den Übergang von der Familie in den Kindergarten und vom Kindergarten in die Schule übertragen haben (Niesel & Griebel 2000; Griebel & Niesel 2002a, b). Der ökopsychologische Ansatz und die Stressansätze werden integriert und Veränderungen auf der subjektiven Ebene der Identität eingeführt.

Insgesamt ist die Transitionsforschung ein heterogenes und komplexes Forschungsfeld. Welzer (1993, S. 8) sieht ihren Forschungsgegenstand an einer Schnittstelle von individuellem Handlungs- und Bewältigungsvermögen und von gesellschaftlichen Handlungsvorgaben und -anforderungen. Mit Transitionen werden komplexe, ineinander übergehende und sich überblendende Wandlungsprozesse bezeichnet, die sozial prozessierte, verdichtete und beschleunigte Phasen eines Lebenslaufes in sich verändernden Kontexten darstellen (ebd., 1993, S. 37). Dabei kommt es zu einer Häufung von Belastungsfaktoren, wenn Anpassung an Veränderungen auf der individuellen, interaktionalen und kontextuellen Ebene geleistet werden muss und eine Neugestaltung innerpsychischer Prozesse und Beziehungen zu anderen Personen erfolgt (Cowan 1991). Diese Struktur wird beim Übergang vom Kindergartenkind zum Schulkind unmittelbar deutlich.

Entwicklungsaufgaben sind mit Veränderungen für Kinder und Eltern verbunden

Der Übergang vom Kindergarten in die Grundschule betrifft nicht das Kind allein, sondern auch seine Eltern. Er bringt auf der individuellen, interaktionalen und kontextuellen Ebene Veränderungen mit sich, die das Kind und seine Eltern bewältigen müssen. Mit dem Transitionsmodell lässt sich das spezifische Anforderungsprofil des Übergang zum Schulkind bzw. zu Eltern eines Schulkindes detailliert beschreiben. Es handelt sich jeweils um Diskontinuitäten in den Erfahrungen des Kindes. Da die Anpassungsleistungen in relativ kurzer Zeit geleistet werden müssen und verdichtete Lernprozesse als Entwicklungsstimulus gesehen werden, werden die Anforderungen als Entwicklungsaufgaben bezeichnet (Griebel & Niesel 2002a, b). Diese Bezeichnung wird auch deswegen gewählt, weil sie den positiven motivationalen Charakter der Herausforderung stärker betont, als dies bei den Begriffen Anforderung oder gar Belastung der Fall ist.

Bewältigung auf der individuellen Ebene

Wenn das Kindergartenkind zum Schulkind wird, erlebt es diese Statusveränderung mit Vorstellungen davon, dass es „größer" ist, dass es mehr darf und dass es mehr kann als ein jüngeres Kindergartenkind. Mehr Selbstständigkeit wird beansprucht. Sichtbar und erlebbar gemacht wird die Veränderung im Selbstkonzept durch die Rituale der Einschulung, z. B. die Schultüte.

Der Übergang zum Schulkind, der im Tag der Einschulung kulminiert, ist mit starken Gefühlen von Vorfreude, Aufregung, aber auch Unsicherheit und gelegentlich Ängstlichkeit verbunden. Das Schulkind definiert sich zunehmend über das, was es lernt und was es kann, d. h. über seine Kompetenzen. Dabei spielen in traditioneller Weise die Kulturtechniken Lesen und Schreiben sowie Rechnen eine zentrale Rolle.

Reaktionen des Kindes in der ersten Schulzeit sind als Bewältigungsreaktionen interpretierbar. Dabei ist das Tempo der Anpassung von Kind zu Kind verschieden, auch was die jeweiligen Bereiche anbelangt.

Erst wenn sich Reaktionen verfestigen, die auch längerfristig keine Anpassung erkennen lassen, muss von Verhaltensauffälligkeiten ausgegangen werden, die entsprechende Aufmerksamkeit verlangen. Nicht nur das Kind wird ein Schulkind, seine Eltern werden Eltern eines Schulkindes und bewältigen damit ebenfalls einen Übergang. Das Transitionsmodell beinhaltet also eine Familienperspektive. Eltern sehen sich vorrangig als Unterstützer ihres Kindes und ihnen selbst wird meist erst später bewusst, welche Unsicherheiten sie in der neuen Situation selbst überwinden mussten und wie sie sich allmählich in ihre neue Identität als Eltern eines Schulkindes hineingefunden haben. Bislang werden Eltern bei diesem Übergang nicht gezielt unterstützt. Im Unterschied dazu begleiten Erzieherinnen und Lehrerinnen beruflich diesen Übergang, haben aber selbst keine Veränderungen auf der Identitätsebene zu bewältigen.

Bewältigung auf der interaktionalen Ebene

Der Übertritt in die Schule ist mit Verlusterfahrungen in Hinsicht auf Beziehungen zu anderen Kindern, den Erzieher/innen und zur vertrauten Umgebung im Kindergarten verbunden. Das neue Schulkind sieht sich überdies einer größeren Gruppe in der Schulklasse gegenüber, als es sie aus dem Kindergarten kennt. Die Gruppe ist anders strukturiert, denn trotz Altersunterschieden, die zwei Jahre betragen können, ist die Schulklasse als Gleichaltrigengruppe konzipiert, und es handelt sich um Kinder, die alle gleichzeitig eine neue Gruppe konstituieren müssen. Das Kind kommt also nicht in eine bestehende Gruppe hinein, sondern muss im Gruppenbildungsprozess aktiv mitwirken und seine Position finden. Dieser Prozess wird erleichtert, wenn das Kind mit einigen bereits bekannten und vertrauten Kindern zusammen in die Schule kommt (Margetts 2002).

Auch die Eltern fühlen sich wohler, wenn ihr Kind mit Freunden in die Klasse geht und sie die Eltern bereits kennen. Es spielt für sie eine große Rolle, ob sie ihr Kind einer Lehrkraft anvertrauen, der sie ihrerseits ebenfalls Vertrauen entgegenbringen können. Dass in Interviews von Eltern vielfach Zufriedenheit geäußert wurde, dass ihr Kind gerade diese und keine andere Lehrerin (auf diese Entscheidung haben Eltern keinen Einfluss) bekommen habe, wurde als Bewältigungsstrategie interpretiert: Sich auf positive Seiten konzentrieren und sich mit einem Vertrauensvorschuss die Übergabe der Verantwortung erleichtern (Griebel & Niesel 2002a). Grundsätzlich ist die Beziehung zur ersten Lehrerin bzw. zum Lehrer in der Grundschule von großer Bedeutung, weswegen dieser Beziehung besondere Aufmerksamkeit geschenkt werden sollte (Pianta 1999).

Die Beziehungen in der Familie verändern sich mit dem Schuleintritt dadurch, dass das Kind seine Selbstständigkeit verstärkt weiterentwickelt. Es kann Konflikte geben, wenn die Eltern versuchen, ihr Kind mit mehr Kontrolle und so genannten Sekundärtugenden wie Fleiß, Sorgfalt, Ordnung, Pünktlichkeit in seiner neuen Eigenschaft als Schulkind zu unterstützen. Bewältigungsstrategien der Eltern können also zu Konflikten mit dem Kind führen, das seinerseits als Bewältigungsstrategie mehr Eigenverantwortung beansprucht (Griebel & Niesel 2002a).

Zur Rolle des Kindes in der Familie kommt die Rolle als Schulkind hinzu, es handelt sich also um einen Rollenzuwachs. Dies betrifft die Erwartungen, die seitens der Schule an das Kind gestellt werden. Hier herrscht bei den Kindern und Eltern und nicht zuletzt bei den Erzieher/innen des Kindergartens vielfach Unklarheit. Die Bewältigung des Übergangs wird durch diese Unsicherheit erschwert.

Bewältigung auf der kontextuellen Ebene

Das Kind muss das tägliche Pendeln zwischen Familie und Schule bewältigen. Anforderungen und Angebote der beiden unterschiedlichen Lebensbereiche müssen integriert werden: Leistung und Erholung, Lernen und Entwicklung. Der Umgang mit Zeit und Raum wird neu strukturiert: Tages- und Wochenablauf, der Jahresablauf werden nun von der Schule bestimmt. Auch die Eltern müssen sich darauf einstellen und ihre Arbeitsteilung in Hinsicht auf Erwerbstätigkeit und Familientätigkeit neu organisieren. Zumeist übernehmen die Mütter die Organisation der häuslichen Seite des Schulalltags (Paetzold 1988). Der Lehrplan der Schule, Lerninhalte, Lernziele und Methoden unterscheiden sich von den Erfahrungen des Kindes sowohl in der Familie als auch im Kindergarten. Das wird zunehmend als Problem beim Übergang zwischen den Bildungseinrichtungen gesehen (Broström 2002; Dunlop 2002; Peters 2002). Wenn in engerem zeitlichen Zusammenhang mit dem Schuleintritt weitere familiale Übergänge zu bewältigen sind, wie die Geburt eines Geschwisterkindes, die Aufnahme einer Erwerbstätigkeit eines Elternteils oder der Verlust eines Arbeitsplatzes, Trennung von Eltern u. a. m., ist die Bewältigung des Schuleintritts für das Kind erschwert.

Von einem erfolgreichen Übergang wird gesprochen, wenn das Kind sich emotional, psychisch, physisch und intellektuell angemessen in der Schule präsentiert (Übersicht bei Yeboah 2002). Das Kind ist dann ein kompetentes Schulkind, wenn es sich in der Schule wohlfühlt, die gestellten Anforderungen bewältigt und die Bildungsangebote für sich optimal nutzt.

Übergangsbewältigung und Schulfähigkeit

Bei der Behandlung des Übergangs vom Kindergarten zur Grundschule stellt sich auch die Frage nach der Schulfähigkeit. In den letzten Jahrzehnten hat dieser Begriff eine starke Wandlung erfahren (Kammermeyer 2001a, S. 96 ff.). Dazu beigetragen haben die mangelnde Zuverlässigkeit der schuleingangsdiagnostischen Tests und wachsende wissenschaftliche Erkenntnisse über die Komplexität der Übergangsanforderungen. Das von Nickel (1990, 1992) entwickelte interaktionistische Konstrukt Schulfähigkeit aus ökosystemischer Perspektive, in das die gesamte Umwelt des Kindes (Familie, Kindertagesstätte, Schule) mit einbezogen wird, gilt heute als die in der Fachwelt anerkannte Sichtweise von Schulfähigkeit.

In der neueren Literatur (z. B. Faust-Siehl et al. 2001) wird die Beendigung der Schulfähigkeitsdiskussion gefordert. Stattdessen wird empfohlen, alle Kinder eines bestimmten Alters unabhängig von einem Kriterium Schulfähigkeit in die Schule aufzunehmen: „Die Grundschule hat die Aufgabe, die „Schulfähigkeit" ihrer Schüler mit den Kindern selbst zu erarbeiten" (S. 140). Kammermeyer (2001a) plädiert für die Beibehaltung des Schulfähigkeitsbegriffs, da er nach wie vor ein grundschulpädagogischer Begriff sei (S. 104). Seine Abschaffung ist – so Kammermeyer – nicht geeignet, Selektion am Schulanfang zu verhindern. Die Bemühungen müssten sich stattdessen auf die Veränderung der auf Selektion zielenden Rahmenbedingungen einschließlich der subjektiven Theorien von Erzieher/innen und Lehrer/innen richten, in denen Schulfähigkeit einseitig am Kind festgemacht wird.

Auch Eltern lassen sich von subjektiven Vorstellungen über die Fähigkeiten des Kindes leiten, die es zur Einschulung erreicht haben müsse. Sie gehen häufig noch von einer reifungstheoretischen Annahme aus: Je älter das Kind ist, desto größer sie die Wahrscheinlichkeit einer erreichten Schulreife. Eine Folge davon ist das relativ hohe Einschulungsalter.

Die Unsicherheit der Eltern und der frühpädagogischen Fachkräfte ist auch Ausdruck mangelnder Klarheit über die schulischen Erwartungen an die Schulanfänger sowie über die pädagogischen Angebote der Schule. Die spezifische „Schulfähigkeitsphilosophie" einzelner Schulen bleibt den Erzieher/innen und Eltern bis zum Schulbeginn oft weitgehend unbekannt.

Kammermeyer (2001a) schlägt vor, den Begriff „Schulfähigkeit" auf die notwendige Anschlussfähigkeit (Hacker 2001) der beiden Systeme „Schule" und „vorschulische Einrichtung" zu beziehen. Auf diese Weise kann Schulfähigkeit als das Ziel beider Systeme bezeichnet werden. Der Kindergarten hat dann weder die Rolle des „Zulieferers", noch ist es lediglich Aufgabe der Schule, mit den Kindern Schulfähigkeit zu erarbeiten.

Erkennbar ist, dass zwischen der aktuellen Fachdiskussion und der Alltagspraxis noch erhebliche Differenzen bestehen. Wie die unterschiedlichen Modellversuche und Empfehlungen zur Neugestaltung des Eingangs in die Primarstufe letztendlich die Anwendung eines Schulfähigkeits-Begriffs verändern werden, ist noch nicht abzusehen. Zusammenfassend kann festgestellt werden, dass „Schulfähigkeit" nicht mehr als Status eines Kindes zu einem bestimmten Zeitpunkt verstanden werden und als Selektionskriterium benutzt werden sollte, sondern als ein Konstrukt, das von allen Beteiligten (Kind, Eltern, vorschulische Einrichtung, Schule, Hort) in einem ko-konstruktiven, sinnstiftenden Prozess inhaltlich zu füllen ist.

Eine transitionsorientierte pädagogische Konzeptualisierung des Übergangs vom Kindergarten in die Grundschule kann einen grundlegenden Beitrag zur Überwindung herkömmlicher Annahmen zur Schulfähigkeit leisten:

- Die mit dem Übergang verbundenen Anforderungen für Kinder *und* Eltern lassen sich genauer beschreiben und pädagogisch umsetzen (Griebel & Niesel 2002a).
- Ein genaueres Anforderungsprofil erleichtert das Erkennen des individuellen Förderbedarfs, an den in der Grundschule angeknüpft werden kann. Dazu gilt es allerdings, die diagnostischen Kompetenzen von Erzieher/innen und Lehrer/innen (Faust-Siehl 2001; Kammermeyer 2001b) zu stärken.
- Die Bedeutung der Eltern bei der Bewältigung des Übergangsprozesses wird gestärkt. Sie sind sowohl Unterstützer ihres Kindes als auch Bewältiger ihrer eigenen vielfachen Anforderungen. Das erweitert die pädagogische Perspektive, und die Notwendigkeit neuer Inhalte und Formen der Elternarbeit in Kindergarten und Schule wird erkennbar.

Sichtbar wird die Notwendigkeit der Entwicklung sowohl von Basiskompetenzen (Fthenakis 2000) als auch von schulnahen Vorläuferkompetenzen (Kammermeyer 2001a) zur Übergangsbewältigung. Die Qualität der Beziehungen des Kindes zu seinen Eltern, seinen Peers und insbesondere zu den pädagogischen Fachkräften erfährt eine neue Gewichtung. Kindergarten und Grundschule müssen sich füreinander sowie für Eltern und Kinder öffnen, so dass durch Kooperation und Kommunikation Klarheit über Inhalte und Formen der Zusammenarbeit entsteht. Schulfähigkeit wird somit zu einer Aufgabe für alle Beteiligten.

Mit einem erweiterten Verständnis von Schulfähigkeit wird diese als ein Ziel pädagogischer Arbeit gesehen, als Entwicklungsprozess, an dem Kinder, Eltern, Erzieher/innen und Lehrer/innen beteiligt sein müssen, und es wird deutlich, dass Schulfähigkeit erst nach einer gewissen Schulerfahrung des Kindes entstehen kann. Impliziert ist auch ein eigenständiger Bildungsauftrag für Kindertagesstätten, der sich nicht nur an schulnahen Vorläuferkompetenzen orientiert und eine Schule, die im Kindergarten Gelerntes, wie z. B. selbstgesteuertes Lernen und lernmethodische Kompetenz, nicht entwertet, sondern darauf aufbaut und weiterentwickelt.

Das Spannungsfeld Kontinuität und Diskontinuität

Die seit den 80er Jahren zu beobachtende Strategie, Kontinuität beim Übergang zwischen Kindergarten und Schule herstellen zu wollen, ist von Dollase (2000) als „Kontinuitätsdoktrin" bezeichnet worden. Sie richtet sich (a) auf die kontextuelle Ebene, bei der es darum geht, Räumlichkeiten, Materialien und Tagesabläufe der Institutionen einander anzugleichen, (b) auf die interaktionale Ebene, soweit das Kind nicht nur die Schule, sondern auch die Lehrkraft kennen lernen sollte und die Erzieher/innen und Lehrkräfte eng kooperieren sollten, sowie (c) auf die inhaltliche Ebene der Lerngegenstände bzw. Curricula. In Modellversuchen wurde erprobt, wie die Gestaltung der Räume, die Verwendung von Materialien und Elementen des Tagesablaufs, die den Kindern aus dem Kindergarten vertraut waren, in der Schule übernommen werden könnten, um den Kindern den Übergang zu erleichtern. Strategien eines „gleitenden Übergangs" konnten sich aber in der Praxis nicht in breiterem Umfang etablieren (Hacker 2001). Die zugrunde gelegte Philosophie ließe sich zusammenfassen als „Kontinuität ist immer gut, Diskontinuität ist immer schlecht". Demgegenüber muss jedoch hervorgehoben werden:

- Es gibt Bedingungen für die Entwicklung, die Interventionen in Richtung auf Herstellen von Diskontinuität erfordern.
- Streben nach Kontinuität ist nur eine Strategie zur Bewältigung von Transitionen unter mehreren. Die jeweilige Effektivität der Strategien gilt es erst noch zu evaluieren.
- Kontinuität in der Entwicklung des Einzelnen zu identifizieren ist ein komplexes Problem der Entwicklungspsychologie und kann nicht als selbstverständlich vorausgesetzt werden (Oerter & Montada 1998).
- Diskontinuität in der Erfahrung darf nicht nur als Quelle von Problemen in der Entwicklung, sondern muss auch als sehr wichtiger Stimulus für Entwicklung angesehen werden (Filipp 1995; Olbrich 1995; Welzer 1993).
- Bewältigung von Diskontinuitäten wird auch außerhalb des gegliederten Bildungssystems eine unvermeidbare Entwicklungsaufgabe bleiben (Fortune-Wood 2002).
- Übergangsbewältigung erfordert die aktive Nutzung der Lernanforderungen von Diskontinuitäten.

Der Besuch in der Schule gehört zu den Angeboten, die nahezu alle Kindergärten den angehenden Schulkindern anbieten. In Interviews mit Kindern und Eltern in einer Untersuchung in Bayern (Griebel & Niesel 2002a) zeigte sich jedoch, dass diese Maßnahme nur wenig an Wissen über die Schule vermittelt hatte und neben der Vorfreude viel an Besorgtheit geblieben war.

In Anlehnung an die Methode der lernprozessbegleitenden Diagnostik (Faust-Siehl et. al. 1996; Meisels 1999) wird eine begleitende Beobachtung des Schulbesuchs des Kindes und eine kritische Reflexion des Geschehens durch die Fachkräfte vorgeschlagen. Neben der Festlegung der Ziele einer solchen Maßnahme sind das eingehende Gespräch der Erzieherin mit den Kindern über den Schulbesuch, das Reflektieren jedes Kindes über seine Eindrücke, seine Erfahrungen und Aktivitäten (z. B. Anfertigung einer Zeichnung) zu nennen. Bestandteil der Methode ist die Dokumentation der Produkte des Kindes sowie eine Aufzeichnungen über das Gespräch. Verlauf und Ergebnisse des Angebots „Schulbesuch" werden mit den Eltern und der Lehrkraft kommuniziert und reflektiert.

Ziele dieser Methode sind (a) Erfahrungen über die Schule und den Alltag der Schulkinder zu sammeln und (b) die Förderung der Selbstwirksamkeit des Kindes und seiner Kommunikationskompetenz, die Förderung der Kommunikation und Kooperation zwischen den Erwachsenen, die das Kind durch die Transition begleiten sowie (c) insgesamt die Förderung der Übergangsbewältigung als Prozess der Ko-Konstruktion aller Beteiligten.

Der Transitionsansatz als Beitrag für die differenziertere Gestaltung von Übergängen

Die mangelnde Aufmerksamkeit, die Übergangsprozessen – Anforderungen, Bewältigungsstrategien und pädagogische Unterstützung – im Bildungssystem bisher gewidmet worden ist, muss überwunden werden. Traditionelle Ansätze zur Vorbereitung des Eintritts in die Schule müssen durch ein Transitionskonzept ersetzt werden. Damit kann den verdichteten Entwicklungsanforderungen und konzentrierten Lernprozessen angemessener Rechnung getragen werden, mit denen nicht nur die Kinder, sondern auch deren Eltern den Übergang in die Schule bewältigen. Das Kind gewinnt die Position eines aktiven Bewältigers. Außer dem Kind werden die Eltern in die Konzeption pädagogischer Maßnahmen einbezogen. Mit der Förderung von Basiskompetenzen wird die Bewältigung von Transitionen unterstützt und damit werden Bildungsprozesse über die Familie und Bildungsinstitutionen hinweg angeregt. Die Bewältigung von Diskontinuitäten erhält einen veränderten Stellenwert gegenüber einer Strategie des Herstellens von Kontinuität. Kommunikation und Partizipation in Bezug auf Kind, Eltern und Bildungseinrichtungen sind Elemente der Ko-Konstruktion von Bildung in Transitionsphasen. Die Kooperation zwischen Eltern, Kindergarten und Schule kann neu gestaltet werden, wobei die Sinnhaftigkeit von Verzahnung und Abgrenzung herausgearbeitet wird. Für die Einbeziehung der Eltern ist die Berücksichtigung der Bestimmungen des Sozialdatenschutzes unerlässlich – richtig angewandt, bieten diese eine Leitlinie für die erforderliche Zusammenarbeit der Beteiligten (Reichert-Garschhammer 2002). Der Transitionsansatz ist ein Beitrag zur differenzierenden Sichtweise, die der Elementarpädagogik zu eigen ist, und die jetzt auch in den Modellversuchen zur Schuleingangsstufe als Gegenentwurf zum traditionellen Homogenitätsanspruch der Schule umzusetzen versucht wird (Faust-Siehl & Speck-Hamdan 2001). Der Übergang zum Schulkind wird ein wichtiges biographisches Ereignis (Schneider 1996) bleiben.

Literatur

Beelmann, Wolfgang (2000): Entwicklungsrisiken und -chancen bei der Bewältigung normativer sozialer Übergänge im Kindesalter. In: Christoph Leyendecker; Tordis Horstmann (Hrsg.), Große Pläne für kleine Leute. Verlag Ernst Reinhardt, München, S. 71–77

Bronfenbrenner, Uri (1989): Die Ökologie der menschlichen Entwicklung. Fischer Taschenbuchverlag, Frankfurt/M.

Broström, Stig (2002): Communication and continuity in the transition from kindergarten to school. In: Hilary Fabian; Aline-Wendy Dunlop (Hrsg.), Transitions in the early years. Debating continuity and progression for children in early education. Routledge Falmer, London, S. 52– 63

Cowan, Philipp (1991): Individual and family life transitions. A proposal for a new definition. In: Philipp Cowan; E. Mavis Hetherington (Hrsg.), Family transitions. Advances in family research. Lawrence Erlbaum, Hillsdale New Jersey, S. 3–30

Dollase, Rainer (2000): Reif für die Schule? In: Kinderzeit 2, S. 5–8

Dunlop, Aline-Wendy; Fabian, Hilary (2002): Conclusions. Debating transitions, continuity and progression in the early years. In: Hilary Fabian; Aline-Wendy Dunlop (Hrsg.), Transitions in the early years. Debating continuity and progression for children in early education. Routledge Falmer, London, S.146 – 154

Entwisle, Doris R.; Alexander, Karl L.; Olson, Linda S. (1997): Children, schools and inequality. Westview Press, Boulder Col

Fabian, Hilary (2002): Empowering children for transitions. In: Hilary Fabian; Aline-Wendy Dunlop (Hrsg.), Transitions in the early years. Debating continuity and progression for children in early education. Routledge Falmer, London, S. 123–134

Faust-Siehl, Gabriele (2001): Die neue Schuleingangsstufe in den Bundesländern. In: Gabriele Faust-Siehl; Angelika Speck-Hamdan (Hrsg.), Schulanfang ohne Umwege. Grundschulverband – Arbeitskreis Grundschule e.V. Frankfurt/M., S. 194–252

Faust-Siehl, Gabriele; Garlichs, Ariane, Ramseger, Jörg et al. (2001): Die Zukunft beginnt in der Grundschule. Empfehlungen zur Neugestaltung der Primarstufe. Rowohlt, Reinbek bei Hamburg

Filipp, Heide-Sigrun (1995): Ein allgemeines Modell für die Analyse kritischer Lebensereignisse. In: Heide-Sigrun Filipp (Hrsg.), Kritische Lebensereignisse. 3. Aufl. Beltz, Weinheim, S. 3–52

Fortune-Wood, J. (2002): Transitions without school. In: Hilary Fabian; Aline-Wendy Dunlop (Hrsg.), Transitions in the early years. Debating continuity and progression for children in early education. RoutledgeFalmer, London, S. 135 – 145

Fthenakis, Wassilios E. (1998): Family transitions and quality in early childhood education. In: European Early Childhood Education Research Journal, 6. Jg., Nr. 1, S. 5–17

Fthenakis, Wassilios E. (2000): Konzeptionelle Neubestimmung von Bildungsqualität in Tageseinrichtungen für Kinder mit Blick auf den Übergang in die Grundschule – ein neuer Modellversuch im Staatsinstitut für Frühpädagogik. Bildung, Erziehung, Betreuung von Kindern in Bayern, 5. Jg., Nr. 1, S. 19

Fthenakis, Wassilios E. (2001): Moderne Bildung in Kindertageseinrichtungen: zur gegenwärtigen Bildungsdebatte in Deutschland. Bildung, Erziehung, Betreuung von Kindern in Bayern, 6. Jg., Nr. 2, 2001, S. 5–6

Griebel, Wilfried; Niesel, Renate (2002): Abschied vom Kindergarten, Start in die Schule. Don Bosco, München

Griebel, Wilfried; Niesel, Renate (2002): Co-constructing transition into kindergarten and school by children, parents, and teachers. In: Hilary Fabian & Aline-Wendy Dunlop (Hrsg.), Transitions in the early years. Debating continuity and progression for children in early education. Routledge Falmer, London, S. 64–75

Hacker, Hartmut (2001): Die Anschlussfähigkeit von Kindergarten und Grundschule. In: Gabriele Faust-Siehl; Angelika Speck-Hamdan (Hrsg.), Schulanfang ohne Umwege. Grundschulverband – Arbeitskreis Grundschule e.V., Frankfurt, S. 80–94

Kammermeyer, Gisela (2001a): Schulfähigkeit. In: Gabriele Faust-Siehl; Angelika Speck-Hamdan (Hrsg.), Schulanfang ohne Umwege. Grundschulverband – Arbeitskreis Grundschule e.V., Frankfurt/M., S. 96–118

Kammermeyer, Gisela (2001b): Schuleingangsdiagnostik. In: Gabriele Faust-Siehl; Angelika Speck-Hamdan (Hrsg.), Schulanfang ohne Umwege. Grundschulverband – Arbeitskreis Grundschule e.V., Frankfurt/M., S. 115–144

Kienig, Anna (2002): The importance of social adjustment for future success. In: Hilary Fabian; Aline-Wendy Dunlop (Hrsg.), Transitions in the early years. Debating continuity and progression for children in early education. Routledge Falmer, London, S. 23–37

Lazarus, R. S. (1995): Stress und Stressbewältigung – ein Paradigma. In: Heide-Sigrun Filipp (Hrsg.), Kritische Lebensereignisse. Beltz, Weinheim, 3. Aufl., S. 198–232

Margetts, Kay (2002): Planning transition programmes. In: Hilary Fabian; Aline-Wendy Dunlop (Hrsg.), Transitions in the early years. Debating continuity and progression for children in early education. Routledge Falmer, London, S. 111–122

Meisels, Samuel J. (1999): Assessing readiness. In: Robert C. Pianta & Martha J. Cox, (eds.), The transition to kindergarten. Paul H. Brookes, Baltimore, S. 39–66

Nickel, Horst (1990): Das Problem der Einschulung aus ökologisch-systemischer Perspektive. In: Psychologie in Erziehung und Unterricht, 37. Jg., 1990, S. 217–227

Nickel, Horst (1992): Die Einschulung als pädagogisch-psychologische Herausforderung – „Schulreife" aus ökosystemischer Sicht. In: D. Haarmann (Hrsg.), Handbuch Grundschule. Band 1. Beltz Verlag, Weinheim, S. 88–100

Niesel, Renate; Griebel, Wilfried (2000): Start in den Kindergarten. Don Bosco, München

Oerter, Rolf (1998): Schule als Umwelt. In: Rolf Oerter & Leo Montada (Hrsg.), Entwicklungspsychologie. Beltz PVU, Weinheim, 4. Aufl., S. 277 ff.

Oerter, Rolf; Montada, Leo (1998): Entwicklungspsychologie. Beltz PVU, Weinheim, 4. Aufl.

Olbrich, Ernst (1995): Normative Übergänge im menschlichen Lebenslauf. Entwicklungskrisen oder Herausforderungen. In: Heide-Sigrun Filipp (Hrsg.), Kritische Lebensereignisse. Beltz, Weinheim, 3. Aufl., S. 123–138

Paetzold, Bettina (1988): Familie und Schulanfang. Eine Untersuchung des mütterlichen Erziehungsverhaltens. Klinkhardt, Bad Heilbrunn

Pianta, Robert C. (1999): Enhancing relationships between children and teachers. American Psychological Association, Washington DC

Pianta, Robert C.; Cox, Martha J. (1999): The transition to kindergarten. Paul H. Brookes, Baltimore

Reichert-Garschhammer, Eva (2002): Qualitätsmanagement im Praxisfeld Kita –

Blickpunkt: Sozialdatenschutz (Teil 1). In: KiTa aktuell (BY), 14. Jg., Nr. 10, Oktober S. 209–214

Schneider, I. Katharina (1996): Einschulungserlebnisse im 20. Jahrhundert. Studie im Rahmen pädagogischer Biographieforschung. Deutscher Studienverlag, Weinheim

Walper, Sabine; Roos, Jeanette (2001): Die Einschulung als Herausforderung und Chance für die Familie. In: Gabriele Faust-Siehl; Angelika Speck-Hamdan (Hrsg.), Schulanfang ohne Umwege. Grundschulverband – Arbeitskreis Grundschule e.V., Frankfurt/M., S. 30–52

Welzer, Harald (1993): Transitionen. Zur Sozialpsychologie biographischer Wandlungsprozesse. edition discord, Tübingen

Yeboah, David Achanfuo (2002): Enhancing transition from early childhood phase into primary education. Evidence from the research literature. In: Early Years, Jg. 22, S. 51–68

Michaela Ulich und Pamela Oberhuemer

Interkulturelle Kompetenz und mehrsprachige Bildung

Im Rahmen von weltweit geführten Diskussionen um die Erneuerung von Bildungssystemen wurde in den letzten Jahren auch die Erziehungs- und Bildungsarbeit in vorschulischen Tageseinrichtungen in mehreren Ländern neu reguliert (vgl. OECD 2001; Fthenakis & Oberhuemer im Druck; Oberhuemer in diesem Band). Vielfach zum ersten Mal in der Geschichte der Frühpädagogik führte man in einzelnen Ländern offizielle Rahmenvorgaben für die pädagogische Arbeit ein, die zum Teil verbindlich sind, zum Teil Empfehlungscharakter haben. Interessant für diesen Beitrag ist die Frage, inwieweit der Themenkomplex „interkulturelle Kompetenz und mehrsprachige Bildung" konstitutiver Bestandteil dieser Bildungskonzepte ist. Als Beispiele von Ländern, die in den letzten Jahren neue Rahmenvorgaben eingeführt haben, nehmen wir drei europäische Länder (Schweden, Norwegen, England) und ein außereuropäisches Land (Neuseeland) in den Blick.

Interkulturelle Kompetenz in internationaler Perspektive

In dem 1998 verabschiedeten *schwedischen* Bildungsplan werden insbesondere staatsbürgerliche Ziele und demokratische Prinzipien betont (vgl. Ministry of Education and Science in Sweden 1998). Auf die wachsende internationale Mobilität und entsprechende Konsequenzen für die Arbeit in Vorschuleinrichtungen wird ausdrücklich hingewiesen (S. 7). Als Basiskompetenzen, deren Förderung und Entwicklung die Vorschuleinrichtungen anstreben sollten, werden u. a. genannt: Offenheit, Respekt, Toleranz, Solidarität und Verantwortung; ein Verständnis für die Gleichheit aller Menschen unabhängig vom Geschlecht oder vom sozialen oder ethnischen Hintergrund (S. 11); ein Sinn für die Beteiligung an der eigenen Kultur sowie Anerkennung und Respekt vor anderen Kulturen (S. 13). Diese relativ abstrakten Zielformulierungen werden als grundlegende Werte gesehen, die in diversen Aktivitäten in der Vorschuleinrichtung berücksichtigt bzw. gefördert werden können und sollen. In Schweden setzt man stark auf die Professionalität der Fachkräfte für die Umsetzung dieser Ziele, insbesondere auf die Zusammenarbeit im Team.

Auch der *norwegische* Rahmenplan für die Bildungs- und Erziehungsarbeit im Vorschulalter (1996) begreift „Internationalisierung" als modernes gesellschaftliches Phänomen mit Auswirkungen auf die Arbeit in Tageseinrichtungen (vgl. Ministry of Family and Children's Affairs 1996). „Die Tageseinrichtung (…) soll eine Umgebung darstellen, die Respekt vor allen Menschen, Solidarität und das Recht, anders zu sein, fördert" (S. 8). Ein Kapitel dieses umfangreichen Bildungsplans (der 160 Seiten umfasst, im Vergleich zu 16 Seiten in Schweden) befasst sich mit dem Thema „Kultur und Curriculum". Erziehung wird als Handeln definiert, das von kulturell geprägten Werten und Überzeugungen geleitet ist. Die Tageseinrichtung ist damit ein Ort der Kulturvermittlung, und hier hebt der norwegische Rahmenplan kulturelle Traditionen und lokales Brauchtum hervor. Von den fünf dargestellten Lernfeldern des Curriculums[1] wird insbesondere in den Bereichen „Gesellschaft, Religion, Ethik" und „Sprache, Text, Kommunikation" auf die jeweils besondere Situation von Migrantenkindern hingewiesen. Wie detailliert diese Hinweise im Originalplan ausgeführt werden (es liegt uns lediglich eine Kurzfassung des Rahmenplans in englischer Sprache vor), konnte hier nicht ermittelt werden. Ein weiteres Kapitel ist der Sprache und Kultur der Sami gewidmet, einer in Norwegen und anderen nordischen Ländern ansässigen ethnischen Minderheit. Es wird als wichtige Aufgabe von Tageseinrichtungen gesehen, die Sami-Kultur zu fördern und zu schützen. Darüber hinaus gibt es in einigen Gegenden Norwegens auch Sami-Tageseinrichtungen, die ausschließlich der Sami-Kultur verpflichtet sind.

Eines der zwölf Grundprinzipien der curricularen Leitlinien in *England* (2000) betont, dass „kein Kind aufgrund von Ethnizität, Kultur oder Religion, Familiensprache, Familienhintergrund, besonderem Erziehungs-

---

[1] (1) Gesellschaft, Religion, Ethik, (2) Ästhetische Erfahrungsbereiche, (3) Sprache, Text, Kommunikation, (4) Natur, Ökologie, Technologie, (5) Motorik, Gesundheit

bedarf, Behinderung, Geschlecht oder Entwicklungsstand ausgegrenzt oder benachteiligt werden soll" (vgl. QCA 2000, S. 11). „Inklusion" – d. h. die Einbindung *aller* Kinder jenseits von kulturellen, körperlichen, geschlechtsbezogenen und sozioökonomischen Unterschieden – gilt als Grundsatz der Bildungs- und Erziehungsarbeit. Fachkräfte – so heißt es – sollen Materialien verwenden, die die vielfältigen Familienkulturen der Kinder und die weitere Welt in der Tageseinrichtung sichtbar werden lassen sowie stereotype Bilder und eine diskriminierende Praxis vermeiden. In einem gesonderten Abschnitt über Kinder mit Englisch als Zweit- oder Drittsprache werden die Fachkräfte aufgefordert, auf die Familienerfahrungen der Kinder mit einer anderen Familiensprache aufzubauen; die Nutzung der Familiensprache(n) in der Einrichtung zu fördern; einen Rahmen für Sprechen und Hören der englischen Sprache mit Erwachsenen und Kindern zu bieten; die Wertschätzung von unterschiedlichen Familiensprachen bei allen Kindern zu fördern; bilinguale Unterstützung mit Blick auf Wortschatzerweiterung und Sprachentwicklungsförderung anzubieten; verschiedene Schriftstücke in den Familiensprachen und in Englisch bereitzustellen (Bücher, Ankündigungen, Beschriftungen); sowie Gelegenheit für das Hören der eigenen Familiensprache durch Hör- und Videokassetten zu ermöglichen.

In *Neuseeland* wurde das Curriculum konsequent auf einem bikulturellen Prinzip aufgebaut (New Zealand Ministry of Education 1996). Die kulturellen Traditionen und Bildungsvorstellungen der Ureinwohner (Maori) und der anglo-europäischen Bevölkerung (Pakeha) sind gleichermaßen Ausgangspunkt für die Entwicklung gemeinsamer pädagogischer Grundsätze und Leitideen. Darüber hinaus haben sowohl die Maori-Bevölkerung als auch die von den Pazifischen Inseln stammenden Volksgruppen ihre eigenen Sprach- und Spielgruppen. Die Zielformulierungen, die nach fünf Dimensionen strukturiert sind (Wohlbefinden, Zugehörigkeit, Partizipation, Kommunikation, Exploration), geben jeder Einrichtung die Möglichkeit, ihr eigenes „Muster" zu weben bzw. ihre eigene Konzeption individuell und dem jeweiligen lokalen Kontext angepasst zu gestalten. Tageseinrichtungen werden aufgefordert, sensibel auf die verschiedenen Kulturen und Traditionen der Familien in ihrer Einrichtung, die sie in Anspruch nehmen, zu reagieren (S. 18). Das bedeutet auch, anzuerkennen, dass es eine Vielfalt von Wertorientierungen gibt im Hinblick auf Erziehungspraktiken, die Rolle verschiedener Familienangehöriger, Verhaltensnormen, oder die Bewertung von bestimmten Formen von Wissen. Zusammenfassend kann man feststellen, dass die interkulturelle Dimension durchaus in den Zielformulierungen neuerer Curricula berücksichtigt wird. Die Akzente, die dabei gesetzt werden, der Grad der Konkretisierung sowie der soziokulturelle Kontext dieser bildungsprogrammatischen Konzepte unterscheiden sich jedoch von Land zu Land. Wie sieht die aktuelle Diskussion in Deutschland aus?

Die deutsche Perspektive: Verengung auf die Sprachdefizite von Migrantenkindern

In der aktuellen Bildungsdiskussion ist die Sprachförderung von nichtdeutschsprachigen Kindern ein zentrales Thema geworden – nicht zuletzt durch die Publikation der PISA-Studie im Dezember 2001 (vgl. Baumert et al. 2001). Diese Studie hat deutliche Unzulänglichkeiten des deutschen Bildungssystems in Bezug auf den Ausgleich sozialer Unterschiede aufgezeigt. Obwohl PISA die Leistungen von 15-Jährigen untersucht hat, zog nur zwei Tage nach Bekanntgabe der Ergebnisse die Kultusministerkonferenz bereits Schlussfolgerungen für den *Elementarbereich*. Es sollen „Maßnahmen zur Verbesserung der Sprachkompetenz bereits im vorschulischen Bereich" eingeleitet werden (vgl. KMK 2001). In der Praxis wird bereits der Druck spürbar, „systematischer" in diesem Bereich zu arbeiten. Es wird vorgeschlagen und mancherorts praktiziert, eine „gezielte" Sprachförderung für Kinder mit Migrationshintergrund kurz vor der Einschulung durchzuführen, die von Grundschullehrkräften verantwortet werden soll.

Auf die Argumente für oder wider diese Ansätze können wir in diesem Beitrag nicht eingehen. Wir wollten aber verdeutlichen, dass sich bisherige Reformvorschläge tendenziell in eine bestimmte Richtung bewegen: Hervorgehoben werden die Sprach*defizite* von Migrantenkindern in der deutschen Sprache. Während für das europäische Bildungsbürgertum „Mehrsprachigkeit" und „Zweisprachigkeit" als Bildungsideal ein hohes Prestige haben, sieht das – zumindest aus politisch-administrativer Sicht – bei der Erziehung von Migrantenkindern häufig anders aus (und das betrifft nicht nur die Bildungsarbeit in Kindergärten). In der Regel werden nicht die spezifischen mehrsprachigen und interkulturellen Kompetenzen von Migrantenkindern – mit den entsprechenden Förderungsmodellen – thematisiert; und es wird kaum diskutiert, wie auch monolingual aufwachsende Kinder davon profitieren könnten. Der Blick richtet sich nur auf eine Sprache – Deutsch – und Aneignungsprozesse und Kenntnisse der deutschen Sprache werden aus monolingualer Perspektive begutachtet. Niemand würde bestreiten, dass ein sicherer Umgang mit der deutschen Sprache für Kinder, die mit anderen Familiensprachen aufwachsen, wichtig ist. „Deutsch lernen", aber ohne den Bezug zur zwei- oder mehrsprachigen Realität und zu den besonderen Entwicklungsaufgaben von Migrantenkindern zu sehen, zeigt eine diskriminierende Schere auf – nicht nur in den Bildungsidealen, sondern auch in der Bildungspraxis. „Interkulturelle Kompetenz" bedeutet aber weitaus mehr, als dieser verengte Blick zulässt.

Interkulturelle Kompetenz: Was meinen wir damit?

Interkulturelle Kompetenz ist ein Bildungsziel und eine Entwicklungsaufgabe, die Inländer und Migranten, Kinder und Erwachsene (Eltern, pädagogische Fachkräfte, Verwandte usw.) gleichermaßen betrifft. Es handelt sich um einen komplexen Entwicklungsprozess, der verschiedene Ebenen tangiert: Einstellungen, Emotionen und Handlungen. Wir verstehen interkulturelle Kompetenz als ein mehrdimensionales Konstrukt, das sich in folgende Dimensionen auffächern lässt:

■ Mehrsprachigkeit als Lebensform
Aufwachsen mit mehreren Sprachen ist eine Selbstverständlichkeit für eine Mehrheit der Kinder weltweit. In Deutschland ist die Sprachtradition dagegen eher monolingual ausgerichtet. Zweisprachiges und mehrsprachiges Aufwachsen als Entwicklungschance statt als Entwicklungsrisiko zu sehen, erfordert ein grundsätzliches Umdenken bei vielen Erzieher/innen (auch Lehrer/innen), die ihre Rolle und Bildungspraxis prinzipiell noch in einem monolingualen Bezugsrahmen definieren.

Mehrsprachigkeit als Lebensform erfordert auch neue Einschätzungsverfahren, die sich nicht mehr an monolingual definierten Sprach- und Entwicklungsnormen, sondern an den Entwicklungsprofilen und Kompetenzen von mehrsprachig aufwachsenden Kindern orientieren (vgl. Luchtenberg 2002; Ulich im Druck).

■ Sprachlich-kulturelles Selbstbewusstsein und Flexibilität
Zwei- und mehrsprachig aufwachsende Kinder lernen eher als monolinguale Kinder die Bedeutung von verschiedenen Sprachregistern. Sie lernen, dass diese „codes" situativ und kulturell geprägt sind. Sprachlich-kulturelles Selbstbewusstsein heißt, diese „codes" zu erkennen, sich flexibel innerhalb dieser Parameter zu bewegen und auszudrücken, sowie von einem Sprachregister ins andere zu wechseln, wenn dies die Situation erfordert.

■ Fremdsprachliche Neugierde und Offenheit
Sprache ist eine sehr konkrete inter-kulturelle Erfahrung – hier können Kinder (und Erwachsene) „Fremdartiges" hören und entsprechend abweisend oder neugierig darauf reagieren. Sie haben die Chance, eine unbeschwerte und „ausprobierende" Haltung zu anderen Sprachen einzuüben, eine Einstellung, die das Fremdsprachenlernen erleichtert. Neugierde und Offenheit gegenüber fremden Sprachen sind wesentliche Merkmale von interkultureller Kompetenz.

■ „Kulturkonflikte" als Entwicklungschance
Wir hören im Zusammenhang mit Migration und Migrantenkindern vieles über Kulturkonflikte und kulturelle „Brüche". Keine Frage: die unterschiedlichen Normen und Erwartungen, die Kinder beispielsweise zu Hause, bei den Großeltern oder im Kontakt mit den Erzieher/innen erleben, können belastend sein. Sie können aber auch als Entwicklungschance gesehen werden. Das Leben in „verschiedenen Welten" gehört zum Alltag von Migrantenkindern – aber auch von deutschen Kindern, wenn sie beispielsweise am Wochenende beim Vater sind, der von der Mutter getrennt lebt, wenn sie die Großeltern besuchen, oder wenn sie vom Land in die Stadt umziehen. Heute können wir nicht mehr von bruchlosen, einheitlichen Räumen und Identitätsentwicklungen aus-

gehen. Mit Widersprüchen umgehen lernen, ist heute eine Entwicklungsaufgabe für alle Kinder. Wenn aber Pädagogen ihren Blick auf die Kulturkonflikte von Migrantenkindern fixieren, vermitteln sie – meist unbewusst – dass wir in einer Welt ohne Widersprüche leben. Wenn dagegen Konflikte nicht tabuisiert und Widersprüche zugelassen werden, können Kinder möglicherweise eher lernen, mit verschiedenen Erwartungen konstruktiv umzugehen. Aus pädagogischer Sicht erscheint uns das Bild von Kindern, die *in* und *mit* verschiedenen Welten leben – im Gegensatz zu *zwischen* diesen Welten – entwicklungsfördernder zu sein.

■ Kulturelle Aufgeschlossenheit
Im Kontext von mobilen, kulturell und sprachlich heterogenen Gesellschaften ist kulturelle Aufgeschlossenheit eine Schlüsselkompetenz für ein gelingendes Zusammenleben im Alltag. Dazu gehören der Abbau von Distanz und Abgrenzungstendenzen und die Einübung von selbstverständlichen und vielfältigen Kontakten und Kommunikationsformen zwischen verschiedenen Kultur- und Sprachgruppen.

■ Fremdheitskompetenz
Neben kultureller Aufgeschlossenheit gilt es auch, Fremdheitskompetenz zu entwickeln. Das bedeutet, die eigene Sichtweise als eine Perspektive unter anderen möglichen zu sehen. Unterschiede werden dann nicht mehr geleugnet, es wird vielmehr das Bewusstsein für *verbindende* Fragen und Probleme geschärft, die jeweils *unterschiedlich* wahrgenommen werden (vgl. Jakubeit & Schattenhofer 1996). Das heißt auch, die Grenzen der eigenen Deutungen und Verstehensprozesse wahrzunehmen und die „Normalität des Fremden" zu akzeptieren (vgl. Hunfeld 1997). „Nicht-Verstehen" und „Nicht-immer-Wissen" gehören somit zu Schlüsselkompetenzen professionellen Handelns, die durchaus mit Kindern thematisiert werden können. Für pädagogische Berufe – mit ihrer stark erklärenden und aufklärenden Rolle – ist dies eine große Herausforderung (vgl. Ulich 1998).

■ Sensibilität für Stereotypisierung, Vorurteile und negative Diskriminierung
Diese Dimension von interkultureller Kompetenz ist eine schwierige, denn es geht um tief sitzende Bilder, Gefühle, Einstellungen und Überzeu-

gungen, die einem selbst nicht immer bewusst sind. Wie oft rutschen Gedanken wie diese heraus: „... die türkischen Väter sind immer so ..., muslimische Frauen dürfen nicht ..., die Jungs sind kleine Paschas ..." usw. Jede/r von uns trägt die eigenen „Bilder im Kopf" mit sich herum. Interkulturelle Kompetenz heißt, uns zuzugestehen, dass wir Bilder und Vorurteile haben, diese bewusst wahrzunehmen, sie zu hinterfragen und sie durch neues Wissen und konkrete Erfahrungen aufzubrechen (vgl. Wagner 2001; Ulich 1994, 1998).

Zur Umsetzung von Mehrsprachigkeit als Lebensform

Interkulturelle Erziehung ist weder ein besonders „Thema" noch ein neues „Fach", sondern ein Grundprinzip mit praktischen Konsequenzen im Alltag von pädagogischen Fachkräften, Kindern und Familien. Diese Ebene der praktischen Umsetzung gilt es nun zu durchleuchten, denn an Zielformulierungen mangelt es in diesem Bereich nicht. Noch wesentlicher als programmatische Forderungen ist jedoch die Frage: Wie werden bestimmte Zielvorstellungen in der Praxis von Kindertageseinrichtungen konkret umgesetzt?

Mehrsprachigkeit als Bildungschance für alle

Die eingangs erwähnte Tendenz, Mehrsprachigkeit nur als abstraktes „europäisches" Bildungsideal zu verstehen, das mit hier lebenden Migrantenkindern so gut wie nicht assoziiert wird, spiegelt sich auch im pädagogischen Bereich wider – wie die Ergebnisse einer Befragung von Erzieherinnen im Raum München zeigen (vgl. Ulich et al. 2001). Zwei- und Mehrsprachigkeit werden sehr positiv mit „unbegrenzten Möglichkeiten" assoziiert, beim Thema Sprachentwicklung von Migrantenkindern tauchen dann ganz andere Bilder auf: Da wird es eng, die verschiedenen Sprachen des Kindes kämpfen um Vormacht, der Raum ist begrenzt, so dass die eine Sprache sich nur auf Kosten der anderen ausdehnen kann. Diese sehr gängige, z.T. nur implizite Annahme (dass beim Kind die eine Sprache die andere „stört"), ist Ausdruck einer monolingualen Lerngeschichte und Norm, bei der es vor allem darum geht, wie weit mehrsprachige Kinder der sprachlichen Norm in *einer* Sprache gerecht werden. Mit dieser Haltung ist es schwierig, sich in Zweisprachigkeit als konkrete Lebensform mit spezifischen Sprachgewohnheiten und Entwicklungsphasen hineinzudenken (vgl. Gogolin & Neumann 1998; Ulich 1999).

Wesentlich erscheint uns die Entwicklung eines Konzepts, das nicht das eine (Mehrsprachigkeit) gegen das andere (Deutsch lernen) ausspielt, denn das wäre linguistisch gesehen unsinnig. Je mehr sprachliche Anregungen Kinder in ihren verschiedenen Sprachen erhalten, desto besser werden sie auch Deutsch lernen. „Das Hirn hat Platz für viele Sprachen" (List 2001) und unser sprachliches Repertoire ist „großzügig erweiterbar und enorm flexibel" (Gogolin & Neumann 1998, S. 114–115).

Ein erster Schritt im vorschulischen Bereich wäre eine stärkere Berücksichtigung dieser Thematik in der Ausbildung – z. B. mit einer praxisorientierten Erläuterung spezifischer Sprachentwicklungsprofile von zwei- und mehrsprachig aufwachsenden Kindern. Dazu gehören zum Beispiel Kenntnisse über typische „Fehler" von Kindern beim Erwerb von Deutsch als Zweitsprache (diese sind im Sinne einer „Zwischengrammatik" eine normale Übergangsphase) oder Kenntnisse über das Phänomen der Sprachtrennung, über die Bedeutung und „Normalität" von Sprachmischung bzw. Sprachwechsel usw.

Spielerische Einbindung mehrsprachiger Angebote

Am Staatsinstitut für Frühpädagogik (IFP) wurde ein Ansatz entwickelt, der versucht, die Präsenz der unterschiedlichen Sprachen für Kinder konkret erfahrbar zu machen. Dabei geht es um die spielerische Einbindung der verschiedenen Familiensprachen der Kinder in das pädagogische Angebot. Wir haben diesen Ansatz in verschiedenen Publikationen begründet und zahlreiche praktische Anregungen und Materialien dazu herausgegeben (Praxisbücher, Ton- und Videokassetten mit Begleitheften, vgl. auch Literaturverzeichnis).

Welche Einstellung Kinder zu anderen Sprachen und zu ihrer eigenen Familiensprache entwickeln, hängt u. a. von ihren Bezugspersonen ab.

Wenn Erzieher/innen in einer mehrsprachigen Kindergruppe nicht bewusst auf die Präsenz anderer Kulturen und Sprachen eingehen und Kindern zeigen, dass sie diese respektieren und schätzen, dann lernen deutschsprachige und fremdsprachige Kinder, dass diese Kulturen keinen öffentlich anerkannten Platz haben. Dies wird umso stärker der Fall sein, als Kinder außerhalb des Kindergartens erleben, dass einige „Migranten"-Kulturen kein hohes Sozialprestige genießen (im Vergleich zum englischen Sprach- und Kulturkreis beispielsweise). Es ist hinreichend bekannt, dass diese Wertschätzung der Familiensprache und Kultur für die Entwicklung des Selbstbilds und des Selbstbewusstseins von Migrantenkindern sehr wichtig ist.

Nicht nur für Migrantenkinder ist die mehrsprachige Orientierung im pädagogischen Alltag bedeutsam – auch für deutsche Kinder ist sie wesentlicher Bestandteil einer interkulturell orientierten sprachlichen Bildung. Wie steht es nun mit der Präsenz verschiedener Sprachen im pädagogischen Alltag, wie lässt sich der Stellenwert dieser Leitvorstellung im Alltag festmachen? Im Folgenden finden sich dazu einige Leitfragen.

Leitfragen für Teamgespräche und Selbstevaluation

1. Gibt es für unsere Einrichtung ein schriftlich fixiertes Konzept mit Multikulturalität und Mehrsprachigkeit als explizit formulierten Dimensionen der pädagogischen Arbeit? Wird diese Dimension der Arbeit in der Öffentlichkeit vertreten, wird damit „geworben"?
2. Sind die Familiensprachen der Kinder für Eltern und Besucher optisch präsent? Gibt es z. B. mehrsprachige Ankündigungen, Poster mit allen Sprachen und auch Dialekten, die in der Einrichtung vertreten sind (z. B. in Form eines dekorativen Posters mit Sätzen in verschiedenen Sprachen und Schriften)?
3. Gibt es regelmäßig Aktivitäten, in denen die Familiensprachen der Kinder eine Rolle spielen? Kommen alle Sprachen „dran", auch die seltenen, die nur von ein bis zwei Kindern in der Gruppe repräsentiert werden? Dies ist schwieriger geworden angesichts der zunehmenden Vielsprachigkeit in den Einrichtungen, und doch gibt es viele Möglichkeiten, die wir in verschiedenen Publikationen dargelegt haben.

4. Gibt es originalsprachige Materialien in den Familiensprachen der Kinder bzw. mehrsprachige Materialien? Gibt es z. B. entsprechende Tonkassetten mit Liedern und Hörspielen, Videokassetten, Bilderbücher, Computerspiele? Wie oft und wie werden diese angeboten? Sind sie für Kinder zugänglich? Werden diese Materialien von Kindern regelmäßig nach Hause ausgeliehen? Werden Kinder (und Eltern) gebeten, entsprechende Materialien von zu Hause mitzubringen?

5. Gibt es zweisprachige Gruppenleiter/innen / Zweitkräfte / Zusatzkräfte? Wie werden sie eingesetzt? Wie sind sie im Gesamtteam integriert? Fördern sie nur die Kinder derselben Sprachgruppe oder wird auch die sprachliche Neugierde, das Sprachbewusstsein von allen Kindern mit den fremdsprachigen Fachkräften gefördert?

6. Welches Sprachförderungskonzept haben wir? Wird dieses Konzept explizit diskutiert und fortlaufend weiterentwickelt? Welche Rolle spielt in diesem Konzept die Einbeziehung der Familiensprachen und die Förderung in der deutschen Sprache?

7. Was wissen wir über Zweitspracherwerb und über das zwei- und mehrsprachige Aufwachsen von Kindern? Welche Grundkenntnisse sind vorhanden – z. B. über sog. Standardabweichungen von Kindern, die Kinder beim Zweitspracherwerb durchlaufen; über sinnvolle Formen des „feedbacks" bei sog. Fehlern, über ganz natürliche Formen der Sprachmischung und des Sprachwechsels, oder auch bei der tatsächlich fehlenden Fähigkeit, die jeweiligen Sprachen zu trennen?

8. Wie wird die sprachliche Umwelt des Kindes in der Familie ermittelt und festgehalten? Gibt es einen übersichtlichen Bogen dazu mit Fragen wie: Was (welche Sprache) spricht der Vater mit dem Kind, die Mutter, die Verwandten, was sprechen die Geschwister untereinander, wie ist der Kontakt der Familie zu deutschen Freunden/zu Landsleuten? Engagierte Erzieher/innen wissen das, aber diese Information sollte (vor allem mit Blick auf die Arbeit in offenen Gruppen) für alle Kolleg/innen auf einem Bogen übersichtlich festgehalten werden. Listen, in denen nur die Nationalität von Kindern aufgeführt wird, sind für die sprachliche Situation des Kindes in der Familie wenig aussagekräftig.

9. Werden Migranteneltern oder andere zweisprachige Angehörige bei der Gestaltung des pädagogischen Angebots in der Einrichtung aktiv

miteinbezogen? Werden Eltern oder Geschwister oder Freunde aus der jeweiligen Sprachgruppe gebeten, in der Tagesstätte ein pädagogisches Angebot zu gestalten oder mitzugestalten – vom Lied über eine Erzählung bis hin zum mehrsprachigen Theaterstück? Das heißt: Werden Eltern miteinbezogen im Hinblick auf die sprachliche Erweiterung des Angebots, um bei Kindern z. B. sprachliche Neugierde und Sprachbewusstsein zu fördern? Wie oft passiert so etwas (z. B. 1x wöchentlich, 1x monatlich, oder nur bei Festen)? Und wenn, mit welchen Eltern?

10. Wird das Sprachförderungskonzept der Einrichtung mit den Eltern ausdrücklich thematisiert? Wird es z. B. schon im Einführungsgespräch erörtert, oder erst, wenn es ein Problem mit dem Kind oder zwischen Fachkräften und Eltern gibt? Die offensive und frühzeitige Thematisierung von „Sprachförderung" von Seiten der Einrichtung ist umso wichtiger, als dieser Bereich erfahrungsgemäß häufig zu Missverständnissen und Konflikten zwischen Erzieher/innen und Eltern führt (vgl. Ulich 1999). Videoaufnahmen von „typischen" sprachanregenden Situationen könnten das Sprachförderungskonzept der Einrichtung für Eltern anschaulicher machen.

11. Gibt es eine aktive Kooperation zwischen Familienangehörigen und den pädagogischen Fachkräften in Sachen „Sprachförderung"? Ein konkreter Ausgangspunkt ist z. B. der Bereich der Literacy-Erziehung – mit einer Vernetzung von Aktivitäten in der Familie und in der Einrichtung (vgl. Martin-Jones & Jones 2000). Werden zum Beispiel Bilderbücher oder Tonkassetten regelmäßig von zu Hause mitgebracht oder nach Hause ausgeliehen? Gibt es Eltern oder ältere Geschwister, die regelmäßig zum Vorlesen in die Einrichtung kommen? Werden Eltern um Rat oder Hilfe bei der Beschaffung von fremdsprachigen Bilderbüchern gebeten? Werden gemeinsam mit Eltern Besuche in der öffentlichen Bücherei organisiert? Gibt es in der Einrichtung ein für Kinder und Eltern transparentes Ausleihsystem? Werden Eltern, Großeltern, Verwandte gebeten, „Geschichten" aus ihrer Kindheit zu erzählen?

12. Werden Eltern regelmäßig über das Sprachverhalten ihres Kindes in der Einrichtung informiert? Was wissen Erzieher/innen über das Sprachverhalten des Kindes außerhalb der Einrichtung? Wichtig ist hier ein regelmäßiger Austausch zwischen Eltern und Erzieher/innen

und nicht das „Zitieren" von Eltern zum Elterngespräch, wenn es Probleme gibt. Sprachverhalten ist in hohem Maße situationsabhängig. Umso interessanter ist es für Erzieher/innen und Eltern zu erfahren, wie das Kind sich sprachlich in verschiedenen Settings einbringt – mit Freunden in der Einrichtung, zu Hause mit den Eltern oder Geschwistern, alleine im Gespräch mit Puppen, beim Einkaufen usw.

Früher Fremdsprachenerwerb – Was bedeutet „Englisch lernen"?

Diese aktuell sehr populäre Zielvorstellung – „früher Fremdsprachenerwerb" – ist grundsätzlich positiv zu bewerten. Zur Zeit wird dieses Bildungsziel aber eher aktionistisch als pädagogisch fundiert umgesetzt. „Englisch lernen" werden Kinder vor allem in einem deutsch-englischen bilingualen Kindergarten, wo sie täglich mehrere Stunden Englisch hören und sprechen. Die gängige Praxis ist jedoch eine andere: In den meisten Fällen geht es um ein wöchentliches Angebot von einer, höchstens zwei Stunden – mit dem Versprechen, dass Kinder dann spielerisch Englisch lernen. Diese Vorstellung kann zu hohe Erwartungen wecken. Es geht hier nicht so sehr um Spracherwerb im engeren Sinne, sondern um eine Erweiterung von Lernchancen und Erfahrungsmöglichkeiten. Eine entwicklungsangemessene Begegnung mit einer Fremdsprache kann nicht nur die Sprachkompetenz erweitern, sondern auch die kindliche Neugierde und Explorationslust anregen. Dem Kindergartenalter entsprechend sollte das Fremdsprachenangebot im Wesentlichen auf den Prinzipien des spielerischen und natürlichen Spracherwerbs aufgebaut werden und nicht nach den Regeln des gesteuerten Spracherwerbs. Fragwürdig erscheinen Versprechen im Stil von „20 Wörter in 4 Wochen", die vor allem Eltern locken sollen. Vokabeln lernen Kinder schnell, aber sie vergessen sie auch sehr schnell. Dies ist kein fundiertes Konzept von Sprachförderung. Vor allem wird mit dieser Auffassung die Begegnung mit einer fremden Sprache zu einem eher mechanischem Lernpensum und nicht zur einer interkulturellen Erfahrung, zu einem Fenster, das sich öffnet (vgl. Röbe 1999).

Ein weiteres wichtiges Thema beim früher Fremdsprachenerwerb ist, durch wen die neue Sprache vermittelt werden kann? Fremdsprachenkompetenz, der Umgang mit neuen oder fremden Sprachen, hängt ganz wesentlich von der beruflichen und persönlichen Biographie ab. Das Erlernen von Fremdsprachen und der fachgebundene Auslandsaufenthalt sind aber bisher in der deutschen Erzieher/innenausbildung nicht die Regel (vgl. Oberhuemer 2000). Das heißt: die vielfältigen Erfahrungen und Lernprozesse, die zur Aneignung einer anderen „Sprach-Kultur" gehören, können bei Erzieher/innen nicht einfach vorausgesetzt werden. Diese Erfahrungen und Kompetenzen sind sehr komplex und sie lassen sich sicherlich nicht über „Kurse" vermitteln.

Nachdem gerade bei jungen Kindern die Fähigkeit zur Lautbildung besonders ausgebildet ist, sollte die Fremdsprache nur von Personen vermittelt werden, die diese Sprache ohne „fremdländischen Akzent" sprechen oder aber auf der Grundlage von originalsprachigen Materialien wie z. B. Tonkassetten mit Dialogen und Liedern. Beim Einsatz fremdsprachiger Materialien (z. B. Tonkassetten) durch deutschsprachige Erzieher/innen sollte dieser „Respekt" vor der Originalsprache Kindern vermittelt werden. Das heißt u. a., dass eine deutsche Erzieherin, die nicht fließend Englisch spricht, beim Vorspielen einer englischsprachigen Tonkassette den Kindern deutlich machen sollte, dass nun auch sie eine Lernende ist (und nicht eine Lehrende und Wissende) – eine Lernende, die z. B. genau „hinhört", um die korrekte Aussprache zu lernen.

Langfristigere Sprachlernmotivation und die Entwicklung von Sprachkompetenz sind jedoch bei Kindern in der Regel an authentische Sprechanlässe gebunden: Wenn Kinder das Gefühl haben, dass sie die Sprache für die Kommunikation brauchen, dass sie „was bringt", um mit einem anderen Kind oder Erwachsenen (z. B. mit einer ausländischen Erzieherin) zu sprechen oder zu spielen, dann werden sie diese viel schneller lernen. Mit einer deutschen Erzieherin Englisch zu sprechen ist für ein Kind auf Dauer widersinnig.

Bisher ist in vielen Einrichtungen das fremdsprachige Angebot (durch kommerzielle Anbieter) nur für „zahlende Eltern" bzw. Kinder zugänglich. Dies widerspricht dem öffentlichen Bildungsauftrag des Kindergartens als Bildungschance für alle Kinder.

Am Beispiel „Sprache" haben wir versucht, Prinzipien der interkulturellen Erziehung für den pädagogischen Alltag zu konkretisieren. Wir hoffen, dass dabei die enge Verknüpfung von Sprache und Kultur und die Vielschichtigkeit von sprachlicher bzw. mehrsprachiger Bildung deutlich wurden.

Literatur

Baker, Colin (1996): Perceptions of Bilinguals. In: European Journal for Intercultural Studies, Vol. 7, No. 1, S. 45–50

Baumert, Jürgen; Klieme, Eckhard; Neubrand, Michael; Prenzel, Manfred; Schiefele, Ulrich; Schneider, Wolfgang; Stanat, Petra; Tillmann, Klaus-Jürgen; Weiß, Manfred (Hrsg.) (2001): PISA 2000. Basiskompetenzen von Schülerinnen und Schülern im internationalen Vergleich. Leske + Budrich, Opladen

Fthenakis, Wassilios E., Oberhuemer, Pamela (Hrsg.) (2002): Frühpädagogik international. Bildungsqualität im Blickpunkt. Leske + Budrich, Opladen

Gogolin, Ingrid; Neumann, Ursula (1998): Spracherwerb und Sprachentwicklung in einer zweisprachigen Lebenssituation bei monolingualer Grundorientierung der Gesellschaft. In: Arbeitskreis Neue Erziehung (Hrsg.), Erziehung – Sprache – Migration. Arbeitskreis Neue Erziehung, Berlin, S. 93–143

Grosjean, François (1985): The Bilingual as a Competent but Specific Speaker-Hearer. Journal of Multilingual and Multicultural Development, Vol. 6, S. 467–477

Hunfeld, Hans (1997): Zur Normalität des Fremden: Voraussetzungen eines Lehrplans für interkulturelles Lernen. In: BMW AG (Hrsg.), LIFE. Ideen und Materialien für interkulturelles Lernen. BMW AG, München, S. 1–10

Jakubeit, Gudrun; Schattenhofer, Karl (1996): Fremdheitskompetenz. In: Neue Praxis, Nr. 5, S. 389–408

KMK (Kultusministerkonferenz) (2001): Erste Konsequenzen aus den Ergebnissen der PISA-Studie. 296. Plenarsitzung am 5./6. Dezember 2001. KMK-Pressemitteilung, Bonn

List, Gudula (2001): Das Gehirn hat Platz für viele Sprachen. In: DJI-Projekt Kulturenvielfalt (Hrsg.), Duden. Treffpunkt deutsche Sprache. Deutsches Jugendinstitut, München, S. 11–17

Luchtenberg, Sigrid (2002): Überlegungen zur Sprachstandsdiagnostik. In: Staatsinstitut für Schulpädagogik und Bildungsforschung (Hrsg.), Kenntnisse in Deutsch als Zweitsprache. Screening-Modell für Schulanfänger. Klett International, Stuttgart, S. 73–92

Martin-Jones, Marylin; Jones, Kathryn (Eds.) (2000): Multilingual Literacies. John Benjamin Publishing Co., Amsterdam and Philadelphia

Ministry of Education and Science in Sweden and National Agency for Education (2001): Curriculum for the pre-school, Lpfö 98. Stockholm

Ministry of Children and Family Affairs (1996): Framework Plan for Day Care Institutions. A brief presentation. Barne- og familiedeparetementet: Oslo

New Zealand Ministry of Education (1996): Te Whäriki. Early Childhood Curriculum. Wellington

Oberhuemer, Pamela (2000): Lernkulturen – Berufskulturen: Entwicklungstendenzen in europäischen Kindertageseinrichtungen. In: Hedi Colberg-Schrader; Pamela Oberhuemer (Hrsg.), Qualifizieren für Europa. Praxiskulturen, Ausbildungskonzepte, Initiativen. Jahrbuch 5 des Pestalozzi-Fröbel-Verbandes. Schneider-Verlag Hohengehren, Baltmannsweiler, S. 28–45

Oberhuemer, Pamela (2001): Pädagogik der Vielfalt: Kulturenvielfalt gehört dazu. In: Theorie und Praxis der Sozialpädagogik, Nr. 3, S. 10–14

Oberhuemer, Pamela (2002): Bildungskonzepte für die frühe Kindheit in internationaler Perspektive. In: Wassilios E. Fthenakis; Pamela Oberhuemer (Hrsg.), Frühpädagogik international. Bildungsqualität im Blickpunkt. Leske + Budrich, Opladen

Oberhuemer, Pamela; Ulich, Michaela; Soltendieck, Monika (2000): Kulturenvielfalt in Kindertageseinrichtungen. Empfehlungen an Träger und Trägerorganisationen. In: KiTa aktuell (BY), 11. Jg., Nr. 4, 1999, S. 89–91. Abdruck in: KiTa aktuell (BW), 9. Jg., Nr. 1, S. 8–10

OECD (Organisation for Economic Co-operation and Development) (2001): Starting Strong. Early Childhood Education and Care. OECD, Paris

QCA (Qualifications and Curriculum Authority) (2000): Curriculum Guidance for the Foundation Stage. QCA / DFEE (Department for Education and Employment), London

Röbe, Edeltraud (1999): Fremdsprache als Bildungsaufgabe. In: Die Grundschulzeitschrift, 121. Jg., Nr. 4, S. 4

Ulich, Michaela; Oberhuemer, Pamela (Hrsg.) (1991, 1992): medien interkulturell. 4 Tonkassetten und 4 Videokassetten mit Begleitheften. Beltz, Weinheim und Basel

Ulich, Michaela; Mayr, Toni (erscheint 2003). SISMiK (Sprachverhalten und Interesse an Sprache bei Migrantenkindern im Kindergarten. ein Beobachtungsbogen für Erzieher/innen

Ulich, Michaela (1994): Woher kommen die Bilder im Kopf? In: Kindergarten heute, 24. Jg., Nr. 1, S. 3–9

Ulich, Michaela (2000): Sprachförderung in mehrsprachigen Kindergruppen – Fachkräfte zwischen Anspruch und Wirklichkeit. In: Kita aktuell (BY), 11. Jg., Nr. 4, 1999, S. 83–87. Abdruck in: Kita aktuell (BW), 8. Jg., Nr. 7/8, S. 157–161

Ulich, Michaela; Oberhuemer, Pamela (1997): Stories from two worlds: Bi-lingual experiences between fact and fiction. In: Eve Gregory (Ed.): One Child, Two

Worlds: Early Learning in Multicultural Communities. David Fulton, London, S. 63–74

Ulich, Michaela; Oberhuemer, Pamela; Reidelhuber, Almut (Hrsg.) (1987, 5., überarb. Auflage 1995): Der Fuchs geht um ... auch anderswo. Ein multikulturelles Spiel- und Arbeitsbuch. Beltz, Weinheim und Basel

Ulich, Michaela; Oberhuemer, Pamela; Soltendieck, Monika (2001): Die Welt trifft sich im Kindergarten. Interkulturelle Arbeit und Sprachförderung. Beltz, Weinheim und Basel

Wagner, Petra (2001): Kleine Kinder – keine Vorurteile? Vorurteilsbewusste Pädagogik in Kindertageseinrichtungen. In: KiTa spezial, Nr. 3, S. 13–17

Toni Mayr und Michaela Ulich

Die Engagiertheit von Kindern

Zur systematischen Reflexion von Bildungsprozessen in Kindertageseinrichtungen

Ausgehend von der Wirtschaft hat die Diskussion um Qualität und Qualitätssicherung auf viele andere Bereiche übergegriffen und schließlich auch die Pädagogik erreicht. Als wichtiger Bestandteil der pädagogischen Landschaft und als erste Stufe des Bildungssystems muss sich selbstverständlich auch die Elementarerziehung dieser Diskussion stellen. Was konkrete Formen der Qualitätssicherung und -entwicklung in Kindertageseinrichtungen betrifft, liegen inzwischen zahlreiche und auch sehr unterschiedliche Ansätze vor – ein Hinweis auf die Vielschichtigkeit der Thematik. Darüber sollte aber nicht übersehen werden, dass es einen Kern pädagogischer Qualität gibt. Entscheidend sind die Fragen: Wie entwickeln sich die Kinder in der Einrichtung? Wie wohl fühlen sie sich dort? Wie gut und wie gerne lernen sie?

Um solche Fragen zuverlässig beantworten zu können, braucht man konkrete Methoden und Verfahren, die für jedes Kind Aufschluss geben, wie es auf das pädagogische Angebot reagiert, wie sein Bildungsprozess verläuft. Auf der Suche nach geeigneten Verfahren sind wir im Rahmen eines europäischen Projekts (Oberhuemer & Ulich 1996) auf das Konzept der „Engagiertheit" gestoßen. Die Ideen (und die dazugehörigen Materialien) wurden an der Universität Leuven, in Belgien, maßgeblich von Ferre Laevers (vgl. Laevers 1994a, b, 1996) entwickelt.[1] Sie werden inzwischen auch in zahlreichen anderen europäischen Ländern aufgegriffen (vgl. z. B. Pascal et al. 1994).

---

[1] Übersetzung und Bearbeitung der deutschen Ausgabe des Manuals durch Klara Schlömer. Manual und Videokassette können bestellt werden bei der Fachschule für Sozialpädagogik, Westpromenade 2, 41821 Erkelenz.

Vorweg: Warum erscheint uns dieser Ansatz besonders relevant? Es gibt vor allem zwei Gründe: Der Ansatz stellt die Perspektive von Kindern in den Mittelpunkt; er lenkt den Blick auf ihre Aktivitäten, aktuellen Erfahrungen und Lernprozesse in der Einrichtung. Mit dem Konzept der „Engagiertheit" rückt ein prozessuales kindzentriertes Kriterium in den Mittelpunkt der Diskussion über die Qualität von Lern- und Bildungsprozessen – diese Akzentuierung erscheint uns derzeit besonders wichtig.

Die Orientierung von Pädagogik an den individuellen Bedürfnissen von Kindern bleibt hier nicht nur Programmatik, sondern wird sehr konkret: Es gibt ein Videotraining, ein Manual und verschiedene Beobachtungsbögen für die Praxis. Laevers und seine Arbeitsgruppe haben ein Beobachtungstraining ausgearbeitet, in dem Fachkräfte lernen: Woran erkenne ich, ob sich ein Kind bei einer bestimmten Aktivität engagiert und wie kann ich verschiedene Stufen von Engagiertheit unterscheiden?

Wir haben den Ansatz in einem Modellversuch mit acht Kindergärten in Bayern erprobt (vgl. Mayr & Ulich 1999). Im Folgenden werden wir zuerst das Konzept der Engagiertheit vorstellen. Anschließend berichten wir über eine empirische Studie: Darin wird auf der Basis dieses Ansatzes die Qualität des pädagogischen Angebots untersucht – zum einen für Jungen und für Mädchen und zum anderen für Kinder aus Migrantenfamilien im Vergleich zu Kindern aus einheimischen Familien.

Das Konzept „Engagiertheit"

Der belgische Ansatz arbeitet mit einem klaren inhaltlichen Fokus: Es geht um die Engagiertheit von Kindern. Leitfragen sind: Wann sind Kinder ganz „bei der Sache", wann sind sie besonders engagiert? Wie reagieren sie auf bestimmte Angebote, welche Interessen haben sie? Der Begriff Engagiertheit – so haben wir den englischen Begriff „involvement" übersetzt – bezeichnet einen vielschichtigen Prozess, der sich in verschiedene Dimensionen auffächern lässt. Dazu gehören unter anderem:

- *Ausdauer und Konzentration:* Engagierte Kinder lassen sich nicht leicht ablenken, sie „bleiben dabei" und richten ihre Aufmerksamkeit auf einen bestimmten relevanten Ausschnitt.

▪ *Kreativität und Explorationslust, „an die Grenzen gehen":* Engagiert tätige Kinder gehen an die Grenzen ihrer Möglichkeiten, sie explorieren und entdecken Neues, sie nehmen Herausforderungen an.

▪ *Freude und Befriedigung:* Wenn Kinder sich engagieren, haben sie ein starkes Gefühl der Befriedigung, sie sind freudig erregt und von der Sache begeistert.

▪ *Präzision, Genauigkeit:* Engagiert tätige Kinder widmen einer Tätigkeit viel Aufmerksamkeit und Zeit, sie achten auf Einzelheiten, sie arbeiten (spielen) genau.

▪ *Energie:* Wenn Kinder ganz in einer Tätigkeit aufgehen, dann mobilisieren sie viel Energie.

Das Konzept betont zwar Sachorientierung und Konzentrationsfähigkeit, es bleibt jedoch nicht einseitig kognitiv oder ergebnisorientiert. Auch das Empfinden des Kindes wird betont, seine Freude und Lust während und an der Tätigkeit. Engagiertheit bedeutet darüber hinaus, dass ein Kind sich mit einer Sache in erster Linie um ihrer selbst willen beschäftigt und nicht, um ein bestimmtes Ziel zu erreichen oder um Lob und Anerkennung von anderen zu bekommen. Engagiert tätig sein heißt zudem, selbstbestimmt tätig zu sein: Man fühlt sich als Initiator und Motor der Handlung. Es wird einem nicht gesagt, was man zu tun hat oder wofür man es tun soll. Insgesamt orientiert sich damit das Konzept Engagiertheit viel weniger an Leistung und Zielstrebigkeit im traditionellen Sinn als etwa das Konzept Konzentration.

Ein weiterer wesentlicher Bestandteil ist das Prinzip der individuell angemessenen Herausforderung: Damit Kinder sich engagieren, darf eine Aufgabe für sie weder zu schwierig noch zu leicht sein; sie dürfen sich nicht überfordert oder hilflos fühlen, sollen aber herausgefordert werden. Engagiert tätige Kinder gehen an die Grenzen ihrer Möglichkeiten, explorieren und entdecken – und machen dabei, so die zentrale pädagogische Überlegung, wesentliche Entwicklungsschritte. Sie lernen Neues nicht primär dadurch, dass sie sich vornehmen oder angehalten werden zu „lernen", sondern quasi automatisch und selbstverständlich, indem sie sich in verschiedenen Interessenbereichen engagieren und sich diese Gebiete erschließen und aneignen.

Grundlegend für das Konzept der Engagiertheit ist somit auch die

Idee der aktiven, der tätigen Auseinandersetzung mit der Umwelt. Engagiert tätig sein ist deswegen aber nicht auf den Umgang mit Gegenständen oder Materialien beschränkt. Auch im Gespräch, der gedanklichen Auseinandersetzung mit einem Problem, beim Entwerfen einer Phantasiewelt oder in einem Rollenspiel kann ein Kind engagiert tätig sein.

Theoretische Grundlagen des Engagiertheitskonzepts

Theoretisch bezieht sich Laevers (vgl. Laevers 1994b, S. 171) vor allem auf zwei Ansätze: Gendlins Konzept der „Erfahrung" und Csikszentmihalyis „flow"-Konzept. Vor allem letzteres erscheint uns für das Verständnis von Engagiertheit besonders relevant. „Flow" ist eine spezifische Art subjektiver und unmittelbarer Erfahrung im Zusammenhang mit einer Aktivität, nämlich „das freudige reflexionsfreie Aufgehen in einer glatt laufenden Tätigkeit, die man trotz hoher Beanspruchung noch unter Kontrolle hat" (Rheinberg 2002b, S. 189). Es handelt sich um eine ganzheitliche autotelische Erfahrung, die sich in folgende Komponenten auffächern lässt: (a) Freude an der Tätigkeit (b) ein Gefühl des Eintauchens und des Getragenseins durch die Tätigkeit, (c) ein Verschmelzen von Handlung und Bewusstsein, (d) eine hohe und zugleich mühelose Konzentration auf die aktuelle Aufgabe, (e) man vergisst die Zeit, (f) man achtet wenig auf sich selbst und ist zugleich sehr aktiv, (g) man fühlt sich optimal beansprucht und hat trotz hoher Anforderung das sichere Gefühl, das Geschehen noch unter Kontrolle zu haben, (h) es gibt klare Ziele und unmittelbare Rückmeldung, ohne nachzudenken, weiß man, was zu tun ist (Csikszentmihalyi 1990, Rheinberg 2002a, b). Voraussetzung ist das Prinzip der Passung zwischen aktueller Kompetenz und aktueller Aufgabenanforderung. Viele dieser Merkmale gelten auch für Engagiertheit und Laevers beschreibt Engagiertheit tatsächlich als ein „flow"-Erlebnis. Im Unterschied zu „flow" bezieht sich das Konzept der Engagiertheit jedoch nicht nur auf das subjektive Erleben, der Blick richtet sich auch auf die Aktivität selbst.

Diese von Laevers selbst angeführten theoretischen Bezugspunkte möchten wir noch ergänzen und das Konzept der Engagiertheit in Beziehung setzten zu drei wichtigen Konzepten der Motivationstheorie:

Intrinsische Motivation

Intrinsisch motivierte Individuen unternehmen eine Handlung aus eigenem Antrieb, sie handeln nicht um eines bestimmten (instrumentellen) Zwecks willen oder aus „externen" Gründen, z. B. um soziale Anerkennung zu erhalten (vgl. Eccles et al. 1998). Selbstbestimmung – ein Schlüsselbegriff auch für das Konzept der Engagiertheit – diente oft als Kriterium zur Unterscheidung zwischen intrinsischer und extrinsischer Motivation. Mittlerweile wird dies differenzierter gesehen: Extrinsisch motivierte Aktivitäten können durchaus zu selbstbestimmten Aktivitäten werden – nämlich dann, wenn externe Steuerung in interne Regulation umgewandelt wird (Deci 1992, S. 54; Deci & Ryan 1993). Dies gilt auch für die Engagiertheit: Ein Kind, das sich bei einer Tätigkeit engagiert, die von einer Erzieherin initiiert wurde, transformiert diese Aktivität in ein persönlich bedeutsames und interessantes Ereignis.

Interesse

Die Interessentheorie fokussiert zum einen auf relativ stabile individuelle Interessenbereiche, zum anderen auf situatives, aufgabenorientiertes Interesse. Letzteres ist eng verbunden mit dem Konzept der Engagiertheit. Beim situativen Interesse geht es um die Beziehung zwischen Person und Gegenstand, um Gefühle und Werte, die mit dem Gegenstand verbunden sind (vgl. Fink 1992; Krapp 2001; Renningeret al. 1992). Dasselbe gilt für Engagiertheit; diese betont jedoch stärker die Emotion und die Energie, die mit einer Aktivität verbunden sind, sowie die spezifische Qualität (das Niveau) der vom Kind ausgeübten Aktivität.

Exploration

Exploration gilt als grundlegendes menschliches Bedürfnis, das Kompetenzerwerb und Entwicklung fördert (Berlyne 1960). Merkmale eines Vorganges oder eines Objekts, die bisher nicht in dieser Weise bekannt oder vertraut waren, werden beobachtet, erforscht und manipuliert. Exploration kennzeichnet Aktivitäten jenseits von Routine – im Sinne von selbstbestimmten, intrinsisch motivierten Ausflügen in das Unbekannte. Sie sind oft verbunden mit Freude und mit dem Spiel eines Kindes. Exploration ist ein wichtiges Kennzeichen von Engagiertheit. Mit dem Konzept der Exploration wird – im Vergleich zur motivationstheoretischen Idee der Passung von Herausforderung und Kompetenz – der Zusammenhang von Entwicklung und Spiel stärker betont.

Jenseits der eher allgemeinen Motivationstheorien ist das Konzept Engagiertheit in Beziehung zu setzen zu Konstrukten aus der angewandten empirischen Forschung. Zwei Konstrukte erscheinen uns hier besonders relevant:

Aufgabenorientierung

Aufgabenorientierung ist eine klassische empirische Dimension, die in zahlreichen Skalen zur kindlichen Entwicklung berücksichtigt wird. Es geht um Ausdauer, Ablenkbarkeit, Konzentrationsfähigkeit, die Beendigung von Aufgaben oder die Bewältigung von Hindernissen. Aufgabenorientierung gilt als wichtiger Indikator bei der Vorhersage und der Erfassung von Anpassungsprozessen an Anforderungen von Bildungseinrichtungen (vgl. z. B. Mayr 2000; Mobley & Pullis 1991). Ausdauer und Konzentration sind auch Schlüsselindikatoren von Engagiertheit. Engagiertheit zielt jedoch darüber hinaus auch auf die subjektive und emotionale Wertigkeit der Aktivität für das Kind, auf seinen emotionalen und kognitiven Einsatz. Es geht auch weniger um die Beendigung einer Aufgabe als um das Komplexitätsniveau und den explorativen Gehalt der Aufgabendurchführung.

Engagement

McWilliam und Kollegen (vgl. McWilliam 1991; McWilliam & Bailey 1995; de Kruif & McWilliam 1999) arbeiteten das Konzept „engagement" aus. Es hebt, ähnlich wie das Engagiertheitskonzept, stärker auf die Qualität kindlicher Aktivität ab (mit den Dimensionen: Als-ob-

Spiel, Ausdauer, Aufmerksamkeit, Partizipation), weniger auf zielgerichtete Verhaltensweisen. Vergleichbar den Verfahren zur Erfassung von Engagiertheit, zielt das „Children's Engagement Questionnaire" (vgl. McWilliam 1991) auf Aspekte wie Komplexität, Exploration und das Entwicklungsniveau der kindlichen Aktivität – allerdings in Form eines faktoriell begründeten itembasierten Beobachtungs- und Einschätzverfahrens.

Der Belgische Ansatz

Der belgische Ansatz unterscheidet sich in Struktur und Zielsetzung grundsätzlich von den oben angeführten Ansätzen. Engagiertheit ist (a) ein multidimensionales Konzept mit Elementen aus unterschiedlichen theoretischen Ansätzen und ist (b) methodisch nicht aufdifferenziert nach einzelnen Items, die in einer Skala summativ zusammengefasst werden. Die Zusammenführung inhaltlich heterogener Dimensionen zu *einem* Konzept ist in der Forschungslandschaft eher ungewöhnlich und dies begrenzt die Brauchbarkeit des Konzepts für grundlagenorientierte Forschungen. Der Ansatz eröffnet jedoch vielfältige Möglichkeiten für anwendungsorientierte Forschungsvorhaben und für den praktischen Einsatz in pädagogischen Settings – aus verschiedenen Gründen:

■ Ganzheitlicher und differenzierter Blick auf kindliche Aktivitäten
Die Bündelung heterogener theoretischer Konstrukte zu einem einheitlichen Konzept Engagiertheit findet seine Entsprechung in der realen Komplexität kindlicher Aktivitäten. Eine solche Bündelung entspricht aber auch einer „ganzheitlichen Sicht des Kindes", wie sie – zumindest in Deutschland – in der Praxis von Beobachtung und in der pädagogischen Kultur vorschulischer Erziehung gängig ist (Ulich & Mayr 1999a). Das Konzept der Engagiertheit kommt dieser „holistischen" Tendenz bis zu einem gewissen Grad entgegen, erfordert aber doch, unterschiedliche Aspekte wie Freude, Ausdauer, Konzentration oder subjektive Bedeutsamkeit einer Tätigkeit für das Kind differenziert wahrzunehmen und zu gewichten, um anschließend zu einer Gesamteinschätzung von Engagiertheit zu kommen.

■ Bezug zum pädagogischen Angebot
Im Unterschied zu rein kindbezogenen Beobachtungsverfahren, die z. B. verschiedene Entwicklungsbereiche erfassen, bezieht sich die Beobachtung von Engagiertheit stets auf spezifische Aktivitäten eines Kindes in der Einrichtung. Daraus ergeben sich immer auch konkrete Anhaltspunkte für eine Reflexion des Angebots und für die Planung von pädagogischen Interventionen.

■ Vereinbarkeit mit unterschiedlich pädagogischen Ansätzen
Einsatz und Relevanz dieses Beobachtungsverfahrens sind nicht gebunden an bestimmte pädagogische Ansätze und aktuelle Trends. Zu beobachten, wie engagiert Kinder bei bestimmten Aktivitäten sind, ist gleichermaßen sinnvoll für eher „sozialpädagogische" wie für eher „schulisch" ausgerichtete Konzepte von Früherziehung. Dies erklärt auch die Verbreitung des Ansatzes in Ländern wie Finnland, Großbritannien, Frankreich oder Portugal, die zum Teil recht unterschiedliche Systeme vorschulischer Erziehung haben.

■ Qualitätsorientierung am kindlichen Lernprozess und am pädagogischen Angebot
Die Kinderperspektive zum Ausgangs- und Bezugspunkt für die Sicherung pädagogischer Qualität zu machen, bedeutet: Erzieher/innen müssen einfühlend beobachten, wie stark sich Kinder bei bestimmten Aktivitäten engagieren. Zentral für das Konzept der Engagiertheit ist der Blick auf die aktuelle Lernbereitschaft von Kindern. Im Mittelpunkt der Qualitätsbetrachtung stehen somit nicht die Rahmenbedingungen von Erziehung, z. B. das Raumangebot. Es geht auch nicht um das Ergebnis von Erziehung, also darum, was ein Kind schon alles kann oder wie weit es in diesem oder jenem Bereich entwickelt ist. Thema ist stattdessen, wie ein Kind sich aktuell mit einer bestimmten Aufgabe oder Herausforderung auseinandersetzt. Im Mittelpunkt steht der aktuelle Prozess der Aneignung und des Lernens, das also, was in den Kindern geschieht und woran dies zu erkennen ist (z. B. Laevers et al. 1996).

Wesentlicher Vorzug einer solchen Orientierung am Prozess, gegenüber einer Orientierung am Ergebnis, ist eine direktere Relevanz der Beobachtung für pädagogisches Handeln. Man erhält ein relativ unmittel-

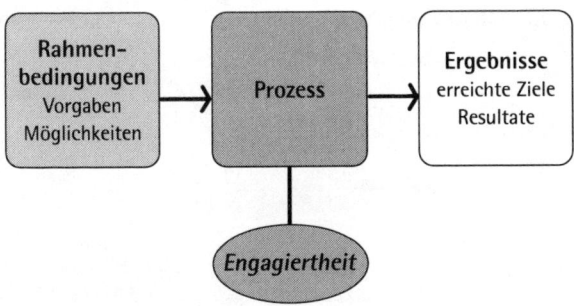

Abb. 1: Qualitätsmerkmale von Erziehung – Orientierung am Lernprozess (in Anlehnung an Laevers et al. 1996, S. 4)

bares Feedback, ob Kinder sich auf einen Selbstbildungsprozess einlassen, erfährt also nicht erst nach einem halben Jahr oder einem Jahr, ob pädagogische Maßnahmen und Angebote greifen. Folge: Es wird dadurch möglich, schnell zu reagieren und in der Arbeit mit einem Kind oder mit einer Gruppe rasch etwas zu ändern, wenn man feststellt, dass Kinder sich bei bestimmten Aktivitäten wenig engagieren (vgl. Laevers et al. 1996).

Hier wird deutlich: Engagiertheit ist immer auf bestimmte Aktivitäten bezogen. Insofern handelt es sich um kein rein kindbezogenes Merkmal: Die niedrige Engagiertheit eines Kindes bei einer bestimmten Tätigkeit muss nicht primär etwas mit mangelnden Fähigkeiten oder einer negativen Motivationslage eines Kindes zu tun haben; sie kann ebenso gut Folge einer nicht optimalen aktuellen Lernumgebung, also eines für dieses Kind nicht passenden Angebots sein. Insofern lenkt die Beobachtung von Engagiertheit den Blick immer auch auf die Qualität des pädagogischen Angebots und fördert/fordert eine gezielte Reflexion dieses Angebots.

Besonders deutlich wird dieser Bezug auf Aktivitäten und pädagogische Angebote der Einrichtung beim Bogen „Tätigkeitsprofil" (vgl. Abbildung 2). Hier geht es um die Beobachtung und eine zusammenfassende Einschätzung der Engagiertheit eines Kindes über einen bestimmten Zeitraum hinweg (z. B. vier bis sechs Wochen). Der Bogen enthält eine Auflistung der gängigen Tätigkeiten in Kindertageseinrich-

Abbildung 2: Bogen „Tätigkeitsprofil" – Einschätzung des einzelnen Kindes – Engagiertheit bei Tätigkeiten

Name des Kindes: _____ Kindergarten: _____

Ausgefüllt von: _____

Häufigkeit: Kind wählt die Tätigkeit
– häufig   = **h**
– manchmal = **m**
– selten/nie = **s**
– Einschätzung zur Zeit unklar, muss nachbeobachtet werden = **?**

	Häufig-keit	Engagiertheit						
		1	2	3	4	5	?	
▦ Bewegungsaktivitäten								Kind engagiert sich bei *vorstrukturierten* Angeboten/Tätigkeiten, die von Erwachsenen *angeleitet* werden
▦ Kneten, Formen								
▦ Wasser, Sand …								
▦ Malen								
▦ Basteln								
▦ Werken								[ ] schwer [ ] eher schwer [ ] eher leicht [ ] leicht
▦ Technische Geräte								
▦ Großes Konstruktionsmaterial								
▦ Kleines Konstruktionsmaterial								
▦ Regel-, Gesellschaftsspiele								
▦ Geduldsspiele								Kind engagiert sich bei *selbstgewählten* Tätigkeiten
▦ Arbeitsblätter								
▦ Raum-, Rechenbegriffe								
▦ Rollenspiel								
▦ Darstellendes Spiel								[ ] schwer [ ] eher schwer [ ] eher leicht [ ] leicht
▦ (Gruppen)gespräche								
▦ Bilderbücher								
▦ Geschichten								
▦ Musik hören								
▦ Musizieren								
▦ Routineaktivitäten								
▦ „Ausflüge"								
▦ Tiere, Pflanzen								
Anmerkungen								

Aus: Centrum voor ErvaringsGericht Onderwijs (Hrsg.): Een procesgericht kindvolgsysteem voor kleuters. Übersetzt und durch die Autoren dieses Beitrags für deutsche Kindertageseinrichtungen adaptiert.

tungen. Dies sind Kürzel, die in einem Beiblatt genauer erläutert werden. Man kann diesen Bogen für unterschiedliche Zielsetzungen nutzen: Füllt man den Bogen für ein einzelnes Kind aus, wird auf einen Blick anschaulich, wie es um die Engagiertheit dieses Kindes in der Einrichtung bestellt ist: Welche Bereiche sind es, in denen sich das Kind wenig engagiert? In wie vielen Bereichen zeigt ein Kind hohe oder höchste Engagiertheit, wo und wie oft findet also bei diesem Kind intensives eigenaktives Lernen statt? Solche Leitfragen bieten eine gute Basis um – etwa vor einem Elterngespräch – die Situation eines bestimmten Kindes zu reflektieren und weiter zu überlegen: Woran könnte es liegen, dass sich ein Kind in diesem oder jenem Bereich wenig oder stark engagiert?

Wenn der Bogen nicht nur für ein einzelnes Kind ausgefüllt wird, sondern für alle Kinder der Gruppe, eröffnen sich – über den Einzelfall hinaus – interessante Möglichkeiten, die Situation der Gruppe zu analysieren: Bei welchen Tätigkeiten ist die Gruppe insgesamt besonders engagiert, bei welchen eher wenig? Gibt es Teilgruppen, z. B. ältere Kinder, die in bestimmten Aktivitätsbereichen eher wenig engagiert sind? Wie hängt das mit dem spezifischen Angebot der Einrichtung zusammen? Was kann ich unternehmen, um die Situation zu verbessern? Die Auseinandersetzung mit solchen Fragen eröffnet vielfältige Chancen, sich auch mit Kolleg/innen über die Qualität von pädagogischen Angeboten auszutauschen.

Zur Engagiertheit von Jungen und Mädchen und von Kindern aus Migrantenfamilien

Die im Folgenden referierte Studie soll speziell die Möglichkeiten einer gruppenbezogenen Analyse von Tätigkeitsprofilen aufzeigen und veranschaulichen (vgl. die ausführliche Darstellung der Untersuchung bei Ulich & Mayr 2002). Verglichen wurden die Engagiertheitswerte im Bogen „Tätigkeitsprofil" zum einen für Jungen und Mädchen. Folgende Leitfragen wurden hierbei gestellt: Unterscheiden sich Mädchen und Jungen in ihrer Engagiertheit? Gibt es, bezogen auf verschiedene Aktivitäten in Kindertageseinrichtungen, geschlechtsspezifische Muster von Engagiertheit? Zum anderen ging es um einen Vergleich von Kindern aus Migrantenfamilien und von deutschsprachigen Kindern ohne Migrationshintergrund. Die Leitfragen hierfür lauteten: Sind Migrantenkinder im Durchschnitt genauso engagiert „dabei" wie deutsche Kinder? Gibt es bestimmte Tätigkeiten, bei denen Migrantenkinder – im Vergleich zu deutschen Kindern – mehr oder weniger engagiert sind, wenn ja, um welche Art von Tätigkeiten handelt es sich?

Die Untersuchung wurde in acht Einrichtungen durchgeführt, die in Bezug auf pädagogischen Ansatz, räumliche Voraussetzungen und Einzugsgebiet relativ heterogen waren. In den Einrichtungen wurden insgesamt 655 Kindern in 28 Gruppen betreut. Es wurden 625 Kinder im Alter von drei bis sieben Jahren mit dem Bogen „Tätigkeitsprofil" beobachtet und eingeschätzt (vgl. die genaue Beschreibung der Stichprobe bei Ulich und Mayr 2002). Der Zeitraum für die Beobachtung umfasste sechs bis acht Wochen. Insgesamt beteiligten sich 67 Fachkräfte. Für die Einschätzung teilten sich die Fachkräften einer Gruppe (Erzieher/in, Kinderpfleger/in) die Kinder auf. Alle hatten vor der Durchführung der Einschätzung an einer intensiven Schulung teilgenommen (theoretische Einführung, Videotraining, Erprobung von Beobachtungsverfahren in der Praxis).

Maßzahlen für die Auswertung waren zum einen die Engagiertheitswerte der Kinder pro Einzelaktivität im Bogen „Tätigkeitsprofil"; zum anderen wurde ein pauschaler Indikator der Engagiertheit pro Kind „Totale Engagiertheit" (TE) gebildet (Mittelwert pro Kind über alle Tätigkeiten hinweg). Das Signifikanzniveau wurde wegen multipler Einzeltests auf .01 festgelegt. Für den globalen Indikator „Totale Engagiertheit" (TE) wurde Intervallskalenniveau, für die Einschätzung der Engagiertheit bei den einzelnen Tätigkeiten Ordinalskalenniveau zugrunde gelegt.

Engagiertheitsschwerpunkte bei Mädchen und Jungen

Die Auswertung der Beobachtungen mit dem Bogen „Tätigkeitsprofil" ergab zunächst, dass sich die Mittelwerte von Jungen und Mädchen in der Variablen „Totale Engagiertheit" (TE), d. h. über alle Aktivitätsbereiche hinweg, nicht systematisch unterscheiden. Es gibt also keinen Unterschied zwischen Jungen und Mädchen im allgemeinen Niveau der Enga-

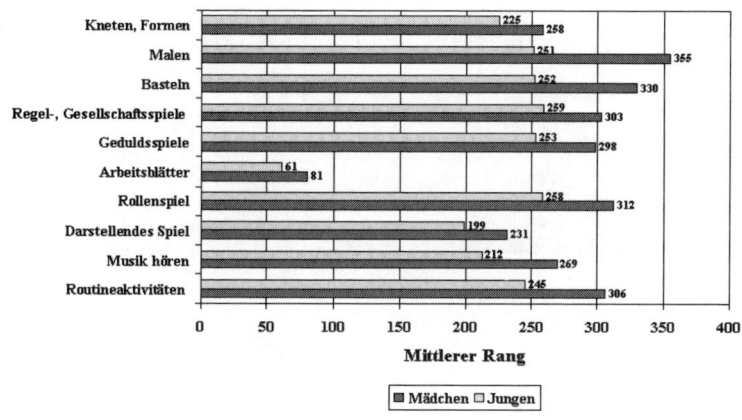

Abb. 3: Engagiertheitsschwerpunkte von Mädchen
Mittlere Engagiertheit (Rang) pro Tätigkeit

giertheit (ANOVA: p(F) = .103). Ein anderes Bild bietet sich, wenn man die Engagiertheit von Mädchen und Jungen bei einzelnen Tätigkeiten analysiert. Die Werte wurden für jede Tätigkeit mit dem Mann-Whitney-Test überprüft: Mädchen und Jungen unterschieden sich danach bei 16 von insgesamt 23 Aktivitäten signifikant in ihrer Engagiertheit. Abbildung 3 zeigt, dass bei den folgenden 10 Aktivitätsbereichen Mädchen stärker engagiert waren: „Kneten, Formen", „Malen", „Basteln", „Regel-, Gesellschaftsspiele", „Geduldsspiele, „Arbeitsblätter", „Rollenspiel", „Darstellendes Spiel", „Musik hören" und „Routineaktivitäten". In den sechs Tätigkeitsbereichen „Bewegungsaktivitäten", „Wasser, Sand, ...", „Werken", „Technische Geräte", „Großes Konstruktionsmaterial" und „Kleines Konstruktionsmaterial" hatten dagegen die Jungen deutlich höhere Engagiertheitswerte (Abbildung 4).

Aus der entwicklungspsychologischen Forschung wissen wir, dass es mit zunehmender Festigung der Geschlechtsidentität bereits im Kindergartenalter zu einer deutlichen Bevorzugung gleichgeschlechtlicher Spielpartner kommt und Jungen und Mädchen unterschiedliche Interaktionsstile entwickeln. Die Beobachtung der Engagiertheit bei verschiedenen Aktivitäten belegt darüber hinaus, dass Jungen und Mädchen in den hier einbezogenen Kindertageseinrichtungen auch unterschiedliche

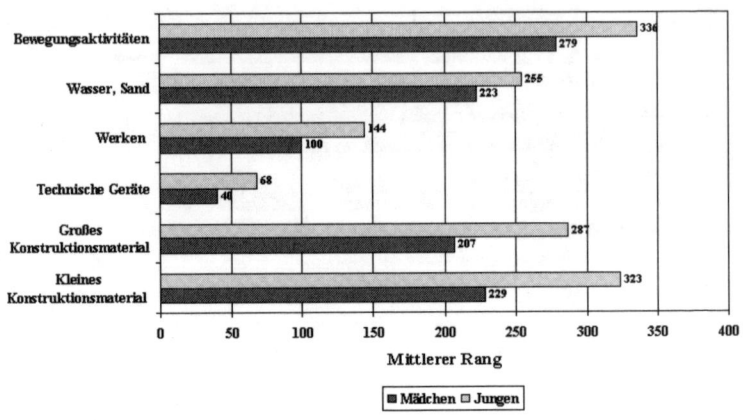

Abb. 4: Engagiertheitsschwerpunkte von Jungen
Mittlere Engagiertheit (Rang) für ausgewählte Tätigkeiten

curriculare Erfahrungen machen. Dies bestätigt frühere, mit anderen Methoden gewonnene Befunde, wonach Jungen und Mädchen im Kindergarten, nicht nur was soziale Kontakte und Erfahrungen betrifft, in unterschiedlichen Welten leben (vgl. hierzu zusammenfassend: Maccoby 1990; Niesel 1999). Sie machen in Tageseinrichtungen – bedingt u. a. auch durch den unterschiedlichen Erziehungsstil der pädagogischen Fachkräfte (vgl. Laevers & Verboven 2000) – unterschiedliche curriculare Lernerfahrungen. Diese unterschiedlichen curricularen Erfahrungen begünstigen die langfristige Entwicklung unterschiedlicher Interessenschwerpunkte und sind ein sehr wesentliches Element im Prozess der Selbstsozialisation von Geschlechtsrollen (vgl. z. B. Bergmann & Eder 2000).

Für die einzelnen Einrichtungen machen die Beobachtungen der Engagiertheit deutlich: Es ist notwendig, das eigene Angebot im Hinblick auf seine geschlechtspezifische Wirkung genau zu beobachten, zu reflektieren und ggf. entsprechende pädagogische Maßnahmen einzuleiten (vgl. z. B. Rainey & Rust 1999).

Engagiertheitsschwerpunkte von Kindern aus Migrantenfamilien im Vergleich zu Kindern aus deutschen Familien

In der Gesamtstichprobe waren 57 Kinder (9,3 %) aus Migrantenfamilien. Diese Kinder waren in den beteiligten Einrichtungen sehr ungleich verteilt: Eine große Mehrheit (75,4 %) wurde in den beiden innerstädtischen Einrichtungen betreut; sie machten dort jeweils ca. ein Drittel aller Kinder aus. Es wurde zuerst untersucht, ob diese Gruppe von Kindern sich in ihrer Engagiertheit von deutschen Kindern unterscheidet. Die varianzanalytische Prüfung des Gesamtindex TE ergab einen signifikanten Unterschied zwischen den Mittelwerten dieser beiden Gruppen (ANOVA: p (F) = .001). Danach waren in den beteiligten Einrichtungen Migrantenkinder über alle Tätigkeiten hinweg insgesamt weniger stark engagiert als deutsche Kinder. Die Frage, in welchen Aktivitätsbereichen sich diese Unterschiede vor allem abzeichnen, wurde wiederum nonparametrisch (Mann-Whitney) getestet. Es ließen sich signifikante Unterschiede für insgesamt vier Tätigkeitsbereiche nachweisen: „Rollenspiel", „Gruppengespräche", „Bilderbücher" und „Geschichten". Die Unterschiede zeigen sich also offensichtlich vor allem in jenen Aktivitätsbereichen, in denen Sprache eine wichtige Rolle spielt (vgl. Abbildung 5).

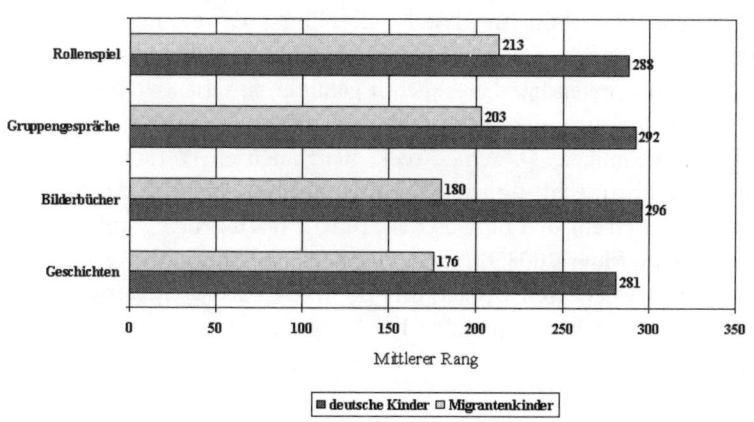

Abb. 5: Tätigkeiten, bei denen Migrantenkinder signifikant niedrigere Engagiertheitswerte haben; Mittlere Engagiertheit (Rang) pro Tätigkeit

Was bedeutet das? Kinder aus sprachlichen Minderheiten, die, was die Sprache angeht, im Kindergarten mit einer relativ komplexen und anspruchsvollen Entwicklungsaufgabe konfrontiert sind – nämlich Zweitspracherwerb und mehrsprachige Sprachentwicklung – sind bei wichtigen sprachbezogenen Aktivitäten eher wenig beteiligt. Bemerkenswert ist, dass die vier oben genannten Tätigkeiten sich auf die Bereiche Sprache *und* „literacy" beziehen, und es handelt sich genau um die Art von Tätigkeiten, die für die Sprachentwicklung von Kindern eine besondere Bedeutung haben – sei es für die Entwicklung von Wortschatz, Textverständnis, Schriftsprachkompetenz oder Lesefreude (z. B. Hargrave & Sénéchal 2000; Whitehead 2002; Whitehurst & Lonigan 1998). Speziell Geschichten hören und Bilderbuchbetrachtung sind Tätigkeiten, die eine für den Schriftspracherwerb grundlegende Kompetenz fördern: die Fähigkeit dekontextualisierte Sprache zu verstehen und zu produzieren. Und Migrantenkinder haben später in der Schule – so die Statistiken – gerade im schriftlichen Ausdruck besondere Schwierigkeiten.

Unsere Ergebnisse bekommen eine besondere Brisanz im Kontext der aktuellen bildungspolitischen Diskussion um die (deutsche) Sprachkompetenz von Migrantenkindern (z. B. Baumert et al. 2001). Sie werfen kritische Fragen auf (a) zur Sprachlernmotivation von Migrantenkindern in der Einrichtung und (b) zur Qualität des sprachbezogenen pädagogischen Angebots für diese Kinder. Eine niedriges Engagiertheitsprofil bei sprachbezogenen Aktivitäten signalisiert pädagogischen Fachkräften: Es ist notwendig, das Angebot genauer zu reflektieren und neue Wege zu suchen, um diese Gruppe von Kindern anzusprechen, sie „innerlich" zu beteiligen. Diesem Zweck dient auch ein Verfahren speziell für die Sprachbeobachtung von Migrantenkindern, bei dem das Konzept der Engagiertheit für den Bereich der Sprache noch genauer aufgefächert wird (Ulich & Mayr 2003). Dieser Bogen ist als Alternative gedacht zu den vielfach geforderten Sprachtests im letzten Kindergartenjahr (vgl. hierzu genauer Luchtenberg 2002; Ulich 2002).

Das Engagiertheitskonzept – ein innovativer Ansatz für den Elementarbereich

Das Konzept der Engagiertheit und die damit verbundenen Beobachtungsverfahren sind ein vielversprechender innovativer Ansatz für den Elementarbereich – als Instrument zur internen Qualitätsentwicklung, als Ansatz für anwendungsorientierte Forschungsprojekte in Kindertageseinrichtungen und als Beitrag zur Professionalisierung pädagogischer Fachkräfte.

Ausgangspunkt für Qualitätssicherung und Qualitätsentwicklung ist die einfühlende Beobachtung der Engagiertheit von Kindern, eine Beobachtung also, die versucht, Gefühle, Wahrnehmungen, Gedanken und Deutungsprozesse von Kindern gezielt und systematisch zu erfassen. Qualitätsentwicklung wird bei diesem Konzept nicht von außen an die Einrichtung herangetragen, sondern von den Fachkräften selbst in die Hand genommen. Sie sind es, die die Engagiertheit von Kindern beobachten und dokumentieren und die ihre Beobachtungen dann auch auswerten und für die Weiterentwicklung nutzen können.

Das Konzept der Engagiertheit regt Fachkräfte an, für jedes einzelne Kind Bildungs- und Selbstbildungsprozesse differenziert zu beobachten und zu dokumentieren. Fokus ist dabei nicht, was ein Kind schon „kann", sondern *wie* es sich auf Aktivitäten einlässt, *wie* es seinen Interessen nachgeht, *wie* es aktuelle Lernchancen in der Einrichtung nutzt. Die Beobachtung von Engagiertheit bezieht sich stets auf bestimmte Aktivitäten, z. B. ob und wie sich ein Kind auf Rollenspiele einlässt. Das bedeutet: Solche Beobachtungen sind nicht nur aussagekräftig im Hinblick auf das Kind, sondern auch auf pädagogische Lernumwelten; sie liefern konkrete Anhaltspunkte für eine Reflexion des Angebots und für die Planung des pädagogischen Vorgehens.

Die Reflexion des pädagogischen Angebots kann sich auf einzelne Kinder beziehen oder auch auf bestimmte Gruppen (z. B. jüngere Kinder, Mädchen/Jungen, Migrantenkinder). Auf der Basis systematischer Beobachtungen kann die wichtige und aus unserer Sicht bisher vernachlässigte Frage der Chancengleichheit von Kindern in der Einrichtung sehr konkret thematisiert werden. Die in unserer empirischen Studie gefundenen Unterschiede in der Engagiertheit bei Jungen und Mädchen und in der Engagiertheit von Migrantenkindern basieren auf praxisnahen Beobachtungen von Erzieher/innen. Sie können von den Fachkräften im Prinzip auch selbst durch einfache Auszählungen ausgewertet werden. Damit eröffnen sich – jenseits tradierter Konzepte von Handlungsforschung – neue Perspektiven für die Erforschung praxisbezogener Fragestellungen, z. B.: Wie reagieren Kinder auf spielzeugfreie Phasen? Wie wird eine neu gestaltete „Lese und Schreibecke" von den Kindern angenommen? Oder grundsätzlicher: Wie engagiert sind Kinder unter drei Jahren oder die Sechsjährigen bei pädagogischen Angeboten in altergemischten Gruppen?

Die Auseinandersetzung mit einem klar definierten pädagogischen Konzept – gerade auch in der Form des gemeinsamen Videotrainings im Team – ist schließlich ein wesentlicher Beitrag zur Professionalisierung pädagogischer Fachkräfte. Systematische Beobachtungen von Kindern, die auf einem Bogen übersichtlich festgehalten werden, fördern als gemeinsames Beobachtungs- und Reflexionsraster das pädagogischen Gespräch im Team. Sie bieten darüber hinaus eine gute Grundlage für einen fachlich fundierten Austausch mit Eltern, helfen, Elterngespräche zu strukturieren und sie stärken das Gefühl für die eigene Professionalität. Gerade diese Dokumentation der Professionalität von Frühpädagogik wird künftig in Deutschland immer wichtiger werden – auch gegenüber dem Einrichtungsträger und nach außen, gegenüber Behörden und Kostenträgern (vgl. ausführlicher dazu: Ulich & Mayr 1999b). Wir wissen aus anderen europäischen Ländern, aber auch aus den USA, dass dort der Druck auf Einrichtungen wesentlich größer ist, regelmäßig Bericht zu erstatten über die Entwicklung der Kinder und die Auswirkungen der eigenen Arbeit. Aus unserer Sicht eignen sich hierfür gut dokumentierte Beobachtungen und Einschätzungen der Engagiertheit von Kindern. Man kann nach außen transparenter machen, wie in den Einrichtungen gearbeitet wird, jenseits der Legitimation durch Projekte, Veranstaltungen oder Bastelarbeiten von Kindern. Ein solches Beobachtungsverfahren ist darüber hinaus eine klare fachliche Alternative zu der von administrativer Seite z.T. geforderten Testung von Kindern.

Unsere positiven Erfahrungen mit dem Konzept der Engagiertheit werden auch von Kollegen und Kolleginnen in anderen Ländern bestätigt. Es gibt inzwischen ein europäisches Netzwerk, das sich – im Rahmen von EU-Projekten und im Kontext der Konferenzen der „European Early Childhood Education and Research Association" – mit diesem Ansatz in Praxis, Ausbildung und Forschung befasst. Es ist zu wünschen, dass das Konzept der Engagiertheit auch in Deutschland stärker Fuß fasst, sowohl in der Praxis als auch in der Ausbildung von Erzieher/innen.

Literatur

Baumert, Jürgen; Klieme, Eckhard; Neubrand, Michael; Prenzel, Manfred; Schiefele, Ulrich; Schneider, Wolfgang; Stanat, Petra; Tillmann, Klaus-Jürgen; Weiß, Manfred (Hrsg.) (2001): PISA 2000. Basiskompetenzen von Schülerinnen und Schülern im internationalen Vergleich. Leske und Budrich, Opladen

Bergmann, Christian; Eder, Ferdinand: Geschlechtsspezifische Interessen in der Sekundarstufe II. In: Empirische Pädagogik, 14. Jg., Nr. 3, 2000, S. 255–285

Berlyne, David E. (1960): Conflict, Arousal and Curiosity. McGraw Hill: New York

Csikszentmihalyi, Mihaly (1990): Flow – the Psychology of Optimal Experience. Harper & Row, New York

Deci, Edward L. (1992): The relation of interest to the motivation of behavior: A self-determination theory perspective. In: Ann K. Renninger; Suzanne Hidi; Andreas Krapp (Hrsg.): The Role of Interest in Learning and Development. Lawrence Erlbaum, Hillsdale, S. 43–70

Deci, Edward L.; Ryan, Richard M. (1993): Die Selbstbestimmungstheorie der Motivation und ihre Bedeutung für die Pädagogik. In: Zeitschrift für Pädagogik, 39. Jg. Nr. 2, S. 223–238

Eccles, Jacquelynne S.; Wigfield, Allen; Schiefele, Ulrich (1998): Motivation to succeed. In: William Damon & Nancy Eisenberg (Hrsg.): Handbook of Child Psychology Volume 3. John Wiley, New York, S. 1017–1095

Fink, Benedykt (1992): Interessenentwicklung im Kindesalter aus der Sicht einer Person-Gegenstands-Konzeption. In: Andreas Krapp; Manfred Prenzel (Hrsg.): Interesse, Lernen, Leistung. Neuere Ansätze in der pädagogisch-psychologischen Interessenforschung. Aschendorff, Münster, S. 53–83

Hargrave, Anne C. (2000); Sénéchal, Monique: A book reading intervention with preschool children who have limited vocabularies: The benefits of regular reading and dialogic reading. In: Early Childhood Research Quarterly, 15. Jg., Nr. 1, S. 75–90

Krapp, Andreas (im Druck): An Educational-Psychological Theory of Interest and its Relation to Self-Determination Theory. In: Edward L. Deci; R. M. Ryan (Hrsg.): The handbook of self-determination research. University of Rochester Press, Rochester

Krapp, Andreas (2001): Interesse. In: Detlev Rost (Hrsg.): Handwörterbuch Pädagogische Psychologie. Beltz PVU, Weinheim, S. 286–294 de Kruif, Renée E. L.; McWilliam, R. A. (1999): Multivariate relationships among developmental age, global engagement, and observed child engagement. In: Early Childhood Research Quarterly 14. Jg., Nr. 4, S. 515–536

Laevers, Ferre (Hrsg.) (1994a): The Leuven Involvement Scale for Young Children (LIS-YC) – Manual. Experiential Education Series, no. 1. Centre for Experiential Education, Leuven

Laevers, Ferre (1994b): The innovative project „Experiential Education" and the definition of quality in education. In: Ferre Laevers (Hrsg.), Defining and Assessing Quality in Early Childhood Education. Leuven University Press, Leuven, S. 159–172

Laevers, Ferre; Vandenbussche, Els; Kog, Marina; Depondt, Luk (1996): A process-oriented child monitoring system for young children. Centre for Experiential Education, Leuven

Laevers, Ferre; Verboven, Lieve (2000): Gender related role patterns in preschool settings. Can „experiential education" make a difference? In: European Early Childhood Education Research Journal, 8. Jg., Nr. 1, S. 25–42

Luchtenberg, Sigrid (2002): Überlegungen zur Sprachstandsdiagnostik. In: Staatsinstitut für Schulpädagogik und Bildungsforschung (Hrsg.): Kenntnisse in Deutsch als Zweitsprache. Screening-Modell für Schulanfänger. Klett International, Stuttgart, S. 73–92

Maccoby, Eleanore E. (1990): Gender and relationships. In: American Psychologist, 45. Jg., Nr. 4, S. 513–520

Mayr, Toni (2000): Beobachtungsbogen für Kinder im Vorschulalter (BBK) – ein Vorschlag zu Skalenbildung. In: Psychologie in Erziehung und Unterricht, 47. Jg., S. 280–295

Mayr, Toni; Ulich, Michaela (1999): Kinder gezielt beobachten. Teil 3: Die Engagiertheit von Kindern in Tageseinrichtungen. In: KiTa aktuell (BY), 11. Jg., Nr. 5, S. 100–105

McWilliam, R. A. (1991): Children's Engagement Questionnaire. Frank Porter Graham Child Development Center, University of North Carolina at Chapel Hill, Chapel Hill

McWilliam, R. A.; Bailey, Jr.; Donald B. (1995): Effects of classroom social structure and disability on engagement. In: Topics in Early Childhood Special Education, 15. Jg., Nr. 2, S. 123–147

Mobley, Caryle E.; Pullis, Michael E. (1991): Temperament and behavioral adjustment in preschool children. In: Early Childhood Research Quarterly, 6. Jg., S. 577–586

Niesel, Renate (1999): Immer noch brav in der zweiten Reihe? Mädchen im Kindergarten. In: Kindergarten heute, 29. Jg., Nr. 3, S. 16–29

Oberhuemer, Pamela; Ulich, Michaela (1997): Kinderbetreuung in Europa. Tageseinrichtungen und pädagogisches Personal. Beltz, Weinheim und Basel

Pascal, Christine; Bertram, Anthony & Ramsden, Fiona (1994): The Quality Evaluation and Development Process. Amber Publ. Co., Worcester

Rainey, April B.; Rust, James O. (1999): Reducing gender stereotyping in kindergartners. In: Early Child Development and Care, 150. Jg., S. 33–42

Renninger, Ann K.; Hidi, Suzanne; Krapp, Andreas (Hrsg.) (1992): The Role of Interest in Learning and Development. Lawrence Erlbaum, Hillsdale

Rheinberg, Falko (2002a): Motivation. (4. Aufl.). Kohlhammer: Stuttgart

Rheinberg, Falko (2002b): Freude am Kompetenzerwerb, Flow-Erleben und motivpassende Ziele. In: Maria v. Salisch (Hrsg.), Emotionale Kompetenz entwickeln. Kohlhammer, Stuttgart, S. 179–206

Ulich, Michaela (2002): Sprache und Literacy in der frühen Kindheit. In: Bayerischer Landesverband Katholischer Tageseinrichtungen für Kinder (Hrsg.): Bildung für alle Kinder. Jahrbuch 2002/03

Ulich, Michaela; Mayr, Toni (erscheint 2003): SISMIK: Sprachverhalten und Interesse an Sprache bei Migrantenkindern in Kindergärten – ein Beobachtungsbogen für Erzieherinnen

Ulich, Michaela; Mayr, Toni (im Druck): Children's involvement profiles in German day care centers. In: European Early Childhood Education Research Journal

Ulich, Michaela; Mayr, Toni (1999a): Observing children in German daycare centres. Practitioners' attitudes and practice. In: International Journal of Early Years Education, 7. Jg., Nr. 1, S. 25–37

Ulich, Michaela; Mayr, Toni (1999b): Beobachtung und Professionalität. In: Hedi Colberg-Schrader; Dorothee Engelhard, Dieter Höltershinken, Karl Neumann, Thea Sprey-Wessing (Hrsg.): Kinder in Tageseinrichtungen. Ein Handbuch für Erzieherinnen. Kallmeyersche Verlagsbuchhandlung, Seelze-Velber, S. 375–381

Wells, Gordon (1985): Language development in the pre-school years. Cambridge University Press, Cambridge

Whitehead, Marion (im Druck): Literacy: Sprachliche Grundbildung und Schriftsprachkompetenz in der frühen Kindheit. In: Wassilios E. Fthenakis; Pamela Oberhuemer (Hrsg.), Frühpädagogik international. Bildungsqualität im Blickpunkt. Leske und Budrich, Opladen

Whitehurst, Grover J.; Lonigan, Christopher J. (1998): Child development and emergent literacy. In: Child Development, 69. Jg., Nr. 3, S. 848–872

Toni Mayr und Michaela Ulich

Seelische Gesundheit bei Kindergartenkindern

„Wie geht es dir?" Mit dieser Begrüßung erkundigen wir uns oft ganz selbstverständlich und routinemäßig nach dem Befinden des anderen. Tatsächlich ist Wohlbefinden ein Thema, das uns, sei es im Beruf oder im Privatleben, täglich beschäftigt, und natürlich ist Erwachsenen das Wohlbefinden von Kindern ein ganz besonderes Anliegen. Alle Eltern wünschen sich, dass es ihren Kindern gut geht, dass sie gesund und glücklich sind und sich positiv entwickeln.

Auch für Erzieher/innen und Lehrer/innen, d. h. all jene, die beruflich mit Kindern zu tun haben, ist das Wohlergehen der anvertrauten Kinder – jenseits aller pädagogischen Ansätze und Trends – von übergeordneter Bedeutung. Sie wissen: Bildungs-, Lern- und Entwicklungsprozesse gelingen vor allem dann, wenn es Kindern gut geht, wenn sie sich wohl fühlen. Insofern erscheint es nur konsequent, wenn heute, etwa im Rahmen der Gesundheitserziehung oder bei präventiven Projekten, körperliche und seelische Gesundheit zunehmend selbst zum Thema von Bildungsprozessen gemacht werden (vgl. z. B. Bundeszentrale für Gesundheitliche Aufklärung 2002; Burow et al. 2002). Das Wohlbefinden von Kindern ist zudem ein zentraler Indikator für die Qualität von pädagogischen Einrichtungen und Prozessen und findet nun als Thema und Zielvorstellung Eingang in die Entwicklung moderner Curricula: Die erste und grundlegende Dimension des „Early Childhood Curriculum" von Neuseeland (vgl. New Zealand Ministry of Education 1996) lautet „Well-Being".

Was folgt daraus für die konkrete pädagogische Arbeit in Kindertageseinrichtungen und Schulen? Hier wird schnell klar: Es ist eine Sache, in Alltagsgesprächen oder in programmatisch-pädagogischen Texten Begriffe wie „Wohlbefinden" oder „Seelische Gesundheit"[1] zu

---

[1] Beide Bezeichnungen werden hier synonym verwendet

verwenden, und es ist eine andere Sache, solche meist sehr allgemeinen und zugleich anspruchsvollen Zielvorstellungen in der Arbeit mit Kindern oder in der Zusammenarbeit mit Eltern umzusetzen. Vor allem zwei Schritte sind hier notwendig: Zum einen geht es darum, diese Begriffe inhaltlich genauer zu bestimmen, sie aufzufächern und zu konkretisieren. Wesentliche Fragen sind hier: Welche Ansätze zur Operationalisierung von Wohlbefinden gibt es bisher? Inwiefern sind diese Ansätze für die Altersgruppe von drei bis sechs Jahren brauchbar? Zum anderen müssen auf der Basis dieser Auffächerung und Konkretisierung geeignete Beobachtungsinstrumente für pädagogische Fachkräfte entwickelt werden. Derartige Verfahren gibt es nach unseren Informationen bisher nicht für die Altersgruppe von drei bis sechs Jahren – sicherlich etwas überraschend, wenn man bedenkt, wie häufig Wohlbefinden thematisiert wird und wie lange die Diskussion um pädagogische Qualität in Kindertageseinrichtungen schon andauert.

Die Veränderung der Perspektive: Der Blick auf „positive" Entwicklung

Der Mangel an Methoden für die systematische Beobachtung und Beschreibung von Wohlbefinden bei Kindern hat wesentlich damit zu tun, dass es bis heute zu diesem Thema nur sehr wenige Forschungsaktivitäten gibt. Wohlbefinden wurde von der Wissenschaft lange Zeit kaum beachtet. Im Blickpunkt waren eher „negative" Emotionen, wie Angst, Depression oder Aggression, es ging bevorzugt um Entwicklungsrisiken und -störungen. Erst gegen Ende der siebziger Jahre (vgl. z. B. Antonovsky 1979) und dann verstärkt in den letzten zwei Jahrzehnten, wurde diese „Defizitperspektive" infrage gestellt. Ins Blickfeld rückten nun stärker Fragen nach gelingender Entwicklung und den Bedingungen von körperlicher und seelischer Gesundheit (Salutogenese) (vgl. z. B. Fiedler 1999; Peseschkian & Jork 2000). Es ging um eine eigenständige Konzeptualisierung und Operationalisierung von „positiver" Entwicklung: Gesundheit sei nicht einfach die Abwesenheit oder das Gegenteil von Krankheit.

Positive Befindlichkeit: Versuche der Bestimmung und Systematisierung

In der Humanistischen Psychologie gibt es eine länger zurückreichende Tradition der Konzeptualisierung von positiver Entwicklung und Wohlbefinden. Maslow, einer ihrer Begründer, stellte Wohlbefinden und Selbstverwirklichung in den Mittelpunkt seiner Theoriebildung. Er fokussierte dabei auf das erlebende Individuum, auf subjektive Befindlichkeit. Seine theoretischen Überlegungen bildeten die Grundlage für die Entwicklung eines lange Zeit gängigen Fragebogens zur Messung von „Selbstaktualisierung" (vgl. zur Übersicht: Völker 1980; Becker 1982, S. 108 ff. und 158 ff.).

In seinen Arbeiten über Seelische Gesundheit führte Becker – ausgehend vom Trierer Persönlichkeitsfragebogen (vgl. Becker 1989) – das Konzept der „positiven Triade" ein: positive Einstellung zur eigenen Person, zur Umwelt und zur Zukunft. Personen mit ausgeprägter positiver Triade fühlten sich demnach häufig wohl; die emotionale Qualität dieses Wohlbefindens ließe sich am treffendsten mit „Lebensfreude" charakterisieren (Becker 1994, S. 27). Eine wichtige Differenzierung ist in diesem Kontext die Unterscheidung in (a) „Psychisches Wohlbefinden" (Häufigkeit positiver Gefühle, Seltenheit negativer Gefühle, Selbstakzeptierung, Fähigkeit zur Bedürfnisbefriedigung) und (b) „Psychische Kompetenz" (soziale Kompetenz, kognitive Kompetenz, Stressbewältigungskompetenz, Selbstkontrolle (z. B. bei Lill et al., referiert bei Becker 1986, S. 97 ff.).

Es gibt inzwischen verschiedene Ansätze, die versuchen, positive Befindlichkeiten noch weiter aufzufalten (vgl. hierzu ausführlicher: Mayr & Ulich 2002 S. 46 ff.); sie beziehen sich jeweils auf verschiedene Ebenen:
- die zeitliche Ebene, mit der Unterscheidung in „Habituelles Wohlbefinden" und „Aktuelles Wohlbefinden"(Becker 1994 S. 15);
- die Zeitperspektive, bzw. der zeitliche Fokus – mit der Unterscheidung in „Aktuelle Lebenszufriedenheit", „Retrospektive Lebenszufriedenheit" und „Prospektive Lebenszufriedenheit" (Ferring et al. 1996);
- die Unterscheidung zwischen eher affektiven und eher kognitiv-reflexiven Formen von Wohlbefinden (vgl. z. B. Ferring et al. 1996, S. 141);
- die Differenzierung von Wohlbefinden nach Aktivitäts- oder Lebensbereichen – damit werden globale Aussagen zur Lebenszufriedenheit infrage gestellt und es wird betont, dass Wohlbefinden immer auf be-

stimmte Lebensbereiche bezogen werden sollte, z. B. Gesundheit, Arbeit und Beruf, finanzielle Lage, Freizeit, Ehe und Partnerschaft. (Oishi et al. 1999; Fahrenberg et al. 1986) Wesentlich für das Verständnis und die theoretische Einordnung der zum Teil sehr heterogenen Forschungsbeiträge zum Wohlbefinden ist eine Unterscheidung von Deci und Ryan (2001): Danach folgen die verschiedenen Ansätze entweder einer eher hedonistischen Grundkonzeption und Tradition – im Mittelpunkt steht hier das subjektive Erleben von Wohlbefinden – oder sie konzipieren Wohlbefinden eher als optimale Entfaltung des eigenen Potenzials im Sinne von Seelischer Gesundheit – letzteres kann, muss aber nicht mit einem subjektiven Wohlgefühl verbunden sein.

Für die Zielsetzung Erfassung von Wohlbefinden bei Kindergartenkindern ergibt sich folgendes Problem: Alle diese Ansätze fokussieren auf das subjektive Erleben; die Wohlbefindensforschung stützt sich vor allem auf Selbstaussagen über Gefühle, Befindlichkeiten, Bewältigungsstrategien, Einstellungen und Attributierungen. So wird auch verständlich, dass die meisten Befunde zu Wohlbefinden und zur Lebenszufriedenheit aus Untersuchungen mit Erwachsenen stammen. Auch für Jugendliche und für ältere Kinder mag die Methode der Befragung über subjektive Befindlichkeiten und Einschätzungen, etwa im Kontext von Kindersurveys, durchaus noch aussagekräftig sein (vgl. z. B. Wilk & Bacher 1994; Mayr & Ulich 2002). Dagegen dürfte es schwierig sein, von sehr jungen Kindern (unter sechs bis sieben Jahren) differenzierte Aussagen zum Thema Wohlbefinden oder Lebenszufriedenheit zu erhalten.

Positive Entwicklung – Anregungen aus der Resilienzforschung

Bei jüngeren Kindern erreichen Introspektion und verbale Beschreibung von eigener Befindlichkeit schnell eine kritische Grenze. In dieser Altersgruppe sind sicher andere, eher indirekte Untersuchungsmethoden angezeigt – und vermutlich auch andere Indikatoren von Wohlbefinden. Erste Anhaltspunkte für diese Altersgruppe (drei bis sechs Jahre) ergeben sich aus dem phänomenologischen Ansatz von Vandenbussche et al. (1994). Hier werden verschiedene Dimensionen und Hinweise für Wohlbefinden

von Vorschulkindern genannt, z. B. Offenheit, Flexibilität, Selbstvertrau-
en, Selbstsicherheit und Vitalität.

Weiterreichende und empirisch fundierte Orientierungshilfen bieten
aus unserer Sicht verschiedene Längsschnittstudien, in denen es um
Kompetenz, „Coping" und „Resilienz", insgesamt also um eine Vorhersage von positiven Entwicklungen geht (vgl. Block & Block 1988; Garmezy 1981; Murphy & Moriarty 1976; Rutter 1997; Werner & Smith
1982; s. a. die Zusammenfassungen bei Honig 1986a, b; Joseph 1994; Larisch & Lohaus 1997; Luthar, Chicchetti & Becker 2000; Rutter 2000;
Ulich 1988; Werner 2000). Obwohl diese Studien sich in Zielsetzung,
untersuchten Personengruppen und Methoden z.T. erheblich unterscheiden, gibt es doch konsistente Belege für einige typische Merkmale
von resilienten Kindern und erfolgreichen „Copern":

- günstige Temperamentsmerkmale, ein freundliches Wesen
- die Fähigkeit, in einem positiven Sinn Aufmerksamkeit von Famili-
enmitgliedern und von fremden Personen zu gewinnen
- eine positive Beziehung zu einer Bezugsperson
- ein positives Selbstkonzept, Selbstwertgefühl
- Autonomie
- ein vorausschauendes Vorgehen bei der Lösung von Problemen
- Ausdauer, Konzentrationsfähigkeit
- Freude an neuen Erfahrungen, Neugier, Erkundungsstreben und
Wachheit
- Einfühlungsvermögen, prosoziale Grundeinstellung
- positive soziale Beziehungen
- die Fähigkeit zum Aufschub von Bedürfnissen
- die Fähigkeit zur konstruktiven Verarbeitung negativer Erfahrungen
- die Fähigkeit zur Affektkontrolle
- ein angemessener Ausdruck von Gefühlen und Forderungen
- Optimismus, Vitalität, Interesse
- die Fähigkeit, sich nach belastenden Erlebnissen wieder zu regenerieren
- ein ausgeglichenes, entspanntes Wesen

Speziell für die hier anvisierte Altersgruppe erscheint uns noch folgende
Differenzierung wichtig: Während viele Studien auf die Bedeutung von
Autonomie und proaktivem Coping für die seelische Gesundheit verwei-

sen, betonen Murphy und Moriarty (1976), wie wichtig es ist, gerade bei jüngeren Kindern – mit ihren eingeschränkten Möglichkeiten – genauer zu differenzieren. So thematisieren sie sozialen Rückzug nicht grundsätzlich als inadäquate Form von Coping; wichtig sei speziell in diesem Alter

- die Balance von Autonomie einerseits und der Fähigkeit, sich Hilfe zu holen und zu nutzen andererseits,
- die Fähigkeit zum „strategischen Rückzug" und
- die Fähigkeit, Zuneigung und Wärme von Bezugspersonen anzunehmen.

Unser Ansatz: Wohlbefinden und positive Entwicklung im Setting Kindergarten

Insgesamt kommen die verschiedenen Forschungsstränge – Wohlbefindensforschung und Resilienzforschung – zwar nicht zu völlig identischen, wohl aber doch zu recht ähnlichen Dimensionen von Wohlbefinden; sie bieten eine gute Grundlage für unser Vorgehen und unsere Zielsetzung – die empirisch fundierte Konzeptualisierung und Erfassung von Seelischer Gesundheit bei Kindergartenkindern. Relevant sind aus unserer Sicht sowohl eher „hedonistische" Aspekte von Wohlbefinden als auch Elemente von gelingender Entwicklung, im Sinne von positivem Funktionieren und optimaler Entfaltung des eigenen Potenzials. Wir beziehen uns speziell auf die Altergruppe der Drei- bis Sechsjährigen und auf das Setting Kindertageseinrichtung. Dies macht es notwendig, zusätzlich zu den oben skizzierten Indikatoren von Wohlbefinden, zu reflektieren: „Was sind typische Entwicklungsherausforderungen in diesem Altersabschnitt?" und „Was sind die Schlüsselsituationen für Wohlbefinden speziell im Setting der Einrichtung?"

So ist unsere Zielsetzung sowohl eine konzeptionelle als auch eine praktische, wobei beide eng verknüpft sind: Auf der theoretischen Ebene soll ein empirisch abgesichertes Konstrukt „Wohlbefinden in der frühen Kindheit" herausgearbeitet werden, mit möglichst klar definierten Dimensionen und Indikatoren. Auf der praktischen Ebene geht es um die Entwicklung eines hinreichend zuverlässigen, praktisch einsetzbaren Instruments für die Beobachtung und Erfassung des Wohlbefindens von Kindern durch pädagogische Fachkräfte in Kindertageseinrichtungen.

Vorgehensweise bei der Untersuchung

Ausgehend von den eingangs diskutierten theoretischen Überlegungen wurden Arbeitsgruppen mit pädagogischen Fachkräften zum Thema Wohlbefinden von Kindern in Tageseinrichtungen gebildet. Es wurden neun größere Bereiche definiert, die uns relevant erschienen für die Beschreibung des Wohlbefindens von Kindern in Tageseinrichtungen:

- Selbstsicherheit/Selbstwert/Selbstvertrauen
- Offenheit (körperliche und sinnliche Offenheit)
- Ruhe/Entspannung/Muße
- Frische/Energie/Vitalität
- Sorglosigkeit
- Soziale Beziehungen zu anderen Kindern
- Beziehungen zu Erwachsenen
- Umgang mit neuen, unbekannten Situationen
- Umgang mit Belastungen und Enttäuschungen

Zu jedem dieser Bereiche wurden im Austausch mit Projektteilnehmer/innen aus der Praxis Fragen zusammengestellt, die den Bereich möglichst konkret beschreiben sollten. Dieser erste Bogen umfasste schließlich insgesamt 78 Fragen, die nach den o. g. Bereichen gegliedert dargeboten wurden; sie waren jeweils auf einer 5-stufigen Antwortskala (stimmt überhaupt nicht, stimmt wenig, stimmt teilweise, stimmt überwiegend, stimmt völlig) zu beantworten. Mit dieser Version wurden in einer ersten Datenerhebung insgesamt 171 Kindergartenkinder im Alter von drei bis sechs Jahren eingeschätzt. Die Einschätzung wurde von den Fachkräften vorgenommen, die diese Kinder im Kindergarten betreuen (76 Erzieher/innen und Kinderpfleger/innen aus insgesamt 8 Einrichtungen).

Der Datensatz wurde dimensionsanalytisch untersucht. In einer ersten, eher auf Erkundung angelegten Analyse wurden 17, zum Teil sehr spezifische Faktoren extrahiert und interpretiert (vgl. die Darstellung des Vorgehens und der Ergebnisse bei Mayr & Ulich 1999). Mit Blick auf die Konstruktion eines Beobachtungsbogens schien es sinnvoll, die Information noch stärker zu reduzieren. Wir orientierten uns deshalb in einer zweiten Analyse am Scree-Test und extrahierten insgesamt 6 Faktoren (53,8 % erklärte Varianz). Auf dieser Grundlage wurde ein zweiter, kürzerer Bogen, mit 47 Items zusammengestellt, die um 2 neue Items zum Bereich „Selbstsicherheit/Standhaftigkeit" ergänzt wurden. Mit dieser Version wurde eine zweite Datenerhebung durchgeführt. Die Daten aus der ersten und der zweiten Untersuchung wurden zu einem Datensatz zusammengefasst und gemeinsam faktorisiert (N = 309). Angemessen schien auch hier eine Lösung mit 6 Faktoren, die inhaltlich im wesentlichen denjenigen aus der ersten Analyse entsprachen.

Ergebnisse: die verschiedenen Bereiche seelischer Gesundheit bei Kindergartenkindern

Aufgrund der Auswertung können verschiedene, voneinander relativ klar abgrenzbare Bereiche Seelischer Gesundheit von Kindergartenkindern unterschieden werden; sie lassen sich wie folgt zusammenfassend beschreiben (vgl. die genaue Auflistung in der Tabelle):

■ Bereich 1 „Sozial-emotionales Verständnis"
In diesem ersten Bereich geht es darum, inwieweit sich Kinder in sozialen Situationen in die Gefühle eines Interaktionspartners einfühlen und dessen Befindlichkeit im eigenen Verhalten auch entsprechend berücksichtigen. Dies bezieht sich auf den Umgang mit den anderen Kindern in der Gruppe (z. B. „respektiert Grenzen und Wünsche anderer Kinder", „hat Sinn für Fairness"), schließt aber auch Einfühlung und Rücksichtnahme gegenüber Erwachsenen ein (z. B. „hat Verständnis für die Situation und Stimmungen von Erwachsenen").

■ Bereich 2: „Initiative, Spiel und Kontaktfähigkeit"
Der zweite Bereich bezieht sich zum einen auf die Initiative und Aktivität von Kindern im Spiel und bei Beschäftigungen (z. B. „kann Spiele initiieren, die für andere Kinder attraktiv sind", „kann sich gut beschäftigen, „hat viele gute Einfälle und Ideen"). Zum anderen geht es hier um

Seelische Gesundheit bei Kindergartenkindern – die verschiedenen Bereiche und die dazu gehörigen Fragen*

Bereich 1 *"Sozial-emotionales Verständnis"*	Bereich 2 *"Initiative, Spiel- und Kontaktfähigkeit"*	Bereich 3 *"Selbstsicherheit/Standfestigkeit"*
respektiert die Grenzen und Wünsche anderer Kinder	ist bei den anderen Kindern als Spielpartner gefragt	kann sich von den Wünschen und Forderungen anderer abgrenzen
hat Sinn für Fairness gegenüber anderen Kindern	kann Spiele initiieren, die für andere Kinder attraktiv sind	äußert Bedürfnisse / Wünsche / Forderungen
hat Verständnis für die Situation und Stimmungen von Erwachsenen	hat auch tiefergehende Beziehungen (Freundschaften) zu anderen Kindern	traut sich Erwachsenen gegenüber berechtigte Forderungen zu stellen
respektiert Wünsche und Bedürfnisse von Erwachsenen	seine Meinung zählt bei anderen Kindern	schafft sich einen Bereich und verteidigt ihn
kann, wenn es notwendig ist, eigene Wünsche zurückstellen	findet leicht Kontakt zu anderen Kindern	kann sich wehren
ist anderen Kindern gegenüber kooperativ und flexibel, wenn es um das Aushandeln von Lösungen geht	sucht sich aktiv Situationen und Beschäftigungen, die Spaß machen	lässt sich nicht erpressen
kann anderen Kindern was gönnen, sich mit ihnen freuen	hat viele gute Einfälle und Ideen	folgt nicht einfach Befehlen oder Vorschlägen, wenn dies den eigenen Interessen widerspricht
ist anderen Kindern gegenüber hilfsbereit	kann sich gut selbst beschäftigen, langweilt sich selten	nimmt es nicht hin, protestiert, wenn ihm Unrecht geschieht
kann sich selbst Ruhepausen verschaffen		
ist souverän, fühlt sich von anderen Kindern nicht leicht provoziert		

Bereich 4 „Emotionale Offenheit"

- kann Wärme und Unterstützung von Erwachsenen annehmen
- genießt körperliche Nähe, schmust gerne
- kann Gefühle ausdrücken (positive und negative)
- erzählt, was es beschäftigt
- kann unbefangen und spontan sein
- ist ein Kind, das für Erwachsene ansprechend ist, hat Charme
- kann in vollen Zügen genießen
- kann nach einem Streit/Konflikt von sich aus wieder auf Erwachsene zugehen

Bereich 5 „Emotionale Stabilität"

- braucht bei Aufregungen lange um wieder ins Lot zu kommen
- kann sich nach Aufregungen wieder selbst zur Ruhe bringen
- nimmt es nicht so tragisch, wenn einmal ein Fehler passiert
- wirkt ausgeglichen
- wirkt sorglos, unbekümmert
- ist optimistisch, zuversichtlich
- fühlt sich wohl in seiner Haut
- ist nicht angewiesen auf Lob und Aufmerksamkeit von Erwachsenen

Bereich 6 „Genussfähigkeit"

- mag gern gutes Essen
- nimmt sich Zeit für Mahlzeiten
- hat einen Sinn für Gerüche

* Markierungsitems der rotierten Hauptkomponenten; die vollständige Faktorladungsmatrix wird auf Wunsch zugesandt.

die sozialen Auswirkungen dieser Fähigkeiten: Kinder werden durch solche Eigenschaften für andere Kinder attraktiv („ist bei andern Kindern als Spielpartner gefragt"), gewinnen Einfluss („seine Meinung zählt bei anderen Kindern") und haben im Schnitt auch tiefergehende Beziehungen zu anderen Kindern.

■ Bereich 3 „Selbstsicherheit/Standhaftigkeit"
Der dritte Bereich von Seelischer Gesundheit beschreibt einen selbstbewussten, selbstsicheren Umgang mit Anderen und – darüber hinaus – in einem positiven Sinn auch Standhaftigkeit gegen Pressionen, sowohl durch Kinder als durch Erwachsene. Im Einzelnen geht es u. a. um die Fähigkeit und die Bereitschaft, Bedürfnisse, Wünsche und Forderungen zu äußern, sich von den Wünschen und Forderungen anderer abzugrenzen, sich einen eigenen Bereich zu verschaffen und zu erhalten, sich nicht unter Druck setzen zu lassen und erlittenes Unrecht nicht einfach passiv hinzunehmen, sondern sich dagegen zu wehren.

■ Bereich 4 „Emotionale Offenheit"
Die vierte Dimension wurde von uns mit „Emotionale Offenheit" benannt. In den Aussagen, die diesen Bereich charakterisieren, geht es um Gefühle und das Ausdrücken von Gefühlen in der Beziehung zu Erwachsenen, hier also gegenüber den pädagogischen Bezugspersonen in der Einrichtung. Dies betrifft einmal expressive Fähigkeiten (z. B. „erzählt, was es beschäftigt", „kann Gefühle ausdrücken"), umfasst aber auch die rezeptive Ebene – „kann Wärme und Unterstützung annehmen", „genießt körperliche Nähe".

■ Bereich 5 „Emotionale Stabilität"
Der fünfte Bereich bezieht sich auf emotionale Ausgeglichenheit und den Umgang mit Belastungen. Kinder mit hohen Werten in diesem Bereich sind insgesamt eher sorglos und unbekümmert, sie wirken in ihrer Grundstimmung ausgeglichen, optimistisch und zuversichtlich. Nach emotionalen Belastungen und Aufregungen finden sie relativ rasch wieder in einen ausgeglichenen Zustand zurück; sie verfügen über die Fähigkeit, sich nach Belastungssituationen selbst wieder zur Ruhe zu bringen.

■ Bereich 6 „Sensorische Genussfähigkeit"
Die letzte eher „schmale" Dimension umfasst Fragen, die mit Genussfähigkeit in einem recht spezifischen und elementaren Sinn zu tun haben: das Genießen von gutem Essen und von Gerüchen.

Resümee

Obwohl das Wohlbefinden von Kindern in Alltagsgesprächen und in pä-
dagogisch-programmatischen Texten häufig als zentraler Orientierungs-
punkt pädagogischen Handelns betont wird, gibt es zu diesem Thema
bislang kaum wissenschaftlich fundierte Erkenntnisse.

In der vorliegenden Studie wird versucht, Seelische Gesundheit bzw.
Wohlbefinden von Kindern systematisch zu beschreiben und auf dieser Basis einen Beobachtungsbogen für Kindertageseinrichtungen zu entwickeln.
Unsere Annäherung an das Phänomen Wohlbefinden erfolgt dabei aus einer spezifischen Perspektive: (a) Zielgruppe sind Kinder im *Alter von 3 bis 6
Jahren*, (b) Fokus ist das Wohlbefinden speziell im *Setting Kindertageseinrichtung* und (c) es geht um Wohlbefinden, wie es mit Hilfe einer *standardisierten Einschätzung durch Erzieher/innen* erfasst werden kann.

Die Ergebnisse unserer Untersuchungen sind insgesamt ermutigend.
Zunächst wird deutlich: Seelische Gesundheit von Kindern in Tageseinrichtungen lässt sich in einem dimensionalen Bezugssystem beschreiben,
d. h. es gibt voneinander klar abgrenzbare Bereiche Seelische Gesundheit, denen sich einzelne Beobachtungen inhaltlich schlüssig zuordnen
lassen. Dies ist wichtig sowohl für die Theoriebildung als auch für die
Entwicklung von Beobachtungshilfen. Mit Blick auf die Konstruktion eines Bogens für Erzieher/innen in Kindertageseinrichtungen lassen sich
sechs Bereiche von Seelischer Gesundheit unterscheiden:

■ „Sozial-emotionales Verständnis"
■ „Initiative, Spiel- und Kontaktfähigkeit"
■ „Selbstsicherheit/Standhaftigkeit"
■ „Emotionale Offenheit"
■ „Emotionale Stabilität"
■ „Sensorische Genussfähigkeit"

Bei diesem Konzept von Seelischer Gesundheit wird der Bezug zum Kindergarten klar: Es spiegelt Situationen, Aktivitäten und Erfahrungsbereiche wider, wie sie besonders gut in Kindertageseinrichtungen beobachtet werden können. Das bedeutet nicht, dass solche Fragen nicht auch für Eltern interessant sind. Im Rahmen von Pilotstudien wurden einzelne Kinder von Erzieherinnen und Eltern (Väter und Mütter) unabhängig voneinander mit einer Kurzversion des Bogens eingeschätzt und dann auf dieser Basis auch Elterngespräche geführt. Die Erfahrungen waren durchgängig positiv: Die Eltern zeigten sich sehr aufgeschlossen gegenüber dieser Art von Einschätzung; sie kamen auch gut mit den Fragen/ Aussagen zurecht. Als besonders vorteilhaft erwies sich dabei die Fokussierung des Bogens auf „positive Entwicklung".

Eine zweite wichtige Erfahrung ist, dass in dieser Aufgliederung, wie zu erwarten, auch die spezifische Perspektive von pädagogischen Fachkräften zum Ausdruck kommt – wie sie Kinder sehen, welche Aspekte ihnen bei der Einschätzung vor allem ins Auge fallen. Hier gibt es eine generelle Tendenz, das Verhalten von Kindern im Kontext von Gruppenprozessen und sozialen Beziehungen zu sehen. Für pädagogische Fachkräfte, die ja mit größeren Gruppen arbeiten, ist es sehr wichtig, dass die Kinder gut miteinander auskommen und die Gruppe „funktioniert". Prosoziales, kooperatives Verhalten wird so zu einer relativ dominierenden Dimension von Seelischer Gesundheit. Dieser „soziale Blick" führt zu einer gewissen „Einfärbung" bei der Beobachtung und Einschätzung mancher Verhaltensweisen: So wird z. B. eine typische Frage zur kindlichen Stressbewältigung „verliert das Kind leicht die Kontrolle" primär im Hinblick auf Sozialverhalten interpretiert (vgl. Mayr & Ulich 1999 S. 238).

Wesentlich scheint uns schließlich ein dritter Aspekt: Die Ergebnisse stützen einen Ansatz, wonach Wohlbefinden bzw. Seelische Gesundheit dynamisch auf den Prozess der Entwicklung bezogen werden sollte. Wohlbefinden ist demnach, je nach Lebensphase, unterschiedlich zu fassen. Die hier beschriebenen Bereiche haben ganz offensichtlich enge Verknüpfungen zu den für den Altersabschnitt von drei bis sechs Jahren typischen Entwicklungsherausforderungen: Gestaltung von Peer- und Freundschaftsbeziehungen, Entwicklung der Perspektivenübernahme, Ausbildung von Selbstwertgefühl und Selbstbehauptung, Streben nach Autonomie, Entwicklung von Emotionsausdruck, -verstehen und -regulation (vgl. Denham 1998; Garber 1984; Saarni 1999). Die zentrale Einsicht der „Developmental Psychopathology", wonach sich gestörte Entwicklung vor allem als Scheitern an Entwicklungsaufgaben äußert, gilt möglicherweise spiegelbildlich auch für positive Entwicklung: Seelische Gesundheit würde sich danach auch wesentlich darin manifestieren, dass die jeweils anstehenden Entwicklungsaufgaben besonders effektiv und erfolgreich gemeistert werden. All diese Überlegungen sind gleichermaßen relevant für die weitere Wohlbefindensforschung wie für die Entwicklung von Beobachtungsbögen.

Literatur

Antonovsky, Aaron (1979): Health, stress, and coping. Jossey-Bass, San Francisco

Becker, Peter (1982): Psychologie der seelischen Gesundheit, Band 1. Hogrefe, Göttingen, Toronto, Zürich

Becker, Peter (1986): Erste Überprüfung der Theorie der Seelischen Gesundheit. In: Peter Becker; Beate Minsel (Hrsg.), Psychologie der Seelischen Gesundheit. Band 2. Hogrefe, Göttingen, Toronto, Zürich, S. 91–119

Becker, Peter (1989): Der Trierer Persönlichkeitsfragebogen (TPF), Testmappe mit Handanweisungen. Hogrefe, Göttingen

Becker, Peter (1994): Theoretische Grundlagen. In: Andrea Abele; Peter Becker (Hrsg.), Wohlbefinden. Theorie – Empirie – Diagnostik. Juventa, Weinheim, München, S. 13–49

Becker, Peter; Minsel, Beate (1986): Psychologie der Seelischen Gesundheit. Band 2. Hogrefe, Göttingen, Toronto, Zürich

Block, Jeanne; Block Jack H. (1988): Longitudinally foretelling drug usage in adolescence. Early childhood personality and environmental precursors. In: Child Development, 59. Jg., S. 336–355

Bundeszentrale für gesundheitliche Aufklärung (Hrsg.) (2002): „Früh übt sich …" – Gesundheitsförderung im Kindergarten. Bundeszentrale für gesundheitliche Aufklärung, Köln

Burow, Fritz; Aßhauer, Martin; Hanewinkel, Reiner (2002): Fit und stark fürs Leben. Klett, Leipzig

Denham, Susanne A. (1998): Emotional Development in Young Children. The Guilford Press, New York

Fahrenberg, Jochen; Myrtek, Michael; Wilk, D.; Kreutel, K. (1986): Multimethodale Erfassung der Lebenszufriedenheit: eine Untersuchung an Herz-Kreislauf-Patienten. In: Psychotherapie, Psychosomatik, Medizinische Psychologie, 36. Jg., S. 347–354

Ferring, Dieter; Filipp, Sigrun-Heide; Schmidt, Katharina (1996): Die „Skala zur Lebensbewertung": Empirische Skalenkonstruktion und erste Befunde zur Reliabilität, Stabilität und Validität. In: Zeitschrift für Differentielle und Diagnostische Psychologie, 17. Jg., S. 141–153

Fiedler, Peter (1999): Salutogenese und Pathogenese in der Persönlichkeitsentwicklung. In: Rolf Oerter; Cornelia v. Hagen; Gisela Röper; Gil Noam R. (Hrsg.), Klinische Entwicklungspsychologie. Beltz PVU, Weinheim, S. 314–334

Garber, Judy (1984): Classification of childhood psychopathology. In: Child Development, 55. Jg., S. 30–48

Garmezy, Norman (1981): Children under stress: Perspectives on antecedents and correlates of vulnerability and resistance to psychopathology. In: Al I. Rabin; A. M. Barclay; Robert A. Zucker (Hrsg.), Further explorations in personality. Wiley Interscience, New York, S. 196–289

Honig, Alice St. (1986a): Stress and coping in children (Part 1). In: Young Children, 41. Jg., Nr. 3, S. 50–63

Honig, Alice St. (1986b): Stress and coping in children (Part 2). In: Young Children, 41. Jg., Nr. 5, S. 47–59

Joseph, Joanne M. (1994): The resilient child. Plenum Press, New York

Larisch, Heide; Lohaus, Arnold (1997): Coping als Prozeß: Entwicklungspsychologische Aspekte für den Aufbau von Bewältigungsstrategien im Kindes- und Jugendalter. In: Clemens Tesch-Römer; Christel, Salewski; Gudrun, Schwarz (Hrsg.), Psychologie der Bewältigung. Beltz, Weinheim, S. 105–118

Luthar, Suniya S.; Cicchetti, Dante; Becker, Bronwyn (2000): The construct of resilience: A critical evaluation and guidelines for future work. Child Development, 71. Jg., S. 543–562

Mayr, Toni; Ulich, Michaela (1999): Children's Well-being in Day Care Centres: an exploratory empirical study. In: International Journal of Early Years Education, 7. Jg., S. 229–239

Mayr, Toni; Ulich, Michaela (2002): Wohlbefinden im späten Kindes- und frühen Jugendalter. In: LBS-Initiative Junge Familie (Hrsg.), Kindheit 2001. Das LBS-Kinderbarometer. Leske und Budrich, Opladen, S. 45–69

Murphy, Lois B.; Moriarty, Alice E. (1976): Vulnerability, coping, and growth from infancy to adolescence. Yale University Press, New Haven

New Zealand Ministry of Education (1996): Te Whāriki – Early Childhood Curriculum. Learning Media Limited, Wellington

Oishi, Shigero; Diener, Ed; Suh, Eunkook; Lucas, Richard E. (1999): Value as a moderator in subjective well-being. In: Journal of Personality, 67. Jg., S. 57–184

Peseschkian, Nossrat; Jork, Klaus (2000): Salutogenese. Oder: Was macht uns gesund? Huber, Göttingen

Rutter, Michael (1997): Psychosocial adversity: Risk, resilience, and recovery. Keynote address. 7th EECERA Konferenz, München, September 1997

Rutter, Michael (2000): Resilience Reconsidered: Conceptual Considerations, Empirical Findings, and Policy Implications. In: Jack P. Shonkoff; Samuel J. Meisels (Hrsg.), Handbook of Early Childhood Intervention. Cambridge University Press, Cambridge, S. 651–682

Ryan, Richard M.; Deci, Edward L. (2001): On happiness and human potentials: A review of research on hedonic and eudaimonic well-being. In: Annual Review of Psychology, 52. Jg., S. 141–166

Saarni, Carolyn (1999): The Development of Emotional Competence. The Guilford Press, New York

Ulich, Michaela (1988): Risiko- und Schutzfaktoren in der Entwicklung von Kindern und Jugendlichen. In: Zeitschrift für Entwicklungspsychologie und Pädagogische Psychologie, 20. Jg., S. 146–166

Vandenbussche, Els; Kog, Marina; Depondt, Luk; Laevers, Ferre (1994): Een procesgericht kindvolgsysteem voor kleuters. Centrum voor Ervarings Gericht Onderwijs, Leuven

Völker, Ulrich (Hrsg.) (1980): Humanistische Psychologie. Ansätze einer lebensnahen Wissenschaft vom Menschen. Beltz, Weinheim

Werner, Emmy E. (2000): Protective factors and individual resilience. In: Jack P. Shonkoff; Samuel J. Meisels (Hrsg.), Handbook of Early Childhood Intervention, Cambridge University Press, Cambridge, S. 115–132

Werner, Emmy E.; Smith, Ruth S. (1982): Vulnerable but invincible. A longitudinal study of resilient children and youth. McGraw, New York

Wilk, Liselotte; Bacher, Johann (Hrsg.) (1994): Kindliche Lebenswelten. Leske + Budrich, Opladen

Teil III: Konzeptualisierung pädagogischer Qualität

Wassilios E. Fthenakis

Pädagogische Qualität in Tageseinrichtungen für Kinder

Im Kontext einer weltweit geführten Qualitätsdiskussion, insbesondere in den Industrieländern, und vor dem Hintergrund der sukzessiven Expansion von Einrichtungen für Kinder ab etwa drei Jahren bis zum Schuleintritt, werden seit einigen Jahren auch in verschiedenen europäischen Ländern Fragen der Bildungs- und Erziehungsqualität in Kindertageseinrichtungen diskutiert (Fthenakis & Textor 1998). Dabei werden zum Teil unterschiedliche Auffassungen von „Qualität" sichtbar. In Deutschland ist vor allem die vom Bundesministerium für Familie, Senioren, Frauen und Jugend (BMFSFJ) initiierte Nationale Qualitätsinitiative zu nennen, die aus einem Verbund von fünf Projekten besteht und die Intention verfolgt, pädagogische Qualität zu konzeptualisieren und Instrumente zur deren Messung und Evaluation zu entwickeln.

Bei der Feststellung und näheren Definition von „Bildungs- und Erziehungsqualität" lassen sich im Wesentlichen drei unterschiedliche Perspektiven ausmachen (Fthenakis 1998):

(a) *Qualität als relativistisches Konstrukt:* Qualität wird als Ausbalancierung der unterschiedlichen Bedürfnisse, Überzeugungen und Wertorientierungen von Eltern, Kindern, Familien und Gesellschaft verstanden. Sie ist nur auf der Basis gesamtgesellschaftlicher, demokratisch organisierter Prozesse zu begreifen und wird als permanenter Klärungsprozess definiert.

(b) *Qualität als dynamisches Konstrukt:* Qualität wird als bewegliches Konzept mit transitorischem Charakter ausgelegt: Neben gesellschaftlichen Veränderungen wird z. B. auch auf die Auswirkung von Generationsunterschieden bei der Bestimmung von Qualität hingewiesen. Qualität in diesem Sinne beinhaltet einen sich kontinuierlich verändernden Prozess, bei dem die Anliegen unterschiedlicher Interessengruppen in Einklang gebracht werden sollen.

(c) *Qualität als mehrdimensionales, strukturell-prozessuales Konstrukt:* Die Bestimmung entsprechender Qualitätskriterien dient sowohl der externen Evaluation von strukturellen und interaktionalen Dimensionen des Erziehungsprozesses als auch der Selbstevaluation und Selbstreflexion des pädagogischen Personals. Einen besonderen Stellenwert nehmen in diesem Kontext struktural-prozessuale Ansätze ein, die eine Integration von dynamischen und dimensionalen Modellen erlauben. Qualität der außerfamilialen Betreuung lässt sich demnach durch strukturelle und prozessuale Dimensionen erfassen. Zudem werden kontextuelle Aspekte von pädagogischer Qualität reflektiert.

Entwicklungen, die in diese Richtung weisen, lassen sich bereits Ende der 80er und Anfang der 90er Jahre in den USA feststellen: Die National Association for the Education of Young Children (NAEYC 1991) hat z. B. ein zehndimensionales Qualitätsmodell mit insgesamt 91 Qualitätskriterien vorgelegt. Als strukturell orientiert gelten die Dimensionen: (a) Umgebung, (b) personelle Besetzung, (c) Gesundheits- und Sicherheitsmaßnahmen, (d) Ernährung und (e) Verwaltung. Als interaktional orientiert gelten die Dimensionen (f) Kind-Erzieherin-Interaktion, (g) Eltern-Erzieherin-Interaktion und (teilweise) (h) pädagogisches Programm. Als weitere Dimensionen von Qualität betrachtet die NAEYC (i) die Professionalisierung des Personals und (j) die (in der Regel externe) Evaluation. In Großbritannien haben Pascal & Bertram (1997) mit ihrem breit angelegten Projekt in verschiedenen Teilen des Landes ebenfalls ein zehndimensionales Modell von Qualität entwickelt und den einzelnen Dimensionen forschungsrelevante Fragenkomplexe zugeordnet: (a) Absichten und Ziele; (b) Curriculum; (c) Lern- und Vermittlungsstile; (d) Planung, Erfassung und Erstellung von Berichten; (e) Personal; (f) räumliche Umgebung; (g) Beziehungen und Interaktionen; (h) Chancengleichheit; (i) Partnerschaft mit den Eltern, Kontakt und Koordination und (j) Kontrolle und Evaluation.

Das Netzwerk Kinderbetreuung der Europäischen Kommission hat im Januar 1996 einen Zielkatalog für die Weiterentwicklung des Systems der Tageseinrichtungen für Kinder als Empfehlung für alle Mitgliedsstaaten verabschiedet. Seine insgesamt 40 Ziele lassen sich auf neun Dimensionen zurückführen: (a) Administrationssystem; (b) Finanzierung;

(c) Versorgungsgrad und Einrichtungsformen; (d) Personalschlüssel; (e) Personalentwicklung und -qualifizierung; (f) Bildungsziele/Bildungsphilosophie; (g) Innen- und Außenraumgestaltung; (h) Eltern- und Gemeinwesenarbeit; (i) Evaluation/Qualitätssicherung (performance targets). Bei der Konkretisierung dieser Ziele geht das Netzwerk von folgenden Annahmen aus: (a) Strukturelle und interaktive Aspekte von Qualität stehen zueinander in Wechselwirkung. (b) Qualität ist ein relatives Konzept. Jedes Qualitätsurteil geht von (meist wenig expliziten) Wertorientierungen aus, die die Normen, Vorstellungen, Wünsche und Bedürfnisse der beteiligten Gruppen widerspiegeln. (c) Qualitätsbestimmung ist ein dialektischer Prozess, der den Beteiligten (Kinder, Eltern, Fachkräfte) die Möglichkeit bietet, Werte, Vorstellungen, Wissen und Erfahrung zu teilen, zu diskutieren und zu verstehen. (d) Qualitätsentwicklung sollte als dynamischer und kontinuierlicher Prozess gesehen werden, der regelmäßig überprüft wird und nie eine abschließende, „objektive" Aussage erreicht (Fthenakis 1998).

Auch eine vom BMFSFJ geförderte Studie des Staatsinstituts für Frühpädagogik über Tageseinrichtungen und Ausbildung des Personals in den EU-Ländern (Oberhuemer & Ulich 1997) gab Hinweise auf verschiedene Auffassungen von Erziehungsqualität in den einzelnen Ländern. Deutlich wurde dabei, wie sehr die sozial- und bildungspolitische Diskussion in den einzelnen Ländern in die jeweilige historische Entwicklung und die aktuelle Situation eingebettet ist. Qualitätssicherung muss also in den einzelnen europäischen Ländern unter sehr unterschiedlichen Ausgangsbedingungen diskutiert und umgesetzt werden.

Konzeptualisierung von pädagogischer Qualität

In den neunziger Jahren wurden zahlreiche empirische Arbeiten durchgeführt, die sowohl aus einer relativistischen als auch aus einer strukturalprozessualen Perspektive der Frage der Erziehungsqualität nachgegangen sind. Diese Forschungsergebnisse haben bislang nur begrenzten Eingang in die Qualitätsdebatte in Deutschland gefunden. Der Schwerpunkt dieses Beitrags liegt demnach in der Darstellung der Forschungsbefunde, die ein strukturell-prozessuales Modell von pädagogischer Qualität oder einen relativistischen Ansatz begründen lassen, sowie im Hinweis darauf, dass die gegenwärtig in Deutschland über pädagogische Qualität geführte Debatte, von wenigen Ausnahmen abgesehen, einen engen Ansatz vertritt, der der Komplexität des Phänomens nicht gerecht werden kann.

Das relativistische Modell von Erziehungsqualität

Grundannahmen des Konzeptes

Die Frage, was unter qualitativ hochwertiger Kinderbetreuung zu verstehen ist und wie pädagogische Qualität zu konzeptualisieren sei, lässt sich nicht entlang objektiver und allgemein gültiger Kriterien festlegen. Statt dessen ist dieser Bewertungsprozess eingebettet in die spezifische Kultur, darin wiederum in den spezifischen historischen und sozioökonomischen Kontext, der letztlich getragen wird von den Zielen und Wertsetzungen der Menschen, die darin leben und diesen gestalten (Evans 1966). Dem relativistischen Modell von pädagogischer Qualität zufolge treten die unterschiedlichen Perspektiven in einen Diskurs ein, an dessen Ende eine zu vereinbarende Festlegung von Qualität unter Berücksichtigung der unterschiedlichen Interessen und Bedürfnisse steht. Nach Lilian Katz (1992, 1966) sollte sich die Qualitätsdebatte in Kinderbetreuungseinrichtungen demnach von der Sicht folgender Parteien leiten lassen: Experten, Kindern, die die Einrichtung besuchen, Eltern, Erzieher/innen und Leiter/innen der Betreuungseinrichtungen sowie der Gemeinschaft/Gesellschaft im weitesten Sinne. Nun haben verschiedene Nutzer bekanntlich auch unterschiedliche Ansichten hinsichtlich Qualitätsfragen in Kinderbetreuungseinrichtungen. Nach welchen Kriterien sollten diese unterschiedlichen Perspektiven nun Eingang in die Qualitätsdiskussion finden? Diese Frage verbindlich zu beantworten, erweist sich als sehr schwierig. Generell wird die Auffassung vertreten, dass (a) eine Entscheidung darüber getroffen werden sollte, welche Nutzer beteiligt werden sollen und an welchem Punkt (von der Definition von Qualität bis zur Operationalisierung der Ziele) diese mitwirken (Moss 1994). (b) Es sollten effektive Mechanismen entwickelt werden, um eine breite Beteiligung bei der Definition und Implementierung von

Qualität zu ermöglichen. (c) Es sollten Strategien zur Verfügung stehen, um effektiv mit Interessenkonflikten und sich widersprechenden Bedürfnissen und Zielsetzungen umgehen zu können. (d) Es sollte ein Ausgleich geschaffen werden zwischen universellen Qualitätselementen und den Bedürfnissen, Wünschen und Charakteristika der Kinder sowie der Perspektive der Familie, der Erzieher/innen und Leiter/innen der Einrichtung und der Gesellschaft.

Die unterschiedlichen Perspektiven – Was sagt uns die Forschung?

Die Perspektive der Experten: Experten sind interessiert an konkreten, objektivierbaren und quantifizierbaren Merkmalen von Qualität, die möglichst auch noch einer weiten Spannbreite von Situationen angemessen sind. Folglich werden Qualitätselemente fokussiert, von denen angenommen wird, dass sie mit der positiven Entwicklung von Kindern zusammenhängen. Darunter fallen üblicherweise: Betreuerschlüssel, Gruppengröße, pädagogischer Ansatz, Charakteristika der Erwachsenen-Kind-Interaktionen u. Ä. m. Nach diesen Kriterien werden entsprechende Ziele definiert, Forschungsfragen gestellt, Daten interpretiert und Schlussfolgerungen gezogen. Andere Nutzer (z. B. Eltern oder Kinder) werden in dieser Perspektive üblicherweise nicht mit einbezogen.

Die Perspektive der Kinder: Hier wird in erster Linie der Frage nachgegangen, wie das Kind die Betreuungseinrichtung wahrnimmt und empfindet. Fühlt es sich hier akzeptiert von den anderen Kindern? Ist es der Meinung, dass es auf die Zuneigung und den Schutz der Erzieher/innen vertrauen kann? Findet das Kind interessante Aktivitäten und erfreut es sich im Allgemeinen an der Betreuungssituation? Kinder können bereits ab vier Jahren sehr explizite Aussagen darüber machen, was ihnen am Kindergarten gefällt und was nicht (Langsted 1994). Lange Zeit wurde die Sichtweise der Kinder in der Forschung und in entsprechenden Programmevaluationen nicht berücksichtigt. Dies beginnt sich langsam zu ändern (Farquhar 1990). In einer dänischen Studie wurden 24 Fünfjährige aus unterschiedlichen Betreuungseinrichtungen interviewt (Langsted 1994). Für diese Kinder war das wichtigste Qualitätskriterium die „Anwesenheit anderer Kinder". Die Erzieher/innen wurden von den Kindern danach beurteilt, wie häufig sie „Spaßaktivitäten" organisierten, Hilfe anboten und ihnen – wenn nötig – Begleitung oder Zuneigung entgegenbrachten. Auch die Verfügbarkeit einer breiten Spanne von Spielzeugen wurde von den Kindern als wesentlich eingeschätzt. Den Kindern gefiel dagegen nicht, in ihrer Entscheidungsfreiheit darüber, was und wann sie zu essen hatten, eingeschränkt zu werden.

Die Perspektive der Eltern: Katz (1992) subsumiert hierunter in erster Linie das Verhältnis zwischen Eltern und Erzieher/innen. Hier wird beispielsweise der Frage nachgegangen, inwiefern die Eltern einen gleichberechtigten Status in Hinblick auf die Erzieher/innen innehaben und inwiefern sie in ihren Werten und Zielsetzungen gegenüber dem Kind respektiert werden. In einer allgemeineren Sichtweise wird Qualität davon abhängig gemacht, inwieweit von den Eltern gesetzte Bedürfnisse und Prioritäten von der Betreuungseinrichtung erfüllt werden (z. B. flexible Bring- und Abholzeiten; Anfahrtsweg; Sicherheit und Sauberkeit der Einrichtung; zuverlässige und responsive Erzieher/innen u. Ä.) (Farquhar 1990). Ein Problem hierbei ist, dass Eltern in der Regel keine homogene Gruppe darstellen. Sie unterscheiden sich in ihren Vorstellungen, die v. a. durch das Alter oder die mögliche Behinderung des Kindes, die Zugehörigkeit zu einer ethnischen oder religiösen Gruppe etc. beeinflusst werden. In den letzten Jahren lässt sich eine Entwicklung beobachten, der zufolge Eltern und Fachkräfte die Verantwortung zur Sicherung von Qualität gemeinsam wahrnehmen sollen. Damit gewinnen Ko-Konstruktionsmodelle an Bedeutung.

Die Perspektive der Erzieher/innen und Leiter/innen: Hierunter werden sowohl die Sichtweise der Erzieher/innen, der Leiter/innen der Einrichtungen als auch die zugehörigen Arbeitsbedingungen subsumiert. Inwiefern sind beispielsweise die Beziehungen innerhalb der Gruppe der Erzieher/innen von Akzeptanz, Respekt, Kooperation und Unterstützung getragen? Welche Möglichkeiten zur beruflichen Weiterentwicklung und eventuelle Karrieremaßnahmen liegen vor? Inwiefern besteht aktives Mitsprache- und Bestimmungsrecht bei Programmänderungen oder -entscheidungen? (Jorde-Bloom 1996). Nach der vorliegenden (vorwiegend nordamerikanischen) Forschung konnten folgende Schlüsselelemente als Indikatoren von Qualität aus der Perspektive der Erzieher/innen und Leiter/innen von Betreuungseinrichtungen identifiziert werden: (a) Die Angestellten bekommen ein angemessenes Gehalt und entsprechende Versicherungsleistungen. Nach der Studie von Whitebook et al. (1990) ist z. B. die Höhe des Gehalts der beste Prädiktor für die Arbeitszufriedenheit. (b) Eine unterstützende Leitung mit klaren Erwartungen und hilfreichem Feedback ist verfügbar (Stremmel 1991). (c) Der Umgang mit Kollegen ist geprägt von Freundlichkeit, Kooperation und Respekt (Whitebook et al. 1990). (d) Leistung wird honoriert: Es gibt z. B. bezahlte Vorbereitungszeit, eine kurze Pause am Morgen und am Nachmittag, Möglichkeiten zur beruflichen Weiterentwicklung (Fortbildungen u. Ä.), die Bereitstellung eines Gemeinschaftsraumes für die Mitarbeiter (Whitebook et al. 1990). (e) Ein vernünftiger Betreuerschlüssel wird praktiziert (Kontos & Stremmel 1988).

Die Perspektive der Gemeinschaft bzw. Gesellschaft: Der Terminus „Gemeinschaft" kann sich auf ein geographisches Gebiet, auf eine kulturelle (Sub-)Gruppierung oder eine Gruppe mit gemeinsamen Interessen und Bedürfnissen beziehen. Beispiel: Die „Gemeinschaft" der Eltern von behinderten Kindern. Demnach verfolgen unterschiedliche Gemeinschaften auch unterschiedliche Ziele. Aus dieser Perspektive zeichnet sich eine als angemessen bewertete Betreuungsinstitution dadurch aus, dass den Werten, Glaubensgrundhaltungen und Bedürfnissen der jeweils betroffenen Menschen entsprochen wird. Einige Länder wie z. B. Dänemark, Finnland, Schweden oder Frankreich haben klare Zielsetzungen, die sich in der Vorrangstellung spezifischer Qualitätskriterien wieder finden lassen. So werden in skandinavischen Ländern beispielsweise sozioemotionale Entwicklungsaspekte bei der Erziehung von Kindern besonders betont (Bush & Phillips 1994). Eine Folge davon ist, dass in den Einrichtungen der Betreuerschlüssel niedrig gehalten wird, um den Kindern individuelle und unterstützende Möglichkeiten der Interaktion anbieten zu können und Aktivitäten in der Peer-Gruppe zu fördern. In Frankreich wird dagegen die kognitive Entwicklung der Kinder als besonders wichtig erachtet (McMahan 1992). Die Kinder erhalten deshalb bereits ab einem Alter von zwei Jahren „Unterricht". Die Erzieher/innen müssen hier eine längere und fundiertere Ausbildung durchlaufen und sind in ihrer späteren Arbeit oftmals allein mit 20 Kindern beschäftigt (hin und wieder begleitet durch eine „Assistentin").

Allgemeingültige Qualitätselemente im relativistischen Ansatz

Da die Qualitätseinschätzung nach dem relativistischen Ansatz ein wertorientiertes und kontextbezogenes Unterfangen ist, stellt sich die generelle Frage, ob sich so etwas wie allgemein gültige oder übergreifende Qualitätselemente finden und definieren lassen. Die Ergebnisse von Untersuchungen aus vielen verschiedenen Ländern wie z. B. England, Deutschland, Grenada, Nigeria, Philippinen, Portugal, USA (Balaguer et al. 1992; Dragonas et al. 1993; Evans 1996; Joseph et al. 1994) legen nahe, dass es einige Wert- und Zielsetzungen gibt, die als so wichtig für das Wohlergehen der Kinder angesehen werden, dass sie in jeder Definition von Qualität quasi als Grundstein enthalten sein sollten. Diese sind: (a) *Sicherheit*: eine Aufsicht durch Erwachsene, die dem Alter und dem Entwicklungsstand des Kindes sowie seinem sozialen/kulturellen Kontext entspricht; sichere Spielzeuge, sichere Ausstattung. (b) *Gesundheit*: Garantie grundlegender Hygienestandards; gesunde und wertvolle Ernährung; angemessene Möglichkeiten zur Erholung und Entspannung für das Kind; Möglichkeiten zur Sauberkeitserziehung. (c) *Gleichberechtigung*: ein Betreuungsumfeld, das alle Kinder unabhängig von deren Geschlecht, Kultur, Rasse oder spezifischen Fähigkeiten gleichwertig schätzt, gleichberechtigt behandelt, aber auch ihre Unterschiede respektiert. (d) *Positive Interaktionen mit Erwachsenen*: Erzieher/innen sollten den Kindern Zuneigung entgegenbringen und ein Betreuungsumfeld schaffen, in dem die Kinder lernen können, Erwachsenen zu trauen, von ihnen zu lernen und mit ihnen Spaß zu haben. (e) *Emotionales Wachstum*: das Betreuungsumfeld sollte Situationen ermöglichen, die den Kindern erlauben, unabhängig, sicher und kompetent zu handeln. (f) *Positive Beziehungen mit anderen Kindern*: ein Betreuungskontext, der den Kontakt mit Gleichaltrigen ermöglicht und aktiv unterstützt.

Zusammenfassende Würdigung des relativistischen Konzepts

Ohne hier alle Perspektiven umfassend behandelt zu haben, lassen sich aufgrund dieser Ausführungen die Stärken und die Schwächen dieses Ansatzes durchaus erkennen: (a) Das Konzept der Qualität ist dynamisch; seine Interpretation ist von der Perspektive der beteiligten Personen und des kulturellen Kontextes abhängig (Farquhar 1992). (b) Da die Wahrnehmung und Beurteilung von Qualität von entsprechenden Werten, Überzeugungen und Interessen geleitet wird, können nur einige wenige objektive und übergreifende Qualitätsstandards verfügbar sein (Moss & Pence, 1994). (c) Hinsichtlich der Beurteilung von Qualität gibt es und wird es immer Diskrepanzen geben. Die Frage ob und wenn ja, wann einer Perspektive mehr Bedeutung zuteil werden sollte, muss entsprechend diskutiert werden (Katz 1992). (d) Qualität sollte verstanden werden als ein dynamischer und kontinuierlicher Prozess, in dem die Interessen unterschiedlicher Gruppen zu betonen und zu vereinen sind. Qualität ist kein Rezept, das vorgeben werden kann (Balageur et al. 1992). (e) Qualität kann nicht ein und für alle Mal erreicht werden, sondern ist als ein sich weiterentwickelnder Prozess zu verstehen (Phillips 1995). (f) Die Definition, Einschätzung und Sicherung von Qualität sollte durch die Teilnahme einer breiten Spanne von Nutzer/innen garantiert sein, deren Werte, Überzeugungen und Interessen jeweils Beachtung finden (Pence & Moss 1994).

Das struktural-prozessuale Modell von Erziehungsqualität

Das struktural-prozessuale Modell unterscheidet zwischen *strukturellen*, *prozessualen* und *kontextuellen* Dimensionen von Qualität. Bei der Darstellung dieses Modells wird lediglich auf solche Dimensionen eingegangen, für die empirisch hinreichend belegt ist, dass sie die pädagogische Qualität beeinflussen bzw. deren Bestandteil sind.

Zu den strukturellen Dimensionen von pädagogischer Qualität zählen insbesondere (a) die Gruppengröße, (b) der Personalschlüssel, (c) Qualität und Niveau der Ausbildung von Fachkräften, (d) Stabilität der Betreuung, (e) Gesundheit und Sicherheit, (f) Raumgestaltung und (g) Strukturierung des Betreuungsablaufs. Über alle diese Dimensionen liegen Forschungsbefunde vor, die hier in stark zusammengefasster Form wiedergegeben werden.

(a) Gruppengröße: In etlichen Forschungsarbeiten konnte gezeigt werden, dass größere Kindergartengruppen mit weniger positiven Interaktionsmustern und weniger wünschenswerten kindlichen Entwicklungsverläufen korrelieren. Kleine Kindergartengruppen tragen hingegen zu einem qualitativen Vorteil der außerfamilialen Betreuung bei. Kinder in solchen Gruppen sind kooperativer und in differenziertere soziale Spiele involviert, zeigen mehr soziale Kompetenz und ein adäquates Problemlöseverhalten bei der Bewältigung sozialer Probleme (Dunn 1993). In der Studie von Helburn (1995) konnte jedoch mit ECERS (Early Childhood Environment Rating Scale) und ITERS (Infant/Toddler Environment Rating Scale) kein Zusammenhang zwischen der Gruppengröße und der Gesamtqualität der Einrichtung ermittelt werden.[1] Die frühere Studie von Kontos & Fiene (1987) belegt dagegen gleichfalls, dass Kindergärten mit kleineren Gruppen einen höheren Wert auf der ECERS erzielen. In den neunziger Jahren wurden etliche Studien durchgeführt, die eine differenzierte Einschätzung der Auswirkung dieser Dimension auf die Erziehungsqualität erlauben. Insbesondere wurden Zusammenhänge zwischen der Gruppengröße und dem Verhalten bzw. der Entwicklung der Kinder einerseits und dem Verhalten der Erzieher/innen andererseits festgestellt. Bei der Konzeptualisierung und Messung von pädagogischer Qualität empfiehlt sich die Bedeutung dieser Dimension separat bezüglich der kindlichen Entwicklung und des Erzieher/innenverhaltens zu untersuchen und nicht zuletzt deren Bedeutung als Moderatorvariable eigens einzuschätzen.

Auswirkungen auf das Verhalten und die Entwicklung der Kinder: Bei isolierter Untersuchung dieser Dimensionen wird eine kleine Gruppengröße mit folgenden Attributen in Verbindung gebracht: Die Kinder sind kooperativer und weniger feindselig (Ruopp et al. 1979); sie zeigen ein besseres Verständnis für soziales Verhalten (Clarke-Stewart & Gruber

---

[1] ECERS ist ein Messinstrument zur Erfassung von Qualität von Einrichtungen im frühkindlichen Bereich (Kinder ab 2,5 Jahre). ITERS ist eine Spezialform von ECERS und bezieht sich auf die Qualität der Arbeit mit Kindern von 12 bis 30 Monaten (vgl. Roßbach 1993, S. 54)

1984); sie sprechen und spielen mehr mit Peers (Howes & Rubenstein, 1985); sie sind häufiger in Aktivitäten involviert (Smith & Connolly 1986). Sie haben eine höhere Sozialkompetenz (Clarke-Stewart & Gruber 1984) und verfügen über mehr Lesefähigkeiten (Ruopp et al. 1979). Wird die Gruppengröße mit anderen Elementen kombiniert (z. B. Betreuerschlüssel), so finden sich die folgenden Ergebnisse: Die Kinder zeigen ein komplexeres Spielverhalten mit den Peers (Ruopp et al. 1979), sie verfügen über mehr Selbst-Kompetenz und über mehr rezeptives Sprachverhalten (Whitehood et al. 1990) und sie zeigen weniger Verhaltensauffälligkeiten und bessere Schulleistungen in der ersten Grundschulklasse (Howes 1988). In anderen Untersuchungen wurden dagegen keine Zusammenhänge zwischen der Gruppengröße und der kindlichen Entwicklung gefunden (Dunn 1993; Kontos & Fiene 1987). In fünf weiteren Studien konnten signifikante wie auch nicht-signifikante Ergebnisse erzielt werden, abhängig davon, welche Ergebnismaße erfasst wurden (Clarke-Stewart & Gruber 1984; Holloway & Reichhart-Erikson 1988; Howes & Rubenstein 1985, Ruopp et al. 1979; Whitebook et al. 1990). Diese Daten schmälern nicht die Bedeutung der Gruppengröße als Einflussvariable, sondern verweisen darauf, dass sie nur ein Element in der Betreuungssituation darstellt, das sich auf die Entwicklung der Kinder auswirkt.

Auswirkungen auf das Verhalten der Erzieher/innen: Interessant sind ferner Befunde, die Zusammenhänge zwischen der Gruppengröße und dem Verhalten der Fachkräfte zeigen: Eine kleine Gruppe scheint sich auf das Verhalten der Erzieher/innen in folgender Weise positiv auszuwirken: Sie sind den Kindern gegenüber responsiver (Kontos & Fiene 1987), weniger restriktiv (Allhusen & Cochran 1991), sie verbringen mehr Zeit in direkter Interaktion mit den Kindern und stellen mehr Möglichkeiten zur sozialen und sprachlichen Entwicklung zur Verfügung (Stith & Davis 1984). Zwei größere amerikanische Studien konnten jedoch keine derartige Korrelation feststellen (Helburn 1995).

Darüber hinaus wurde die Dimension Gruppengröße als Moderatorvariable untersucht: In einer von Doherty vorgelegten Pfadanalyse wird deutlich, dass die Gruppengröße Einfluss auf das Verhalten und die Entwicklung des Kindes ausübt – und zwar über die Erzieher/innen (Howes et al. 1991). Die Gruppengröße ist ein Prädiktor für die Quantität an Interaktion zwischen Erzieher/innen und Kind. Diese wiederum wirkt sich auf die Entwicklung der kindlichen Sozialkompetenz aus. So ist es beispielsweise in Kleingruppen für Erzieher/innen leichter, in einen intensiven verbalen Austausch mit den Kindern zu treten, anstatt ihnen lediglich Anweisungen zu geben (wie dies in größeren Gruppen häufig zu beobachten ist).

Pädagogische Standards für die Gruppengröße: Vor dem Hintergrund dieser und weiterer Befunde hat man sich bemüht, Obergrenzen für die Gruppengröße in Abhängigkeit vom Entwicklungsstand des Kindes zu definieren, die nicht überschritten werden dürfen, wenn eine sinnvolle pädagogische Arbeit geleistet werden soll. In der Tabelle 01 sind die pädagogischen Standards aus der US-amerikanischen Forschung wie auch die Empfehlungen des Kinderbetreuungsnetzwerks der EU enthalten. Sie zeigen, dass die in Deutschland gegenwärtig vorzufindenden administrativ-politisch festgelegten Standards um etliches höher liegen. Generell wäre eine Reduktion der Gruppengröße um ein Drittel notwendig, um pädagogische Standards in dieser Qualitätsdimension etablieren zu können.

Pädagogische Standards für die Gruppengröße		
	Alter der Kinder	Gruppengröße
Amerikanische Standards (Howes et al. 1992)	0 bis 24 Monate 25 bis 36 Monate 37 bis 60 Monate	6 Kinder 12 Kinder 18 Kinder
Die Standards des Kinder-betreuungsnetzwerks der EU (1996)	24 bis 36 Monate 36 bis 48 Monate 48 bis 60 Monate	5 bis 8 Kinder 8 bis 12 Kinder 12 bis 15 Kinder

Auswirkungen auf das Verhalten und die Entwicklung der Kinder: Hinsichtlich dieser Dimension vermittelt der gegenwärtige Forschungsstand konsistente Ergebnisse: Eine höhere Anzahl von Betreuungspersonen in den Kleinkindgruppen fördert positivere soziale Interaktionen und besseres emotionales Klima (Howes 1983), eine sichere Bindung zur Betreuungsperson (Howes et al. 1988), höhere soziale Kompetenz, Differenziertheit im sozialen Spiel, kooperatives Verhalten und höhere Leistungsfähigkeit (Clarke-Stewart & Gruber 1984; Howes & Olenick 1986). Die Kinder sind anderen Kindern gegenüber rücksichtsvoller (Philipps et al. 1987), zeigen weniger Aggression in der Peer-Gruppe (Smith et al. 1989) und ein stärker zielgerichtetes Verhalten (Holloway & Reichhart-Erikson 1988). In der ersten Grundschulklasse verhalten sie sich wesentlich unabhängiger (Jacobs et al. 1992; Whitebook et al. 1990). Die Kinder verfügen über ein höheres Ausmaß an Selbst-Kompetenz, Kommunikations- (Howes et al. 1995) sowie sozialen Fertigkeiten (Dunn 1993) und eine bessere kognitive Entwicklung (Howes et al. 1995).

(b) Personalschlüssel. Auswirkungen auf das Verhalten der Erzieher/innen: Ein günstiger Betreuerschlüssel für sich betrachtet wirkt sich auf das Verhalten der Erzieher/innen in folgender Weise vorteilhaft aus: (1) Sie verhalten sich fürsorglich, sensibel, nicht-restriktiv und responsiv (Howes & Rubenstein 1985; Howes et al. 1995); (2) Die Erzieher/innen bieten den Kindern mehr Möglichkeiten zur Verbesserung ihrer sozialen, verbalen und kognitiven Fähigkeiten (Whitebook et al. 1990).

Der Betreuerschlüssel als vermittelnde Variable: Mit dem Einsatz der statistischen Technik der Pfadanalyse konnte nachgewiesen werden, dass der Betreuerschlüssel als eine Art Vermittler fungiert, der bestimmte Interaktionsformen fördert, die dem Wohlbefinden und der Entwicklung des Kindes zugute kommen. Der Betreuerschlüssel sagt etwas aus über die Qualität der Beziehung zwischen der Erzieherin und dem Kind und diese wiederum lässt Rückschlüsse über die Bindung und die Sicherheit des Kindes zu. Sicher gebundene Kinder zeigen beispielsweise eine höhere Sozialkompetenz im Umgang mit Peers (Howes et al. 1992). Diese Ergebnisse sind nicht überraschend, denn eine Erzieherin, die für zu viele Kinder gleichzeitig zuständig ist, wird nicht viel mehr tun können, als sich darum zu kümmern, die körperlichen und Sicherheitsbedürfnisse der Kinder zu garantieren. Ebenso wird sie schneller unter Stress geraten, was die Wahrscheinlichkeit eines harschen und restriktiven Umgangstones erhöht. Bezüglich des Personalschlüssels sind ebenfalls Standards vorgeschlagen worden, deren Umsetzung in Zusammenhang mit pädagogischer Qualität gebracht wird. In Tabelle 02 sind die amerikanischen und die europäischen Standards enthalten.

Pädagogische Standards für den Personalschlüssel		
	Alter der Kinder	Gruppengröße
Amerikanische Standards (Howes et al. 1992)	0 bis 24 Monate 25 bis 36 Monate 37 bis 60 Monate	1 Fachkraft: 3 Kinder 1 Fachkraft: 6 Kinder 1 Fachkraft: 8 Kinder
Die Standards des Kinderbetreuungsnetzwerks der EU (1996)	0 bis 24 Monate 24 bis 36 Monate 38 bis 48 Monate 48 bis 60 Monate	1 Fachkraft: 3 Kinder 1 Fachkraft: 3 bis 5 Kinder 1 Fachkraft: 5 bis 8 Kinder 1 Fachkraft: 6 bis 8 Kinder

(c) Qualität und Niveau der Ausbildung von Fachkräften: In der Forschung haben sich das Niveau der Ausbildung und das Training der Erzieher/innen bezüglich Betreuer-Kind-Interaktion als für die Erziehungsqualität prädiktiv erwiesen. Generell korrelieren diese Variablen mit den in der Betreuungssituation erreichten Entwicklungszielen. Das Niveau der Ausbildung wirkt sich z. B. auf die soziale Kompetenz der Kinder aus (Clarke-Stewart & Gruber 1984). Vorliegende Untersuchungen bestätigen die Bedeutung des auf die kindliche Entwicklung abgestimmten Betreuertrainings (Hayes et al. 1990), das mit einer höheren Leistungsfähigkeit sowie mit besserem Kooperationsverhalten des Kindes einhergeht (Dunn, 1994; Howes & Olenick 1986; Ruopp et al. 1979). Die Kinder zeichnen sich in der Folge v. a. dadurch aus, dass sie eine sichere Bindung zur Erzieherin aufweisen (Howes et al. 1995). Zudem verhalten sie sich kooperativer (Howes & Olenick 1986), halten bei Aufgaben länger durch, kommen besser mit ihren gleichaltrigen Freunden klar (Kontos, Hsu & Dunn 1994) und sind in ihrer sprachlichen und das Allgemeinwissen betreffenden Entwicklung überdurchschnittlich fortgeschritten (Howes et al. 1995). Die Studien von Helburn (1985), Whitebook et al. (1990) sowie Howes et al. (1995) kommen zu dem Ergebnis, dass das Niveau der Ausbildung in positivem Zusammenhang mit der Gesamtqualität einer Einrichtung steht (gemessen durch ITERS und ECERS).

Auswirkungen auf das Verhalten von Erzieher/innen: Die Forschungsergebnisse belegen zudem, dass die nachschulische Ausbildung im Sinne einer Weiterbildung zur Erzieherin (in den USA), sich in vielfältiger Weise positiv auswirkt: Die Erzieher/innen verhalten sich responsiver (Arnett 1989;

Dunn 1993; Friesen 1992; Howes 1983), können Kinder häufiger für Aktivitäten begeistern (Pence & Goelmann 1991), konfrontieren sie mit Aktivitäten, die ihrem Entwicklungsstand entsprechen (Howes 1983; Whitebook et al. 1990) und lassen den Eltern genügend und wichtige Informationen über ihr Kind zukommen (Howes 1987). In der ersten Studie von Helburn (1995) reichte der Ausbildungsgrad der Erzieher/innen vom Highschool-Abschluss über einige weiterführende Kurse in Kinderbetreuung (jedoch ohne Zertifikat oder Diplom) bis hin zum Bachelor-Abschluss im Studiengang „Frühpädagogik". Es konnten Zusammenhänge zwischen der Quantität der Ausbildung und der Messung der Gesamtqualität der Einrichtung gefunden werden. Jene Gruppen (insgesamt nahmen 749 teil), in denen die Erzieher/innen den höchsten Ausbildungsabschluss erreicht hatten, erhielten die höchsten Gesamtwertungen. An der zweiten Studie (ebenso Helburn 1995) nahmen 449 Gruppen teil. Hier waren Erzieher/innen mit dem Bachelor-Abschluss in Frühpädagogik ihren Kolleginnen überlegen, welche die Ausbildung des CDA (Child Development Associate) absolviert hatten. Erstere verhielten sich den Kindern gegenüber responsiver und weniger restriktiv oder harsch im Umgangston. Zudem erhielten die Gruppen dieser Betreuer/innen die höchsten Werte in der Gesamtqualität.

Ausbildung als Moderatorvariable: Wie beim Betreuerschlüssel und der Gruppengröße, verweist die Pfadanalyse darauf, dass eine spezialisierte Ausbildung im Bereich der Frühpädagogik den stärksten Einfluss auf das Verhalten der Erzieherin ausübt (Kontos et al. 1994). Der Zusammenhang lässt sich zum Teil darauf zurückführen, dass diese Erzieher/innen über ein größeres Wissen in Bezug auf den entwicklungsabhängigen Umgang mit Kindern verfügen (Snider & Fu 1990). Aufgrund dessen werden sie seltener unangemessene Anforderungen an das Kind stellen und das Kind in einer Weise fördern, dass es in seinen Handlungen auf bereits erworbene Fähigkeiten aufbauen kann.

(d) Stabilität der Betreuung: Dies bezieht sich nicht nur auf die Konstanz der Betreuung in einer Kindergartengruppe, sondern auch auf den Wechsel des Kindes in eine andere Einrichtung. Stabilität der Betreuungssituation und personelle Kontinuität bestimmen die Qualität der

außerfamilialen Betreuung mit. Sie stehen mit dem Bedürfnis der Kinder nach einer dauerhaften Beziehung zu einem bestimmten Betreuer in Zusammenhang, der, so wie die Eltern, als Bindungsfigur für das Kind fungieren kann (Goossens & van Ijzendoorn 1990; Hayes et al. 1990; Howes et al. 1988). Langfristig ermöglicht eine frühe Stabilität und Kontinuität in der Betreuungssituation, dass sich das Kind besser an die Schulsituation in der ersten Klasse anpassen kann (Howes 1988). Eine Fluktuation der Betreuer hat kurz- und langfristige Auswirkungen auf die Entwicklung des Kindes: Sie kann zu einer unsicheren Mutter-Kind-Bindung (Hayes et al. 1990) und zu einem niedrigeren Komplexitätsgrad im Spiel mit Erwachsenen, Gleichaltrigen und materiellen Objekten führen (Howes & Stewart 1987). Die sichere Bindung eines Kindes ist dessen Ausgangsbasis, um Menschen und Dinge in seiner (neuen) Umwelt zu erkunden. Dies basiert zum Teil auf der kontinuierlichen Anwesenheit von Erzieher/innen, die schnell, sensitiv und angemessen auf die Bedürfnisse des Kindes eingehen. Ein konstantes Betreuungsverhältnis führt auch dazu, dass die Erzieher/innen das Kind zunehmend besser kennen und angemessen mit ihm umgehen.

Die kontinuierliche Anwesenheit derselben Erzieherin ruft bei der morgendlichen Übergabe auf Seiten der Kinder weniger Stressverhalten (Cummings 1980) und mehr Interaktionen zwischen Kind und Erzieherin hervor (Howes & Rubenstein 1985; Phillips et al. 1987). Kinder in einer kontinuierlichen Betreuungssituation sind auch aktiver in Interaktionen mit der Peer-Gruppe involviert (Howes et al. 1988). Im Alter von vier Jahren zeigten Kinder, die bis zu diesem Alter eine kontinuierliche Betreuung erfahren hatten, weniger aggressive Verhaltensweisen als Gleichaltrige, die zwischen 18 und 24 Monaten einen Wechsel in der Betreuung hinnehmen mussten (Howes & Hamilton 1993).

Darüber hinaus belegen drei Studien (Helburn 1995; Kontos & Fiene 1987; Phillips et al. 1987), dass ein häufiger Wechsel in der Mitarbeiterschaft in Verbindung steht mit niedrigen Werten auf den ITERS und ECERS-Skalen sowie der Interaktionsqualität zwischen Erzieher/in und Kind. In der Studie von Whitebook, Howes & Phillips (1990) wurde deutlich, dass Kinder aus Einrichtungen mit einer hohen Personalfluktuation in den vergangenen 12 Monaten weniger Bindungssicherheit aufwiesen, mehr Zeit mit ziellosem Umherwandern verbrachten und bezüglich ihres Spielverhaltens und ihrer sprachlichen Entwicklung weniger vorangeschritten waren. Die Studie von Phillips, McCartney & Scarr (1987) berichtet zudem, dass diese Kinder zwar weniger Sozialkompetenz aufwiesen, dafür aber in ihrer sprachlichen Entwicklung fortgeschrittener waren.

(e) Gesundheit und Sicherheit: Hinsichtlich grundsätzlicher Ziele, die eine außerfamiliale Betreuung zu realisieren hat, wie z. B. Sicherheit und Gesundheit, zeichnet der gegenwärtige Forschungsstand folgendes Bild: Das Ausmaß an Infektionen steht und fällt mit der Gründlichkeit, die Erzieher/innen bezüglich Händewaschen und anderer sanitärer Maßnahmen walten lassen (Halder & McFarland 1986). Die Größe der Einrichtung wirkt sich ebenfalls auf die Gefahr einer infektiösen Ansteckung aus. In kleinen Einrichtungen sinkt dieses Risiko erheblich (Halder et al. 1982; Pickering & Wooward 1982). Überdies führt das Arbeiten in sicheren und für das Kinderspiel angemessenen Räumen zu weniger restriktivem Erziehungsverhalten und einem emotional deutlich positiveren Ausdrucksverhalten der Erzieher/innen gegenüber den Kindern (Howes 1983).

(f) Raumgestaltung: Die Raumgestaltung korreliert gleichfalls mit unterschiedlichen Verhaltens- und Entwicklungsaspekten des Kindes: Großzügig ausgestaltete Kindergartenräume fördern das Einzelspiel der Kinder. Eine altersgemäße Ausstattung und die Möglichkeit, Kindergruppen unterschiedlicher Größe räumlich zu integrieren, stehen in Zusammenhang mit dem Problemlöseverhalten der Kinder (Holloway & Reichhart-Erikson 1988). Kinder zeigen bessere kognitive und soziale Fertigkeiten, wenn sie eine stimulierende Ausstattung und unterschiedliche Aktivitätsbereiche vorfinden (Clarke-Stewart 1987). So sind Kinder beispielsweise deutlich gewillter zu teilen, wenn viele interaktive Spielmöglichkeiten angeboten werden (Henrickson et al. 1981).

Eine klar definierte Struktur der Räumlichkeiten (z. B. klare Grenzen zwischen Gruppenräumen, spezifische Aktivitätsbereiche, großflächige Bereiche für Großgruppenaktivitäten, Abstellmöglichkeiten) wirkt sich auf mehreren Ebenen positiv aus: positive Interaktionen zwischen Erzieher/innen und Kindern treten häufiger auf, ebenso ist ein vermehrtes

Explorationsverhalten und eine bessere Kooperation zwischen den Kindern zu beobachten (Field 1980; Moore 1986). Clarke-Stewart weist jedoch auch darauf hin, dass die Wirkung der Raumgestaltung weiterer Forschung bedarf.

(g) Strukturierung des Betreuungsablaufs: Die Betreuungssituation kann auf freies Spiel der Kinder ausgerichtet sein oder auf ein strukturiertes Lernen, mit dem Ziel, die soziale und kognitive Entwicklung zu fördern. Die Forschungsbefunde vermitteln folgende Tendenzen: Freies Spiel in der Betreuungsumgebung trägt nicht so stark wie strukturiertes Lernen zur kognitiven Entwicklung der Kinder bei (Ruopp et al. 1979). Förderprogramme, in denen vom Erzieher gelenkte Lernaktivitäten überwiegen, führen zu einer adäquateren sozialen Anpassung der Kinder als Lernaktivitäten, die in einem von den Erzieher/innen vorstrukturierten Umfeld von den Kindern selbst initiiert und realisiert werden sollen. Wenn es für die Kinder einen alltäglich-vorhersehbaren, d. h. routinierten Ablauf des Tagesgeschehens gibt, der jedoch zusätzlich genügend Raum für die spezifischen Aktivitäten der Kinder lässt, so wirkt sich dies besonders positiv auf die sprachliche und/oder kognitive Entwicklung der Kinder aus (Carew 1980; Clarke-Stewart & Gruber 1984; McCartney 1984; Smith & Connolly 1986). Betätigungen sollten dem Entwicklungsstand der Kinder angemessen sein, ihre Erfahrungen und Interessen berücksichtigt werden, die Kinder sollten ermutigt werden, aktiv ihre Umwelt zu erkunden (Bredekamp & Rosengrant 1992). Werden diese Faktoren beachtet, so zeigen die Kinder mehr Kreativität (Hirsh-Pasek et al. 1990), positivere Interaktionen in ihrer Peer-Gruppe sowie eine fortgeschrittenere Sprachentwicklung (Whitebook et al. 1990). Befinden sich Kinder in Einrichtungen, die auf die entwicklungsspezifischen Umgangsformen keine Rücksicht nehmen, so ist bei ihnen vermehrtes Stressverhalten zu beobachten (Burts et al. 1992; Love 1993).

Prozessuale Dimensionen

Prozessuale Aspekte von Erziehungsqualität beziehen sich im Allgemeinen auf die täglichen Erfahrungen des Kindes mit dem Betreuungspersonal, vor allem auf die Form der vollzogenen Interaktionen. Hinzu kommt die Qualität der Interaktion der Kinder bzw. der Erzieher/innen untereinander, der Interaktionen zwischen Erzieher/innen und Träger sowie zwischen Erzieher/innen und Eltern. All diese Aspekte prozessualer Erziehungsqualität werden gegenwärtig diskutiert. Im Folgenden wird stellvertretend nur auf Studien hingewiesen, die auf die Erzieher/in-Kind-Interaktion fokussieren.

Erzieher/in-Kind-Interaktion: Das zentrale Merkmal einer qualitativ hochwertigen Betreuung liegt in der Erzieher/in-Kind-Interaktion begründet (Howes & Galinsky 1995). In internationalen Studien konnten deutliche Zusammenhänge zwischen dem Ausmaß an Interaktion zwischen Kind und Erzieher/in und der Entwicklung des Kindes festgestellt werden (McCartney 1984, Goelman & Pence 1988; Melhuish et al. 1990; Lamb et al. 1988): Zudem ist z. B. die adäquate Ausgestaltung der sprachlichen Interaktion zwischen Betreuer/innen und Kind ein wesentlicher Prädiktor der kindlichen Entwicklung. Gefühlsbetonte und informative sprachliche Interaktionen zwischen der Betreuungsperson und dem Kind scheinen die Entwicklung verbaler und kognitiver Fertigkeiten zu beschleunigen (McCartney 1988). Engagierte und sensible Betreuer fördern das explorative Verhalten des Kindes sowie seine Beziehungen zu Gleichaltrigen (Anderson et al. 1991; Howes et al. 1992).

Umfang der Interaktion: In mehreren Studien konnte ein Zusammenhang zwischen der Quantität an verbaler Stimulation sowie realen Möglichkeiten zum Austausch von Informationen und der sprachlichen Entwicklung aufgezeigt werden (Carew 1980; McCartney 1984, Melhuish et al. 1990; Rubenstein & Howes 1985; Ruopp et al. 1979). Gleiches gilt für die Entwicklung sozialer Kompetenz (Clarke-Stewart 1987; Golden et al. 1978). Die Forschung legt nahe, dass der Schlüssel zur Förderung der sprachlichen Entwicklung in einem gemeinsamen Fokus von Erwachsenem und Kind auf eine Aktivität oder ein Objekt zu finden ist und dabei ein zweigleisiger Austausch von Informationen und Ideen stattfindet (Carew 1980; McCartney 1984). Kinder, deren Kontakt zur Erzieherin eingeschränkt ist, erkunden ihre Umwelt hingegen weniger aktiv und verbringen mehr Zeit mit ziellosem Umherwandern. Sie befinden sich im Spiel sowie in der sprachlichen Entwicklung auf einer niedrigeren Entwicklungsebene (Whitebook et al. 1990; Ruopp et al. 1990).

Sensitivität und Responsivität der Erzieher/innen: Einen wesentlichen Aspekt des Erzieher/innenverhaltens stellen Sensitivität und Responsivität dar. Eine „sensitive" Erzieherin verhält sich dem Kind gegenüber einfühlsam und unterstützend und beachtet die Stimmung sowie die jeweilige Situation, in der sich das Kind befindet. Eine „responsive" Erzieherin ist aktiv mit dem Kind in reziproke Interaktionen involviert (z. B. durch soziale Spiele; Fragen stellen; sie ermutigt das Kind, seine Ideen und Gefühle auszudrücken, reagiert angemessen auf die verbalen und nonverbalen Hinweise des Kindes). Insgesamt fünf Studien (Helburn 1995; Galinsky et al. 1994; Whitebook et al. 1990; Goossens & van Ijzendoorn 1990; Howes & Hamilton 1993) konnten belegen, dass Kinder unter der Aufsicht von sensitiven und responsiven Erzieher/innen mit höherer Wahrscheinlichkeit eine sichere Bindung zur Betreuungsperson entwickeln. Dieses Ergebnis ist deshalb von Bedeutung, da Kinder nur in einem sicheren und fürsorglichen Rahmen lernen können (Howes & Galinsky 1995). Weitere Studien konnten ebenfalls zeigen, dass Kindergartenkinder unter der Aufsicht von sensitiven und responsiven Erzieher/innen ihre Umwelt aktiver erkunden, was wiederum ihre Lernmöglichkeiten erhöht (Anderson et al. 1981; Rubenstein & Howes 1983; Ruopp et al. 1979; Whitebook et al. 1990). Bei ihnen fanden sich zudem mehr positive Verhaltensweisen in der Beziehung zu Gleichaltrigen, mehr Sozialkompetenz (Holloway & Reichhart-Erikson 1988) sowie eine fortgeschrittenere Sprach- und/oder kognitive Entwicklung (Carew 1980; Clarke-Stewart 1987; Galinsky et al. 1994). Diese Ergebnisse treffen nicht nur auf die institutionelle, sondern auch familiäre Betreuungsformen zu.

Reziproke statt direktive/restriktive Interaktionen: Direktives Verhalten der Erzieherin zeichnet sich dadurch aus, dass das Kind in erster Linie Anweisungen erhält und dabei wenig bis keine Rücksicht auf die individuellen Bedürfnisse und Wünsche des Kindes genommen wird. So schlägt sich z. B. eine Diskussion darüber, was das Kind in einer spezifischen Situation tun könnte/möchte, in deutlich mehr verbalem Austausch nieder als eine definitive Anweisung. Dies ist wiederum mit einer höheren Sozialkompetenz des Kindes (Clarke-Stewart 1987; Phillips et al. 1987) und einer besseren Sprachentwicklung (Carew 1980; McCartney 1984; Rubenstein & Howes 1983) verbunden. Gegensätzliche Ergebnisse (Berk 1985; Bryant et al. 1993; Carew 1980; MacCartney 1989) einschließlich schlechterer kognitiver Leistungen (Clarke-Stewart 1987) wurden für direktive/restriktive Formen der Interaktion gefunden.

Interesse und Involvierung der Erzieherin: Kinder, deren Erzieher/innen aktives Interesse an ihren Betätigungen äußern und ihnen viel Unterstützung zukommen lassen, zeigen ein besonders ausgeprägtes Explorationsverhalten (Anderson et al. 1981), vermehrt imitatives Spielverhalten und positive Interaktionen mit den Peers (Howes, 1990), mehr Sozialkompetenz (Clarke-Stewart 1986), sowie eine fortgeschrittenere sprachliche und kognitive Entwicklung (Carew 1980; Clarke-Stewart 1987; Howes 1990; Ruopp et al. 1979; Whitebook et al. 1990). Darüber hinaus ist bei diesen Kindern eine bessere Aufgabenorientierung und mehr Rücksichtnahme im Umgang mit anderen Kindern zu beobachten (Howes 1990).

Die Diskussion um die pädagogische Qualität in Deutschland konzentrierte sich während der letzten Jahre vorwiegend auf strukturelle Merkmale, obwohl die Forschung zeigt, dass bei gleichen strukturellen Bedingungen in den Einrichtungen dennoch unterschiedliche Qualität erzeugt werden kann. Von entscheidender Bedeutung dabei sind die prozessualen Dimensionen von Qualität sowie Wechselwirkungseffekte zwischen strukturellen und prozessualen Dimensionen, die jedoch bislang weder bei der Konzeptualisierung von pädagogischer Qualität noch bei der Entwicklung von Evaluationsinstrumenten, geschweige denn bei der Evaluation von pädagogischer Qualität in den Tageseinrichtungen für Kinder Beachtung gefunden haben.

Wechselwirkung zwischen strukturellen und prozessualen Dimensionen von Qualität

Sowohl die strukturellen als auch die prozessualen Aspekte der außerfamilialen Kinderbetreuung sind für die Qualität der Erziehung von Bedeutung und müssen in die Konzeptualisierung eines Qualitätsmodells einbezogen werden. Betrachtet man die Relation zwischen den strukturellen und prozessualen Aspekten der Qualität außerfamilialer Betreuung, so lässt sich zwischen beiden eine empirisch belegte Wechselwirkung nachweisen. Auf der einen Seite sind die strukturellen Aspekte wie z. B. „stabile und dauerhafte Beziehung zwischen Kind und Betreuerin" sowie „die im Förderungsprogramm festgelegten Inhalte" nur in einem Interaktionsprozess realisierbar (Hayes et al. 1990). Auf der anderen Seite wirken strukturelle Aspekte unterstützend auf die Ausgestaltung von Interaktionsmustern und fördern vor allem die soziale Entwicklung der Kinder (Belsky 1984). Die Form der Betreuer-Kind-Beziehung korreliert mit der Gruppengröße, dem Personalschlüssel (Howes 1983; Howes & Rubenstein 1985) und der Ausbildung der Betreuer (Howes 1983): Betreuer/innen mit spezifischem, auf Kinderbetreuung und Entwicklung abgestimmtem Training sind sensitiver und kommunikativer als Betreuer, bei denen ein solches Training fehlt. Strukturelle Qualitätsdimensionen, wie der Personalschlüssel, die Gruppengröße und die Betreuerfluktuation, korrelieren jedoch nicht so hoch mit den prozessualen Qualitätsaspekten, dass sie eine Messung der prozessualen Qualitätsdimensionen in der außerfamilialen Betreuung ersetzen könnten (Scarr et al. 1994).

Vor allem die Studie von Howes, Phillips & Whitebook (1992) hat weitere interessante Zusammenhänge zwischen strukturalen und prozessualen Aspekten von Qualität deutlich werden lassen: Zum einen ist von Bedeutung, dass kleinste Veränderungen des Personalschlüssels bzw. der Gruppengröße Auswirkungen auf die Qualität der Betreuung haben. Bereits die Hinzunahme eines Kindes führt zu einer feststellbaren Abnahme der Betreuungsqualität. Zum anderen ist jedoch eine höhere soziale Kompetenz der Kinder in der Beziehung zu Gleichaltrigen nicht direkt durch den Personalschlüssel oder den Gruppenschlüssel beeinflussbar, sondern über die Mediatoren „adäquate Betreuung" (z. B.

Kind-Betreuer-Interaktionen, Beaufsichtigung etc.), „entwicklungsadäquate Aktivitäten" (z. B. Planung, Arrangement von Materialien, etc.) sowie die „Beziehung zum Betreuer" (Bindungssicherheit, soziale Orientierung) erklärbar. Die höhere soziale Kompetenz der Kinder entsteht somit nicht einfach durch den intensiven Kontakt mit anderen Kindern, sondern durch die Ausgestaltung und Organisation der Betreuungssituation durch die Erzieherin, die einen Handlungsrahmen für den Erwerb sozialer Fertigkeiten erst schaffen muss. Die Studie von Dunn (1993) zeigte ebenfalls, dass die strukturellen wie die prozessualen Aspekte von Qualität in gleicher Weise für Erfolg bezüglich kindlicher Entwicklungsziele prädiktiv von Bedeutung sind.

Kontextuelle Dimensionen von Erziehungsqualität

In der gegenwärtigen Debatte, wie sie seit geraumer Zeit in Deutschland geführt wird, gibt es kein konzeptualisiertes Modell von pädagogischer Qualität, das hinreichend den kontextuellen Dimensionen von Erziehungsqualität Rechnung trägt. Dies überrascht deshalb, weil in der Forschung der neunziger Jahre genügend Hinweise vorzufinden sind, die auf die Bedeutung kontextueller Dimensionen hindeuten. Darunter hat man bislang Variablen subsumiert, wie z. B. (a) den Führungsstil der Leitung einer Einrichtung, (b) das Betriebsklima, (c) die Vergütung des Fachpersonals, (d) die Arbeitsbedingungen, (e) die Trägerschaft der Einrichtung sowie (f) staatliche Finanzierungs- und (g) Regulierungsmaßnahmen.

(a) Führungsstil der Leitung: In der Studie von Helburn (1995) wurde der Führungsstil der Leitung in 400 Kindergärten untersucht. Die Leiter/innen sollten hierbei folgende Aspekte einschätzen: die Effektivität in der Organisation der Einrichtung; die Beteiligung der Leiter/innen an der Curriculumplanung; die Mitgliedschaft der Leiter/innen in einer qualifizierten Gruppe von Frühpädagog/innen. Zwischen jeder dieser Variablen und der Gesamtqualität (ITERS/ECERS) ließ sich eine Verbindung aufzeigen. Die vorliegenden Daten erlauben jedoch nur Hypothesen zur Erklärung dieser Korrelation: (1) Ein organisatorisch effektiv geführter Kindergarten mit klaren Erwartungen an die Mitarbeiter/innen könnte mit

weniger Stress am Arbeitsplatz verbunden sein. (2) Die Teilnahme an der Curriculumplanung verweist auf die Teilnahme der Leitung an der Mitgestaltung des Alltags von Kindern und Mitarbeiter/innen. (3) Die Mitgliedschaft der Leitung in einer qualifizierten Gruppe von Frühpädagogen mag einen gewissen Professionalismus innerhalb der Mitarbeiter/innenschaft fördern. Die Studie bestätigte darüber hinaus (4), dass der persönliche Umgangsstil der Leitung (kollegial vs. kontrollierend) die Arbeitszufriedenheit der Mitarbeiter/innen beeinflusst. Umgekehrt wurde eine Beziehung zwischen dem Ausmaß an Arbeitszufriedenheit bei den Erzieher/innen und deren restriktivem und kontrollierendem Umgang mit den Kindern festgestellt (Berk 1985). (5) Möglichkeiten zur Einflussnahme auf die Curriculumgestaltung und gesamtregulatorische Maßnahmen innerhalb der Einrichtung sowie regelmäßige Möglichkeiten, über einzelne Kinder und/oder die Arbeitsbedingungen zu sprechen (Maslach & Pines 1977), stehen in Zusammenhang mit Arbeitszufriedenheit. (6) Das Fehlen von Feedback und Unterstützung durch die Leitung korreliert dagegen mit Unzufriedenheit am Arbeitsplatz (Stremmel 1991).

(b) Das Betriebsklima in der Einrichtung: Unter „Betriebsklima" sind die existierenden Bedingungen am Arbeitsplatz zu verstehen, die auf der kollektiven Wahrnehmung der Angestellten basieren. Insofern gibt es einen Unterschied zur Arbeitszufriedenheit, bei der es um die individuelle Beurteilung geht, ob die eigenen Bedürfnisse und Erwartungen erfüllt werden. Dennoch stehen beide Variablen in engem Zusammenhang. Nur drei Studien haben die Korrelation zwischen Betriebsklima und Betreuungsqualität untersucht. In der Arbeit von Jorde-Bloom (1989) konnte festgestellt werden, dass Erzieher/innen aus einer Einrichtung mit hohem Qualitätsstandard ihre Arbeit deutlich positiver wahrnahmen. Auch die Anzahl an Kündigungen/Neueinstellungen war geringer. In den beiden anderen Studien zeigte sich ein eindeutig positiver Zusammenhang zwischen Qualitätsstandard und Organisationsklima (Pope & Stremmel 1992; Jorde-Bloom 1996). Jorde-Bloom (1996) kommt zu dem Ergebnis, dass sich qualitativ hochwertige Einrichtungen von qualitativ minderen Einrichtungen insbesondere anhand folgender Faktoren unterscheiden lassen: (1) Innovationsfreudigkeit (insbesondere der Einsatz kreativer Strategien zur Problemlösung); (2) Zielüberein-

stimmung; (3) Möglichkeiten der beruflichen Weiterbildung und (4) Klarheit in der Definition und Implementierung von Bestimmungen, Vorgehensweisen und Aufteilung von Verantwortlichkeiten.

(c) Vergütung des Fachpersonals: Die Studien von Helburn (1995), Whitebook, Howes & Phillips (1990) sowie Whitebook, Sakai & Howes (1997) konnten niedrige Gehälter und einen niedrigen Qualitätsstandard in vielen amerikanischen Kinderbetreuungseinrichtungen als Gründe für häufigen Personalwechsel identifizieren. So wechseln nach Whitebook, Howes & Phillips (1990) Mitarbeiter in Einrichtungen mit geringer Qualität zweimal häufiger. In dieser Studie war das Gehalt der beste Prädiktor und in der Studie von Helburn (1995) der zweitbeste Prädiktor für die Gesamtqualität der Einrichtung – auch wenn andere Variablen konstant gehalten wurden, wie z. B. die Ausbildung der Erzieher/innen. Helburn (1995) geht davon aus, dass der Zusammenhang zwischen der Höhe des Gehalts und Qualitätsaspekten v. a. darin seinen Ausdruck findet, ob ein Angestellter seine Arbeit als wertgeschätzt wahrnimmt. In der Studie von Whitebook, Sakai & Howes (1997) konnte festgestellt werden, dass (1) Erzieher/innen mit einer höheren Ausbildung eher ihre Arbeitsstelle beibehalten, wenn sie ein Gehalt bekommen, das auf dem höheren Ende des Kontinuums liegt, (2) wenn sie in einer Einrichtung mit einer größeren Anzahl von gut ausgebildeten Erzieher/innen zusammen arbeiten und wenn sie sich (3) in einer Situation befinden, in der auch die anderen Mitarbeiter/innen und die Leiterin ihren Arbeitsplatz behalten.

(d) Die Arbeitsbedingungen: Sind Erzieher/innen mit ihrer Stelle unzufrieden, so gehen sie mit höherer Wahrscheinlichkeit rüde und restriktiv mit den Kindern um (Berk 1985) und werden weniger Aktivitäten initiieren, die die Entwicklung der Kinder ermutigt und unterstützt (Phillips et al. 1991). Arbeitsunzufriedenheit steht ferner in Zusammenhang mit einem hohen Betreuerschlüssel (Kontos & Stremmel 1988) und mit dem Fehlen bezahlter Vorbereitungszeit (Whitebook et al. 1990). Faktoren, die die Arbeitszufriedenheit erhöhen können, sind beispielsweise ein Mitarbeiter/innenraum, ein separates Bad, ein Konferenzraum für die Mitarbeiter/innen, Stauraum für persönliche Dinge und Angebote zur beruflichen Weiterbildung (Kriterien der ECERS).

(e) Trägerschaft der Einrichtung: In einigen Ländern, wie z. B. in Kanada, wird üblicherweise zwischen nicht-profitorientierten und profitorientierten Programmen unterschieden. Bei der profitorientierten Kategorie handelt es sich um keine amtlichen Programme, Einrichtungen oder Formen der familiären Betreuung, die Teil eines örtlichen Systems sind. Unter nicht-profitorientierten Programmen sind all jene zu verstehen, die z. B. von einer gemeinnützigen Organisation oder den Eltern selbst finanziert werden. Die hierfür in Kanada vorzufindenden Arbeiten konzentrierten sich in erster Linie darauf, die Qualitätsunterschiede zwischen profit- und non-profit orientierten Tageseinrichtungen herauszuarbeiten. Im Rahmen der Nationalen Qualitätsinitiative untersucht das Projekt V des Staatsinstituts für Frühpädagogik die Trägerqualität. Sein Ziel besteht darin, ein dimensionales Modell von Trägerschaft zu entwerfen und Instrumente zur Selbst- und Fremdevaluation der Trägerqualität zu entwickeln. Dem Konzept von Trägerqualität liegt ein Modell zugrunde, das zehn Dimensionen umfasst: (1) Organisation und Dienstleistungsentwicklung; (2) Konzeption und Konzeptionsentwicklung; (3) Qualitätsmanagement; (4) Personalmanagement; (5) Finanzmanagement; (6) Familienorientierung/Elternbeteiligung; (7) gemeinwesenorientierte Vernetzung und Kooperation; (8) Bedarfsermittlung und Angebotsregulierung im Kontext der regionalen Jugendhilfe; (9) Öffentlichkeitsarbeit/Marketing und (10) Bau/Sachausstattung.

Nach der Studie von Pepper & Stuart (1992) können Formen der familiären Tagesbetreuung von Kindern, die zusätzlich gesponsert werden, einen höheren Qualitätsstandard aufweisen als jene, die nicht gesponsert werden (die Messung erfolgt hier entlang der Day Care Home Environment Rating Scale). Hinsichtlich des Umgangstones und der Qualität der Erzieher/in-Kind-Beziehung gab es zwar keine Unterschiede. Jene Haushalte, die eine Unterstützung erhielten, erzielten jedoch weitaus bessere Werte in den Bereichen Gesundheit und Sicherheit, Platzarrangement, Angebot unterschiedlicher Aktivitäten und Pflege der Beziehungen zu den Eltern. Die Studien von Carew (1979) und Fosberg (1981) betonen zudem, dass die Betreuer/innen intensiver mit den Kindern in Kontakt waren und mehr Zeit mit Aktivitäten verbrachten, welche die kindliche Entwicklung unterstützen und die Kinder ermutigen.

Die Betreuer/innen sind üblicherweise während der Betreuungszeit alleine und bemängeln den fehlenden Kontakt zu Erwachsenen (Galinsky et al. 1994). Viele Institutionen, die in diesem Bereich ihre finanzielle Unterstützung leisten, schaffen Abhilfe, indem sie den Kontakt mit anderen Erwachsenen arrangieren, sei dies durch regelmäßige Hausbesuche oder die Organisation gegenseitiger Unterstützungsgruppen. Die Zugehörigkeit zu einer solchen Gruppe ermöglicht es den Betreuer/innen, sich „nicht nur als Babysitter" (Gaslinsky et al. 1994) zu sehen, sondern ein Gefühl von Karriere zu entwickeln, was wiederum Einfluss nimmt auf den Umgang und die Planung von Aktivitäten mit den Kindern (Pence & Goelman 1991, Fischer & Eheart 1991). Die israelische Studie von Rosenthal (1991) konnte in diesem Zusammenhang belegen, dass Supervision (z. B. einmal wöchentlich), finanziert durch das Sponsoring-Unternehmen, sich positiv die Qualität der Interaktion zwischen Betreuer/innen und Kindern auswirkte.

Staatliche Finanzierung und Regulierungsmodalitäten: Ist die Form der Kinderbetreuung staatlich reguliert, wie dies in Teilen Westeuropas der Fall ist, so ist die Aufstellung und Etablierung von Standards als Teil oder Aufgabe des Verwaltungssystems zu verstehen. Sowohl in Kanada wie auch in Teilen Nordamerikas konnte anhand umfangreicher Studien bestätigt werden, dass Kinderbetreuungseinrichtungen wie auch familiäre Betreuungseinrichtungen einen höheren Qualitätsstandard aufweisen, wenn sie spezifische Bedingungen zu erfüllen haben (Doherty & Stuart, 1996; Goelman & Pence 1988; Pepper & Stuart 1992; Scarr et al. 1993). Dabei erhalten jene Einrichtungen die höchste Punktzahl (ITERS und ECERS), die die meisten vorgeschriebenen Standards erfüllen, so z. B. die Kinderbetreuungseinrichtungen in Ontario, Kanada, die voraussetzen, dass die Betreuer/innen eine mindestens zweijährige Ausbildung im Bereich „Frühpädagogik" absolvieren. Zwei Studien in Kanada (DeGagné & Gagné 1998; West 1988) verweisen jedoch auch auf die Nicht-Einhaltung staatlicher Regulative. Dies bedeutet, dass eine Regulation nur dann effektiv sein kann, wenn damit eine adäquate Überwachung bezüglich Einhaltung der erforderlichen Standards einhergeht.

Die Frage nach der Angemessenheit der Regulierung des Systems der Tageseinrichtungen für Kinder in Deutschland wird erst in jüngster Zeit thematisiert. Der Autor vertritt die Auffassung, dass Qualitätsmessung nicht ohne Bezug zur Frage nach der Regulierung des Systems erfolgen darf. Eine nicht angemessene Regulierung des Systems beeinflusst die pädagogische Qualität und führt bei Nicht-Berücksichtigung zur inadäquaten Einschätzung der Einrichtung. Deshalb wird die Position vertreten, dass sowohl eine funktionierende Regulierung wie auch eine angemessene Deregulierung erforderlich sind, um Qualität zu sichern. Nicht dereguliert werden dürfen folgende vier Bereiche: (1) der Bildungs- und Erziehungsplan, (2) die Professionalisierung der Fachkräfte (Aus-, Fort- und Weiterbildung), (3) die Steuerung des Systems mittels Evaluation und (4) die Forschungsförderung und die Dissemination von Forschungsbefunden. Über alle anderen Aspekte können Formen der Deregulierung in Erwägung gezogen werden, vorausgesetzt, die für eine Deregulierung erforderlichen Mechanismen zur Sicherung eines hohen Qualitätsniveaus sind verfügbar.

Ein wohl nicht zu unterschätzender Einfluss bezüglich der Aufrechterhaltung und/oder des Ausbaus des Qualitätsstandards von Kinderbetreuungseinrichtungen liegt in den finanziellen Unterstützungsmöglichkeiten durch den Staat. In nur einer amerikanischen Studie von Helburn (1995) wurde diesem Aspekt nachgegangen. Verglichen wurden Einrichtungen, die keine staatliche Unterstützung erhielten mit Einrichtungen (1) deren Träger die Gemeinde oder eine Schule waren, (2) welche mehr als die Hälfte ihrer Einnahmen aus staatlichen Steuerrückzahlungen erhielten oder (3) welche mehr als die Hälfte ihrer Einnahmen aus unterschiedlichen öffentlichen Kassen bezogen, wobei mindestens 10 % des Gesamteinkommens aus finanzieller Unterstützung aufgrund besonderer Dienstleistungen stammen musste.

Alle Einrichtungen, die vom Staat unterstützt wurden, unterschieden sich von den restlichen Einrichtungen in folgenden Punkten: (1) sie verfügten über viele Vergünstigungen, z. B. mietfreie Räume. (2) Die Leiter/innen, Erzieher/innen und sonstige Hilfen erhielten mehr Gehalt und sonstige Vergünstigungen. (3) Die Leiter/innen hatten eine bessere Ausbildung und der Großteil der Erzieher/innen einen mindestens zweijährigen Abschluss im Bereich „Frühpädagogik". (4) Es lag ein signifikant besserer Betreuerschlüssel vor. (5) Die Prozessqualität schnitt signifikant besser ab.

Diese Ergebnisse verdeutlichen, welchen Stellenwert eine staatliche Finanzierung innehat. Es gibt in dieser Studie leider keinen Hinweis darauf, welcher Umfang an Finanzierung notwendig ist, um einen Unterschied deutlich werden zu lassen. Schätzungen kommen jedoch zu dem Ergebnis, dass die Anhebung des Qualitätsstandards von 4.0 auf 5.0 entsprechend den ITERS und ECERS-Skalen – in Abhängigkeit vom Alter der Kinder – pro Kind und pro Stunde zwischen 25 und 33 Pfennige kosten würde (Helburn 1995).

Resümee

Diese Ausführungen mögen genügen, um ein über die deutsche Diskussion hinausgehendes, breiteres und differenzierteres Qualitätskonzept anzumahnen. Ein enges Konzept wird zu Unrecht die Einrichtungen und die Fachkräfte bezüglich ihres Beitrags zur Sicherung von pädagogischer Qualität einseitig belasten und unseren Blick vor (kontextuellen) Faktoren verschließen, die offensichtlich pädagogische Qualität beeinflussen. Zudem muss mit Nachdruck auf die Notwendigkeit einer stärkeren Berücksichtigung prozessualer Dimensionen von pädagogischer Qualität hingewiesen und diesen die gebührende Aufmerksamkeit geschenkt werden. Die Nationale Qualitätsinitiative wird im kommenden Jahr ihre Ergebnisse vorlegen. In diesem Zusammenhang gilt es zu reflektieren, ob das den einzelnen Beiträgen inhärent liegende Verständnis von Qualität auch komplexe Wechselwirkungseffekte (wie z. B. zwischen strukturellen und prozessualen Dimensionen) erfassen lässt. Und es gilt zu klären, ob wir zu einem differenzierten Verständnis bezüglich des Einflusses einzelner Faktoren nicht nur auf das Funktionieren der Einrichtung, sondern vor allem auch auf die Stärkung kindlicher Entwicklung und des Erzieher/innenverhaltens kommen können. Es ist bedauerlich, dass der Nationalen Qualitätsinitiative die Klärung des Bildungs- und Erziehungsauftrags der Tageseinrichtungen für Kinder und ein explizites (jedenfalls breiteres!) Verständnis von pädagogische Qualität nicht vorausgegangen ist. Es muss ferner der Versuch unternommen werden, die Debatte von pädagogischer Qualität mit der über Bildungsqualität zu verknüpfen und zu zeigen, dass sie die beiden Seiten der selben Medaille sind, nämlich einer qualitativ hochwertigen Bildung und Erziehung der Kinder unter sechs Jahren.

Literatur

Allhusen, V. D.; Cochran, M. M. (1991): Infant attachment behavior with their day care providers. Paper presented at the biennial meeting of the Society for Research in Child Development. Washington, D. C. ED, S. 338–406

Anderson, C.W., Nagle, R.J., Roberts, W.A.; Smith, J.W. (1981): Attachment to substitute caregivers as a function of centre quality and caregiver involvement. Child Development, 52, S. 53–61

Arnett, J. (1989): Caregivers in day care centers: Does training matter? Journal of Applied Developmental Psychology, 10, S. 541–552

Balageur, I.; Mestres, J.; Penn, H. (1992): Quality in services for young children: A discussion paper. Brussels, Belgium: European Commission Childcare Network, Commission of the European Communities

Belsky, J. (1984): The determinants of parenting. A process model. Child Development, 55, S. 83–96

Berk, L. (1985): Relationship of educational attainment, child oriented attitudes, job satisfaction and career commitment to caregiver behavior toward children. Child Care Quarterly, 14, S. 103–129

Bredekamp, S.; Rosegrant, T. (eds.) (1992): Reaching potentials. Appropriate curriculum and assessment for young children. Washington, National Association for the Education of Young Children

Bryant, D. M.; Peisner-Feinberg, E. S.; Clifford, R. M. (1993): Evaluation of public preschool programs in North Carolina. Final Report. Chapel Hill, NC, Frank Porter Graham Child Development Center, University of North Carolina at Chapel Hill

Bush, J.; Phillips, D. A. (1994): Expanding the lens. International approaches to defining quality. New Haven, Conn, Quality 2000, Yale University

Burts, D. C.; Hart, C. H.; Charlesworth, R.; Fleege, P. O.; Mosley, J.; Thomasson, R. H. (1992): Observed activities and stress behavior of children in developmentally appropriate and inappropriate kindergarten classrooms. Early Childhood Research Quarterly, 7, S. 297–318

Carew, J. (1979): Observation study of caregiver and children in day care homes. Paper presented at the Society for Research in Child Development Meeting, San Francisco, California

Carew, J. (1980): Experience and the development of intelligence in young children at home and in day care. Monographs of the Society for Research in Child Development. 45, (6–7, Serial No. 187)

Clarke-Stewart, K. A. (1987): Predicting child development from child care forms and features. The Chicago Study. In D. Phillips. Quality in child care. What does the research tell us? Washington, National Association for the Education of Young Children

Clarke-Stewart, K. A.; Gruber, C. P. (1984): Day care forms and features. In R. C. Ainslie (ed.), The child and the day care setting. New York, NY, Praeger, S. 35–62

Cummings, E.H. (1980): Caregiver stability and day care. Developmental Psychology, 16, S. 31–37

DeGagné, C.; Gagné, M.-P. (1988): Garderies à but lucratif et garderies sans but lucratif subventionnées – vers und évaluation de la qualité. Montreal, Quebec, Government of Quebec, Office des services en garde à l'enfance

Doherty, G.; Stuart, B. (1996): A profile of quality in Canadian child care centres. Guelph, Ontario, Department of Family Studies, University of Guelph

Dragonas, T., Tsiantis, J.; Lambidi, A. (1993): Assessing quality day care. The WHO child care facility schedule. Paper presented at the symposium „Quality in day care. L An international perspective." SRCD conference, New Orleans. ED S. 358–941

Dunn, L. (1993): Proximal and distal features of day care quality and children's development. Early Childhood Research Quality, 8, S. 167–192

Evans, J.L. (1996): Quality in ECCD. Everyone's concern. Coordinator's Notebook, 18, S. 1–26.

Farquhar, S-E. (1990): Defining quality in the evaluation of early childhood programs. Australian Journal of Early Childhood, 15, S. 16–23

Field, T. (1980): Preschool play. Effects of teacher-child ratio and organization of classroom space. Child Study Journal, 10, S. 191–205

Fischer, J. L.; Eheart, B. K. (1991): Family day care. A theoretical basis for improving quality. Early Childhood Research Quarterly, 6, S. 549–563

Fthenakis, Wassilisos E. (1998): Erziehungsqualität: Ein Versuch der Konkretisierung durch das Kindernetzwerk der Europäischen Union. In: D. Sturzbecher (Hrsg.), Kindertagesbetreuung in Deutschland: Bilanzen und Perspektiven. Freiburg, Lambertus, S. 45–70

Fosberg, S. (1981): Family day care in the United States. Final report of the National Day Care Home Study. Volume I. Cambridge, Mass., Abt. Associates

Friesen, B. K. (1992): A sociological examination of the effects of auspice on day care quality. Calgary, Alberta, Department of Sociology, University of Calgary

Galinsky, E.; Howes, C.; Kontos, S.; Shinn, M. (1994): The study of children in family child care and relative care. Highlights of findings. New York, Families and Work Institute

Goelman, H.; Pence, A.R. (1988): Children in three types of child care experiences. Quality of care and developmental outcomes. Early Childhood Development and Care, 33, S. 67–76

Golden, M.; Rosenbluth, L.; Grossi, M. T.; Policare, H. J.; Freeman, H. Jr.; Brownlee, E. M. (1978): The New York City Infant Day Care Study. New York, Medical and Health Research Association of New York City

Goossens, F. A.; van Ijzendoorn, M. H. (1990): Quality of infants' attachments to professional caregivers. Relation to infant-parent attachment and day care characteristics. Child Development, 61, S. 832–887

Howes; Rodning; Galluzo; Meyers (1988) a.a.O.

Halder, S. C.; McFarland, L. (1986): Hepatitis in day care centers. Epidemiology and prevention. Review of Infectious Diseases, 8, S. 548–557

Halder, S. C.; Erben, J. J.; Francis, D. P.; Webster, H. M.; Maynard, J. E. (1982): Risk factors for hepatitis A in day care centers. Journal of Infectious Diseases, 145, S. 255–261

Hayes, C. D.; Palmer, J. L.; Zaslow, M. J. (1990):. Who cares for America's children? Washington, National Academy Press

Helburn, S. (1995) (ed.): Cost, quality and child outcomes in child care centres. Technical report. Denver, Colorado. Department of Economics, Center for Research in Economics, University of Colorado at Denver

Henrickson, J. M.; Strain, P. S.; Tremblay, A.; Shores, R. E. (1981): Relationships between toy and material use and the occurrence of social interaction behaviors in normally developing preschool children. Psychology in the Schools, 18, S. 500–504

Hirsh-Pasek, K.; Hyson, M.; Rescorla, L. (1990): Academic environments in preschool. Do they pressure or challenge young children? Early Education and Development, 1, S. 401–423

Holloway, S. D.; Reichhart-Erikson, M. (1988): The relationship of day care quality to children's free-play behavior and social problem-solving skills. Early Childhood Research Quarterly, 3, S. 39–53

Howes, C. (1983): Caregiver behavior in center and family day care. Journal of Applied Developmental Psychology, 4, S. 99–107

Howes, C. (1988): Relations between early child care and schooling. Developmental Psychology, 24, S. 53–57

Howes, C.; Hamilton, C. E. (1993): The changing experience of child care. Changes in teachers and teacher-child relationships. Early Childhood Research Quarterly, 8, S. 15–32

Howes, C.; Olenick, M. (1986): Family and child care influences on toddler's compliance. Child Development, 57, S. 202–216

Howes, C. (1987): Quality indicators in infant and toddler child care. The Los Angeles Study. In D. Phillips (ed.), Quality in child care. What does research tell us? Washington, DC, National Association for the Education of Young Children, S. 89–104

Howes, C.; Galinsky, E. (1995): Accreditation of Johnson; Johnson's child development center. In: S. Bredekamp and B.A. Willer. NAEYC accreditation. A decade of learning and the years ahead. Washington, National Association for the Education of Young Children, S. 47–60

Howes, C.; Rodning, C.; Galluzzo, D.C.; Myers, L. (1988): Attachment and child care Relationships with and caregiver. Early Childhood Research Quarterly, 3, S. 403–416

Howes, C.; Rubenstein, J. (1981): Toddler peer behavior in two types of child care. Infant Behavior and Development, 4, S. 387–393

Howes, C.; Rubenstein, J. (1985): Determinants of toddler's experiences in day care. Age of entry and quality of setting. Child Care Quarterly, 14, S. 140–151

Howes, C.; Smith, E.; Galinsky, E. (1995). The Florida Child Care Improvement Study. New York, L Families and Work Institute

Howes, C.; Stewart, P. (1987): Child's play with adults, toys and peers. An examination of family and child care influences. Development Psychology, 23, S. 423–430

Jacobs, E. V.; Selig, G.; White, D. R. (1992): Classroom behaviour in grade one. Does the quality of preschool day care experience make a difference? Canadian Journal of Research in Early Childhood Education, 3, S. 89–100

Jorde-Bloom, P. (1988): A great place to work. Improving conditions for staff in young children's programs. Washington, DC, National Association for the Education of Young Children

Jorde-Bloom, P. (1989): The Illinois Director's Study. Report submitted to the Illinois Department of Chil dren and Family, Illinois, National College of Education, ED, S. 305–167

Jorde-Bloom, P. (1996): Improving the quality of life in the early childhood setting. Resource guide and technical manual for the Early Childhood Work Environment Survey. Revised edition. Wheeling, Illinois, Early Childhood Professional Development Project, National-Louis University Joseph, C.; Lane, J.; Sharma, S. (1994), No equality, no quality. In P. Moss; A. Pence (eds.), Valuing quality in early childhood services. New York, NY, Teachers College Press, S. 92–107

Katz, L.G. (1992): Early childhood programs. Multiple perspectives on quality. Childhood Education, 69, S. 66–71

Katz, L.G. (1996): Child development knowledge and teacher preparation. Confronting assumptions. Early Childhood Research Quarterly, 11, S. 135–146

Kontos, S.; Fiene, R. (1987): Quality, compliance with regulations and children's development. The Pennsylvania Study. In: D. Phillips, Quality in child care. What does the research tell us Washington, National Association for the Education of Young Children, S. 57–79

Kontos, S.; Hsu, H.-C.; Dunn, L. (1994): Children's cognitive and social competence in child care centers and family day care homes. Journal of Applied Developmental Psychology, 15, S. 387–411

Kontos, S.; Stremmel, A. J. (1988): Caregivers' perceptions of working conditions in a child care environment. Early Childhood Research Quarterley, 3, S. 77–90

Lamb, M.E.; Hwang, C. P.; Broberg, A.; Bookstein, F. L. (1988): The effects of out-of-home care on the development of social competence in Sweden. A longitudinal study. Early Childhood Research Quarterly, 3, S. 379–402

Langsted, O. (1994): Looking at quality from the child's perspective. In P. Moss and A. Pence (Eds.), Valuing quality in early childhood services. London, Paul Chapman Publishing Ltd., S. 28–42

Lemp, G. F.; Woodward, W. E.; Pickering, L. K.; Sullivan, P. S.; Dupont, H. L. (1984): The relationship of staff to the incidence of diarrhea in day care centers. American Journal of Epidemiology, 120, S. 750–758

Love, J. M. (1993): Does children's behavior reflect day care classroom quality? Paper presented at the biennial meeting of the Society for Research in Child Development. New Orleans, LA, ED, S. 356–085

Maslach, C.; Pines, A. (1977): The burn-out syndrome in the day care setting. Child Care Quarterly, 6, S. 100–113

McCartney, K. (1984): Effect of quality of day care environment on children's language development, 20, S. 244–260

McMahan, I. D. (1992): Public preschool from the age of two. The ecole maternele in France. Young Children, 47, S. 22–28

Melhuish, E. C.; Mooney, A.; Martin, S.; Lloyd, E. (1990): Journal of Child Psychology and Psychiatry, 31, S. 861–870

Moore, G. T. (1986): The effects of the spatial definition of behavior settings on children's behavior. A quasi-experimental field study. Journal of Environmental Psychology, 6, S. 205–231

Moss, P. (1994): Defining quality. Values, stakeholders and processes. In P. Moss and A. Pence (eds.), Valuing quality in early childhood services. London, Paul Chapman Publishing Ltd., S. 1–9

Moos, P.; Pence, A. R. (eds.) (1994): Valuing quality in early childhood services. New York, NY, Teachers College Press

Pepper, S.; Stuart, B. (1992): Quality of family day care in licensed and unlicensed homes. Canadian Journal of Research in Early Childhood Education, 3, S. 109–118

Phillips, D. A. (1995): Reconsidering quality in early care and education. New Haven, Conn., Quality 2000, Yale University

Phillips, D.; Howes, C.; Whitebook, M. (1991): Child care as an adult work environment. Journal of Social Issues, 47, S. 49–70

Phillips, D.; McCartney, K.; Scarr, S. (1987): Child care quality and children's social development. Development Psychology, 23, S. 537–543

Pope, S.; Stremmel, A. (1992): Organizational climate and job satisfaction among child care teachers. Child and Youth Care Forum, 21, S. 39–52

Pickering, L. K.; Woodward, W. E. (1982): Diarrhea in day care centers. Pediatric Infectious Diseases, 1, S. 47–52

Rosenthall, M. K. (1991): Behaviors and beliefs of caregivers in family day care. Early Childhood Research Quarterly, 6, S. 263–283

Roßbach, H.-G. (1993): Analyse von Messinstrumenten zur Erfassung von Qualitätsmerkmalen frühkindlicher Betreuungs- und Erziehungsumwelten

Rubenstein, J.; Howes, C. (1983): Social-emotional development to toddlers in day care. The role of peers and individual difference. In: S. Kilmer, Advances in early education and day care. Greenwich

Ruopp, R.; Travers, J.; Glantz, R.; Coelen, C. (1979): Children at the center. Final report of the National Day Care Study. Cambridge, Mass., Abt. Associates

Scarr, S.; Eisenberg, M.; Deater-Deckard, K. (1994): Measurement of quality in child care centers. Early Childhood Research Quarterly. 9, S. 131–151

Scarr, S.; Phillips, D.; McCartney, K.; Abbott-Shinn, M. (1993): Quality of child care as an aspect of family child care policy in the United States. Pediatrics, 91, S. 182–188

Smith, P. K.; Connolly, K. J. (1986): Experimental studies of the preschool environment. The Sheffield Project. In S. Kilmer (ed.), Advances in early education and day care (S. 27–67). Volume IV. Greenwich, Conn., JAI Press

Smith, A. B.; McMillan, B. W.; Kennedy, S.; Ratcliffe, B. (1989): The effect of improving preschool teacher/child ratios. An experiment in nature. Early Child Development and Care, 41, S. 123–138

Snider, M. H.; Fu, V. R. (1990): The effects of spezicialized education and job experience on early childhood teachers' knowledge of developmentally appropriate practice.Early Childhood Research Quarterly, 5, S. 69–78

Stith, S. M.; Davis, A. J. (1984): Employed mothers and family day care substitute caregivers. A comparative analysis. Child Development, 55, S. 1340–1348

Stremmel, A. J. (1991): Predictors of intention to leave child care work. Early Childhood Research Quarterly, 6, S. 285–298

West, S. (1988): A study on compliance with the Day Nurseries Act at full-time child care centres in Metropolitan Toronto. Prepared for the Toronto Area office of the Ontario Ministry of Community and Social Services. Toronto, Ontario Ministry of Community and Social Services

Whitebook, M.; Howes, C.; Phillips, D. A. (1990): Who cares? Child care teachers and the quality of care in America. Final report of the National Child Care Staffing Study. Oakland, California, Child Care Employee Project

Whitebook, M.; Sakai, L.; Howes, C. (1997): NAEYC accreditation as a strategy for improving child care quality. Washington, DC, National Center for the Early Childhood Work Force

Tassilo Knauf

Der Einfluss pädagogischer Konzepte auf die Qualitätsentwicklung in Kindertageseinrichtungen

Der folgende Beitrag geht davon aus, dass die Orientierung einer Kindertageseinrichtung an einen elementarpädagogischen Ansatz die pädagogische Qualität der Einrichtung positiv beeinflusst. Für diese Hypothese gibt es keine gesicherten empirischen Befunde. Deshalb konzentriert sich der Beitrag darauf, die Eingangshypothese mittels pädagogischer Argumentation plausibel zu machen. Diese Vorgehensweise kann insofern als gerechtfertigt betrachtet werden, als der größte Teil der aktuellen (elementar-)pädagogischen Diskussion um Qualität sich auf der Ebene theoretischer Auseinandersetzung bewegt. Dies ist jedoch nicht nur als Mangel zu betrachten, sondern auch als notwendige Bemühung um Klarheit der Begriffe und um das Verstehen der Prozesse, Bedingungen und systemischen Zusammenhänge, die Qualität in Kindertageseinrichtungen hervorbringen und sichern.

Folgende argumentative Grundmuster werden in diesem Beitrag behandelt:

1. Die Orientierung an pädagogischen Überzeugungen wird in der aktuellen elementarpädagogischen Qualitätsdiskussion bereits als Qualitätskriterium thematisiert.

2. Die Orientierung an einem pädagogischen Ansatz verlangt einen Entwicklungsprozess in der Einrichtung und damit eine konventionelles pädagogisches Handeln überwindende Dynamik, die Grundvoraussetzung von pädagogischer Qualität ist.

3. Pädagogische Ansätze fordern Wert-, Prinzipien- und Handlungsentscheidungen im Team heraus, sie geben der Einrichtung eine pädagogische Identität und fördern im Team eine kontinuierliche Kommunikation, in der es um qualitative Fragen geht.

4. Pädagogische Ansätze nehmen Bezug auf pädagogische Schlüsselprozesse und fördern die Konzentration pädagogischer Arbeit auf qualitativ zentrale Handlungselemente.

5. Pädagogische Ansätze machen die Einrichtung nach außen (qualitativ) erkennbar, vermitteln den Eltern die Möglichkeit, das pädagogische Profil der Einrichtung einzuordnen und geben dem Träger die Informationsgrundlage für die gezielte Unterstützung der Qualitätsentwicklung einer Einrichtung.

Die analytische Auseinandersetzung mit diesen argumentativen Grundmustern setzt die Klärung der Frage voraus, was als pädagogischer Ansatz verstanden werden kann. Die vorliegende Literatur ist schmal (vgl. Fthenakis/Textor 2000; Knauf 1999) und gibt kaum Hinweise auf eine anerkannte Verständigung über den Begriff der „pädagogischen Ansätze" oder „pädagogischen Richtungen". Eine theoretische Definition pädagogischer Ansätze könnte lauten: *Ein pädagogischer Ansatz ist ein definiertes System pädagogischer Überzeugungen, das historisch entstanden ist, sich bewusst von anderen Ansätzen absetzt und Konsequenzen für eine professionelle pädagogische Praxis formuliert.*

Im Bereich der Elementarpädagogik bezieht sich ein pädagogischer Ansatz oftmals deutlicher als in anderen professionellen pädagogischen Handlungsfeldern, z. B. der Schule, auf eine Einrichtung, die sich als Ganzes an einem Ansatz orientiert.

Pädagogische Ansätze sind vorrangig in Epochen entstanden, in denen sich Kritik an hergebrachten pädagogischen Alltagspraktiken mit der Neuentwicklung pädagogischer Ideen, der Praxiserprobung und einem besonderen öffentlichen Interesse an Bildung und Erziehung verband. Historisch gesehen können solche Epochen schon in Renaissance und Humanismus des 16. und 17. Jahrhunderts (Rabelais, Luther, Ratke, Comenius) und in der Aufklärung sowie im Philanthropismus des 18. und frühen 19. Jahrhunderts (Rousseau, Pestalozzi, Rochow, Salzmann, Campe, Humboldt, Schleiermacher, Herbart, Fröbel) identifiziert werden. Für die heutige elementarpädagogische Praxis im deutschsprachigen Bereich sind vor allem zwei jüngere Epochen der Pädagogikgeschichte als produktiv für die Entstehung pädagogischer Ansätze einzuschätzen. In der reformpädagogischen Bewegung vor allem im ersten Drittel des 20. Jahrhunderts entstanden die Montessori-Pädagogik, die Waldorfpädagogik und die Freinet-Pädagogik.

In den späten 60er bis späten 80er Jahren prägten sich, zum Teil im Anschluss an reformpädagogische Ideen, folgende Ansätze aus: die Reggio-Pädagogik, der Situationsansatz bzw. der Situationsorientierte Ansatz, die Offene Kindergartenarbeit sowie der Ansatz des Waldkindergartens (eine differenzierte Darstellung dieser Ansätze findet sich bei Knauf 2003, eine zusammenfassende Skizzierung bei Knauf 1999).

Warum pädagogische Orientierungen eine wichtige Qualitätsdimension sind

In Anschluss an die jüngere angelsächsische Forschung (vgl. u. a. Charlesworth et al. 1993) hat Wolfgang Tietze (1998, S. 21 f. u. 68 ff.; 2001, S. 54) die Kategorie der „pädagogischen Orientierung(en)" in die deutschsprachige elementarpädagogische Qualitätsdiskussion eingeführt. Dabei geht er von einem Qualitätsbegriff aus, der unter einer guten Tagesbetreuung eine Einrichtung versteht, die „das körperliche, emotionale, soziale und intellektuelle Wohlbefinden und die Entwicklung der Kinder in diesen Bereichen fördert und die Familien in ihrer Betreuungs- und Erziehungsaufgabe unterstützt" (Tietze 1998, S. 20). Dabei unterscheidet er drei pädagogische Qualitätsbereiche, die zur Einrichtungsqualität beitragen:
– Pädagogische Prozesse (Prozessqualität);
– Pädagogische Strukturen (Strukturqualität);
– Pädagogische Orientierungen (Orientierungsqualität) (S. 21)

Mit der Kategorie der Orientierungsqualität erweitert Tietze die Konzentration der pädagogischen Qualitätsdebatte um die strukturelle und prozessuale Dimension (vgl. u. a. Fthenakis 1998, S. 58 ff.; Arbeitsstab-Forum Bildung 2001, S. 8). Mit pädagogischen Orientierungen meint Tietze die „pädagogischen Vorstellungen, Werte und Überzeugungen der an den pädagogischen Prozessen unmittelbar beteiligten Erwachsenen", deren „pädagogische Ziele und Normen" sowie „die Auffassungen der Erzieherinnen über pädagogische Qualität und die Aufgaben des

Kindergartens", er versteht sie als „zeitlich relativ stabile und überdauernde Konstrukte" (Tietze 1988, S. 22). Sie konkretisieren sich in „Normen und Überzeugssystemen" sowie im „mentalen Klima" einer Einrichtung (S. 67). Der von Tietze mehrfach verwendete Begriff „Überzeugungssystem" geht auf den in der US-amerikanischen Forschung entwickelten Terminus „belief system" zurück (vgl. Sigel et al. 1992). Mit ihm soll deutlich gemacht werden, dass „[...] Vorstellungen, Ziele, Werte und Einstellungen nicht isoliert voneinander existieren [... und dass auch] die Praktiken der Betreuung, Erziehung und Bildung von Kindern [...] in einem breiteren Universum von Regeln, Normen, Vorstellungen und sozio-kulturell beeinflussten Werten angesiedelt [... sind]" (Tietze 1998, S. 68). Diese entstehen im Kontext „ko-konstruktiver Prozesse", sind „zum Teil bewusst reflektiert" oder auch als „implizite ,Theorien'" zu verstehen (S. 69). Bei den Erzieher/innen sind pädagogische Überzeugungssysteme durch „gezielte berufliche Sozialisation" (S. 70) gesteuert. Tietze hat in einem aufwendigen Untersuchungsansatz Elemente pädagogischer Überzeugungssysteme von Erzieherinnen und Müttern analysiert. Diese Elemente ordnet er, Miller (1988) folgend, drei Bereichen zu: den Vorstellungen von der Entwicklung der Kindern, den normativen Einstellungen zu Erziehungszielen und Erziehungsmaßnahmen und der Vorstellung von Aufgaben und Qualität des Kindergartens (vgl. Tietze 1998, S. 70 ff.).

Die in sich komplexesten elementarpädagogischen Überzeugungssysteme sind die historisch entwickelten pädagogischen Ansätze, die in Aus- und Fortbildung, durch Lektüre, mündliche Tradierung und vor allem auch durch unmittelbare Praxiserfahrung (Hospitation, Kooperation und Integration in ein Team mit entsprechender Prägung) weitervermittelt werden. Pädagogische Ansätze enthalten

- anthropologische Vorstellungen vom Kind
- Vorstellungen, was die Entwicklung von Kindern fördern kann
- Vorstellungen von der „guten Erzieherin" und ihrer professionellen Rolle
- Vorstellungen von einer wünschenswerten Steuerung sozialer Interaktion und sozialer Erfahrungen
- Vorstellungen von der Bedeutung und der für Kinder förderlichen Nutzung der pädagogischen Kategorien Raum, Zeit, Material

- Werte, Normen und Regeln für die Gestaltung des Alltags in der Kindertageseinrichtung
- Werte, Normen und Regeln für das Selbstverständnis von Kindertageseinrichtungen und für die Gestaltung der Beziehung zu Eltern, Nachbarschaft, Träger, zur erfahrbaren Umwelt und zu sozialen bzw. institutionellen Netzwerken.

Pädagogische Ansätze, wie etwa die Waldorf- oder Montessori-Pädagogik oder auch der Situationsansatz und die Reggio-Pädagogik, sind ganzheitliche Konzepte, die Gesellschaftsvorstellungen, Menschenbilder, Vorstellungen von der Entwicklung des Kindes, von der Erzieher/innenrolle und eine Fülle aufeinander bezogener Handlungsempfehlungen oder auch -regeln enthalten. Sie zeichnen sich einerseits durch Komplexität aus und können daher in sehr vielen Bereichen der elementarpädagogischen Praxis herangezogen werden; andererseits sind sie – mehr oder weniger eindeutig – auf wenige Grundannahmen zurückzuführen. Sie entsprechen daher in besonderem Maße dem Verständnis handlungsleitender Überzeugungssysteme, das Tietzes Konzept von Orientierungsqualität zugrunde liegt. Zugleich integrieren pädagogische Ansätze auch zahlreiche Aspekte, wie sie in der aktuellen Diskussion den Dimensionen der Prozess- und Strukturqualität zugeschrieben werden (vgl. Fthenakis 1998, S. 58 f.; Tietze 1988, S. 174 ff. u. 226 f.). Fthenakis führt z. B. als Elemente der Prozessdimension auf: Interaktion, pädagogisches Programm, Ziele, pädagogische Aktionsstile, räumliche Umgebung.

Damit können pädagogische Ansätze als Fokussierungen pädagogischer Qualitätsaspekte verstanden werden. Sie bündeln einzelne Qualitätselemente und stellen sie in einen *Sinnzusammenhang*. Damit erleichtern sie auch die Entwicklung und Evaluation pädagogischer Qualität.

Was pädagogische Ansätze und pädagogische Qualität miteinander zu tun haben

Pädagogische Ansätze und pädagogische Qualität haben, auf einer strukturellen Ebene betrachtet, spezifische Gemeinsamkeiten: Sie stellen zunächst eine sprachlich gefasste systematische Sammlung von Überzeugungen, Werten und Normen dar. Dabei greifen sie zum Teil auf wissenschaftliche Erkenntnisse zurück, die für sie eine wichtige Legitimationsfunktion erfüllen. Pädagogische Ansätze und pädagogische Qualität haben jedoch nur einen Wert, wenn sie in Praxis umgesetzt werden, also wenn Einrichtungen pädagogische Ideen realisieren, wenn das Erzieher/innenhandeln pädagogisch reflektiert wird und sich in Einrichtungen Qualitätsmerkmale ausprägen, die dem körperlichen, emotionalen, sozialen und intellektuellen Wohlbefinden der Kinder und ihrer Entwicklung zugute kommen (vgl. Tietze 1998, S. 20).

Die Einführung pädagogischer Richtungen im Alltag von Kindertageseinrichtungen ist ein ähnlich schwieriger Prozess wie die Implementation pädagogischer Qualität. Es können dabei mehrere idealtypische Prozessschritte identifiziert werden, die jeweils noch weiter untergliedert werden können:

1. Authentische, zugleich verständliche Vermittlung eines pädagogischen Konzepts oder Qualitätsansatzes;
2. das subjektive Verstehen der vermittelten Informationen auf Seiten der Akteure;
3. das Herstellen kognitiver wie auch emotionaler Beziehungen zwischen Konzept und der eigenen Praxis;
4. das Identifizieren, Formulieren und Hierarchisieren von Zielen zur Veränderung der bisherigen Praxis;
5. die Feststellung eines konkreten Startpunktes;
6. die kontinuierliche Weiterführung des Veränderungsprozesses unter Reflexion von Fehlern, Rückfällen, Stagnationsphasen;
7. die Einbettung von Schritten der Praxisveränderung in ein Netz begleitender und unterstützender Kommunikation sowie der Selbst- und Fremdeinschätzung, der Dokumentation, Evaluation, Beratung, Weiterbildung und Öffentlichkeitsarbeit.

In der Praxis ergeben sich vielfältige Abweichungen von diesem idealtypischen Phasenschema. Vor allem die Orientierung an pädagogischen Ansätzen erfolgt oft nicht nach dieser Phasenstruktur, weil Optionen zugunsten eines Ansatzes oft mit einrichtungsbezogenen Traditionen zusammenhängen: Eine Einrichtung wurde als Waldorf- oder Montessori-Kindergarten gegründet; der Träger legt Wert auf eine Orientierung am

Situationsansatz oder am Konzept der Offenen Kindergartenarbeit; die Leiterin engagiert sich vielleicht seit Jahren für die Reggio-Pädagogik und versucht mit dem Träger ein entsprechendes Team zusammen zu stellen.

Wie man Entwicklungsprozesse interpretieren kann

Diese vielfältig variierten Handlungsschritte bilden zusammen einen Entwicklungsprozess. Dieser kann theoretisch unterschiedlich interpretiert werden, zum Beispiel unter Bezugnahme auf den Konstruktivismus, das Konzept des Projektlernens sowie die Organisationsentwicklung.

Mit einem *systemisch-konstruktivistischen Interpretationsmuster* lassen sich die komplizierten und mühevollen Vorgänge der Veränderung von Überzeugungen erklären, die im Subjekt verankerte Grundtendenz der Lernresistenz sowie die hohe Bedeutung subjektiver Bedürfnisse nach Problembewältigung (Viabilität) bei Veränderungsprozessen (vgl. Huschke-Rhein 1998; Siebert 1999).

Das Konzept des *Projektlernens* geht konkreter auf Verbindung und Wechselbeziehung von Lernen und sozialer Praxis ein. Bis heute ist dieses Konzept wesentlich von der Erziehungsphilosophie John Deweys (1859–1952) geprägt. Für ihn waren Erkennen und Tun untrennbar miteinander verbunden (vgl. Speth 1997, S. 22 f.). Ein Projekt als Prozess des Erkenntnisgewinns wie auch der Praxisveränderung sollte aus vier wiederkehrenden Grundelementen bestehen: Beabsichtigen, Planen, Ausführen, Beurteilen (vgl. Knauf 2001a, S. 15 f.). Dieses Phasenschema ist in den letzten Jahren vor allem von Karl Frey (1998) erweitert worden. Vor allem die Aspekte der Zielorientierung, Zielerreichung und Teaminteraktion in einrichtungsbezogenen Entwicklungsprozessen lassen sich mit Hilfe des Konzepts des Projektlernens interpretieren und steuern.

Das auf Erprobungen Kurt Lewins in den späten 40er Jahren des 20. Jahrhunderts gründende Konzept der *Organisationsentwicklung* geht davon aus, dass eine Organisation (z. B. eine Kindertageseinrichtung) ihre Effektivität nur dann verbessern kann, wenn alle Organisationsmit-

glieder in einen gemeinsamen Prozess der Überprüfung von Handlungs-
zielen und Arbeitsweisen eintreten, der die Organisation zu einer „lernenden Organisation" macht (vgl. Rosenstiel 1999). Ausgangspunkt ist
eine Situationsanalyse, es folgen (Neu-)Definition von Zielen, Hand-
lungsplanung, Umsetzung und Evaluation als erneute Situationsanalyse
(vgl. Knauf 1997). Organisationsentwicklung ist ein bewährtes Modell
für die reflektierte Strukturierung von Prozessen der Qualitätsentwicklung, ist aber in gleicher Weise geeignet, die Konzeptionsentwicklung
von Kindertageseinrichtungen oder die Schulprogrammarbeit zu strukturieren. Vor allem die Schulprogrammarbeit, die eine schulbezogene
Entsprechung zur Konzeptionsentwicklung in Kindertagesstätten darstellt, wird immer wieder mit dem methodischen Ansatz der Organisationsentwicklung in Verbindung gebracht (vgl. u. a. Knauf 1997; Kubi-
na/Vaupel 2001; Schratz/Steiner-Löffler 1998).

Pädagogische Ansätze schärfen das Profil der Einrichtung

Kindertageseinrichtungen können wie bei der Schulprogrammarbeit (vgl.
Kubina/Vaupel 2001, S. 151) in der Konzeptionsentwicklung eigene
Schwerpunkte setzen und ihr Profil in der Orientierung an pädagogischen
Ansätzen schärfen. Dies geschieht nicht mit einer Anstrengung, die zu einem punktuell festgelegten Ziel führt und dann abbricht. Teams lernen
davon auszugehen, „[…] dass Qualität kein statischer Zustand sein kann,
sondern sich neu und weiter entwickelt […]" (S. 152). „Bei dem Prozess
der Gewinnung von eigenen Zielsetzungen, der Entwicklung von Schwerpunkten […], die an konkreten Gegebenheiten vor Ort anknüpfen und
damit der stetigen Weiterentwicklung von Qualität […]" dienen, konkre-
tisiert sich im Idealfall „[…] ein systematischer, absichtsvoll und sorgfältig
geplanter Prozess mit längerfristiger, nachhaltiger Perspektive […, der]
auch geradezu zwangsläufig zu einer Reduzierung der Verzettelung […]
und für die Kolleginnen und Kollegen zu einer neuen Definition ihrer
Rolle […]" führt (ebd.).

Die von Kubina und Vaupel angesprochene Reduktion von Verzettelung und damit verbundene neue Rollendefinition hängt eng damit zusammen, dass sich im Prozess der Konzeptionsentwicklung ein Team

zwischen verschiedenen pädagogischen Ideen und Konzepten entscheiden muss, Präferenzen findet und sich klarer zu dem einen oder anderen pädagogischen Ansatz hin orientiert. Diese Orientierung verhilft dem Team, Auswege aus der Beliebigkeit pädagogischer Vorstellungen und der Fremdsteuerung durch externe Erwartungen zu finden. Das Umsetzen eines pädagogischen Ansatzes verlangt Zielklarheit, Erprobungsenergie, Toleranz gegenüber Kritik und eigenen Fehlern und stellt sich in der Regel als ein von Krisen begleiteter längerfristiger Prozess dar. Dieser Prozess kann als ein Qualitätsentwicklungsprozess verstanden werden, weil er auf Seiten der Akteure nur mit hohem Reflexionsvermögen und alltagsbezogener Handlungsintensität realisierbar ist. Pädagogische Qualität setzt ebenso wie die Umsetzung eines pädagogischen Ansatzes einen Entwicklungsprozess voraus. In einem solchen Prozess werden die Strukturen einer weitgehend statischen Praxis, die sich aus der Reproduktion gesicherter Routinen ergibt, aufgelöst. Auch wenn der Prozess ausschließlich auf die Annäherung an einen pädagogischen Ansatz zielt, sind ihm Elemente der Qualitätsentwicklung inhärent, denn:

1. Qualität entsteht nur aus Veränderung (vgl. Rijn 1999 et al. S. 158 u. 164); „Es wird hier der Zusammenhang zu Ulrich Becks Gedanken erkennbar, dass das Leben in der Moderne dadurch ausgezeichnet und zugleich belastet ist, dass nicht einfach vorgegebene Muster übernommen werden können, sondern das Richtige oft erst gesucht und ausgehandelt, gerechtfertigt und entschieden werden muss" (Messner 2001, S. 14);

2. Bei der Annäherung an einen pädagogischen Ansatz ist der Veränderungsprozess nicht ziellos, sondern basiert auf der reflexiven Auseinandersetzung im Team mit pädagogischen Vorstellungen und Erwartungen und führt zu einer Klärung pädagogischer Überzeugungen, zu einer gemeinsamen Verständigung über zentrale theoretische und praxisrelevante Annahmen, zu einer Reflexion professioneller Rollen, Handlungsstrategien und deren Rahmenbedingungen mit Konsequenzen für die pädagogische Praxis.

Pädagogische Ansätze sind Katalysatoren für Wertentscheidungen, Kommunikation und die Corporate Identity

In einem provokanten Beitrag über „Qualität durch Partizipation und Empowerment" schreibt Heiner Keupp: „Der so notwendige Diskurs über Qualität muss aus dem ‚stählernen Gehäuse' der instrumentellen Vernunft, der sogenannten Sachzwänge, des Verfahrensfetischismus und der Geldlogik befreit werden" (Keupp 1999, S. 294). Als einen wichtigen Bezugspunkt für die Qualitätsdiskussion nennt er „die Nicht-Hintergehbarkeit der Subjekte und ihrer Lebensvorstellungen" (ebd.). In diese Richtung gehen auch Überlegungen eines der klassischen QM-Ansätze, des Total Quality Managements (TQM). Es gehört zu dessen Philosophie, eine funktions- und hierarchieübergreifende partnerschaftliche Kommunikation im Betrieb aufzubauen, partizipative, soziale, klimatische und personale Aspekte zu stärken und zugleich Qualitätsentwicklung als kontinuierlichen Prozess zu gestalten (vgl. Kamiske/ Brauer 1999, S. 311 ff.). So kann sich ein Unternehmen, ein Betrieb „[...] als Sinngemeinschaft [verstehen], in der die Menschen miteinander verbunden sind und eine entsprechende Vertrauenskultur herrscht" (ebd., S. 140).

Die Orientierung eines Teams an einem pädagogischen Ansatz kann zur Entwicklung einer solchen „Sinngemeinschaft" und „Vertrauenskultur" beitragen. Denn der Prozess der Annäherung an einen pädagogischen Ansatz im Team verlangt die Regelmäßigkeit von

■ (Selbst-)Einschätzung über den Kenntnis- und Qualifikationsstand des Teams in Hinblick auf die Fähigkeit, pädagogische Ideen zu verstehen und zu praktizieren;

■ Austausch über Qualität und Erfolg der täglichen Anstrengungen, Grundvorstellungen und Praxiselemente eines gewählten pädagogischen Ansatzes umzusetzen;

■ Diskussionen über die Vorzüge, den Sinn und die Wertvorstellungen des gewählten pädagogischen Ansatzes, um so die gemeinsame Identifikation aller Teammitglieder mit einem pädagogischen Überzeugungssystem zu stabilisieren;

■ kritischen (Selbst-)Prüfungen der Kongruenz von pädagogischen Zielsetzungen und eigener Praxis.

Diese notwendigen, wenngleich in der Praxis nicht immer durchgehaltenen, Unterstützungs- und Sicherungselemente für die Implementation pädagogischer Ansätze in Kindertageseinrichtungen sind zugleich wesentliche Faktoren der Qualitätssicherung pädagogischer Arbeit. Denn sie beziehen sich auf

▪ Qualifikationssicherung der Mitarbeiter und Mitarbeiterinnen
▪ Stärkung der Professionalität im Team
▪ Befähigung zum fachlichen Diskurs im Team
▪ Selbstreflexivität im Team
▪ Annäherung an selbstevaluative Handlungsstrategien
▪ Stärkung der Profilbildung nach innen (gemeinsame Grundüberzeugungen) und nach außen (Erkennbarkeit, Unverwechselbarkeit).

Diese Faktoren sind etwa in der Philosophie des Total Quality Managements wesentliche mentale, motivationale Voraussetzungen für Qualitätssicherung (vgl. Kamiske 1994).

Pädagogische Ansätze lenken die Aufmerksamkeit auf das Wesentliche

Ein vor allem im TQM als tragend herausgestelltes Instrument der Qualitätssicherung ist die Beachtung und sorgfältige Durchstrukturierung von Schlüsselprozessen (vgl. Kamiske/Brauer 1999, S. 313). Unter Schlüsselprozessen können Handlungskomplexe verstanden werden, die für qualitatives Arbeiten und damit den Erfolg eines Unternehmens von zentraler Bedeutung sind. Nach Kamiske/Brauer erfüllen sie die Anforderungen Effektivität, Effizienz, Steuerbarkeit und Flexibilität in Hinblick auf Veränderungen in der Prozessumgebung (vgl. ebd., S. 151).

Über die Schlüsselprozesse in der Arbeit von Kindertageseinrichtungen besteht in der aktuellen Fachdiskussion keine Einigkeit. Qualitätskriterien werden oft eher als Zieldimensionen formuliert, an die sich teilweise Indikatoren für Verfahren der Qualitätsmessung anschließen lassen, wie dies mit der „Kindergarteneinschätzskala" versucht wurde (vgl. Tietze et al. 1997). Doch schon bei der Beschreibung von Zieldimensionen ergeben sich Differenzen. So kommt Tietze auf folgende „engere Qualitätskriterien":

- „eine auf *Sicherheit* bedachte Betreuung mit einer Ausstattung an Möbeln, Spielzeug und sonstigen Materialien [...],
- eine auf die *Gesundheit* der Kinder abgestellte Betreuung, bei der Kinder Gelegenheit für Aktivität und Ruhe haben [...] und die Bedürfnisse der Kinder nach gesunder Ernährung berücksichtigt werden,
- eine Betreuung, in der die Kinder ihrer *Entwicklung angemessene Anregungen* erhalten, sie Gelegenheit zum Spielen und Erfahrung sammeln in den verschiedensten Bereichen wie Sprache, Grob- und Feinmotorik, Malen, Musik, Kreativität und Umwelt haben,
- eine Betreuung, in der Kinder *positive Erfahrungen mit Erwachsenen* machen, denen sie vertrauen [...],
- eine Betreuung, in der das Kind zu *Eigenständigkeit und Selbstvertrauen* ermuntert wird und
- eine Betreuung, die positive und *freundschaftliche Beziehungen zu anderen Kindern* erlaubt und unterstützt" (Tietze 1999, S. 156; Hervorhebungen zu den ersten drei Punkten im Original, die restlichen durch Verf.).

Dagegen favorisiert Fthenakis ein Konzept von Qualitätsdimensionen, das sich an gesellschaftlich notwendigen „[...] Basiskompetenzen und an der Bewältigung von Entwicklungsaufgaben orientiert" (Fthenakis 1999, S. 54):
- Stärkung der Resilienz
- Kompetenz zur Bewältigung von Transitionen
- lernmethodische Kompetenz
- Erwerb metakognitiver Kompetenzen
- Kompetenter und kritischer Umgang mit Medien (ebd., S. 54 ff.)

Erkennbar ist, dass Fthenakis stärker auf bildungsorientierte Qualitätsdimensionen abhebt, während Tietze eher ganzheitlich entwicklungsunterstützende Funktionen von Kindertageseinrichtungen betont und dabei Betreuungs- und Erziehungskriterien in den Vordergrund stellt.

Bemerkenswert ist ein Versuch von Thelma Harms, die in den USA die „Early Childhood Environment Rating Scale" entwickelt hat, auf der die „Kindergarten-Einschätzskala" basiert. Sie geht davon aus, dass sich jede Einrichtung auf drei Betreuungs- und Erziehungskategorien pädagogischer Qualität beziehen muss:

■ Herstellung von Gesundheit und Sicherheit
■ Möglichkeit für die Entwicklung positiver sozialer Beziehungen
■ Ermöglichung des Erfahrungslernens (Harms 1999, S. 146).

„Einrichtungen mit hoher Qualität" (ebd.) decken darüber hinaus bildungsbezogene Qualitätserwartungen ab: Förderung von Lernstrategien, sozialen Kompetenzen, sowie neuen Fähigkeiten und Kompetenzen z. B. in den Bereichen Sport, Musik, Kunst, Naturwissenschaft (vgl. ebd.).

Eine derartige Differenzierung von Qualitätsdimensionen ist in der deutschen Diskussion bislang nicht denkbar. Ausgegangen wird von einem unteilbaren sozialintegrativen Einrichtungsmodell. Auch die Qualitätsdimensionen, die von einer Projektgruppe am Fachbereich Wirtschafts- und Sozialwissenschaften der Universität Trier in Anlehnung an betriebswirtschaftliche Konzepte des Qualitätsmanagements entwickelt wurden, sind frei von einer selektiven Ausrichtung qualitativer Standards (vgl. Böhm et al. 1998). Die Gruppe, die dem Aspekt der Kundenorientierung ein hohes Gewicht beimisst, sortiert Qualitätsmerkmale von Kindertageseinrichtungen nach den drei Kategorien

■ pädagogische Arbeit (z. B. bezogen auf rhythmisch-musikalische Erziehung, Bewegungs-, Gesundheits-, Umwelt-, Medien-, Kreativitäts-, Spracherziehung, Sinnes- und Wahrnehmungsschulung, Erziehung zur Selbstständigkeit, Erlernen lebenspraktischer Fertigkeiten, aber auch auf Mitarbeiterqualifizierung)
■ Elternarbeit
■ Öffentlichkeitsarbeit (vgl. Böhm et al. 1998, S. 14 ff.).

Im Rahmen der vom Bundesfamilienministerium 2000 gestarteten „Nationalen Qualitätsinitiative" wurde der Versuch unternommen, über die Auswertung einschlägiger Publikationen und über die Befragung von 1.550 Fachkräften einen umfassenden Qualitäts-Kriterien-Katalog zu erstellen (vgl. Groot-Wilken et al. 2001, S. 6 f.). Die durch die Befragung erhobenen über 50.000 Qualitätskriterien wurden bei der Auswertung folgenden übergeordneten Leitgesichtspunkten zugeordnet:

■ Strukturelle Voraussetzungen/räumliche Bedingungen
■ Interaktionsgeschehen zwischen Erzieher/in und Kind
■ Nutzung und Vielfalt von Material

- Individualisierung
- Partizipation
- pädagogische Planung (vgl. ebd., S. 6 ff.).

Bei der Auswertung der Daten wurde deutlich, dass die Erzieher/innen bei der Interpretation ihres pädagogischen Auftrags vor allem zwei Schwerpunkte setzen: „[…] die Bedeutung einer gestalteten und *anregungsreichen Umwelt* durch vorhandenes und vor allem auch freiverfügbares Spiel-, Beschäftigungs- und Gestaltungsmaterial" sowie pädagogischer Planung als ein „[…] auf *Beobachtungen* und dem *Wissen über kindliche Entwicklung* beruhendes Handlungskonzept" (ebd., S. 11; Hervorhebung durch Verf.).

Will man aus diesen empirischen und theoretisch-konzeptionellen Quellen Schlüsselprozesse zur Beschreibung pädagogischer Qualität in Kindertageseinrichtungen ableiten, so könnten folgende Stichworte gefunden werden:

- Gestalten einer anregungsreichen, zugleich Geborgenheit, Atmosphäre und Sicherheit vermittelnden räumlichen Umgebung;
- frei verfügbares Präsentieren verschiedenartigen Materials, mit dem Kinder differenzierte Erfahrungen in den Bereichen Wahrnehmung, Bewegung, Konstruktion, kreatives Gestalten, Experimentieren und Forschen, Kommunikation, Begriffsbildung, Kooperation und Alltagsroutinen gewinnen;
- reflektiertes, professionelles Handeln als Erzieher/in im Team, das sich in der Interaktion mit Kindern auf folgende Schwerpunkte bezieht: gezielte Beobachtung der Kinder (und deren Dokumentation), Schaffen unterschiedlicher Kommunikationssituationen, dosiertes Vermitteln von Aktionsimpulsen an die Kinder, Öffnung der Einrichtung für verschiedenartige Erfahrungsmöglichkeiten im Umfeld, Schaffen einer Balance zwischen einerseits Freiräumen und Autonomie zur Erprobung von Selbstständigkeit und Eigenverantwortung der Kinder und andererseits (gemeinsam entwickelten) Regeln, Verbindlichkeiten, Normen und Grenzen zum Aufbau prosozialer Verhaltenskompetenzen, dosiertes Anteilnehmen und Unterstützen in Krisensituationen von Kindern;
- professionelles Beraten von Eltern;

▪ aktive Beteiligung an der Profilbildung der Einrichtung (nach innen und außen) und Kultivieren einer Sicht der Einrichtung als lernende Organisation.

Diese verschiedenartigen Schlüsselprozesse, die als zentrale Handlungselemente die Qualität pädagogischer Arbeit in Kindertageseinrichtungen konstituieren, lassen sich mit folgenden Stichworten zusammenfassen: Raumgestaltung und Raumöffnung, pädagogische Materialauswahl und -verwendung, Rollendefinition und Interaktionsstruktur der pädagogischen Fachkräfte, Eltern- und Öffentlichkeitsarbeit. Diese vier vorrangig auf Prozessqualität in Kindertageseinrichtungen bezogenen Kategorien finden ihre Entsprechungen mit je spezifischen Ausprägungen in den elementarpädagogischen Ansätzen:

Raumgestaltung und -öffnung, Materialauswahl und -verwendung sind etwa zentrale Themen in der Waldorf-, Montessori- und Reggio-Pädagogik, aber auch in der Offenen Kindergartenarbeit und im Waldkindergarten. Die Rollendefinition und Interaktionsstruktur der pädagogischen Fachkräfte gehören zu den Herzstücken aller pädagogischen Ansätze. Eltern- und Öffentlichkeitsarbeit haben dagegen nur in einem Teil der pädagogischen Ansätze mehr als nur einen sekundären Stellenwert (in der Waldorf- und Reggio-Pädagogik sowie in der Offenen Kindergartenarbeit).

Es ist nicht zufällig, dass die elementarpädagogischen Ansätze sich in *den* Schlüsselprozessen deutlich ausprägen, die auch von der aktuellen Qualitätsdiskussion besonders beachtet werden. Pädagogische Ansätze wollen Wirkung entfalten, sie erfüllen die Funktion, Kindertageseinrichtungen zu verändern, und zwar entsprechend den qualitativen Ansprüchen, die sich aus dem jeweiligen pädagogischen Erkenntnis- und Überzeugungssystem ergeben. Pädagogische Ansätze bilden die Brücken zwischen Theorie- und Praxissystemen. Sie können diese Aufgabe nur erfüllen, wenn sie den Schlüsselprozessen im Praxisfeld besondere Beachtung schenken und diese in ihrer Qualität besonders zu beeinflussen versuchen.

Wenn sich Einrichtungen an pädagogischen Richtungen orientieren, lenken sie das Augenmerk in ihrer Arbeit notwendigerweise auf die Schlüsselprozesse elementarpädagogischer Praxis, denn vor allem so kann es gelingen, die Kernwerte und -prinzipien eines Ansatzes wirksam werden zu lassen. In die Kernbereiche elementarpädagogischer Praxis investieren Einrichtungen, die sich einem bestimmten Ansatz zurechnen, dementsprechend besondere Anstrengungen der Reflexion, Ressourcenbereitstellung, Erprobung, der Selbst- und gelegentlich auch der Fremdprüfung. Dies alles trägt dazu bei, dass Einrichtungen mit einem von einer pädagogischen Richtung geprägten Profil in den Schlüsselprozessen elementarpädagogischer Arbeit in der Regel ein überdurchschnittliches Qualitätsniveau erreichen.

Pädagogische Ansätze machen die Einrichtung unverwechselbar

Vor allem in der kleinen Studie von Eva Böhm et al. (1998) wird der Kundenorientierung sowie der Eltern- und Öffentlichkeitsarbeit von Kindertageseinrichtungen ein außerordentlich hoher Stellenwert im Rahmen von Qualitätsmanagement beigemessen. Die Autoren beziehen sich dabei auf die ISO-Normkonzepte und vor allem auf den Total-Quality-Management-Ansatz (vgl. Böhm et al. 1998, S. 4 u. 10; vgl. auch Kamiske/Brauer 1999, S. 126 u. 311 ff.).

Eltern als (mittelbare) Empfänger von Dienstleistungen in den Sektoren Betreuung, Erziehung und Bildung haben ein Interesse, über die qualitative Struktur der erwünschten und von ihnen auch (mit-)finanzierten Dienstleistung informiert zu werden. Dies kann durch die Konzeption, Aufnahmegespräche, Elterninformationsabende, Elternbriefe und weitere Kommunikationssituationen geschehen. Noch authentischer sind Informationen, die aus der unmittelbar zugänglichen und sichtbaren Arbeit herrühren. Einrichtungen, die nach spezifischen pädagogischen Ansätzen arbeiten, bieten gerade hierfür vielfältige Möglichkeiten. Denn ihre Arbeit verbleibt nicht in einer impliziten, gewissermaßen immateriellen (Interaktions-)Struktur, die von Laien nur schwer deutbar ist. Sie hat vielmehr unmittelbar sichtbare Elemente, die vor allem deswegen auch von Laien wahrgenommen werden können, weil sie von den bekannten Bildern und geläufigen Konstrukten in der Kita-Landschaft abweichen. Zu diesen Elementen gehören

■ die Raumgestaltung (insbesondere in der Montessori-, Waldorf- und Reggio-Pädagogik sowie in der Offenen Kindergartenarbeit)

- die Materialauswahl (besonders ausgeprägt in der Montessori- und Waldorf-Pädagogik)
- die Öffnung von Räumen und Gruppen (vor allem in der Offenen Kindergartenarbeit, daneben im Waldkindergarten und in der Reggio-Pädagogik)
- Aktionsformen wie die Art und Bedeutung der ästhetischen und konstruktiven Gestaltung durch die Kinder (in der Waldorf- und Reggio-Pädagogik) oder Projekte (Situationsorientierter Ansatz, Reggio-Pädagogik)
- Kommunikationsformen wie Morgenkreis, Kinderkonferenz (in der Reggio-Pädagogik und Offenen Kindergartenarbeit)
- spezifische Grade der Anleitung von Kindern (in der Waldorfpädagogik, dosiert auch in der Montessori-Pädagogik und im Situationsansatz) bzw. Betonung der Selbstorganisation der Kinder (in der Reggio-Pädagogik, Offenen Kindergartenarbeit sowie selektiv in der Montessori-Pädagogik und im Situationsansatz).

Zu der Veranschaulichung der qualitativen Ausrichtung einer Kindertageseinrichtung gehört darüber hinaus die vor allem in der Reggio-Pädagogik praktizierte Gestaltung des Eingangsbereichs als „Visitenkarte" der Einrichtung, mit der Informationen über das Team, die Kinder, Arbeitsprinzipien und aktuelle Projekte vermittelt werden können (vgl. u. a. Hermann/Wunschel 2002, S. 103 f.).

Die Profilierung der Einrichtung durch die Orientierung an einen pädagogischen Ansatz bietet schließlich für den *Träger* eine wichtige Informationsgrundlage für eine adäquate Unterstützung der qualitativen Weiterentwicklung der Einrichtung durch seine Beteiligung an

- Personalauswahl
- Weiterqualifizierung der Mitarbeiterinnen und Mitarbeiter
- Durchführung von Qualitätsmanagement-Maßnahmen
- baulichen Veränderungen
- Beschaffungsmaßnahmen
- Öffentlichkeitsarbeit.

Schlussbemerkungen

Ist die Orientierung an pädagogischen Ansätzen ein geeignetes Instrument, pädagogische Qualität in Kindertageseinrichtungen zu sichern? Eine nüchterne Einschätzung müsste zunächst zu dem Schluss kommen, dass dies nur eingeschränkt möglich ist. Denn:

1. Die pädagogischen Ansätze leben von inhaltlichen Überzeugungen, von einem Menschenbild, einer Vorstellung „richtigen" pädagogischen Handelns, über die in einem Team (relative) Übereinstimmung erzielt werden können. Die Orientierung an pädagogischen Ansätzen verlangt Überzeugung, aber auch Anstrengung. Diese wird in der Regel gespeist aus der Energie, die aus der Faszination eines unverwechselbaren Ansatzes erwächst. Diese Faszination verblasst schnell, wenn ein pädagogischer Ansatz für andere Zwecke, zum Beispiel zur Qualitätssicherung, instrumentalisiert wird.

2. Die Implementation pädagogischer Ansätze ist ein komplizierter und risikoreicher Prozess (vgl. für die Reggio-Pädagogik u. a. Herrmann 2001). Vor allem die Ansätze, die keine eindeutigen Handlungsanleitungen enthalten, sondern kulturelle und situative Interpretationsspielräume zulassen, erzeugen auch bei ihren Anhängern immer wieder Unsicherheiten: Sind wir auf dem richtigen Weg? Haben wir die Ideen und Handlungselemente des Ansatzes richtig verstanden? Sind wir konsequent bei der Umsetzung oder lassen wir uns zu häufig auf Kompromisse ein?

Pädagogische Ansätze sind spezifischen Denktraditionen verpflichtet, die mit der funktionalistischen Tendenz der aktuellen Qualitätsdiskussion nur wenige Gemeinsamkeiten besitzen. Dennoch gibt es eine Reihe von Argumenten und Indikatoren für die Kongruenz der Orientierung an pädagogischen Ansätzen und der Qualitätsentwicklung: Die Orientierung einer Einrichtung, eines Teams an einem pädagogischen Ansatz stärkt

■ die Reflexivität der Teammitglieder hinsichtlich ihrer pädagogischen Professionalität,

- das Bewusstsein der Teammitglieder, dass die Güte pädagogischer Arbeit in einem Zusammenhang mit der Kontinuität der Entwicklung und Weiterentwicklung professionellen Handelns steht,
- die Notwendigkeit regelmäßiger Kommunikation über Wert-, Prinzipien- und Handlungsentscheidungen,
- die Konzentration beruflichen Handelns auf qualitätssichernde Schlüsselprozesse,
- die Erkennbarkeit und Identität der Einrichtung und der in ihr geleisteten Arbeit.

Literatur

Arbeitsstab Forum Bildung in der Geschäftsstelle der Bund-Länder-Kommission (Hrsg.) (2001): Qualitätsentwicklung und Qualitätssicherung im internationalen Wettbewerb. Vorläufige Empfehlungen und Expertenbericht. Bonn

Böhm, Eva et al. unter Betreuung von Prof. Dr. Hartmut Wächter u. Dipl.-Kfm. Günther Vedder (1998): Qualitätsmanagement in Kindertagesstätten. Trier

Charlesworth, Rosalind et al.: Measuring the developmental appropriateness of kindergarten teachers' beliefs and practices. In: Early Childhood Research Quarterly, 8/1993, S. 255–276

Frey, Karl (1998): Die Projektmethode. Der Weg zum bildenden Tun. 8. Aufl. Beltz, Weinheim

Fthenakis, Wassilios E. (1998): Erziehungsqualität: Operationalisierung, empirische Überprüfung und Messung eines Konstrukts. In: Fthenakis, Wassilios E./Textor, Martin R. (Hrsg.): Qualität von Kinderbetreuung. Konzepte, Forschungsergebnisse, internationaler Vergleich. Beltz, Weinheim, S. 52–74

Fthenakis, Wassilios E. (1999): Die Qualität von Bildung und Erziehung von Kleinkindern. In: Bremische Ev. Kirche, Landesverband Ev. Tageseinrichtungen für Kinder (Hrsg.): Qualität für Kinder – Zwischen Markt und Menschlichkeit. Kallmeyer, Seelze-Velber, S. 47–59

Fthenakis, Wassilios E.; Textor, Martin R. (Hrsg.) (2000): Pädagogische Ansätze im Kindergarten. Beltz, Weinheim

Groot-Wilken, Bernd et al.: Qualität ist …? In: klein & groß 7–8/2001, S. 6–13

Harms, Thelma (1999): Qualitätssicherung in außerschulischen Betreuungseinrichtungen. In: Bremische Ev. Kirche/Landesverband Ev. Tageseinrichtungen für Kinder (Hrsg.): Qualität für Kinder – Zwischen Markt und Menschlichkeit. Kallmeyer, Seelze-Velber, S. 139–151

Hermann, Gisela (2002): Spuren reggio-orientierter Pädagogik in Deutschland am Beispiel Berlins. In: PÄD Forum 3, S. 32–35

Hermann, Gisela; Wunschel, Gerda (2002): Erfahrungsraum KITA. Anregende Orte für Kinder, Eltern und Erzieherinnen. Beltz, Weinheim

Huschke-Rhein, Rolf (1998): Systemische Erziehungswissenschaft. Pädagogik als Beratungswissenschaft. Beltz, Weinheim

Kamiske, Gerd (Hrsg.) (1994): Die hohe Schule des Total-Quality-Managements. Springer, Berlin

Kamiske, Gerd; Brauer, Jörg-Peter (1999): Qualitätsmanagement von A–Z. 3., vollständig überarbeitete Auflage. Hanser, München

Keupp, Heiner (1999): Qualität durch Partizipation und Empowerment. In: Peterander, Franz; Speck, Otto (Hrsg.), Qualitätsmanagement in sozialen Einrichtungen. Reinhardt, München, S. 289–298

Knauf, Tassilo (1997): Schule entwickeln wollen und wissen wie. In: Deutsche Lehrerzeitung 37–38, S. 17–19

Knauf, Tassilo (1999): Pädagogische Richtungen und Konzeptionsentwicklung. In: Kita aktuell MO, 3, S. 4–8

Knauf, Tassilo (2000): Reggio-Pädagogik. Ein italienischer Beitrag zur konsequenten Kindorientierung in der Elementarerziehung. In: Fthenakis, Wassilios E.; Textor, Martin R. (Hrsg.), Pädagogische Ansätze im Kindergarten. Beltz, Weinheim, S. 181–201

Knauf, Tassilo (2001a): Projekte in der Reggio-Pädagogik. In: PÄD Forum 3, S. 15–19

Knauf, Tassilo et al. (erscheint 2003): Vielfalt als Antwort auf Verschiedenheit. Pädagogische Ansätze in Kindertageseinrichtungen. Stuttgart

Kubina, Christian; Vaupel, Dieter (2001): Schulprogrammarbeit als Qualitätsentwicklung. In: Dies.(Hrsg.), Qualitätsentwicklung von Schule. Luchterhand, Neuwied, S. 151–155

Messner, Rudolf (2002): Schulen in Bewegung. In: Kubina, Christian; Vaupel, Dieter (Hrsg.), Qualitätsentwicklung von Schule. Luchterhand, Neuwied, S. 9–25

Miller, S. A. (1988): Parents belief about children's cognitive development. In: Child Development 59, S. 255–285

Rijn, Hennie van (1999): Change over – Ein internationales Programm zur Qualitätsentwicklung in sozialen Einrichtungen. In: Peterander, Franz; Speck, Otto (Hrsg.), Qualitätsmanagement in sozialen Einrichtungen. Reinhardt, München, S. 157–168

Rosenstiel, Lutz von (1999): Die „lernende Organisation" als Ausgangspunkt für Qualitätsentwicklung. In: Peterander, Franz; Speck, Otto (Hrsg.), Qualitätsmanagement in sozialen Einrichtungen. Reinhardt, München, S. 41–62

Schratz, Michael; Steiner-Löffler, Ulrike (1998): Die Lernende Schule. Arbeitsbuch pädagogische Schulentwicklung. Beltz, Weinheim

Siebert, Horst (1999): Pädagogischer Konstruktivismus. Eine Bilanz der Konstruktivismusdiskussion für die Bildungspraxis. Luchterhand, Neuwied

Sigel, Irvig, E. et al. (1992): Parental belief systems. 2. Aufl. Erlbaum, Hillsdale

Speth, Martin (1997): John Dewey und der Projektgedanke. In: Bastian, Johannes et al. (Hrsg.), Theorie des Projektunterrichts. Bergmann + Helbig, Hamburg, S. 19–37

Tietze, Wolfgang et al. (1997): Kindergarten-Einschätzskala (KES). Luchterhand, Neuwied

Tietze, Wolfgang (1999): Wie kann pädagogische Qualität in Kindertagesstätten gesichert und entwickelt werden? In: Bremische Kirche, Landesverband Ev. Tageseinrichtungen für Kinder (Hrsg.), Qualität für Kinder – Zwischen Markt und Menschlichkeit. Kallmeyer, Seelze-Velber, S. 153–167

Tietze, Wolfgang (2001): Elementarbereich. In: Arbeitsstab Forum Bildung in der Geschäftsstelle der Bund-Länder-Kommission (Hrsg.), Qualitätsentwicklung und Qualitätssicherung im internationalen Wettbewerb. Vorläufige Empfehlungen und Expertenbericht. Bonn, S. 52–62

Windolf, Paul (1981): Berufliche Sozialisation. Zur Produktion des beruflichen Habitus. Enke, Stuttgart

Teil IV: Rahmenbedingungen von pädagogischer und Bildungsqualität

Hedi Colberg-Schrader

Informelle und institutionelle Bildungsorte

Zum Verhältnis von Familie und Kindertageseinrichtung

Mit den für Deutschland erschreckenden Ergebnissen der PISA-Studie (Deutsches PISA-Konsortium 2001) ist eine breite und kritische Bildungsdiskussion in Gang gekommen. Dabei erfährt der vorschulische Bereich neue Aufmerksamkeit. Allerdings richtet sich die öffentliche Diskussion fast ausschließlich darauf, wie das Lernen in Institutionen besser organisiert werden kann. Die PISA-Studie hingegen thematisiert in einem eigenen Kapitel die starke Abhängigkeit individueller Bildungswege von den familiären Lebensverhältnissen: Grundlegende Bildungsleistungen der Familie sind wichtige Voraussetzung und wirksame Grundlage für das spätere Lernen in Institutionen. Das PISA-Ergebnis, nach dem das formelle Bildungswesen in Deutschland weniger als in anderen Ländern in der Lage ist, familiäre Bildungsferne zu kompensieren, müsste Anlass sein, gerade den Zusammenhang zwischen den Bildungsorten Familie und vorschulischen Institutionen stärker in den Blick zu nehmen.

Diese Perspektive fordert die Streitschrift des Bundesjugendkuratoriums (2001) und verweist darauf, dass im internationalen Bildungs-Diskurs das Zusammenwirken von formellen, nichtformellen und informellen Bildungsorten gewürdigt wird. Die Begriffe werden hierbei folgendermaßen unterschieden: „Unter *formeller Bildung* wird das gesamte hierarchisch strukturierte und zeitlich aufeinander aufbauende Schul-, Ausbildungs- und Hochschulsystem gefasst, mit weitgehend verpflichtendem Charakter und unvermeidlichen Leistungszertifikaten. Unter *nichtformeller Bildung* ist jede Form organisierter Bildung und Erziehung zu verstehen, die generell freiwilliger Natur ist und Angebotscharakter hat. Unter *informeller Bildung* werden ungeplante und nicht-intendierte Bildungsprozesse verstanden, die sich im Alltag von Familie, Nachbarschaft, Arbeit und Freizeit ergeben, aber auch fehlen können. Sie sind zugleich unverzichtbare Voraussetzungen und ,Grundton', auf dem formelle und nicht formelle Bildungsprozesse aufbauen" (Bundesjugendkuratorium 2001, S. 23).

Familien und Kindertageseinrichtungen sind also wichtige Bildungsinstanzen: Im Zusammenleben in Familien finden grundlegende Prozesse der Persönlichkeitsentwicklung des Kindes statt. In familiären Interaktionen erlebt das Kind Bindung und erste selbstständige Schritte. Es lernt, in vielfältiger Weise seine Welt zu begreifen, es lernt, sich sprachlich zu verständigen. Die Kindertageseinrichtung ist dann der notwendige ergänzende Bildungsort, der Kindern weitere Bildungsgelegenheiten bietet, der aber auch unterstützende und bildende Funktion für Familien hat. Kindertageseinrichtungen können zentraler Teil eines Netzwerks sein, auf das Familien heute angewiesen sind und das sie stabilisiert.

Wie Kinder lernen

Die entwicklungspsychologische Forschung hat in den letzten Jahrzehnten viele Antworten auf die Frage gegeben, wie sich menschliche Grundqualifikationen und Handlungsfähigkeiten entwickeln. Bildung ist demnach ein sozialer Prozess: Das Kind eignet sich seine Welt in Situationen an, die sozial geprägt sind. In Interaktionen mit anderen entwickelt es ein Verständnis von der gegenständlichen Umwelt, von den anderen Menschen, aber auch ein Bild von sich als einer Person mit eigenem Selbst (Liegle 1999; Peukert 2000, S. 206). An diesem Bildungsprozess sind das Kind selbst, aber auch die Eltern und später dann die Fachkräfte in vorschulischen Einrichtungen aktiv beteiligt (Ko-Konstruktion).

Auch die neuere Hirnforschung hat erklärende Erkenntnisse zu der Frage beigetragen, wie wichtig die frühen Bildungsprozesse in Familie und Kindertagesstätten sind. Wir wissen heute: Kinder machen sich von Anfang an durch ihre Sinneserfahrungen und ihr Handeln ein Bild von der Welt und entwickeln dabei innere Strukturen, die alle weiteren Wahrnehmungen und Erfahrungen einordnen. Bildungsprozesse in den ersten Jahren bauen aufeinander auf und führen zu Kompetenzen, die sich nicht als zufällige Anhäufung gespeicherter Informationen, sondern als organisierte Erfahrungssysteme charakterisieren lassen. Die Kinder sind in jedem Alter damit befasst, ihre Welt als handelnde und denkende Personen zu „begreifen" und sich anzueignen (konstruktivistische Perspektive). Sie sortieren Erfahrungen und Eindrücke, bewerten Ereignisse auf ihre Weise und differenzieren auf dieser Basis ihr Verständnis von der Welt aus.

Grundlegende Lernprozesse des Menschen (wie z. B. der Erwerb von Sprachkompetenz) finden in der Familie, in nachbarschaftlichen Zusammenhängen und für einen Teil der Kinder auch in Krippen statt. Kinder lernen also sehr intensiv und folgenreich in Lernumgebungen, in denen nicht „gelehrt" wird, in denen es keinen Unterricht gibt. In der Pädagogik der frühen Kindheit ist heute viel von den Kindern als aktiven Lernern (Elschenbroich 2001) und von „Selbstbildungsprozessen" der Kinder die Rede (Schäfer 1999). Das heißt nicht, dass Erwachsene dabei keine wichtige Rolle spielten. Kinder sind für gelingende frühe Bildungsprozesse darauf angewiesen, dass sie eine anregungsreiche Umwelt haben, in der sie sich vielfältig bewegen können, in der viel zu entdecken und zu begreifen ist und die zum selbsttätigen Handeln auffordert. Sie brauchen Erwachsene, die ihnen liebevoll zugewandt sind und die ihre Aktivitäten einfühlsam und unterstützend begleiten. Die Bindungsforschung hat dazu wichtige Erkenntnisse geliefert.

Die grundlegenden Lernprozesse verlaufen kumulierend. Das bedeutet, dass Kinder, die von Anfang an in anregungsreichen und herausfordernden Umwelten leben, von späteren Bildungsangeboten (z. B. im Kindergarten) stärker profitieren können als Kinder mit ungünstigeren Ausgangsbedingungen. Die Qualität von Bildungsprozessen in den ersten Jahren beeinflusst also die Entfaltung der individuellen Potenziale und damit die Entwicklungschancen der Kinder ganz wesentlich. Bestätigt wird dies durch internationale Forschungsergebnisse, die deutlich belegen, dass sich qualitativ gute Krippen positiv auf den Bildungsweg von Kindern auswirken. In manchen europäischen Ländern stärkt man darüber hinaus mit familienunterstützenden Netzwerken (teilweise von Kindertagesstätten aus geknüpft) bildungsferne Familien in ihrer Elternkompetenz, denn internationale Studien zeigen, dass das familiäre Umfeld den größten Einfluss auf die Bildungschancen der Kinder hat. Eine solche Konsequenz stünde auch in unserem Land dringend an, hat uns doch die PISA-Studie bescheinigt, dass in Deutschland die Bildungswege von Kindern mehr als anderswo durch ihre soziale Herkunft festgelegt sind.

Die Lebenswelten von Kindern haben sich geändert

„Für Kinder zu sorgen und sie beim Aufwachsen zu begleiten ist keine Lebensform, für die in unserer Gesellschaft in ausreichendem Maße die notwendigen Vorkehrungen getroffen, Zeit und Räume bereitgestellt und die materiellen Mittel angeboten werden". So heißt es in dem 1998 erschienenen Kinderbericht der Bundesregierung (Zehnter Kinder- und Jugendbericht 1998, S. 29). In vielen Analysen und Studien zur Lebenssituation von Kindern und Familien wird herausgearbeitet, dass das Zusammenleben von Erwachsenen und Kindern in den letzten Jahrzehnten sowohl im privaten wie auch im öffentlichen Bereich neue Zuschnitte und Formen bekommen hat, dass neue Problemlagen und Wechselwirkungen entstanden sind. Es herrscht weitgehend Konsens darüber, dass Deutschland ein Land ist, in dem es Familien sowohl in ökonomischer Sicht, aber auch mit Blick auf ihre gesellschaftliche Teilhabe und ihre Alltagsbewältigung nicht leicht gemacht wird.

Elternschaft ist heute von Faktoren geprägt, wie sie früheren Generationen unbekannt waren: Familien stehen in einer zwiespältigen Situation. Auf der einen Seite ist der Aufwand in Familien zur Gestaltung des Kinderlebens gewachsen. Man kann Kinder nicht mehr „einfach laufen lassen", ihr Tagesablauf muss angesichts der Wohnumfeldbedingungen von den Eltern arrangiert werden. Dies kostet einiges an Zeit. Auf der anderen Seite wird das Zeitbudget für das Zusammenleben in der Familie immer knapper. Väter nehmen sich nach wie vor wenig Zeit für Familienaufgaben, die Zuständigkeit für Kinder gilt vorwiegend als Sache der Frauen. Aber die bislang gewohnten privaten Ressourcen zur Kindererziehung stehen nicht mehr unbegrenzt zur Verfügung. Im Lebenslauf von Frauen sind neue Zeitmuster entstanden. Die heutige Müttergeneration, für die Ausbildung und eigene Erwerbstätigkeit selbstverständlich sind, will Berufs- und Familienpläne miteinander verbinden und verlangt zunehmend, dass solche Lebenswünsche respektiert und durch entsprechende öffentliche Unterstützungsangebote erleichtert werden. Was also lange Zeit „kostenlos" von den Frauen in der Familie geleistet wurde, muss heute mehr und mehr öffentlich unterstützt werden. Kindergärten sind inzwischen eine sozialstaatliche Leistung, die für Kinder und Eltern ein selbstverständlicher Bestandteil des Lebens geworden ist. Es müssen also neue Verbindungen zwischen privater und öffentlicher Erziehung gefunden werden. Innovationen im Bereich der Kindertageseinrichtungen haben sich im letzten Jahrzehnt der Aufgabe gewidmet, regional passende und bedarfsgerechte Angebote zu konzipieren, die ansatzweise eine Neuverortung des Verhältnisses von Kindergarten und Familien bedeuten (Deutsches Jugendinstitut 1994).

Bildungskonzepte von Kindertagesstätten müssen heute die Vielfalt kindlichen und familiären Lebens berücksichtigen. Es gibt nicht *die* Kinder. Kinderleben kann sehr unterschiedlich sein – je nach Alter, Geschlecht, familiärem Hintergrund, Region, kultureller, ethnischer oder religiöser Zugehörigkeit. Dazu einige Schlaglichter:

Kinder leben in einer alternden Gesellschaft. Ihr Anteil an der Bevölkerung sinkt. In jüngster Zeit hat die demografische Entwicklung verstärkt zu einem neuen Nachdenken über die teilweise prekären Lebensbedingungen von Familien und über die notwendige soziale Infrastruktur für Kinder und Familien geführt. Denn das Zusammenleben mit Kindern lässt sich nur schwer in der erwerbsdominierten Gesellschaft realisieren. Für die meisten Familien sind Kinder zwar Quelle des Glücks und des Lebenssinns. Aber der „richtige Zeitpunkt", zu dem man sich für Kinder entscheidet, wird eher mühsam gefunden, da diese Entscheidung mit anderen Lebensplänen in Konflikt gerät – dies insbesondere dann, wenn keine geeigneten Kinderbetreuungsangebote verfügbar sind (Büchel/Spieß 2002).

Fast alle Kinder (etwa 97 %) leben in einem Familienhaushalt. Es gibt aber nicht mehr *die* Familie, sondern eine Vielzahl von Familienformen und Lebensverhältnissen. Familienstrukturen wandeln sich, stehen in einem dauernden Anpassungsprozess. Kinder wachsen vorwiegend in kleinen Haushalten auf, d. h. in einer sozial begrenzten Erfahrungswelt. Zwar wächst die große Mehrheit der Kinder mit Mutter und Vater auf, zur sozialen Wirklichkeit gehören aber auch Einelternfamilien, Lebensformen wie nichteheliche Gemeinschaften, Zweitfamilien, Wechsel von einer zur anderen Familienform. Die meisten Kinder wissen, dass Familien zerbrechlich sein können. Kinder wachsen heute sehr selbstbewusst auf. Sie lernen früh, selbst Entscheidungen zu treffen und ihre Interessen zu verfolgen. Die meisten Familien handeln mit ihren Kindern aus, was z. B. gegessen wird, was sie anziehen usw. und dabei sind die Kinder nicht selten kreativer und ausdauernder in ihren Argumentations- und Durchsetzungsstrategien. Die Erziehungsstile in Elternhaus, Kindergarten und Schule haben sich in den letzten Jahrzehnten auffallend verändert. Gehorsam, Disziplin und Unterordnung gehören nicht mehr zu den Erziehungszielen, die viel Zustimmung bekommen. Stattdessen befürwortet heute ein Großteil der Eltern Selbstständigkeit und die Beteiligung von Kindern an familiären Entscheidungsprozessen. Der spürbare Wertewandel steht für eine tiefgreifende gesellschaftliche Entwicklung: Traditionelle Muster und Leitbilder der Lebensführung haben ihre festlegende Wirkung verloren. Die „Freisetzung" aus traditioneller Einbindung und Kontrolle bedeutet, dass sich den Menschen heute mehr Optionen für ihren individuellen Lebensweg eröffnen. Sie müssen aber auch ihren eigenen Weg finden und selbst die Verantwortung für ihren Lebensweg übernehmen. Das Bild von Kindern und zentrale Erziehungsvorstellungen wandeln sich in diesem Prozess gesellschaftlicher Strukturveränderungen und führen zu neuen Formen des Zusammenlebens in Familie und Institutionen.

Kinder lernen früh, sich in unserer Gesellschaft als Konsumenten zu bewegen, viele sind dabei aber auch überfordert, geraten in Abhängigkeiten und haben Schwierigkeiten, ihre Identität und ihr Selbstwertgefühl jenseits aufwändiger Konsumgewohnheiten zu finden. Dies gilt insbesondere für Kinder, die in armen Verhältnissen aufwachsen, deren Zahl kontinuierlich ansteigt. Soziologen reden von einer Infantilisierung der Armut, d. h., Kinder sind gegenwärtig der Teil der Bevölkerung, der am häufigsten von Armut betroffen ist (AWO Sozialbericht 2000).

Kinder leben heute in einer Vielfalt von ethnischen Zugehörigkeiten, religiösen Überzeugungen, unterschiedlichen Lebensstilen. Sie müssen sich in einer verwirrenden Vielfalt zurechtfinden und ein tolerantes Miteinander lernen. Eine wachsende Anzahl hat eine andere Familiensprache als Deutsch. Immer mehr Kinder wachsen zwei- oder mehrsprachig auf und sind auf familienübergreifende Begegnungsorte angewiesen, um die deutsche Sprache möglichst frühzeitig erlernen zu können. Typisch ist für Kinder heute, dass sie – zumindest im vorschulischen Alter – außerhalb von Familie und Institutionen kaum in Erscheinung treten. Straßen, Plätze, Dörfer und Stadtviertel sind für den Aufenthalt jüngerer Kinder viel zu gefährlich, sie werden deshalb „in Sicherheit" von Institutionen gebracht.

In Kindertagesstätten werden der soziale Wandel und die Lebensbedingungen der modernen Gesellschaft in den veränderten Anforderungen spürbar: Kinder brauchen heute den Kindergarten in anderer Weise als noch vor wenigen Jahrzehnten. Heute ist es selbstverständlich, dass möglichst alle Kinder den Kindergarten besuchen und von seinem Bildungsangebot erreicht werden. Kindertageseinrichtungen haben sich im Bewusstsein der Bevölkerung als wichtige Sozialisationsorte durchgesetzt, sie haben sich als erste Station in der Reihe von Institutionen etabliert, die den Lebenslauf von Kindern organisieren. Die Einschätzung, dass Kinder den Kindergarten brauchen, um hier erste Schritte in öffentliche Räume zu machen, und dass sie mit der Erweiterung ihres sozialen Aktionsradius Kompetenzen erwerben, die die Familie alleine nicht vermitteln kann, ist inzwischen Alltagswissen geworden. So betrachtet ist die Kindertagesstätte ein Bildungsort, der Kindern neue Entwicklungsaufgaben stellt. Die Aufgabe des Kindergartens ist, den Kindern ein mit lernmethodischen Überlegungen gestaltetes Erfahrungsfeld zu bieten, das reichhaltige Anregungen, Raum, Zeit und Hilfestellungen für das eigenaktive Lernen der Kinder enthält. Die Kinder sollen – differenziert nach Alter und Entwicklungsstand – mit gezielten Aufgaben und herausfordernden Zumutungen dazu ermuntert werden, Grenzen zu überwinden und neue Horizonte zu erschließen. Wichtig dabei ist es, die individuellen Bildungswege von Kindern aufmerksam zu begleiten und zu stützen.

Erziehungspartnerschaft von Kindergarten und Familie

Forschungsbefunde und Erfahrungen in der Praxis zeigen, dass die beiden sozialen Kontexte Familie und Kindertageseinrichtung in einem Verhältnis der Ergänzung, Überlagerung und Wechselwirkung zueinander stehen. Die Tatsache, dass Kinder als Familienmitglied und als Mitglied einer Kindergruppe in zwei verschiedenen Welten leben, kann eine Chance für sie sein, behutsam in die Komplexität unseres Lebens, in dem immer mehr unterschiedliche Kontexte und Teilzugehörigkeiten bewältigt werden müssen, hineinzuwachsen. Für ein gelingendes Zusammenwirken von Familie und Kita ist allerdings ein Perspektivenwechsel nötig: Eltern dürfen nicht Zaungäste bleiben, sondern sollten als Partner in dem gemeinsamen Bemühen um ein gutes Aufwachsen des Kindes gesehen werden (Seehausen 1994). Dies setzt voraus, dass man vom Kindergarten aus Eltern in ihrer besonderen Bedeutung für ihr Kind respektiert und ihnen bei aller Unterschiedlichkeit der Lebensverhältnisse grundsätzlich ein vitales Interesse an ihrem Kind unterstellt.

Die Zusammenarbeit mit Eltern und Familien ist programmatisch ein wesentlicher Bestandteil der Arbeit in Kindertageseinrichtungen. Das Kinder- und Jugendhilfegesetz (KJHG) legt dies im § 22 eindeutig fest: In Absatz 2 heißt es: „… Das Leistungsangebot soll sich pädagogisch und organisatorisch an den Bedürfnissen der Kinder und ihrer Familien orientieren." Und im Absatz 3 wird ausgeführt: „Bei der Wahrnehmung ihrer Aufgaben sollen die in den Einrichtungen tätigen Fachkräfte und anderen Mitarbeiter mit den Erziehungsberechtigten zum Wohl der Kinder zusammenarbeiten. Die Erziehungsberechtigten sind an den Entscheidungen in wesentlichen Angelegenheiten der Tageseinrichtung zu beteiligen." Soweit der Gesetzestext, der – wenn er ernstgenommen wird – das Verhältnis von Kindergärten und Familien in eine bestimmte Richtung lenkt. Familien in ihrem Zusammenleben mit Kindern zu entlasten und die Eltern auf vielfältige Weise in ihrer Elternrolle zu stärken, dies wird gegenwärtig als wichtige Aufgabe von Kindergärten betrachtet.

Dieser veränderte Anspruch lässt sich auch in der Praxis an verschiedenen Entwicklungen ablesen: War in früheren Zeiten die „Elternarbeit" eher ein gelegentliches (abendliches) Zusatzangebot für Eltern, so haben sich inzwischen vielfältige Formen der Zusammenarbeit und der Verständigung mit Eltern entwickelt, die mehr in den Alltag des Kindergartenlebens integriert sind. Die meisten Eltern legen Wert auf die Kommunikation mit den Erzieher/innen im Kindergarten. Verschiedene Elternbefragungen der letzten Jahre (z. B. Deutsches Jugendinstitut 1994) kommen zu dem Ergebnis, dass für die Mehrheit der befragten

Mütter die Erzieher/innen ihres Kindergartens nach dem eigenen Partner und den guten Freunden die wichtigsten Personen sind, mit denen sie über Fragen der Kindererziehung sprechen wollen. Dieses Ergebnis weist auf zwei wichtige Entwicklungen hin: Einmal hat die Kindertageseinrichtung für viele Familien den Stellenwert bekommen, den zu anderen Zeiten (und bei anderen Lebensgewohnheiten) verwandtschaftliche und nachbarschaftliche Beziehungsnetze hatten. Zum anderen zeigt das Ergebnis, dass Erzieher/innen das Vertrauen vieler Mütter genießen: Sie werden in Sachen Kindererziehung als kompetente Fachleute wahrgenommen, und sie sind gleichzeitig nicht so weit weg vom Alltagsleben und den Alltagssorgen der Eltern, so dass man auf ihr Verständnis für Probleme im Zusammenleben mit Kindern rechnet. Vielen Müttern tut es einfach gut, wenn sie im Kindergarten auf sachverständige Menschen treffen, die „ihr" Kind aus beruflicher Zuständigkeit begleiten und wohlwollend im Auge haben. Eltern schätzen die Elternarbeit in Kindergärten – sowohl was die Vielfalt der Angebote wie auch die Beziehung und das Vertrauen zu den Erzieher/innen angeht – vorwiegend positiv ein (Textor 1997, S. 30). Mit Blick auf die Kommunikation zwischen Einrichtung und Elternhaus fühlen sich Eltern im Kindergarten mehr wahrgenommen und einbezogen, als dies für die Schule als nächster Station im Leben ihrer Kinder bisher der Fall ist. Dass Erzieher/innen nicht so sehr als alltagsferne „Amtspersonen" gesehen werden, sondern dass Kindergärten als „niederschwellige" familiennahe Anlaufstellen gelten, darin liegt eine gute Voraussetzung für die im KJHG geforderte Kooperation mit Eltern.

Familien haben unterschiedliche Erwartungen an Kindergärten

Die Eltern teilen in einer Zeit, in der nahezu alle Kinder den Kindergarten besuchen, ihre Verantwortung mit dieser Einrichtung. Sie ziehen also mit Erzieher/innen am gleichen Strang, wenn auch in unterschiedlichen Rollen und mit unterschiedlichen Zuständigkeiten. Was die einzelnen Familien jeweils konkret vom Kindergarten erwarten, kann dabei je nach Lebenslage sehr verschieden sein.

Für manche Eltern ist es in erster Linie wichtig, dass ihr Kind während der Zeit ihrer Erwerbstätigkeit gut untergebracht ist: Ein geeigneter Platz in Wohnungsnähe, ausreichende Öffnungszeiten und ein pädagogisches Angebot, bei dem das Kind sich wohlfühlt und bestmöglich gefördert wird, sind hier gefragt. Das gegenwärtige Wirtschafts- und Erwerbsleben ist auf Angebote öffentlicher Kinderbetreuung angewiesen, die es allerdings in vielen Regionen noch nicht in ausreichendem Umfang gibt (Büchel & Spieß 2002). Die Erwartung an eine zuverlässige zeitweise Betreuung ist aber auch von dem Bedürfnis getragen, dass Eltern gelegentlich Zeit brauchen, um – wie kinderlose Erwachsene auch – Freizeitaktivitäten und kulturellen Angeboten nachgehen zu können. Kindertagesstätten, die Eltern solche Entlastung bieten, unterstützen indirekt die Bildungsleistungen von Familien, indem sie familiäre Lebensgestaltungsspielräume erweitern und damit zur Zufriedenheit der Eltern beitragen.

Andere Eltern haben die prioritäre Erwartung, dass ihr Kind im Kindergarten regelmäßig mit anderen Kindern zusammentrifft, Freunde findet und seine soziale Kompetenz vergrößert. Wieder andere Eltern haben ganz besondere Förderwünsche an den Kindergarten: Das Kind soll z. B. gut deutsch lernen, immer häufiger wird auch eine zweisprachige Umgebung gewünscht. Andere Eltern bevorzugen hingegen einen Kindergarten, der Kindern eine möglichst freie Spielwelt anbietet, so wie Eltern dies aus ihrer eigenen Kinderzeit erinnern.

Man sieht, dass Erwartungen von Eltern sehr unterschiedlich, sogar sich widersprechend sein können. Es ohne Abstriche allen recht zu machen, wird keinem Kindergarten gelingen. Nötig ist vielmehr, dass Erzieher/innen Eltern und ihre Anliegen ernst nehmen und verstehen, dass sie ihnen, soweit es möglich ist, entgegenkommen. Nötig ist aber auch, ein verständnisvolles Klima des Aushandelns zwischen verschiedenen Anliegen und Möglichkeiten zu entwickeln. Eltern haben ganz selbstverständlich als Privatpersonen in unterschiedlichen Lebenslagen auch unterschiedliche Erwartungen. Erzieher/innen hingegen haben in ihrer Berufsrolle ganz bestimmte fachliche Ansprüche und unterliegen vorgegebenen Zeitmustern und Arbeitsstrukturen. Hier gilt es, voneinander zu erfahren, sich auszutauschen und möglichst pragmatisch Lösungen auszuhandeln.

Dies ist keineswegs leicht zu bewerkstelligen, denn auch Erzieher/innen können sich bei aller zugestandenen Fachlichkeit nicht mehr ohne weiteres auf die Position zurückziehen, dass sie es qua Amt schon besser wüssten. Auch Erzieher/innen können in unserer normativ verunsicherten Zeit nicht auf vorgegebene Erziehungsmuster („So machen wir es schon immer") pochen. Was heute „richtig" ist, gilt nicht für alle Zukunft, sondern muss immer wieder neu, möglichst unter Beteiligung von verschiedenen Menschen bedacht, diskutiert und entschieden werden. Dass eine solche Verständigung (manchmal auch Auseinandersetzung) mit Eltern besondere Kompetenzen von Erzieher/innen verlangt, liegt auf der Hand. Und dass diese bisher nicht in ausreichender Weise durch die Ausbildung vorbereitet werden, wird inzwischen deutlich beklagt. Jede Erzieherin wird sich in ihrer Praxis auf solche berufsbegleitenden Lernprozesse einstellen müssen.

Eine gelingende Kooperation mit Familien zeigt sich nicht zuletzt darin, auch bei „schwierigen" Eltern eine Plattform für Verständigung und gemeinsame Sorge für das Kind zu finden. Partnerschaft von Kindergarten und Eltern lebt von einer offenen, interessierten und freundlichen Grundhaltung, sie umfasst gemeinsames Nachdenken und das Gehen gemeinsamer Wege, nicht das bloße Bedienen von vordergründigen „Kundenwünschen".

Für die Planung der pädagogischen Arbeit ist der Gesprächsaustausch mit Eltern eine wichtige Grundlage, wenn man sich an den Lebenssituationen von Kindern und Familien orientieren will. Eltern wollen wissen, was ihr Kind in der Einrichtung erlebt, sie werden immer mehr nachfragen, ob auch die Qualität geboten wird, die Eltern erwarten. Eine sorgfältige Gestaltung der Eingewöhnungszeit, regelmäßige Informationen über die pädagogische Arbeit und die Entwicklung des einzelnen Kindes, die Beteiligung von Eltern im Alltag der Einrichtung (z. B. Ausflüge, Projekte, Feste) wie auch das Hereinholen von Kompetenzen von Eltern in die Bildungsarbeit des Kindergartens sind verschiedene Schritte einer aktiven Elternmitwirkung, die die Eltern zu Partnern der Kindergärten werden lassen. Natürlich kommen immer wieder auch Konflikte und Missverständnisse vor, die der Vermittlung bedürfen. Aber wenn es gelingt, die Kindergartenarbeit für die Wünsche und Werthaltungen der Eltern zu öffnen, dann kann rund um die Einrichtung eine lebendige, zwar nicht konfliktfreie, aber nach Lösungen suchende, Elternöffentlichkeit entstehen, die dem im KJHG geforderten partizipativen Ansatz Rechnung trägt.

Kindertagesstätten als Ausgangspunkt für Eltern-Netzwerke

Kindertageseinrichtungen entwickeln sich immer mehr zu Anlaufstellen und Begegnungsorten für Eltern (Krug 2002). Die Ergebnisse der Elternbefragung im Projekt „Orte für Kinder" (Deutsches Jugendinstitut 1994) verwiesen bereits deutlich darauf, dass Eltern die Kindertagesstätte nicht nur als Lebensorte für ihre Kinder schätzen, sondern sie auch als Treffpunkt und Kommunikationsort für sich selbst nutzen wollen. Diese Erfahrung macht man inzwischen an vielen Orten. So ist bei der räumlichen Mobilität junger Familien der Kindergarten für viele Eltern die erste öffentliche Einrichtung in ihrem Wohngebiet, in der sie mit anderen Familien in Kontakt kommen. Mütter wollen nicht nur Entlastung bei der Zuständigkeit für Kinder, sondern viele suchen auch neue gemeinschaftliche Formen der Kinderbetreuung. Gerade dieser Aspekt, dass Kindereinrichtungen bei den dünner werdenden Verwandtschafts- und Nachbarschaftsbeziehungen immer mehr die Funktion übernehmen, Kontakte zwischen Familien und so etwas wie neue Netzwerke von gegenseitigen Hilfeleistungen zu stiften, zeigt, welche Erweiterung Kindergartenarbeit derzeit erfährt. Kindergärten sind heute alltagsstützende niederschwellige Anlaufstellen, wo sich Eltern treffen und auch ihre Probleme ansprechen können, ohne gleich zu „Fällen" einer Sozialbürokratie zu werden.

Was in Kindergärten heute an Begegnung geschieht, lässt sich mit dem vergleichen, was zu anderen Zeiten funktionierende Nachbarschaften für die Menschen waren: Man trifft sich, tauscht sich aus, hilft sich in Alltagsdingen. Dass so etwas auch gelingt, hängt davon ab, ob Erzieher/innen ein Klima schaffen können, in dem sich die Eltern willkommen fühlen: Gemütliche Sitzgelegenheiten, vielleicht ein Elterncafé (von Eltern selbst betrieben) können hier gute Ausgangsangebote sein. Aber auch die mitverantwortliche Nutzung des Hauses durch Eltern (z. B. bei Wochenendfeiern) kann die Vertrautheit und die Verbundenheit mit dem Kindergarten fördern. In jedem Fall werden vom Kindergarten aus bedeutsame soziale Zusammenhänge für Kinder und Eltern insze-niert, es werden Gelegenheitsstrukturen geschaffen, die dann die interes-sierten Eltern und Kinder selbst mit Leben füllen müssen. Paare mit Kindern sind nach einer Untersuchung der Kommission für Zukunfts-fragen (1997, S. 149) der Haushaltstyp, der sich am stärksten freiwillig engagiert und in soziale Netzwerke eingebunden ist – ein Befund, der sicher nicht als größeres soziales Engagement dieser Bevölkerungs-gruppe zu interpretieren ist, sondern schlicht darauf hinweist, dass Men-schen mit Kindern bei der Bewältigung ihres Alltags auf gegenseitige Hilfeleistungen angewiesen sind und sich, wenn sie können, solche Netze schaffen.

Eltern brauchen flexibel reagierende Kindertagesstätten nicht nur, um ihr Leben zwischen Familie und Beruf einrichten zu können, viele wollen damit auch in das Geflecht von Beziehungen und Unterstützun-gen hineinkommen, das zwischen Familien, Nachbarschaften und Kin-dertagesstätten gepflegt wird (Neumann 1999). Kindertagesstätten müssten mit Blick auf die verschiedenen Lebensbedingungen von Fami-lien vielfältigere Angebote entwickeln und dabei lokal passende Mi-schungen zwischen institutionellen Angeboten und informellen Netzen wagen. Wenn schon heute Kindergärten neben ihren traditionellen Ar-beitsschwerpunkten in Kooperation mit Eltern und anderen Instanzen in der Kommune (z. B. Elternschule, Volkshochschule, Vereine) weitere Angebote wie z. B. Mutter-Kind-Gruppen, Spielkreise für Kleinkinder, Hausaufgabenhilfe, Kinderkulturarbeit u. a. m. konzipieren und umset-zen, dann werden damit wegweisende Formen eines familienstützenden Netzes angebahnt, das die familiären Bildungsleistungen stützen und den Bildungsweg der Kinder im Zusammenwirken der verschiedenen Umwelten positiv beeinflussen kann.

Nicht wenige Eltern gewinnen über die Kindertageseinrichtung auch wieder ein Stück Öffentlichkeit in ihrem Leben: Mit der Elternschaft gehen viele frühere Kontakte verloren, und gerade für Mütter sind Be-stätigungen im Beruf und manche Freizeitgestaltungsmöglichkeiten erst einmal vorbei. Der Rollenwechsel vom mobilen beruflich aktiven Er-wachsenen zum „Familienmenschen" ist für Mütter und Väter nicht einfach – zumal immer weniger Familien mit Kindern leben und viele

Menschen zugunsten anderer Lebensziele auf eigenen Nachwuchs verzichten. Über Begegnungen im Kindergarten kann es zu neuen Freundschaften und Zweckbündnissen zwischen Familien kommen und es kann gelingen, eine Aufgeschlossenheit und Parteilichkeit für Kinder über den engen Rahmen der eigenen Kernfamilie hinaus aufzubauen. Eine engagierte Elternöffentlichkeit am Ort kann viel dazu beitragen, dass Anliegen von Kindern in der Kommune wahrgenommen und als berechtigt akzeptiert werden.

Bürgerschaftliches Engagement und sozialpräventive Strategien

In dem Maße, wie feste Lebenslaufstrukturen zwischen Ausbildung, Berufstätigkeit und Ruhestand in Bewegung kommen, entwickeln sich neue Muster für Erwerbsphasen und privates Leben: So gibt es die Vollbeschäftigung alten Stils immer weniger. Frauen (und inzwischen auch manche Männer) wollen Familienarbeit mit Erwerbsarbeit kombinieren. Immer mehr Menschen erleben Berufswechsel, aber auch Lebensphasen ohne Erwerbsarbeit. In dieser Situation wächst das zeitweise Interesse, sich öffentlich zu engagieren. Kindertageseinrichtungen sind – wie manche andere sozialen Dienstleistungsbereiche auch – Orte, an denen freiwilliges Engagement die Qualität steigern kann. Für Nebenerwerbsmöglichkeiten und ehrenamtliche Mitarbeit gibt es so manche Einsatzbereiche in Kindertageseinrichtungen. Beispiele aus der Praxis: Die Küche im Kindergarten wird in Teilzeitarbeit von einigen Müttern betrieben; künstlerisch oder handwerklich tätige Erwachsene geben ihre Fähigkeiten an Kinder weiter; in Zusammenarbeit mit Mitgliedern des örtlichen Sportvereins werden Bewegungsräume für Kinder gestaltet; ein Frührentner übernimmt die Garten- und Hausmeisterarbeiten und beteiligt interessierte Kinder daran u. a. m. Wir müssen uns darauf einstellen, dass die Diskussion um das Verhältnis von privater und öffentlicher Zuständigkeit für Kinder, die in den vergangenen Jahren vorwiegend unter dem Thema „Vereinbarkeit von Familie und Beruf" stand, angesichts der sich ändernden Arbeitswelt mit neuen Eckpunkten weitergeführt werden wird (Dettling 2001). Denkbar wäre, dass fließendere Übergänge entstehen zwischen dem, was an professioneller pädagogischer Arbeit in Institutionen geleistet wird und was daneben eine (finanziell und fachlich) unterstützte Elternöffentlichkeit familienübergreifend mit Kindern organisiert (Gerzer-Sass 1994). Das Zusammenspiel von Profis und „Laien" macht im Interesse der Kinder Sinn, und die intelligente Nutzung solcher informeller Ressourcen lässt die Kindergärten zu reichhaltigeren Bildungsorten werden.

In dem ländervergleichenden OECD-Bericht (OECD 2001) – einer Studie, an der sich Deutschland leider nicht beteiligt hat – wird hervorgehoben, dass der vorschulische Bereich in vielen Ländern als wichtiger Baustein für sozialpräventive Konzepte gesehen wird. Ausgehend von der Erfahrung, dass eine wirksame Förderung von Kindern frühzeitig ansetzen und die Eltern einbeziehen muss, werden die Kindertageseinrichtungen in ihrer Funktion als Nachbarschaftszentren ausgebaut, damit sie Kontakte zwischen Familien stiften und sie in ihrer Elternrolle stärken können.

Ein markantes Beispiel ist hier Großbritannien, wo man die Bildungsqualität von Kindertageseinrichtungen dadurch anheben will, dass eine breit angelegte Strategie sozialpolitischer Ziele durch die Koordination von Diensten für Kinder und Familien verfolgt wird. Wie das inzwischen auch in Deutschland bekannt gewordene Beispiel des Early Excellence Centre „Pen Green" verdeutlichen kann, gelingt hier eine bemerkenswerte Verknüpfung von öffentlicher Kindererziehung und Qualifizierungsangeboten für Eltern und andere Bürger des Ortes (Colberg-Schrader & Oberhuemer 2000). Pen Green ist weit mehr als eine gute Bildungseinrichtung für Kinder ab zwei Jahren. In dem von vielen ökonomisch-sozialen Problemen geprägten Wohngebiet werden die Eltern als Experten für die Bildung ihrer Kinder angesprochen und an Bildungsprozessen der Kindertageseinrichtung beteiligt. Hier werden die Familien der Kinder in vielfältiger Weise einbezogen und unterstützt. Eltern können sich hier persönlich und beruflich weiter qualifizieren und finden teilweise sogar bezahlte Beschäftigung. Die längerfristigen Erfahrungen in diesem Zentrum machen deutlich, dass diese Aktivierung von Eltern in einem sozialen Brennpunkt auch den Bildungsprozessen der Kinder zugute kommt: Die Kinder profitieren nicht nur von der pädagogischen Arbeit in der Kindertageseinrichtung, sie profitieren ebenso davon, dass ihre Eltern durch die Unterstützung der Einrichtung selbstbewusstere und kompetentere Eltern sind, die ihre Kinder im familiären Umfeld bewusster fördern können.

Kindertagesstätten in sozialen Brennpunkten

Auch in unserem Land nehmen die Kindertagesstätten gerade in sozialen Brennpunkten wichtige elternbildende Funktionen wahr: In Einrichtungen benachteiligter Wohngebiete bauen die Erzieher/innen vertrauensvolle und tragfähige Beziehungen zu den Kindern auf. Gerade diese Kinder, die manchmal schwierige familiäre Hintergründe und belastete Wohnumgebungen haben, brauchen die Erfahrung, dass sie im Kindergarten willkommen sind und angenommen werden. Sie brauchen in der Einrichtung eine haltgebende Umgebung und liebevolle Erzieher/innen, um erst einmal die Selbst-Gewissheit und Selbst-Sicherheit zu entwickeln, die nötig ist, um sich neugierig und mutig auf die Erkundung der Welt einlassen zu können. Voraussetzung für gelingende Bildungsprozesse ist also die Erfahrung wechselseitiger Anerkennung (Leu 1999) und eines bedingungslosen Angenommenseins.

Für einzelne Kinder können die Erzieher/innen ganz bedeutsame Bezugspersonen sein, mit denen sie erstmals in ihrem Leben verlässliche Bindungserfahrungen machen und bei denen sie Geborgenheit und Rückhalt erleben. Nicht selten sind Erzieher/innen dann auch „Modell" für die oftmals sehr jungen Mütter, die selber in der Kindertagesstätte viel für den fördernden Umgang mit ihren Kindern lernen. Viele Erzieher/innen, die in sozialen Brennpunkten arbeiten, sind sich der Bedeutung ihrer Rolle für einzelne Kinder und Mütter bewusst. Auch wenn es für sie manchmal nicht ganz leicht ist, die Kinder und ihre Eltern so anzunehmen, wie sie sind, ist es dennoch immer wieder motivierend, wenn die kleinen und großen Fortschritte in der Entwicklung der Kinder sichtbar werden. Den Kindern bedeutet „ihre" Erzieherin oft sehr viel. Dies im Übrigen nicht nur zur Kindergartenzeit, nicht selten kommen junge Erwachsene in ihrer ehemaligen Einrichtung vorbei und fragen nach ihrer Erzieherin aus Kindertagen.

Für Erzieher/innen, die in benachteiligten Stadtgebieten arbeiten, ist es wichtig, dass sie aufmerksam die Entwicklung jeden einzelnen Kindes beobachten und sich mit den Eltern regelmäßig über die Kompetenzen und Probleme des Kindes austauschen. In vielen Fällen gewinnen die Eltern dabei ein verstärktes Verständnis für die Bedürfnisse ihrer Kinder und lernen, selbst „bessere" Eltern zu sein. In anderen Fällen übernehmen die pädagogischen Fachkräfte aber auch die Aufgabe, für eine zusätzliche Unterstützung überforderter Familien zu sorgen, indem sie den Kontakt mit anderen sozialen Diensten anbahnen. Nicht zu unterschätzen ist dabei auch die lebenspraktische Unterstützung, die die Mitarbeiter/innen von Kindertagesstätten an sozialen Brennpunkten leisten: Die Sicherstellung einer ausreichenden und gesunden Ernährung in der Kita, Gespräche mit Müttern, ein offenes Ohr und Beratung in allen möglichen und unmöglichen Lebenslagen, Hilfe bei Behördengängen und Antragsformalitäten und vieles andere mehr gehört zum Alltagsgeschäft von Kindertagesstätten in solchen Stadtteilen. Gerade in sozialen Brennpunkten wird deutlich, dass die Kindertagesstätten als familiennahe Einrichtungen niedrigschwellige Anlaufstellen sind, zu denen die Familien voller Vertrauen mit ihren Alltagssorgen kommen und wo sie die Erzieher/innen nicht als „Amtspersonen" fürchten, sondern eher als verständnisvolle und kompetente Berater/innen schätzen und respektieren.

Resümee

Wie diese Erfahrungen zeigen, können Kindertagesstätten eine Schlüsselrolle am Ort übernehmen, wenn sie gezielt das breite Beziehungsgeflecht, in dem Kinder heute leben, stützen. All diese familienbezogenen Leistungen sind im weitesten Sinne „Elternbildung", denn sie helfen vielen Eltern dabei, mit ihrem Leben besser zurechtzukommen und sich auch besser auf das Zusammenleben mit ihrem Kind einstellen zu können. Es wäre eine wichtige Weiterentwicklung von Kindertageseinrichtungen (nicht nur in problembelasteten Einzugsgebieten), wenn sie diesen elternstützenden Teil ihrer Arbeit nicht „nebenbei" erledigen müssten, sondern wenn solche teilweise in erwachsenenpädagogische und sozialarbeiterische Aufgaben hineinreichenden Tätigkeiten auch bei der personellen Ausstattung und bei der offiziellen Aufgabenbeschreibung von Kitas ihre Würdigung bekämen. Gerade wenn man das Ziel hat, Eltern nicht nur punktuell zu entlasten, sondern sie auch in ihrer eigenständigen Lebensführung zu stützen (Empowerment), sind dafür fundierte Konzepte und angemessene Ressourcen nötig. Beispiele aus anderen europäischen Ländern (wie z. B. das o.g. Zentrum Pen Green in Corby, England) zeigen, wie man dort bewusst mit einer entsprechenden Zielsetzung und Ausstattung von Kindertageseinrichtungen die Zusammenarbeit mit Eltern im frühen Kindesalter sucht, weil auf diese Weise die Bildungschancen der Kinder nachhaltig verbessert werden können.

Literatur

AWO Sozialbericht (2000): Gute Kindheit – schlechte Kindheit. Armut und Zukunftschancen von Kindern und Jugendlichen in Deutschland. Bonn

Büchel, Felix; Spieß, Katharina (2002): Form der Kinderbetreuung und Arbeitsmarktverhalten von Müttern in West- und Ostdeutschland. Gutachten im Auftrag des Bundesministeriums für Familie, Senioren, Frauen und Jugend. Berlin

Bundesjugendkuratorium (2001): Zukunftsfähigkeit sichern! Für ein neues Verständnis von Bildung und Jugendhilfe. Bonn

Colberg-Schrader, Hedi; Krug, Marianne (1999): Arbeitsfeld Kindergarten. Pädagogische Wege, Zukunftsentwürfe und berufliche Perspektiven. Juventa, Weinheim und München

Colberg-Schrader, Hedi (2000): Erzieherin – Berufsbild mit neuen Konturen. Don Bosco, München

Colberg-Schrader, Hedi; Oberhuemer, Pamela (2000): Ein Modell für Kindertageseinrichtungen der Zukunft? Ein Besuch im englischen Pen Green. In: Colberg-Schrader, Hedi; Oberhuemer, Pamela (Hrsg.), Qualifizieren für Europa. Praxiskulturen, Ausbildungskonzepte, Initiativen. Jahrbuch 5 des Pestalozzi-Fröbel-Verbands. Schneider, Hohengehren, S. 89–92

Dettling, Warnfried (2001): Die Stadt und ihre Bürger. Neue Wege in der kommunalen Sozialpolitik. Bertelsmann Stiftung, Gütersloh

Deutsches Jugendinstitut (Hrsg.) (1994): Orte für Kinder. Auf der Suche nach neuen Wegen in der Kinderbetreuung. Deutsches Jugendinstitut, München

Deutsches PISA-Konsortium (Hrsg.): PISA 2000. Basiskompetenzen von Schülerinnen und Schülern im internationalen Vergleich. Leske + Budrich, Opladen

Elschenbroich, Donata (2001): Weltwissen der Siebenjährigen. Wie Kinder die Welt entdecken können. Kunstmann, München

Fünfter Familienbericht (1994): Bundestagsdrucksache 12 / 7560. Bonn

Fthenakis, Wassilios E. (2000): Kompetente Kinder für eine wenig prognostizierbare Welt: Ansätze für eine Bildungsreform im Elementarbereich. In: Wunderlich, Theresia; Hugoth, Matthias; Jansen, Frank (Hrsg.), Themenwechsel. Die Zukunft lernt im Kindergarten. Verband Katholischer Tageseinrichtungen für Kinder, Freiburg, S. 252–259

Gerzer-Sass, Annemarie (1994): Private und öffentliche Ressourcen neu gemischt – Entstandardisierung heißt nicht Qualitätsverlust. In: Deutsches Jugendinstitut (Hrsg.), Orte für Kinder. Auf der Suche nach neuen Wegen in der Kinderbetreuung. Deutsches Jugendinstitut, München, S. 235–54

Kommission für Zukunftsfragen der Freistaaten Bayern und Sachsen (1997): Erwerbstätigkeit und Arbeitslosigkeit in Deutschland. Entwicklung, Ursachen, Maßnahmen. Teil III, Bonn

Krappmann, Lothar (2002): Bildung als Ressource der Lebensbewältigung. In: Münchmeier, Richard; Otto, Hans-Uwe; Rabe-Kleberg, Ursula, Bildung und Lebenskompetenz. Kinder- und Jugendhilfe vor neuen Aufgaben. Leske + Budrich, Opladen, S. 33–48

Krug, Marianne (2002): Erzieherinnen als Netzwerkarbeiterinnen. In: Lipp-Peetz, Christine; Wagner, Irmgard (Hrsg.), Bildungsort und Nachbarschaftszentrum. Kindertageseinrichtungen im zweiten Jahrzehnt des KJHG. Jahrbuch 7 des Pestalozzi-Fröbel-Verbands. Schneider Verlag Hohengehren, S. 114–129

Leu, Hans Rudolf (1999): Wechselseitige Anerkennung – eine Grundlage von Bildungsprozessen in einer pluralen Gesellschaft. In: KiTa aktuell, BY, Hft 12, S. 244–248

Liegle, Ludwig (1999): Erziehung als Reaktion auf die Entwicklung des Kindes und als Entwicklungshilfe. In: Neue Sammlung 39/2, S. 199–212

Neumann, Karl (1999): Aufwachsen in Familien. Kindersituationen heute aus pädagogischer Sicht. In: Zeitschrift für Pädagogik. 39. Beiheft Erziehung und sozialer Wandel. Beltz Verlag Weinheim und Basel, S. 17–38

OECD (2001): Starting Strong. Early Childhood Education and Care. Paris

Peukert, Ursula (2000): Gemeinsam eine Welt aufbauen – zur Notwendigkeit eines neuen Begriffs von Lernen und Bildung in der Frühpädagogik. In: Wunderlich, Theresia; Hugoth, Matthias; Jansen, Frank (Hrsg.), Themenwechsel. Die Zukunft lernt im Kindergarten. Verband Katholischer Tageseinrichtungen für Kinder, Freiburg, S. 201–212

Schäfer, Gerd E. (1999): Frühkindliche Bildungsprozesse. Herausforderungen einer Pädagogik der Frühen Kindheit. In: Neue Sammlung 39/2; S. 213–226

Seehausen, Harald (1999): Soziale Netzwerke für Kinder und Eltern: Orte für Familien. In: Deutsches Jugendinstitut (Hrsg.), Orte für Kinder. Auf der Suche nach neuen Wegen in der Kinderbetreuung. Deutsches Jugendinstitut, München, S. 183–204

Textor, Martin R. (1997): Vorschulische Erziehung aus Sicht der Eltern. In: Ständige Familienkonferenz: Perspektiven der Erziehung im gesellschaftlichen Wandel. Bonn, S. 27–40

Zehnter Kinder- und Jugendbericht (1998). Bundestagsdrucksache 13/11 368. Bonn

Norbert Hocke

Zu den strukturellen Voraussetzungen der Weiterentwicklung von Tageseinrichtungen

Tageseinrichtungen für Kinder entwickeln sich weiter, sie unterliegen einer täglichen Veränderung. Ausgelöst wird diese durch die Kinder, die im besten Fall mit Neugier und Wissensdurst, aber unter Umständen auch gelangweilt oder gar ängstlich in die Tageseinrichtung kommen. Darüber hinaus prägen die pädagogischen Fachkräfte, aber auch die anderen Mitarbeiter/innen, sei es in der Küche oder im Wirtschaftsbereich, ihre Wirkungsstätte. Auch die Vorstellungen der jeweiligen Einrichtungsträger sowie die Motivation und das Engagement der Eltern tragen zum permanenten Wandel bei, mit der Folge, dass die Aufgabe der Erzieher/innen laufend neu definiert werden muss. Es gehört sicher zu den größten Herausforderungen, trotz veränderter Bedingungen in der pädagogischen Qualität Kontinuität zu wahren und den Kindern jeden Tag so gut wie möglich gerecht zu werden. Bei jedem Einzelnen müssen Entwicklungsschritte erkannt und angemessen gefördert werden, um damit die bestmöglichen Voraussetzungen für den weiteren Lebensverlauf zu schaffen. Dies zu erkennen, die Bildungsfähigkeit der Kinder zu stärken und sie nicht im Einerlei des Alltags verloren gehen zu lassen, ist Zeichen von Professionalität.

Im Folgenden wird es vor allem um strukturelle Veränderungen und Voraussetzungen gehen, die die Qualität der pädagogischen Arbeit entscheidend beeinflussen.

Reformmöglichkeiten durch das Kinder- und Jugendhilfegesetz

Das Kinder- und Jugendhilfegesetz (KJHG), das 1990/91 in Kraft getreten ist, hat erstmals den Begriff der Tageseinrichtungen für Kinder aufgenommen (vgl. § 22 Abs. 1). Im Gesetzestext heißt es: „In Kindergärten, Horten und anderen Einrichtungen, in denen sich Kinder für einen Teil des Tages oder ganz aufhalten (Tageseinrichtungen), soll die Entwicklung des Kindes zu einer eigenverantwortlichen und gemeinschaftsfähigen Persönlichkeit gefördert werden." Im Frankfurter Kommentar zum KJHG heißt es: „§ 22 subsumiert sämtliche Institutionen, in denen Kinder sich für einen Teil des Tages oder ganztags aufhalten, unter dem Begriff der „Tageseinrichtungen". Die ausdrückliche Erwähnung von Kindergärten und Horten ist nur beispielhaft, daneben gibt es auch andere Einrichtungen, wie Krabbelstuben und Kinderkrippen, die unter den offen gehaltenen Begriff der Tageseinrichtung fallen.

Der § 22 des KJHG will jedoch nicht nur die Anzahl der unter dem Begriff Kindertageseinrichtung vereinigten Institutionen vergrößern, sondern die Möglichkeit geben, bisherige strukturelle Grenzen zu überwinden. So sollen beispielsweise altersgemischte Gruppen sowie integrative Gruppen von behinderten und nicht behinderten Kindern ermöglicht werden (vgl. Münder 1999, S. 219). Auch die weiteren Abschnitte des § 22 über die Aufgabe der Fachkräfte und die Beteiligung der Erziehungsberechtigten an den Entscheidungen in den Tageseinrichtungen spannen einen inhaltlichen Rahmen, der bei weitem noch nicht voll ausgeschöpft ist. Zusammen mit den übrigen Paragraphen des KJHG (§ 8, Partizipation von Kindern; § 80, Jugendhilfeplanung; § § 27–36, Hilfen zur Erziehung; § 5, Wunsch- und Wahlrecht der Eltern; § 24, Rechtsanspruch der Eltern auf einen Platz in einer Tageseinrichtung; § 81, Zusammenarbeit mit anderen Institutionen) bietet das Kinder- und Jugendhilfegesetz den Tageseinrichtungen eine Möglichkeit der Weiterentwicklung, die über den Rahmen der klassischen Krippe, des klassischen Kindergartens und des klassischen Hortes hinausgeht. Von daher ist das KJHG auch nicht nur als klassisches Gesetzeswerk zu verstehen, sondern als Aufforderung, pädagogische Veränderungen innerhalb des erweiterten Rahmens zu gestalten. Der Begriff der Tageseinrichtungen für Kinder sollte daher von Pädagog/innen noch viel stärker ausgeschöpft werden, um inhaltliche,

räumliche und institutionelle Erweiterungen zu konzipieren und durchzuführen.

So ist zum Beispiel die Entwicklung des Kindergartens, eine Ganz-
tageseinrichtung für Kinder zu sein, in den neuen Bundesländern eine
Selbstverständlichkeit. In den alten Bundesländern hingegen ist der Kindergarten eher eine Halbtagseinrichtung. Hier ist eine Weiterentwicklung dringend notwendig, damit sich die Möglichkeit institutionalisier-
ter Pädagogik nicht auf den Vormittag beschränkt und in ein enges
Zeitkorsett ohne jeglichen Spielraum gezwängt ist. Darüber hinaus gewährleistet die Ganztagsbetreuung eine bessere Vereinbarkeit von Familie und Beruf.

Integration als Schlüsselbegriff

Eine weitere Notwendigkeit besteht in den nächsten Jahren darin, die
strikte traditionelle Einteilung zwischen Krippe, Kindergarten und
Hort zu überwinden. Hierzu zwingt uns sowieso der Rückgang an Kindern in den jeweiligen Altersstufen. Aber auch unabhängig von diesem
demographischen Aspekt arbeiten bereits seit vielen Jahren engagierte
Erzieher/innen mit altersgemischten Gruppen und versuchen, die Erfahrungen aus der Praxis in konzeptionelle Vereinbarungen mit anderen Institutionen einfließen zu lassen, um so zu einer dauerhaften Aufhebung
der Grenzen beizutragen.

„Kinder zu eigenständigen und gemeinschaftsfähigen Persönlichkeiten zu entwickeln", lautet der Auftrag des Kinder- und Jugendhilfegesetzes an Pädagog/innen und Eltern. Nach den neuesten Erkenntnissen der
Pädagogik der frühen Kindheit ist dieser Auftrag nicht mehr in nach Alter strukturierten unterschiedlichen Institutionen auszufüllen. Gewiss
brauchen wir Teilkonzepte für die unterschiedlichen Altersgruppen,
aber wir brauchen auch ein Gesamtkonzept für alle Kinder, wie wir mit
ihnen und für sie die Welt erklären und deuten und die Persönlichkeiten
von morgen erziehen und bilden wollen. Dazu werden Tageseinrichtungen, die Kindern ermöglichen, zeitliche Abschnitte länger gemeinsam zu
durchleben, besser geeignet sein als solche, die wegen der althergebrach-
ten Alterseinteilung häufige Institutionenwechsel nötig machen. Wenn

die Rahmenbedingungen stimmen und die Qualität der Arbeit gesichert ist, sind die unterschiedlichen Altersstufen unter einem gemeinsamen Dach richtig aufgehoben. Dann werden Tageseinrichtungen zu integrativ gestalteten Häusern, die Kindern unabhängig vom Alter einen gemeinsamen Lebensraum bieten. Der Schlüsselbegriff für die Weiterentwicklung von Tageseinrichtungen für Kinder muss „Integration" sein: Integration im Sinne der Interkulturalität, im Sinne eines übergreifenden Altersstufenkonzepts, ferner im Sinne einer gemeinsamen Erziehung von Kindern mit und ohne Behinderung. Wenn es in diesen Monaten um die Erstellung von Qualitätshandbüchern geht, sollte der Begriff der Integration ein zentrales Qualitätsmerkmal werden. Und wenn dieser Begriff nach außen hin Bedeutung hat, soll er auch intern gelebt werden. Dies bedeutet, dass wir einen Abbau von Hierarchien sowohl von der Trägerseite her als auch in den Häusern selbst herbeiführen müssen. Integrative Konzepte arbeiten mit den Stärken des Einzelnen und geben Hilfestellung zum Abbau von Schwächen.

Mehr Partizipation an Entscheidungsprozessen

Die Teamarbeit muss wieder zu einem Kennzeichen der Pädagog/innen werden. Aufgaben müssen gemeinsam im Team-Teaching und nicht von Einzelkämpfer/innen gelöst werden. Es ist sinnvoll, Aufgaben zu delegieren, damit die individuellen Stärken der Kolleg/innen entdeckt und gefördert und somit für die Tageseinrichtungen nutzbar gemacht werden. Um dies zu gewährleisten, brauchen die Tageseinrichtungen aber mehr Entscheidungsmöglichkeiten, als sie heute haben – und zwar auf allen Ebenen. Die Teams in den Tageseinrichtungen müssen bei Fragen des Personal- und Finanzbedarfs viel stärker mitentscheiden können, um das eigene Profil des Hauses herauszuarbeiten und es zu gestalten. Zielvereinbarungen über mehrere Jahre hinaus wären ein erster Schritt in diese Richtung. Wer Kindern Verantwortung nicht nur theoretisch vermitteln will, sondern ernsthaft als Prinzip der Erziehung die eigenverantwortliche und gemeinschaftsfähige Persönlichkeit als Maßstab hat, der muss auch selbst echte Verantwortung tragen. Oder traut man dies den Frauen in den Tageseinrichtungen nicht zu? Positive Erfahrungen liegen bereits vor. In den evangelischen Tageseinrichtungen der Landeskirche Berlin-Brandenburg hat man z. B. die Teamleitung in den Tarifvertrag aufgenommen (vgl. dazu z. B. den Tarifvertrag der evangelischen Kirche Berlin-Brandenburg). Eine so gewonnene Verantwortungsübertragung muss sich aber auch fachlich messen lassen. Tageseinrichtungen für Kinder sollten sich einer Evaluation, das heißt einer fachlichen Kontrollgruppe von außen, stellen. Nicht die zwei bis drei Sternchen an der Haustür sollten das entscheidende Kriterium sein, das auf Grundlage eines „stillen Katalogs" ermittelt wurde, sondern ein Verfahren, das zunächst die eigene Arbeit reflektiert und diese dann in einem fachlichen Dialog von außen widerspiegelt. Die Träger stellen hierzu Teams zusammen, die sich aus Praxisvertretern, Fachberatern, Gewerkschaftern, Eltern und aus ein bis zwei Vertretern anderer Professionen (Künstler, Wirtschaft) zusammensetzen. Diese evaluieren die Tageseinrichtungen und helfen somit dem Team, sich weiter zu entwickeln und Bewährtes zu erhalten. Darüber hinaus sind sie auch für Eltern aussagekräftiger als Sternchen an der Tür.

Übernahme öffentlicher Verantwortung

„Aufwachsen in öffentlicher Verantwortung" – so lautet eine Zentralaussage des 11. Kinder- und Jugendberichtes der Bundesregierung. Dieser Auftrag gibt den Tageseinrichtungen für Kinder neue Rückendeckung: „Es besteht eine öffentliche Verantwortung für das Aufwachsen von Kindern- und Jugendlichen. (...) Ziel einer solchen umfassenden Politik für junge Menschen ist, dass unabhängig von der Region, in der ein Mensch aufwächst, von seinem Geschlecht und vom sozialen, ökonomischen und kulturellen Kapital seiner Familie gleiche Lebenschancen für alle Kinder und Jugendlichen entstehen. Die Kommission fordert für alle Lebensbereiche die politische Gestaltung nachhaltig-förderlicher Bedingungen für das Aufwachsen von Kindern und Jugendlichen. (...) Alle in Deutschland lebenden Kinder und Jugendliche haben ein Recht auf umfassende Teilhabe an und ungehinderten Zugang zu den sozialen, ökonomischen, ökologischen und kulturellen Ressourcen der Gesellschaft. Die Einlösung dieses Rechts ist Aufgabe und sollte Ziel aller Politik und gesellschaftlichen Bereiche in Deutschland sein" (11. Kinder- und Jugendbericht der Bundesregierung, S. 54). Die Kommission des 11. Kinder- und Jugendberichtes geht in ihren Empfehlungen konsequent diesen Weg: „Bessere Förderung der infrastrukturellen Angebote hat Vorrang vor der Erweiterung der individuellen, finanziellen Transferleistungen (die Erhöhung des Kindergeldes, etc.), schränkt aber die Subjektförderung keinesfalls ein. (…) Bedingungen für ein gelingendes Aufwachsen sind neben der Stärkung der familiären Erziehung und Bildung qualitative Angebote für die Erziehung, Bildung und Betreuung aller Kinder in Kindertageseinrichtungen sowie verlässliche Schulzeiten" (ebd, S. 54).

Bildungsinseln jenseits der ökonomischen Logik

Mit dieser Rückendeckung können sich die Tageseinrichtungen für Kinder zu echten „Dienstleistern" entwickeln und ihr Angebot mit inhaltlichen Schwerpunkten ausbauen. So lassen sie sich nicht mehr nur auf bedarfsgerechte Öffnungszeiten reduzieren (so wichtig diese auch sind!), sondern machen die Eltern und Kinder zu aktiven Mitgestaltern, statt sie lediglich als Kunden zu betrachten. Sie gestalten Bildungsprozesse in sozialen, kommunikativen Prozessen zwischen Kindern einerseits und Kindern und Erwachsenen andererseits. Das Recht auf Teilhabe am gesellschaftlichen Leben, das Recht auf Bildung soll in der Tageseinrichtung für Kinder gestärkt werden. Denn Kinder brauchen „Bildungsinseln", auf denen sie jenseits der ökonomischen Logik der Gewinnmaximierung das lernen können, was sie für ihr Leben brauchen. Und somit werden Tageseinrichtungen für Kinder und deren Familien Lebensweltbegleiter und nicht einfache Serviceagenturen mit Wissensvermittlungssegmenten (etwas Frühenglisch, etwas Schwimmen, ein Computerkurs, Musik hier – Ballett dort). Das Bildungszappen mit dem Gutschein in der Hand ist genau das Gegenteil von einer Tageseinrichtung für Kinder und Familien, deren Personal sich in Professionalität, Kontinuität und Verlässlichkeit den Kindern und Eltern als Berater anbietet.

Zu sehr haben wir uns aus den unterschiedlichsten Gründen daran gewöhnt, in der Tageseinrichtung eine geschlossenen Lebenswelt zu schaffen, und wundern uns dann, wenn Kinder in ihrem realen, alltäglichen Umfeld nicht selbstsicher genug auftreten. Kinder müssen mit Unterstützung der Pädagogen ihre direkte Umgebung für sich „erobern". Stadtteile als Lebensräume für Kinder erfahrbar zu machen, gehört mit zu den Aufgaben des pädagogischen Teams. Die Alltagswelt, bestehend aus Wohnungen, Geschäften, Büros und Straßen, soll Kindern nahe gebracht werden; das eigene Stadtviertel als Raum, der interessant, aber auch gefährlich sein kann. Den Kindern derartige Erlebnisse zu ermöglichen, ist eine Herausforderung, der sich die Tageseinrichtungen stellen müssen. Die Trägerseite, die Administration und das Jugendamt müssen bei diesem Auftrag unterstützend tätig werden. Eine hervorragende Gelegenheit hierzu bieten die Programme mit dem Quartiers-Management im Rahmen des bundesweit geförderten Programms „Entwicklung und Chance" der Bundesregierung.

Tageseinrichtungen für Kinder werden Tageseinrichtungen für Familien

Tageseinrichtungen für Kinder müssen sich stärker als bisher zu Tageseinrichtungen für Kinder und Familien entwickeln. Die gesellschaftlichen Veränderungen sollen nicht nur beklagt, sondern vielmehr mitgestaltet werden. „Die aktuelle Kleinfamilie ist ein Grenzbereich: sozial zu klein, zu wenig variationsreich – ein sozialer Verarmungsraum. Die Zukunft der Familie wird in ihrer Extension liegen: in sozial wie kognitiv reicheren Netzen und Beziehungen. Familien sind dann Subsysteme in neuen Bildungspfaden, die von vornherein in reichere Welten einführen, als sie die Zufallskompetenz von Familien bieten kann. Simulieren wir also, professionell, die reichen Beziehungslandschaften früherer Großfamilien durch Netzorganisation und eine ausgeweitete Intelligenzumgebung." (Birger P. Priddat in: Die Zeit, 22.8.02). Mit dieser Beschreibung lässt sich die Tageseinrichtung für Kinder auf eine Familienarbeit ein, die Eltern nicht wie in der Vergangenheit die Schuld am Versagen ihrer Kinder zuschiebt und sie als Gescheiterte abstempelt. Vielmehr nimmt sie die gesellschaftlichen Umstände ernst und versucht daraus Schlüsse zu ziehen. Tageseinrichtungen für Kinder werden Tageseinrichtungen für Familien. Sie bieten den

Eltern nicht nur Raum zur Diskussion von Erziehungsproblemen, sondern auch den Raum für Kulturelles, für Entspannendes, für politische Bildung, für Feste. Der Weihnachtsbasar hat weiterhin seine Berechtigung neben einem Konzertangebot für die Eltern, einer Kunstausstellung für Familien und einer Podiumsdiskussion über kommunalpolitische Probleme. Eine enge Kooperation mit anderen Bildungs- und Kultureinrichtungen der Stadt eröffnet Bildungschancen für jene, die bisher ausgegrenzt waren. Die Early-Excellent-Center in England sind solche Tageseinrichtungen für Familien. Sie bieten jungen Frauen Bildung in einem umfassenden Sinne an, sowohl für die Kinder als auch für Eltern; Erziehung für die Kinder mit Hilfen und Tipps und Betreuung für beide! Early-Ecellent-Center helfen jungen Frauen bei der Berufsausbildung, führen sie zum Abschluss und helfen ihnen somit auf eigenen Füßen zu stehen. Ein solches gebührenfreies Angebot bietet die Chance, aus der Armutsfalle Familie herauszutreten. „Häufigste Ursache für Verarmungsprozesse von Familien sind Arbeitslosigkeit und Niedrigeinkommen. Die Chance, durch Erwerbsarbeit den Lebensunterhalt eigenständig zu sichern, hängt für diese Familien ganz wesentlich davon ab, ob und inwieweit es ihnen gelingt, Familie und Beruf miteinander in Einklang zu bringen." (vgl. BMFSFJ 2002B, 1. Armuts- und Reichtumsbericht der Bundesregierung). So verstandene Tageseinrichtungen für Kinder stellen für Kommunen und Länder keine verlorenen Zuschusseinrichtungen dar, sondern sind aus volkswirtschaftlicher Sicht hoch rentabel.

Weiterentwicklung ist nur mit Ressourcen möglich

Die Weiterentwicklung der Tageseinrichtungen für Kinder wird aber ganz entscheidend von den Rahmenbedingungen abhängig sein. Die gesellschaftlichen Anforderungen können nur erfüllt werden, wenn die entsprechenden Ressourcen zur Verfügung gestellt werden. Erzieher/innen haben sich in den letzten Jahren fort- und weitergebildet. Gedankt hat es ihnen die Politik nicht. Allenfalls in Sonntagsreden. Erzieher/innen müssen deutlicher beschreiben, was sie unter den gegebenen Rahmenbedingungen erreichen können und wozu sie nicht in der Lage sind. Sie müssen dies dokumentieren und der Gesellschaft ins Stammbuch schreiben. Nicht sie tragen die Verantwortung, „wenn der Schatz der frühen Kindheit in diesem Land verkommt" (Elschenbroich), sondern die politischen Entscheidungsträger in Bund, Ländern und Gemeinden. „Es ist unergründlich, warum für die ersten Jahre der Kinder – für die entscheidenden Entwicklungsjahre also – keine universitätsausgebildeten Expert/innen zur Verfügung stehen. Die Ausbildung von Erziehern, bei allem Lob für ihre praktische Arbeit, ist weit unterhalb des heutigen Wissensstandes über frühkindliche Entwicklungspotentiale. Bessere Ausbildung und dauernde Weiterbildung sind an dieser Stelle besonders wichtig. Oder leben wir in dem Wahn, für unsere Kinder würde in den ersten Jahren die natürliche (frauliche) Herzensbildung ausreichen? Weil wir es für kalt halten, Kinder früh wegzugeben, lassen wir nur Herzersatzdienstleister an die Kinder, keine Kognitionsexperten." (Birger P. Priddat in: Die Zeit, 22.8.02)

In einer gemeinsamen Anstrengung zwischen Forschung, wissenschaftlicher Begleitung, wissenschaftlicher Ausbildung und Praxis werden die Tageseinrichtungen für Kinder Anschluss an eine europäische Entwicklung bekommen, die für die zukünftige Generation von entscheidender Bedeutung in Bezug auf die gesellschaftliche Teilhabe sein wird. Die Erzieher/innen haben in den letzten Jahren gezeigt, dass sie die kommende Generation nicht im Stich lassen wollen – wenn sie dabei nicht selbst im Stich gelassen werden.

Literatur

Bundesministerium für Arbeit und Sozialordnung (Hrsg.) (2001): Lebenslagen in Deutschland. Der erste Armuts- und Reichtumsbericht der Bundesregierung

Bundesministerium für Familie, Senioren, Frauen und Jugend (Hrsg.) (2002): 11. Kinder und Jugendbericht der Bundesregierung

Priddat, Birger P.: Mama macht Überstunden. Überlastete Eltern, verwirrte Kinder: Es wird Zeit, die Familie professionell zu organisieren. In: Die Zeit vom 22.8.2002, Nr. 35, S. 22

Elschenbroich, Donata (2001): Weltwissen der Siebenjährigen. Wie Kinder die Welt entdecken können. Verlag Antje Kunstmann, München

Minder, Johannes (1999): Frankfurter Lehr- und Praxis-Kommentar zum KJHG/SGB VIII, 3., vollständig überarb. Auflage 1.1.1999/VOTUM Verlag GmbH

Ilse Wehrmann

Zukunft der Kindergärten – Kindergärten der Zukunft

Neue Formen der Kindergartenbetreuung

Weil unsere Kinder
unsere einzige reale Verbindung
zur Zukunft sind,
und weil sie die Schwächsten sind,
gehören sie
an die erste Stelle
der Gesellschaft.
Olof Palme

Kindergarten und Schule sind seit der PISA-Studie erfreulicherweise in den Blickpunkt der öffentlichen Diskussion gerückt und zu einem Anliegen aller bundespolitischen Parteien geworden. Die Versäumnisse über Jahrzehnte werden deutlich: Die Bundesrepublik droht ihren internationalen Stellenwert sowohl als Wirtschafts- als auch als Bildungsstandort zu verlieren. Neue Konzepte sind gefragt. Dieser Beitrag beschreibt exemplarisch, wie Träger von Kindertageseinrichtungen den Herausforderungen der Zukunft begegnen können – unter Berücksichtigung der rasch zunehmenden gesellschaftlichen Veränderungen und der steigenden Ansprüche an den Kindergarten als Dienstleister.

Das schlechte Zeugnis der PISA-Studie für die Bildung in Deutschland ist Anlass genug, den Kindergarten und Hort und seinen Erziehungs-, Betreuungs- und Bildungsauftrag kritisch zu reflektieren und daraus Konsequenzen und Forderungen abzuleiten. Die nachfolgenden Thesen begründen einen eigenständigen Bildungsauftrag des Kindergartens. Aus dieser Eigenständigkeit folgt, dass der Kindergarten nicht verschulen und schulische Bildung nicht vorwegnehmen darf. Vor diesem

Hintergrund muss allerdings der Übergang vom Kindergarten zur Schule neu gestaltet werden, damit im Kindergarten angelegte Bildungsprozesse in Schule und Hort ihre Fortsetzung finden können. Denkbar wären:

- ein gemeinsames Grundstudium von Erzieher/innen und Grundschullehrer/innen mit Spezialisierung in Früh- und Grundschulpädagogik (siehe Schweden und andere europäische Länder),
- eine stärkere Kooperation von Familie, Kindergarten, Schule und der Ausbildung der Fachkräfte,
- keine grundsätzlich früheren, aber flexiblere Einschulungstermine.

Für den Bildungsauftrag von Kindergarten und Hort führt dies zu folgenden Konsequenzen.

Thesen für einen eigenständigen Bildungsauftrag

1. Der Elementarbereich ist ein eigenständiger Bildungsbereich
Wir betrachten Kinder nicht nur als Teil ihrer Familien, sondern als eigenständige Personen und Persönlichkeiten innerhalb ihrer Familien. Kinder sind auch keine „Anhängsel" der Familien-, Bildungs- und Sozialpolitik, sie haben vielmehr Anspruch auf eine kindgerechte Gestaltung der Welt, in der sie leben. Kindheit ist nach unserem Verständnis eine eigenständige Lebensphase, in der Kinder einen Anspruch auf eigene Rechte haben, keinesfalls nur eine Phase für die Vorbereitung auf die Anforderungen des Erwachsenenlebens. Investitionen für Kinder sollten sich nicht darin erschöpfen, die Zukunft der jetzigen und künftigen Generationen zu sichern. Kinder haben das Recht, Kosten zu verursachen und Ressourcen für sich und ihre Kindheit zu beanspruchen.

2. Alle Kinder müssen für ihre Bildungsprozesse die Möglichkeit haben, eigenständig und spielerisch zu handeln, zu gestalten, zu experimentieren, zu kooperieren und zu wiederholen.
Kinder lernen auf unterschiedlichsten Auseinandersetzungsebenen. Sie brauchen vielfältige Anregungen, um freudvoll zu lernen, Neugier zu entwickeln und Stolz über das Gelernte zu erfahren. Dafür benötigen

sie Zeit, Raum und kompetente Unterstützung durch qualifiziertes Fachpersonal. Unserem Verständnis zufolge bietet der Kindergarten eine breite Palette elementarer Grunderfahrungen und Lernfelder. Seine Angebote und Ausstattung müssen sich an den Bedürfnissen der Kinder orientieren.

3. Partizipation: Alle Kinder müssen mitbestimmen und teilhaben können!
Der Kindergarten bietet Kindern unterschiedlicher Herkunft Zeit und Raum, in sozial-integrativen Prozessen das Miteinanderleben zu lernen. Jedes einzelne Kind erfährt in der gemeinsamen Planung von Tagesabläufen, im Aushandeln von unterschiedlichen Interessen und in der Bewältigung von Konflikten die Wertschätzung seiner Einzigartigkeit und lernt, Verantwortung zu übernehmen. Die Kinder vollziehen dabei demokratische Lernprozesse, die sie zu starken Persönlichkeiten und engagierten, kritischen Bürgerinnen und Bürgern einer demokratischen Gesellschaft formen.

4. Alle Kinder haben das Recht auf individuelle Bildung und Förderung
Laut PISA-Studie ist das Ziel der Chancengleichheit im deutschen Bildungssystem nicht erreicht. Kinder kommen bereits mit unterschiedlichen Lernvoraussetzungen in den Kindergarten. Hier haben alle Kinder ihren Platz – ob sie behindert oder nicht behindert, ob sie deutscher oder ausländischer Herkunft sind, egal aus welchem sozialen Umfeld sie kommen. Alle haben ein Recht auf individuelle Bildung und Förderung. In diesem Zusammenhang ist auch zu thematisieren, ob die Einführung einer Kindergartenpflicht sinnvoll und notwendig ist.

5. Kinder haben ein Recht auf religiöse Bildung
Nach unserem Verständnis gehören Religion und Glaube zum Menschen wie seine Sozialität und Einbeziehung in die gesamte Schöpfung. Die Auseinandersetzung mit religiösen Wertvorstellungen und Traditionen hat unsere Gesellschaft geprägt und prägt sie weiterhin. Kinder haben Fragen, die Themen und Inhalte von Religion berühren. Dabei geht es um Vertrauen, Sinnstiftung und leitende Wertorientierung. Der Glaube vermittelt Bewältigungskompetenzen für den Umgang mit Brüchen, Krisen und Übergängen im Lebenslauf. In der Begegnung mit anderen Religio-

nen geht es um die Entwicklung von Neugier, Offenheit, Verständigung und um die Grundlagen für ein friedliches Zusammenleben.

6. Die Familie ist nach wie vor der wichtigste Lernort für Kinder außerhalb der Bildungseinrichtungen
Kindergärten können als Häuser des Lernens und Lehrens, als Begegnungs- und Nachbarschaftszentren fungieren, in denen die Kooperation mit den Eltern bzw. Familien in Erziehung und Bildung verwirklicht wird. Viele Eltern bzw. Familien sind heutzutage verunsichert, was Erziehungsfragen anbelangt. In dieser Situation dürfen sie um der Kinder und um ihrer selbst willen nicht allein gelassen werden. Deshalb ist es wichtig, dass Kindergärten Bildung, Betreuung und Erziehung der Kinder unter Einbeziehung der Eltern gestalten. Des Weiteren müssen Kindergärten dazu beitragen, Eltern und Familien in ihren erzieherischen Kompetenzen zu stärken und zu unterstützen.

Im Folgenden wird die Umsetzbarkeit der beschriebenen Anforderungen an die Kindergärten der Zukunft anhand von bereits erprobten Praxisbeispielen bzw. in der Erprobung befindlichen Modellprojekten des Bremischen Landesverbands Evangelischer Tageseinrichtungen für Kinder diskutiert und dargestellt.

Neue Ansätze für die Zukunft

Spracherziehung im Kindergarten

Das Projekt *Spracherziehung im Kindergarten* ist ein Beispiel für die Investition in eine eigenständige, veränderte Kindergartenpädagogik der Zukunft. Es wird als Modellprojekt in 16 Bremer Kindergärten installiert und ist für den Zeitraum von drei Jahren angelegt. Es begleitet eine Kindergartengeneration, d. h. Kinder vom dritten bis zum sechsten Lebensjahr, und liefert damit einen entwickelten Rahmenplan als Basiskonzept zur systematischen Sprachförderung. Um die Nachhaltigkeit des Projekts zu gewährleisten, werden Erzieher/innen in Form einer Zusatzqualifikation im Bereich Spracherziehung im Kindergarten weitergebildet.

Langfristige Ziele dieses Pilotprojekts sind eine flächendeckende Spracherziehung im Kindergarten sowie die Übertragbarkeit auf das gesamte Bundesgebiet. Des Weiteren soll es dazu beitragen, Kinder in Bezug auf ihre sprachlichen und kommunikativen Kompetenzen so zu fördern, dass sie bei ihrer Einschulung die erforderlichen Fertigkeiten besitzen, problemlos die sprachlichen Anforderungen in der Schule zu bewältigen.

Die Zielgruppe für diesen wesentlichen und zukunftsweisenden Beitrag zur Unterstützung und Begleitung des Spracherwerbs sind deutsche und ausländische Kinder im Alter zwischen drei und sechs Jahren, die einen Kindergarten besuchen. Das Projekt ist nicht auf Kinder ausgerichtet, deren Förderbedarf mit Pflegesatzmitteln o. Ä. therapeutisch begegnet wird.

Early English: Etablierung einer Fremdsprache im Kindergarten

Der Trend, auch in Kindergärten Fremdsprachen anzubieten, wird sich aufgrund der jüngsten Bildungsdebatte noch verstärken. Zur Zeit gibt es nur wenige valide Untersuchungen über die Auswirkungen unterschiedlicher Konzepte auf die Kindergartenpraxis in Bezug auf mehrsprachige Kinder, behinderte bzw. von Behinderung bedrohte Kinder und dabei insbesondere Kinder mit Sprachentwicklungsstörungen oder/und -verzögerungen. Der Bremische Landesverband Evangelischer Tageseinrichtungen für Kinder bietet seit zwei Jahren in 31 Einrichtungen zur Etablierung der englischen Sprache das Projekt *Early English* an.

Erste Umfragen, die der Landesverband im Kindergartenjahr 2001/2002 in diesen Einrichtungen durchgeführt hat, ergaben, dass das Angebot überwiegend gut angenommen wird und kaum Abmeldungen zu verzeichnen sind. Die Kursleiter/innen gaben jedoch auch an, dass sie zum Teil große Probleme im Umgang mit den lebhafteren Kindern hatten und ein Einbezug von behinderten oder von Behinderung bedrohten Kindern kaum möglich war. Nach derzeitigem Stand ist die Integration eines solchen Zusatzangebots in die praktische Kindergartenarbeit noch schwierig.

Deshalb wird am Ende des Projekts auf der Grundlage eines Vergleichs vorhandener Konzepte und Curricula sowie anhand praktischer

Erprobung in zehn Modellkindergärten ein neues Konzept für Fremdsprachen in Kindergärten erarbeitet. Dieses Konzept berücksichtigt insbesondere die Integrierbarkeit in die Kindergartenpraxis, die Auswirkungen auf mehrsprachige Kinder sowie auf behinderte Kinder oder von Behinderung bedrohte Kinder (insbesondere Kinder mit Sprachentwicklungsstörungen oder/und -verzögerungen). Auch der Übergang vom Kindergarten in die Grundschule und die Verzahnung mit dortigen Sprachangeboten wird als Bestandteil dieses Konzepts berücksichtigt. Die Evaluierung der Projektziele erfolgt über eine wissenschaftliche Begleitforschung. Nach Beendigung des Projekts ist dieses übertragbar auf weitere Kindertagesstätten.

Das „Universum" entdecken: Kinder als Forscher, Sammler, Erfinder

Die im Rahmen der PISA-Studie festgestellten Schwächen im mathematisch-naturwissenschaftlichen Bereich betreffen nicht nur die (Grund-) Schulen, sondern auch die Kindergärten (Elschenbroich 2001). Neben der geringeren gesamtgesellschaftlichen Wertschätzung von naturwissenschaftlicher Bildung ist der Hintergrund für die geringe Beachtung mathematisch-naturwissenschaftlicher Themen in der Frühpädagogik zum einen darin zu suchen, dass dieser Bereich hauptsächlich von Frauen wahrgenommen wird und diese aufgrund eigener Bildungserfahrungen im Verhältnis unsicherer im Umgang mit naturwissenschaftlichen Fragen sind. Zum anderen findet der mathematisch-naturwissenschaftliche Bereich verhältnismäßig geringe Beachtung in der Ausbildung von Sozialpädagog/innen und Erzieher/innen. Dadurch wird die Chance vertan, Kinder in dem Alter, in dem sie fasziniert von der belebten, aber auch unbelebten Natur sind, einen positiven Zugang zu Naturwissenschaften z. B. durch Experimente zu eröffnen (Elschenbroich 2001).

Am Ende des Projekts sind Erzieher/innen und Pädagog/innen in der Lage, naturwissenschaftliche Themen verstärkt in die Kindergartenarbeit einzubinden und entsprechend erarbeitete Materialien zu nutzen. In Wechselwirkung damit ist ein Angebot des „Universums" gezielt auf die Bedürfnisse der Drei- bis Sechsjährigen hin entwickelt worden. Die Evaluierung der Projektziele erfolgt über eine wissenschaftliche Begleitforschung. Das Projekt besteht damit aus den Bausteinen: 1. Koordination, 2. Methodik-Didaktik, 3. Angebote außerhalb des Kindergartens, 4. Qualifizierung, 5. Begleitforschung.

Bewegungserziehung und Bewegungsförderung im Kindergarten

Immer mehr wird deutlich, dass die kognitiven und sprachlichen Kompetenzen mit Basiskompetenzen zur Bewältigung des täglichen Lebens, wie z. B. Kooperationsbereitschaft, Verantwortungsbewusstsein, Eigeninitiative, Flexibilität, Fähigkeit zur Problemlösung, kritische Haltung, Kreativität und soziale Empathie in einem engen Zusammenhang gesehen werden müssen (Fthenakis 2002).

Sowohl Basiskompetenzen als auch kognitive und sprachliche Kompetenzen entwickeln Kinder im Vorschulalter zum großen Teil durch Bewegung und auf der Grundlage von Bewegung. Durch Bewegungshandeln lernen Kinder, sich selbst, ihre Umwelt und ihre Bezugspersonen kennen. Durch Bewegung lernen sie, etwas zu bewirken und erhalten Rückmeldungen über das, was sie können, über Erfolg und Misserfolg. Im Handeln und Bewegen lernen sie, zu lernen.

Diesem Wissen von kindlicher Entwicklung und der Notwendigkeit, dieses im pädagogischen Alltag umzusetzen, will der Bremische Landesverband Evangelischer Tageseinrichtungen für Kinder verstärkt Rechnung tragen. Dabei werden die Erfahrungen von 20 Jahren integrativer Erziehung von behinderten und nicht behinderten Kindern einbezogen. Außerdem soll der pädagogische Alltag auch die Entwicklung von Bewegungsfähigkeiten, ihre Differenzierung und Ausformung gewährleisten. Denn in unserer immer bewegungsärmeren Gesellschaft erfahren Kinder im motorischen Bereich einen erheblichen Mangel, der auf ihre Persönlichkeits- und Lernentwicklung sowie auf ihre Gesundheit einen gravierenden Einfluss hat.

Die Erzieher/innen sollen die Lern- und Persönlichkeitsentwicklung von Kindern mit sehr unterschiedlichen Fähigkeiten (behinderte und nicht behinderte Kinder) über Bewegung und Handlung in pädagogischen Angeboten unterstützen und dabei die Bewegungsentwicklung der Kinder fördern.

Integrative Erziehung

Im Bundesland Bremen gehören Sondereinrichtungen für behinderte Vorschulkinder der Vergangenheit an. So fördern und betreuen allein kirchliche Einrichtungen seit einigen Jahren in mehr als 90 % aller Gemeinden mit Kindergärten behinderte und nicht behinderte Kinder gemeinsam. In Zahlen ausgedrückt sind 420 behinderte und 3.900 nicht behinderte Kinder in unterschiedlichen Gemeinden über die Stadt verteilt. Dahinter verbirgt sich eine Idee, deren Durchsetzung längst aus dem Experimentierstadium herausgekommen ist.

Was ist das Fundament für eine solche Aufgabe? Das christliche Verständnis gesteht jedem Menschen Würde und die Möglichkeit zur Entfaltung seiner Identität zu. Es gilt als normal, dass Menschen verschieden sind, dass manche mit Begrenzungen leben müssen und auf die Hilfe ihrer Mitmenschen angewiesen sind, auf deren Wissen, deren Mut und deren Zeit. Aus christlicher Sicht gibt es keine „zweite Garnitur Gottes", gibt es keine Menschen, die nur stark sind oder andere, die uns wegen ihrer Schwächen nichts als Sorgen bereiten.

Das Zusammentreffen und Zusammenleben verschiedener Kinder mit unterschiedlichen Begabungen, Orientierungen und Hemmnissen führt zu einer lebendigen Vielfalt, bereichernden Erfahrungen und Begegnungen in der Auseinandersetzung mit dem jeweils Anderen und im gemeinsamen Lernen.

Unter *Integration* verstehen wir vor allem die gemeinsame Erziehung und Bildung behinderter und nicht behinderter Kinder in ihren natürlichen Altersgruppen und Wohngegenden, ohne dabei jemanden wegen Art oder Schweregrad seiner Behinderung auszugrenzen. Ein breites Angebot gemeinsam behandelter Themen gewährleistet, dass Kinder miteinander und kooperativ auf ihrem jeweiligen Entwicklungsniveau mit entsprechenden pädagogisch-therapeutischen Hilfen kompetent handeln können, ohne dass dabei der sachbezogene und soziale Zusammenhang für den Einzelnen verloren geht.

Voraussetzung für eine gemeinsame Erziehung und Bildung behinderter und nicht behinderter Kinder ist die Umsetzung des Prinzips der Regionalisierung. Es besagt, dass der Einzugsbereich integrativ arbeitender Einrichtungen für behinderte und nicht behinderte Kinder wohngebietsorientiert ist. Durch die wohnorientierte Aufnahme aller Kinder entsteht eine Vielschichtigkeit der Gruppe. Für die betroffenen Kinder bedeutet dies, dass sie neben der personellen Grundausstattung auch sonderpädagogische und therapeutische Angebote direkt in ihren Lebensbereich integriert angeboten bekommen. Dem liegt die Vorstellung zugrunde, dass Integration unteilbar ist: Die gemeinsame Erziehung *aller* im Einzugsbereich eines Kindertagesheims und einer Schule lebender Kinder schließt von vornherein die Aussonderung bestimmter Kinder aus. Es werden alle Kinder aufgenommen, unabhängig vom Schweregrad und von der Art der Behinderung, auch solche, die bereits in Sondereinrichtungen gefördert werden.

Die „Integrierbarkeit" manifestiert sich nicht am Kind, sondern ausschließlich an der bereitzustellenden Ausstattung und Unterstützung für die Mitarbeiter/innen, das Kind und die Kindergruppe. Deshalb kann die Integration nicht an bestimmten Kindern „scheitern", sondern nur an Bedingungen, die den Integrationsprozess erschweren.

Ausgehend von einer ganzheitlichen Betrachtung der Persönlichkeitsentwicklung des Kindes, soll sich die Therapie an seinen Fähigkeiten und individuellen Bedürfnissen orientieren und nicht an seinen Defiziten. Unserem Verständnis nach dient Therapie der Unterstützung des Einzelnen in seiner Lebensmöglichkeit sowie der Erweiterung seiner Handlungsfähigkeit, seiner Beziehungsfähigkeit und seiner Kommunikationsfähigkeit, bei gleichzeitiger Veränderung und Reduzierung von isolierenden und zerstörerischen Bedingungen in seinen Lebenssystemen. Die Unterstützung des Kindes hat die umfassende Entwicklung seiner Persönlichkeit zum Ziel.

Die gemeinsame Erziehung von behinderten und nicht behinderten Kindern in Kindergärten stellt Erzieher/innen, Träger und Eltern vor neue Anforderungen. Sie müssen sich intensiv mit gesellschaftlichen Werten und Normen in Bezug auf Normalität, Behinderung und Lebensbedingungen für Menschen mit Behinderungen auseinander setzen. Gleichzeitig müssen sie die eigenen Haltungen und Einstellungen, Menschenbilder und pädagogischen Zielsetzungen reflektieren, konzeptionelle Vorstellungen für die gemeinsame Erziehung entwickeln und die sozialen Beziehungen zwischen den Kindern und ihren Familien unterstützen, um Integration auch außerhalb der Institution zu fördern.

Zur Frage der Finanzierungsformen

Seit In-Kraft-Treten des Rechtsanspruchs auf einen Kindergartenplatz ist die Diskussion um neue Finanzierungssysteme von Kindertageseinrichtungen großflächig entbrannt und zu einem bundesweiten Thema geworden. Es geht vor allem um die Neuordnung der Rechtsbeziehung zwischen öffentlichen und freien Trägern. Diese Diskussion ist erforderlich, weil Rechtsansprüche von Kindern (als Bürger) neu begründet wurden. Bei der Vereinbarung über die Kosten wird von Leistungen und Gegenleistungen ausgegangen. Die zu vereinbarenden Kosten stellen die Gegenleistung für die von freien Trägern erbrachten Leistungen dar. Deshalb sind Kostenvereinbarungen praktisch nur dann relevant, wenn freie Träger zur Realisierung von Rechtsansprüchen leistungsberechtigter Bürger tätig werden – d. h. wenn die öffentlichen Träger verpflichtet sind, Leistung gegenüber den leistungsberechtigten Kindern zu erbringen.

Von der Objekt- zur Subjektfinanzierung

Die aus dem so genannten *sozialjugendhilferechtlichen Dreiecksverhältnis*, der Basis für das Leistungs- und Gegenleistungsverhältnis bei der Kostenvereinbarung, ableitbaren Rechtsansprüche richten sich allein und ausschließlich an den öffentlichen Träger. Diese Leistungsverpflichtung schließt zugleich ein, dass er allein für die Bereitstellung der finanziellen Mittel für die Kostenträger verantwortlich ist. Ihm obliegt es, alle Kosten, die für die Erfüllung des Rechtsanspruchs auf einen Kindergartenplatz erforderlich sind, zur Verfügung zu stellen. Bei den freien Trägern stellt sich die Ausgangslage anders dar: Sie – besonders die Kirchen – können frei entscheiden, ob sie die gesamten ihnen entstandenen Kosten oder nur einen Teil der entstandenen Kosten verlangen. Damit weist das Kinder- und Jugendhilfegesetz mit seinen neuen Bestimmungen einen Weg von der Finanzierung der Institution (*Objektfinanzierung*) hin zu einer eher personen- und leistungsorientierten Finanzierung (*Subjektfinanzierung*).

Galt bisher das Prinzip der Spitzabrechnung der Selbstkosten, demzufolge die tatsächlich entstandenen Kosten abgerechnet werden, stehen nun leistungsbezogene Entgeltvereinbarungen ins Haus. Daher gewinnen Kosten- und Leistungstransparenz mehr an Bedeutung. Nicht mehr die Kontrolle über die Verwendung der Mittel steht im Vordergrund, sondern die Qualität der Leistung. Da Leistungsanbieter miteinander konkurrieren, entsteht ein selbstregulierendes Angebotssystem: Auf Angebot und Nachfrage werden sich marktwirtschaftliche Komponenten auswirken. Einrichtungen, die nicht bedarfsgerecht arbeiten, die nicht den Wünschen der Eltern entsprechen, werden künftig nicht mehr nachgefragt und daher auch nicht mehr finanziert.

Somit bewegen wir uns immer mehr von einer angebotsorientierten hin zu einer nachfrageorientierten Jugendhilfe. Von der Verpflichtung zu Qualitätsentwicklungsvereinbarungen mit Elementen von Prozessqualitätsstruktur, Qualität und Ergebnisqualität erhoffe ich mir einen positiven Qualitätsschub.

Neue Finanzierungsmodelle

Wenn § 5 des Kinder- und Jugendhilfegesetzes (KJHG) den Eltern das Wunsch- und Wahlrecht hinsichtlich der Einrichtung für ihre Kinder einräumt, stattet er sie konsequenterweise mit einer Kundenmacht aus. Dieser Kundenmacht müssen die Einrichtungenmit geeigneten Finanzierungsmodellen entsprechen, zum Beispiel mit einem Gutscheinsystem, wie vom Institut der Deutschen Wirtschaft vorgeschlagen. Dieses Gutscheinsystem soll Mängel in der Bedarfsdeckung beseitigen, gleichzeitig der Notwendigkeit von Qualitätssicherung durch Implementierung von Feststellungsverfahren und Vergabe eines Gütesiegels Rechnung tragen. Eltern werden durch Gutscheine mit Finanzierungsmacht ausgestattet und können somit stärker als bisher die Ausgestaltung des Angebots mitbestimmen.

■ Gütesiegel
Das Gütesiegel, wie von Katharina Spieß vom Institut der Deutschen Wirtschaft empfohlen, erleichtert den Eltern die Orientierung bei der Auswahl der geeigneten Einrichtung für ihr Kind. Die Trägerförderung entfällt, die Anbieter sollen sich vielmehr im Wettbewerb um Gutscheine an den Wünschen der Eltern orientieren. Die Umsetzung dieser Reform-

vorschläge führt aus Sicht von Katharina Spieß zwangsläufig zu weiteren Reformen, z. B. einer Veränderung des Ehegattensplittings, das bessere Finanzierungsmöglichkeiten sowohl von familienpolitischen Leistungen als auch der Finanzierung von Kindertageseinrichtungen ermöglicht.

▪ Kita-Card
In Hamburg wird zurzeit das Modell der *Kita-Card* diskutiert, in Bremen das Modell von Kernzeit und Kernzeit Plus und in Bayern sind neue Förderstrukturen von Kindergärten im Gespräch. Allen Modellen liegen folgende Aspekte zugrunde: Das Wunsch- und Wahlrecht der Eltern, die Definition des Bedarfs durch die Eltern, die Orientierung am Markt und die Finanzierung pro Platz nur von belegten Plätzen oder belegten Stunden. In Bayern versucht man einen Mittelweg zwischen dem bisherigen System einer Finanzierung von Einrichtungen und dem Wechsel in Richtung Finanzierung der individuellen Nachfrage zu gehen.

▪ Markt- und qualitätsorientiert gesteuerte Kindergarten-Finanzierung
Bei einem in zwei Regionen laufenden Modellprojekt wird mit der so genannten markt- und qualitätsorientierten Steuerung die Kindergarten-Finanzierung auf Leistungsentgelte ausgerichtet. Die zentrale Komponente dieses Modells besteht darin, die Förderung nicht mehr pro Gruppe, sondern pro Kind vorzunehmen. Die Höhe der Förderung hängt direkt von der Nutzungszeit ab. Die Eltern buchen einen Zeitraum und müssen einen entsprechend gestuften Elternbeitrag entrichten. Für behinderte Kinder, Kinder ausländischer Herkunft und Kinder unter drei Jahren wird die Förderung um einen Gewichtungsfaktor zur Deckung des erforderlichen höheren pädagogischen Aufwands erhöht.

Die Förderung wird als allgemeines Leistungsentgelt ausgestaltet, wodurch bei gleicher Betreuungszeit jede Einrichtung in gleicher Höhe gefördert wird. Der Wegfall der gruppenbezogenen Förderung hätte zugleich erhebliche Auswirkungen auf die Personalplanungen im Personaleinsatz – mit allen Chancen und Risiken. Aus ökonomischem Eigeninteresse werden die Einrichtungen sich stärker unmittelbar an der Nachfrage orientieren müssen.

■ Bildungskonten, Bildungssparen und Bildungsgutscheine

Die *Bildungskommission der Heinrich-Böll-Stiftung* schlug 2001 folgende Einschließmaßnahme in ein neues System der Bildungsfinanzierung (mit Bildungskonten, Bildungssparen und Bildungsgutscheinen) vor: Ab dem dritten Lebensjahr eines Kindes erhalten die Eltern von der Kommune einen Teil der institutionellen Kosten. Diese werden mit ca. 3.680 Euro pro Jahr und Kind veranschlagt. Davon könnte beispielsweise ein Betrag in Höhe von ca. 30 Prozent (rd. 1.230 Euro) zweckgebunden an die Eltern gegeben werden, mit dem diese den Anspruch auf vier oder fünf Stunden Besuch der Kindertagesstätte pro Tag finanzieren. Um einen längeren Besuch zu ermöglichen, können die Eltern zusätzliche Mittel vom Bildungskonto verwenden, die aus dem Anteil der Transferzahlungen als staatlicher Zuschuss auf das Konto geflossen sind.

Eine solche Finanzierung von Bildungsangeboten dürfte auch für die einkommensschwächeren Familien interessant sein. Die Bedingungen für die Einführung eines solchen Systems sind unterschiedlich. In ländlichen Regionen und kleinen Kommunen wird es wegen geringer Auswahlangebote kaum wirken, kann aber in Ballungsräumen dazu führen, dass sich Kindergärten um eine bessere Kommunikation mit Eltern bemühen, um sie für die Wahl ihres Kindergartens zu gewinnen. Auf alle Fälle ist davon auszugehen, dass sich die Finanzierungsbasis der Einrichtungen in den kommenden Jahren immer deutlicher in Richtung pauschalierte leistungsabhängige Entgeltformen verschieben wird, wie wir sie auch aus dem Bereich der Pflege oder dem Gesundheitswesen insgesamt kennen.

Zukunftsperspektiven

Es ist darauf zu achten, dass bei allen Finanzierungsreformen den Trägern von Einrichtungen bzw. Trägerverbünde die neuen Finanzierungssysteme für die erforderlichen Overhead-Kosten für die administrative Abwicklung ermöglicht werden. Wenn es zu einer zunehmenden wettbewerblichen Ausgestaltung des Kinderbetreuungsbereiches kommt und die Nachfrageposition über eine Finanzierungsreform gleichzeitig gestärkt wird, stellt sich automatisch die Frage nach einer stärkeren Marktorientierung des Managements von Kindertageseinrichtungen. Außerdem wird sich die Frage der Entwicklung von Kindergärten zu Häusern für Kinder stellen sowie die Ausdifferenzierung zusätzlicher Dienstleistungen. Rechtsansprüche auf Erziehung, Bildung und Betreuung müssen kostenfrei sein. Eines hat sich jedenfalls als nachteilig erwiesen: Den Kindergarten und dem Bildungsbereich nur unter ökonomischen Gesichtspunkten zu betrachten, ist zu kurz gegriffen. Die Ergebnisse der PISA-Studie haben zutage gebracht, dass die Bundesrepublik in den vergangenen Jahren im Bereich Erziehung, Bildung und Betreuung überwiegend gespart hat. Wenn man Kinder und ihre Bildung als einzigen Rohstoff begreift, den unser Land hat, dann wird ein Investitionsprogramm in Milliardenhöhe notwendig werden, um den Anschluss an andere Länder zu finden.

Kindergärten als Dienstleister

Die veränderten Bedürfnisse der Eltern dürfen nicht länger ignoriert, sondern müssen gezielt in die Angebotsplanung und -erweiterung mit aufgenommen werden. Der Kindergarten sollte in erster Linie als Erziehungs- und Bildungseinrichtung, gleichfalls aber auch als Betreuungseinrichtung verstanden werden: als eine familienergänzende, familienstützende und familienunterstützende Einrichtung, aber auch als Service und Dienstleistungsagentur für die Eltern.

Im 9. Jugendbericht des Bundesministeriums für Familie, Senioren, Frauen und Jugend von 1994 wird die Jugendhilfe als soziale Dienstleistung hervorgehoben. Auf Kindergärten übertragen lässt sich der hiermit verbundene Anspruch einfach deuten – zumindest auf den ersten Blick: Der Begriff „Dienstleistung" eröffnet hier chancenreiche Perspektiven. Beispielsweise dafür, die Eltern als Kunden zu verstehen, als kompetente Partner und nicht als „Störfaktoren", wenn es um die Förderung von Kindern geht. Bei näherer Betrachtung allerdings tauchen einige Fragen auf, über die man nachdenken muss: Was passiert, wenn sich Kindergärten – wie von ihnen selbst zum Teil gefordert – zu sozialen Dienstleistungszentren weiterentwickeln und damit möglicherweise in das traditionelle Spannungsfeld von Leistung und Eingriff in der Jugendhilfe geraten? Welche Konsequenzen ergeben sich aus einer zunehmenden Dienstleistungsorientierung? Welche neue kulturelle Funktion von Kindergärten verbirgt sich hinter der geforderten Dienstleistungsorientierung in einer zunehmend individualisierten Gesellschaft? Im Folgenden werden Ansätze zur Beantwortung dieser Fragen anhand von Praxisbeispielen des Bremischen Landesverbands Evangelischer Tageseinrichtungen für Kinder aufgezeigt.

Kindergärten als Nachbarschaftszentren

Kinder sind auf Kindergärten als Lebens- und Lernorte außerhalb der Familie angewiesen, wenn sie Kontakte zu anderen Kindern knüpfen und familienübergreifende Erfahrungen machen wollen. Familien wiederum brauchen diese Einrichtungen nicht nur als Entlastung bei der Kinderbetreuung, sondern zunehmend auch als Kommunikationsort sowie zum Aufbau privater Hilfsnetze. Hinzu kommt, dass viele Familien heute neben den üblichen Betreuungsangeboten für Kinder im Alter von drei bis sechs Jahren auch auf eine Betreuung ihrer Kinder unter drei Jahren und über sechs Jahren angewiesen sind. Der Ausbau des Dienstleistungsangebots in diese Richtung ist zu einem gesellschaftlichen Anliegen geworden, das zunehmend auch von der Politik erkannt wird.

Kindergärten können aber nur dann auf die Veränderung in der Lebenswelt von Kindern und Familien reagieren, wenn sie Organisationsformen entwickeln, die auf den Bedarf und auf die Ressourcen des jeweiligen Wohngebiets abgestimmt sind. Voraussetzung dafür ist immer eine genaue Stadtteilanalyse, weil sie geeignete Angebotsentwicklungen ermöglicht. Des Weiteren müssen Arbeitsansätze entwickelt werden, die neue Verbindungen von Kindergärten mit Nachbarschaft und Gemeinde anbahnen.

Breite Servicepalette

Allen Weiterentwicklungen in Kindergärten sollten Kundenbefragungen bei den Eltern vorausgehen. Das wichtigste Ergebnis der bisher vom Bremischen Landesverband Evangelischer Tageseinrichtungen für Kinder durchgeführten Elternbefragungen lautet: Eltern wünschen sich für ihre Kinder ein christlich orientiertes Dienstleistungszentrum. Mit der Methode des Projektmanagements wurden nach dieser Umfrage verschiedene Ideen und Projekte entwickelt. Hierzu gehören: das Angebot eines *Kinderhotels*, *Dienstleistungsabende für Eltern*, ein *Kindergeburtstagsservice* der Kindergärten, der *Verkauf von Mahlzeiten* an Eltern und ältere Mitbürgerinnen und Mitbürger, ein *Mittagstisch für Schulkinder*, stundenmäßiger Einsatz von Erzieher/innen in der verlässlichen Schule oder *einrichtungsübergreifende Familienfreizeiten*. Derzeit befindet sich ein *Kinder- und Babysitterdienst* als Serviceleistung für Eltern und Kinder im Aufbau. Als überaus erfolgreich hat sich mittlerweile auch die Einrichtung eines *Familienservice* für Firmen erwiesen. Im Anschluss an eine Befragung der Hortkinder wurde des Weiteren ein Projekt entwickelt, das vorsieht, alle Horte mit PCs und Internetanschlüssen auszustatten. Daraus resultierte ein neues Projekt, das zusammen mit der Freiwilligen-Agentur in Bremen durchgeführt wird: Jugendliche stellen den Hortkindern einen Teil ihrer Freizeit für PC-Projekte in den Einrichtungen zur Verfügung. Hinzu kommt die Darstellung der evangelischen Kindertagesstätten im Internet. Damit bieten kirchliche Kindergärten Eltern, Kindern und Mitarbeiterinnen einen willkommenen Service. Dieser ermöglicht es beispielsweise den Eltern, ihren Kindergartenbeitrag zu berechnen, ihre Anmeldeformulare auszudrucken oder gezielt Informationen über die Kindergärten einzuholen.

Darüber hinaus hat der Landesverband die Projekte *„Mehr gesunde Ernährung in Kindertagesstätten"* sowie *„Kita-Küche der kurzen Wege"* entwickelt. Ziel ist neben der Sensibilisierung der Kinder für eine gesunde Ernährung auch die Umsetzung der Agenda 21 von Rio de Janeiro: Die Landwirte der Umgebung übernehmen die Produktlieferung an die Kindergärten. Derzeit wird ein Internetmarkt aufgebaut, wo die Köchinnen ihre Bestellung an die Landwirte aufgeben, damit diese gezielt die Küchen beliefern können.

In enger Zusammenarbeit mit den Kindertageseinrichtungen hat der Landesverband ein Konzept entwickelt, das vorsieht, die Beratung und Vermittlung von Tagespflege an die einzelnen Einrichtungen zu koppeln. Hier kann sich melden, wer Tagesmutter werden will oder selbst eine Tagesmutter benötigt.

Zur Frage von Wettbewerb und Marketing

Das Selbstverständnis des Kindergartens als familienentlastendes Dienstleistungszentrum ist als Chance sowie als Herausforderung für die Zukunft zu begreifen. Kindergärten müssen mit innovativen Konzepten und Serviceleistungen verstärkt um Eltern werben. Deshalb sollten sie sich, wenn sie ihre Aufgabe im Sinne von familienergänzend, familienstützend und familienunterstützend begreifen wollen, als Service- und Dienstleistungsagenturen für Eltern verstehen. Ihre erste Verpflichtung gilt zweifelsohne nach wie vor der Erziehung, Bildung und Betreuung von Kindern. In gleichem Maße sollten sie sich aber auch anderen Aspekten zuwenden, damit beispielsweise die Vereinbarung von Familie und Beruf nicht weiterhin den Eltern als individuelles Problem überlassen bleibt.

Meiner Beobachtung zufolge bringt die zunehmende Markt- und Wettbewerbsorientierung bei Erzieher/innen und Trägern mehr in Gang als vieles andere, das in den letzten Jahren fachlich ausgiebig diskutiert wurde. Die bislang über die Jahre hinweg vorhandene Monopolstellung vieler Einrichtungen bröckelt, und es wird eine immer stärker werdende Konkurrenz auf dem Markt der Erziehung, Bildung und Betreuung von Kindern deutlich. Diese Entwicklung zwingt Träger und Erzieher/innen zunehmend aktiv zu werden, um ihre Kindergärten auf Dauer wettbewerbs- und damit überlebensfähig zu machen. Folglich suchen sie nach Möglichkeiten, Eltern und ihre Kinder mit attraktiven Angeboten zu gewinnen, bemühen sich um ein klares Profil für ihre Einrichtung und betreiben wirkungsvolle Öffentlichkeitsarbeit. Ins Wirtschaftsdeutsch übersetzt: Sie beginnen Marketing zu betreiben.

Grundvoraussetzung für ein Marketingkonzept ist die Entwicklung eines Leitbilds: Wer sind zum Beispiel die Kindertageseinrichtungen der Bremischen Evangelischen Kirche? Für wen arbeiten sie? Welche Wünsche hat der Kunde, was kann man ihm anbieten, wie kann man ihn am besten erreichen? Wie geht man mit Beschwerden um? Wie lässt sich die Qualität sichern? Diese Fragen haben wir in Bremen in einem ersten Schritt geklärt.

Die Bremische Evangelische Kirche hat aus dieser Entwicklung die Konsequenz gezogen, regelmäßig Marktanalysen zu betreiben. Darüber hinaus befragen einzelne Kindertagesstätten am Ende des Kindergartenjahres die Eltern über ihre Zufriedenheit mit der Einrichtung. Auch das äußere Erscheinungsbild, die Pressearbeit und das Image der Einrichtung sind wichtige Bestandteile des Marketingkonzepts. Dieses leitet für Kindergärten einen neuen Prozess der Bewusstseinsbildung und eine neue Herausforderung ein. In diesem Zusammenhang kommt meiner Meinung nach der eigenen Profilierung der Träger eine hervorragende Bedeutung zu, um sich auf dem Markt den Veränderungen stellen und gegenüber den Wettbewerbern behaupten zu können.

Es gilt, die unterschiedlichen Bedürfnisse der Eltern nicht länger zu ignorieren, sondern diese gezielt in die Angebotsplanung und -erweiterung aufzunehmen. In diesem Zusammenhang verstehe ich unter Qualität eines Kindergartens die Erfüllung vereinbarter Kundenerwartung. Dabei wird die Qualität keineswegs nur von der Erwartung der Nutzer bestimmt, sondern in gleichem Maße auch vom professionellen Wissen der Anbieter.

Die bereits erwähnte Elternbefragung in Bremen war das Ergebnis eines Marketingworkshops, der die deutliche Zielvorgabe hatte, anders zu sein als andere. Die Auswertung der Befragungsergebnisse diente als Grundlage für die Umsetzung der oben aufgeführten Projekte.

Weitere Marketingmaßnahmen sind gezielte Mailing-Aktionen an alle evangelischen Eltern mit rechtsanspruchsberechtigten Kindern oder die Darstellung des Kindergartens auf der Webseite im Internet. Hier können sich Interessent/innen über die Konzepte der einzelnen Einrichtungen, über Elternbeiträge, Aufnahmeanträge und vieles mehr informieren.

Modellprojekt Kinderhaus

Diesem Modellprojekt liegt folgende Überlegung zugrunde: Wo früher in der großen Familie die Großeltern oder andere Familienmitglieder die Eltern bei der Betreuung und Versorgung der Kinder unterstützt haben, klafft heute ein großes Loch. Selbst in der Nähe wohnende Großeltern sind heutzutage häufig keine große Hilfe mehr, weil sie selbst oft noch berufstätig sind. Immer mehr Eltern und auch Alleinerziehende wollen ihren Beruf ausüben und trotzdem nicht auf Kinder verzichten.

In Bremen ist die Versorgung von Kindern im Alter von drei bis sechs Jahren für einige Stunden am Tag durch diverse Kindergärten gut abgedeckt. Gleichwohl drängen sich einige Fragen auf: Wie ist die Versorgung für Kinder, die jünger sind als drei Jahre oder älter als sechs Jahre? Wohin mit Kindern, die nur leicht krank sind, aber nicht in die Einrichtung gehen können? Wo finden Eltern Entlastung, wenn sie mal allein weggehen möchten oder einen wichtigen Termin haben? Wer betreut die Kinder, außerhalb der üblichen Betreuungszeiten, zum Beispiel in den Ferien? Wo finden Eltern behinderter Kinder eine Betreuung und Beratung außerhalb einer Institution? All diese Bereiche könnten durch die Einrichtung eines Kinderhauses zum Teil abgedeckt werden. Das Konzept wird im Folgenden näher erläutert und verschiedene Möglichkeiten für die Nutzung eines Kinderhauses skizziert.

■ Kinderhotels (Kurzzeitunterbringung mit Übernachtungsmöglichkeit)
Kinderhotels sind für die Kurzzeitunterbringung mit Übernachtung für Kinder bis zu 12 Jahren vorgesehen. Die Betreuungszeit beginnt um 17.00 Uhr und endet um 11.00 Uhr des nachfolgenden Tages. Inklusive Abendessen und Frühstück belaufen sich die Kosten auf ca. 25 Euro pro Übernachtung und Kind. Für die Unterbringung eines Kindes über mehrere Tage im Hotel ist ein Tagessatz in Höhe von ca. 50 Euro veranschlagt. Es sollten zwei Räume mit einer Bettenkapazität von insgesamt sechs bis acht Betten für die Kinder zur Verfügung stehen. Neben jeweils einem Aufenthaltsraum für Kinder und Betreuer/innen benötigt das Haus eine Teeküche, einen Waschraum und Toiletten.

■ Kinderstation (zur Betreuung von leicht erkrankten Kindern)
Die *Kinderstation* dient zur Betreuung von leicht erkrankten oder behinderten Kindern. Im Kindergarten sollte ein Raum zur Verfügung stehen, der zwei bis vier Kindern Platz bietet. Die Station kann auch an das Kinderhotel angebunden sein, sodass die sanitären Anlagen und der Betreuerraum gemeinsam genutzt werden. Die Kosten orientieren sich an denen des Kinderhotels. Hier wären evtl. Möglichkeiten der Abrechnung über die Krankenkassen zu prüfen.

■ Notfall und Kurzzeitbetreuung (Back-up-Care) für Kinder von drei bis zwölf Jahren
Hier werden Kinder im Alter von drei bis zwölf Jahren stunden- oder

tageweise betreut, wenn die Eltern kurzfristig die übliche Betreuung nicht übernehmen können. Zur gleichzeitigen Betreuung von maximal 20 Kindern sollten zwei Spielräume zur Verfügung stehen, des Weiteren Küche, Waschraum und Toiletten sowie ein Außengelände zum Spielen im Freien. Die Betreuung sollte idealerweise von Montag bis Freitag jeweils von 10.00–20.00 Uhr angeboten werden, an Samstagen von 10.00–16.00 Uhr. Die Betreuung kostet 5,00 Euro pro Kind und Stunde. Bei längerfristiger Betreuung werden die Zeiten und anfallenden Kosten individuell vereinbart. Nach Möglichkeit sollten die Kinder vorher angemeldet werden.

■ Pflegenest (Betreuung für Kinder unter 3 Jahren)
In *Pflegenestern* werden Kinder unter drei Jahren betreut. Sie bieten Platz für maximal zehn Kinder, dabei sind sieben bis acht Plätze für die Stammgruppe vorgesehen, bei verbleibenden zwei bis drei Notfallplätzen. Die Betreuung sollte von 8.00–16.00 Uhr stattfinden. Die Betreuungskosten belaufen sich für Kinder der Stammgruppe auf ca. 500 Euro pro Kind und Monat. Bei stundenweiser Betreuung beträgt der Preis aufgrund des höheren Personalaufwands ca. 7 Euro pro Stunde. Für die Kinder sollten jeweils ein Spiel- und ein Ruheraum zur Verfügung stehen, ebenso Küche und sanitäre Anlagen. Letztere könnten mit den Kindern der Kurzzeitbetreuung gemeinsam genutzt werden.

■ Babysitterservice
Gedacht ist an einen Pool von Babysittern, aus dem Eltern in ihrer Wohnortnähe eine qualifizierte Person für die Betreuung ihrer Kinder auswählen. Die Eltern sollten die Möglichkeit haben, sich im Kinderhaus über die zur Verfügung stehenden Betreuer/innen zu informieren und Beratung über die Kosten und Bedingungen bei Inanspruchnahme dieses Service einzuholen.

■ Beratungsangebot für Eltern
Eltern erhalten die Möglichkeit, sich mit ihren Fragen und Problemen an Fachpersonal bzw. Fachberater/innen zu wenden. Alle oben beschriebenen Angebote stehen natürlich auch behinderten Kindern und ihren Eltern zur Verfügung.

Personalbedarf

Für den Betrieb des Kinderhotels und der Kinderstation sind zwei Betreuer/innen notwendig, die bei voller Auslastung evtl. zusätzlich von einer stundenweisen Hilfe unterstützt werden. Sie sollten idealerweise eine abgeschlossene Ausbildung zur Erzieherin, Kinderpflegerin oder Kinderkrankenschwester vorweisen können. Für die Kurzzeitbetreuung der Kinder sind je nach Auslastung zwei bis drei Erzieher/innen erforderlich. Die Betreuung der Kinder im Pflegenest könnten zwei Kinderpfleger/innen übernehmen. Zusätzlich wäre noch eine Springkraft erforderlich, zur Unterstützung evtl. noch ein Zivildienstleistender oder eine Praktikantin. Des Weiteren werden noch eine Hausleitung (entweder qualifizierte Erzieherin oder Sozialpädagogin o. Ä.) für die Organisation und die Beratung, eine Verwaltungskraft für die Abwicklung der anfallenden Büroarbeiten, eine Reinigungskraft sowie eine hauswirtschaftliche Hilfe benötigt.

Finanzierung

Für die Finanzierung dieses Modellprojekts sind mehrere Möglichkeiten denkbar. Zunächst die direkte Finanzierung durch die Anspruchnehmer über die Beiträge der Eltern. Je nach Zielgruppe kommen Gelder über Krankenkassen, Arbeitsämter, die Aktion Mensch (früher Aktion Sorgenkind), die Kirche oder die kommunalen Fremdenverkehrsämter bzw. Tourismusverbände infrage, letztere beispielsweise bei der kurzzeitigen Betreuung von Kindern von Touristen. Einnahmen ließen sich ebenfalls erzielen durch den Verkauf von Back-up-Plätzen an Firmen oder durch Unterstützung seitens privater Sponsoren aus der Umgebung. Infrage käme auch die Bereitstellung von Übergangspflegeplätzen für das Jugendamt gegen Entgelt.

Das Kinderhaus, ein Ort für Familien

Ausschlaggebend für die Planung des Modellprojekts Kinderhaus waren Überlegungen, wie Eltern noch besser unterstützt und entlastet werden können. Gleichermaßen kam es uns darauf an, mit dieser Einrichtung einen Ort zu schaffen, an dem sich Kinder wohl und geborgen fühlen können – auch für kurze Zeit. Sie sollen hier gute Bedingungen vorfinden, ein Klima von Wärme und Angenommensein, und eine Betreuung und Förderung durch qualifizierte Mitarbeiter/innen. Um die Kinder mit dem Haus und den Gegebenheiten vertraut zu machen, findet regelmäßig ein Schnuppertag für Familien statt. So ist ihnen im Bedarfsfall die Einrichtung nicht mehr fremd. Sofern es die räumlichen Bedingungen zulassen, sollte in dem Haus auch für die Eltern ein Raum zur Verfügung stehen. Ebenso denkbar ist eine Zusammenarbeit mit anderen Gruppen und Organisationen, die sich mit Kindern und Familien befassen.

Ausblick

Auch wenn sich angesichts der rapiden Veränderungen im gesellschaftlichen Umfeld Träger von Kindergärten, ihre Einrichtungen, deren Leiter/innen und die Mitarbeiter/innen großen Herausforderungen gegenüber stehen, belegen die zahlreich angeführten Beispiele, dass es keinerlei Veranlassung zur Schwarzmalerei, zum Pessimismus oder gar zur Resignation gibt. Sicher ist, dass bislang scheinbar bewährte Strukturen nicht mehr für die Bewältigung der Anforderungen der Zukunft taugen. Möglicherweise offenbaren sich erst jetzt, angesichts der gesellschaftlichen Umbrüche unserer Zeit, bislang verborgen und unerkannt gebliebene Schwachstellen in vorhandenen Systemen.

Gleichwohl bietet jeder Wandel auch neue Chancen – auch zur Verbesserung des Bisherigen. Voraussetzung dafür ist, ein Umdenken zu wagen und den Mut aufzubringen, Neues anzudenken und zu erproben. Ebenso die Bereitschaft zum offenen Erfahrungsaustausch sowie zur unvoreingenommenen Auseinandersetzung und zum ehrlichen Disput untereinander und Institutionen übergreifend. Ziel aller Bemühungen muss sein, die Voraussetzungen dafür zu schaffen, dass die Kinder in unseren Einrichtungen auch in Zukunft das bestmögliche Angebot an Betreuung, Erziehung und Bildung erhalten.

Literatur

Bildungskommission der Heinrich-Böll-Stiftung (2001): Bildungsfinanzierung in der Wissensgesellschaft. Berlin, 9. Dezember 2001

Bundesministerium für Familie, Senioren, Frauen und Jugend (Hrsg.) (1994): Neunter Jugendbericht. Stellungnahme der Bundesregierung und Bericht der Sachverständigenkommission. Bonn

Bundesvereinigung Evangelischer Tageseinrichtungen für Kinder e.V. (Hrsg.) (2002): Familien brauchen mehr als Geld. Evangelische Tageseinrichtungen vor neuen Herausforderungen?! Dokumentation der Fachtagung vom 22./23. November 2002 in Fulda. Stuttgart

Bundesvereinigung Evangelischer Tageseinrichtungen für Kinder e.V. (Hrsg.) (2002): Neue Ansätze zur Finanzierung von Kindertageseinrichtungen – von der Objekt zur Subjektfinanzierung. Dokumentation der Expert(inn)entagung vom 22. November 2001 in Münster. Stuttgart

Bundesvereinigung Evangelischer Tageseinrichtungen für Kinder e.V. (Hrsg.) (2002): Texte zur aktuellen Bildungsdiskussion in evangelischen Tageseinrichtungen für Kinder. Stuttgart

Elschenbroich, Donata (2001): Weltwissen der Siebenjährigen. Wie Kinder die Welt entdecken können. Verlag Antje Kunstmann, München

Spieß, C. Katharina; Tietze, Wolfgang (2001): Gütesiegel als neues Instrument der Qualitätssicherung von Humandienstleistungen. Gründe, Anforderungen und Umsetzungsüberlegungen am Beispiel von Kindertageseinrichtungen (=DIW-Diskussionspapier Nr. 243). Berlin

Wehrmann, Ilse; Abel, Rolf Dieter (2000): Von der Kindertagesstättenverwaltung zum Kindertagesstättenmanagement. Bremen

Bundesministerium für Familie, Senioren, Frauen und Jugend (Hrsg.) (1994): Bericht über die Lebenssituation von Kindern und die Leistungen der Kinderhilfen in Deutschland – neunter Kinder- und Jugendbericht – mit der Stellungnahme der Bundesregierung. Bonn

Hilde von Balluseck, Helga Metzner, Barbara Schmitt-Wenkebach

Ausbildung von Erzieherinnen und Erziehern in der Fachhochschule

Seit Jahren fordert die Fachwissenschaft, den Kindergarten als Bildungseinrichtung anzuerkennen (Fthenakis 1998, 2000; Laewen 2002; Tietze 1998). Die Bildungspolitik, vor allem die Jugendministerkonferenz, hat dem im Prinzip zugestimmt. Eine Umsetzung, die strukturelle und inhaltliche Veränderungen für den Kindergarten einleitet, steht jedoch weitgehend aus, so dass auch im Jahre 2002 nur von wenigen Einrichtungen als Bildungseinrichtungen gesprochen werden kann (vgl. nationale Qualitätsinitiative, erste Zwischenergebnisse, 13./14. Mai 2002, Berlin).

Gerade das letzte Jahrzehnt belegt, wie wenig um die bildungspolitische Funktion des Kindergartens gefochten wurde. So wurde der Rechtsanspruch auf einen Kindergartenplatz, nur halbtags geltend und ohne verbindliche Bildungsziele, 1996 nicht aus bildungspolitischem Interesse verankert, sondern in der Folge der Neuorientierung des § 218. Das Ziel der Neuregelung war weniger, die Bildung von Kindern unter sechs zu fördern, sondern Frauen durch die Bereitstellung von Kindergartenplätzen von Schwangerschaftsabbrüchen abzuhalten.

Die eingeschränkte gesellschaftliche und politische Akzeptanz der Institution Kindergarten hat neben Gründen, die in anderen Beiträgen dieses Bandes erörtert werden, eine wesentliche Ursache in der mangelnden Qualifikation des Personals (vgl. dazu insbesondere Ebert in diesem Band). Im Gegensatz dazu ist in den europäischen Nachbarländern frühzeitig erkannt worden, dass der Kindergarten nur dann eine Bildungseinrichtung werden kann, wenn eine klare pädagogische Zielsetzung formuliert wird und sich das pädagogische Personal auf der Grundlage einer entsprechenden Qualifikation als Bildungsträger versteht. Hier setzt der Modellversuch an, der von der Alice-Salomon-Fachhochschule in Berlin gemeinsam mit dem Pestalozzi-Fröbel-Haus und der Gewerkschaft Erziehung und Wissenschaft entwickelt wurde, und seit geraumer Zeit in der Bund-Länder-Kommission für Bildungsplanung behandelt wird.

Im Folgenden wird die derzeitige Erzieher/innenausbildung kurz skizziert, um dann die Notwendigkeit ihrer grundlegenden Reform zu begründen. Die Inhalte und der Aufbau des geplanten Modellversuchs werden beschrieben und ergänzt durch Hinweise zu den beteiligten Institutionen und zur Umsetzung der Ergebnisse des Modellversuchs.

Wie die Erzieher/innenausbildung in der BRD gegenwärtig aussieht

Die Ausbildung zur Erzieherin und zum Erzieher basiert – immer noch – auf der „Rahmenvereinbarung für die sozialpädagogischen Ausbildungsstätten" der Kultusministerkonferenz (KMK) von 1967, mit der eine bundesweite Vereinheitlichung sozialpädagogischer Bildungsgänge für die Arbeit im Kindergarten angestrebt wurde. Eine wesentliche Bestimmung dieser Vereinbarung war die Zusammenfassung der Ausbildungen zur Kindergärtnerin, Hortnerin und zum Heimerzieher, also die konzeptionelle Entscheidung für eine Breitbandausbildung. Hinzu kam die Verlängerung der Ausbildung um ein Jahr, durch das so genannte Anerkennungsjahr. Die damaligen Ausbildungsstätten – Kindergärtnerinnenseminare und Heimerzieherschulen – wurden größtenteils in Fachschulen für Sozialpädagogik umgewandelt. Die Jugendleiterinnenseminare wurden zu Höheren Fachschulen für Sozialpädagogik und 1972 zu Fachhochschulen (Derschau 1983, S. 166; 1985, S. 174; Rauschenbach 1995, S. 177).

Eine Vielzahl von länderspezifischen Regelungen verhinderte allerdings die angestrebte Vereinheitlichung. Nach langjährigen Verhandlungen verabschiedete die KMK 1982 die „Rahmenvereinbarung über die Ausbildung und Prüfung von Erziehern/Erzieherinnen", die erneut zu Novellierungen in den einzelnen Bundesländern führte. Inhaltliche Veränderungen wurden damit nicht erreicht.

Die Wiedervereinigung Deutschlands erforderte 1990 eine Überarbeitung der Rahmenvereinbarung, da unterschiedliche Berufsbildungssysteme kompatibel gemacht werden mussten. Im Jahr 2000 wurde sie noch einmal verändert. Dadurch sollte das Niveau der Erzieher/innenausbildung im Vergleich zu der in anderen EU-Ländern angehoben werden. Inhaltlich gab es keine gravierenden Änderungen vorgenommen. Die Bildungsfunktion des Kindergartens wurde in der Ausbildung nach wie vor kaum berücksichtigt.

Die Zulassung zur Erzieher/innenausbildung ist gebunden an einen mittleren Bildungsabschluss und eine einschlägige Berufsausbildung, die ersatzweise auch eine einjährige Berufsfachschule für Sozialwesen, oder eine zweijährige Ausbildung zum Sozialassistenten sein kann. Nahezu jedes Land handhabt diese Bedingungen unterschiedlich. In Schleswig-Holstein ist die Hochschulreife Bedingung für die Zulassung.

Die reguläre Vollzeitausbildung bis zur Anerkennung als staatlich geprüfte Erzieherin dauert in fast allen Bundesländern drei Jahre. Die Ausbildung setzt sich aus einer zweijährigen Phase an einer Fachschule für Sozialpädagogik und einem sich daran anschließenden, von der Fachschule betreuten, einjährigen Berufspraktikum in einer sozialpädagogischen Praxisstelle zusammen. Diese additive Ausbildungsstruktur ist von einigen Bundesländern in eine integrative umgewandelt worden.

Fachschulen für Sozialpädagogik befinden sich in öffentlicher oder freier Trägerschaft und haben einen eigenen Schulstandort oder sind in ein Oberstufenzentrum o. Ä. integriert. Die fachtheoretische Ausbildung in den ersten zwei Jahren umfasst 32 Wochenstunden und erfolgt nach der Rahmenvereinbarung aus dem Jahr 2000 nicht mehr über Unterrichtsfächer, sondern in Lernbereichen. Die hohe Stundenzahl und die geringen Wahlmöglichkeiten der Schüler/innen innerhalb des Unterrichtsangebotes sind erhalten geblieben. Die angestrebte Selbstständigkeit von Erzieher/innen wird durch die schulischen Strukturen nicht gefördert.

Die Dauer und mögliche Organisationsform der praktischen Ausbildung während der Vollzeitschule umfasst in der Regel 12 Wochen. Problematisch ist die fehlende Ausbildung von Erzieher/innen in ihrer Funktion als Ausbilder/innen der Praktikant/innen.

Zur Zeit erarbeitet jedes Bundesland eine eigene Struktur und an eigenen Rahmenplänen. Damit wird wertvolle Zeit verschleudert, die einer tatsächlichen Höherqualifizierung der Erzieher/innen zugute kommen müsste. Dass eine Neuorientierung der Erzieher/innenausbildung aufgrund wissenschaftlicher Erkenntnisse und veränderter Anforderungen im Berufsfeld erforderlich ist, wird im Folgenden dargestellt.

Warum wir eine neue Erzieher/innenausbildung brauchen

Die bildungspolitische Dimension

Wie in der PISA-Studie eindrücklich dargestellt, ist das Bedürfnis von Kindern nach Bildung und ihre Aufnahmefähigkeit umso größer, je jünger sie sind. So sind auch die Anforderungen an die pädagogische Arbeit mit Kindern im Vor- und Grundschulalter höher als an die Arbeit mit Jugendlichen und Studierenden: die zu beantwortenden Fragen verlangen umfassendes Wissen, differenzierte didaktische Kenntnisse und darüber hinaus hohe Sensibilität und Empathie. Je besser die pädagogischen Fachkräfte auf die Bedürfnisse von Kindern eingehen können, desto eher können diese in den späteren Schulstufen den steigenden intellektuellen Anforderungen gerecht werden. Von daher ist der pädagogischen Arbeit insbesondere im Vorschulalter weitaus mehr Aufmerksamkeit als bisher zu widmen.

Grundlegende Veränderungen in den Lebenslagen von Kindern und Jugendlichen haben die Bedeutung öffentlicher Erziehung und, daraus resultierend, die Anforderungen an Institutionen der Kinder- und Jugendhilfe wesentlich erhöht – insbesondere für die entscheidenden Phasen frühkindlicher Entwicklung. Durch die zunehmende Individualisierung der Lebensverhältnisse, veränderte Familienstrukturen sowie die wachsende Heterogenität in der Zusammensetzung von Kinder- und Jugendgruppen, entwickeln sich neue Anforderungen, denen die Einrichtungen der Kinder- und Jugendhilfe bislang nicht gerecht werden. Notwendig sind inhaltliche und strukturelle Veränderungen in den Arbeitsfeldern und im Erwerb der beruflichen Handlungskompetenz. Diese Anforderungen, die durch die PISA-Studie in eklatanter Weise bestätigt wurden, lassen sich folgendermaßen charakterisieren:

■ Tageseinrichtungen für Kinder haben die Funktion von eigenständigen Bildungs- und sozialen Lernorten für Kinder. Die in ihnen tätigen Pädagoginnen und Pädagogen müssen die psychosozialen, kognitiven und interkulturellen Kompetenzen vermitteln, die zur Bewältigung und Gestaltung gesellschaftlicher Entwicklungen notwendig sind. Gleichzeitig sollten sie Angebote an Kinder machen können, damit diese „ihre Ich-Identität aufbauen und ihren Subjektstatus festigen können." (Bundesministerium für Familie, Frauen, Senioren und Jugend, Anm. 4, S. 192).

■ Tageseinrichtungen für Kinder können sich nicht auf die klassischen Kindergartengruppen beschränken, sondern müssen dem zunehmenden Bedarf an Krippen- und Hortplätzen entsprechen. Dies erfordert eine größere Flexibilität im Hinblick auf den Umgang mit unterschiedlichen Altersgruppen.

■ In allen Arbeitsfeldern der Kinder- und Jugendhilfe stellt die zunehmende kulturelle und soziale Heterogenität von Kindern hohe Anforderungen an die interkulturelle Kompetenz von Pädagoginnen und Pädagogen. Dabei ist gerade die frühe Förderung von Kindern aus Familien mit Migrationshintergrund eine Chance, die vergleichsweise schlechte Stellung von Migrantinnen und Migranten im Bildungssektor zu verbessern (ebd., S. 194). Hierzu bedarf es spezifischer Qualifikationen im Bereich von Bilingualität und Bikulturalität (Bundesministerium für Familie, Senioren, Frauen und Jugend 2000, S. 174).

■ Die Gemeinschaft von Kindern unterschiedlicher sozialer und kultureller Herkunft in Kindergarten und Grundschule erfordert die Reflexion geschlechtsspezifischer Verhaltensweisen der pädagogischen Fachkräfte sowie pädagogische Konzepte, um die Auswirkungen geschlechtsspezifischer Ungleichbehandlung von Kindern aufzuheben.

■ Die Integration behinderter Kinder und Jugendlicher erfordert in allen Einrichtungen der Kinder- und Jugendhilfe nicht nur erweitertes Wissen und Können hinsichtlich der jeweiligen Behinderungsarten, sondern Angebote, die das alltägliche Miteinander behinderter und nicht behinderter Kinder und Jugendlicher fördern und in seinen Potenzialen für die Einzelnen und die Gruppe nutzbar machen.

■ Der Arbeit mit Eltern, nicht nur mit Müttern, und mit der ganzen Familie kommt nach neuesten Erkenntnissen ein erheblicher Stellenwert zu, um pädagogische Bemühungen nicht ins Leere laufen zu lassen. Auch durch das verstärkte Kooperationsangebot gegenüber Personensorgeberechtigten in der Hilfeplanung nach § 36 KJHG erhält die Interaktion und die gezielte Arbeit mit Erwachsenen eine zunehmende Bedeutung. Das bedeutet: „Der Erzieher/innenberuf bedarf einer eindeutigen gesellschaftlichen Anerkennung, weil nur von einer solchen gefestigten Basis aus effektive Einmischungsstrategien möglich sind"

(Bundesministerium für Familie, Frauen, Senioren und Jugend 1998, S. 193 f.).

■ Einrichtungen der Kinder- und Jugendhilfe müssen sich – wie auch andere Bildungsinstitutionen – öffnen und als Dienstleistungs- und Kommunikationsorte für Familien verstehen. Dabei haben sie heute auch die Aufgabe, ihre Angebote zur Partizipation von Eltern und Kindern auszuweiten.

■ Indem sich Einrichtungen der Kinder und Jugendhilfe zunehmend als Teil des Gemeinwesens verstehen, müssen sie die Kooperationen zwischen den Arbeitsfeldern der Kinder- und Jugendhilfe und mit dem Bildungssystem, insbesondere der Schule, intensivieren. Ebenso ist zu fordern, dass Erzieher/innen politische Anwaltsfunktionen wahrnehmen, um auf der politischen Ebene die Belange von Kindern und Eltern zu thematisieren (ebd.).

■ Einrichtungen der Kinder- und Jugendhilfe brauchen unter Be din-gungen veränderter familialer und schulischer Sozialisationsleistun-gen qualitativ erweiterte Konzeptionen und vielfältige Angebote am-bulanter und flexibler Hilfen.

Die hier genannten konzeptionellen und strukturellen Veränderungen, die Einrichtungen der Kinder- und Jugendhilfe in allen Arbeitsfeldern realisieren müssen, stellen erheblich höhere Anforderungen an die fach-liche und interaktive Kompetenz zukünftiger Pädagoginnen und Päda-gogen. Diesen Anforderungen können die in den bisherigen Strukturen der Fachschule ausgebildeten Erzieher/innen nicht gerecht werden. Not-wendig ist eine deutliche Erweiterung ihres Qualifikationsprofils, damit sie ihre Schlüsselrolle in der innovativen Weiterentwicklung und Siche-rung der Qualität der sozialpädagogischen Arbeit wahrnehmen können. Dazu gehören auch Kompetenzen im Bereich der Erwachsenenbildung, der Verhandlungsführung und im Umgang mit Konflikten.

Um die notwendigen Qualifikationen für das erweiterte Spektrum von Bildungs- und Erziehungsaufgaben zu vermitteln, bedarf es einer grundlegend reformierten Ausbildung, die in den pädagogischen Teams das Niveau der Arbeit mit Kindern anhebt.

Die Veränderung der Trägerstrukturen und die Einführung von Eva-luationsmaßnahmen auch im Öffentlichen Dienst haben zur Folge, dass Einrichtungen der Kinder- und Jugendhilfe sich Effizienzanforderungen stellen müssen. Neue Steuerungsmodelle werden entwickelt und Methoden zur Qualitätssicherung praktiziert. Insbesondere Pädagog/innen, in Leitungsfunktionen sollten daher

- in die Lage versetzt werden, die Organisationsstruktur ihrer Einrichtung zu planen, zu reflektieren und zu verändern;
- mit den betriebswirtschaftlichen Aspekten der Einrichtung vertraut sein und diese steuern können;
- die Selbstevaluation aller Professionellen in der Einrichtung fördern, auswerten und daraus Handlungsstrategien ableiten.

Wettbewerbsfähigkeit und Beschäftigungschancen in Europa

In der EU werden – außer in Deutschland und Österreich – Pädagog/innen für die öffentliche Erziehung, Bildung und Betreuung noch nicht schulpflichtiger Kinder an Hochschulen ausgebildet. Die Ausbildung findet in der Regel nach dem Abitur statt und dauert drei bzw. vier Jahre. Die Dauer des Studiums hängt von der Integration praktischer Anteile in das Studium ab. In einigen Ländern werden Grundschullehrer/innen sowie Pädagog/innen gemeinsam an den Hochschulen ausgebildet und entscheiden sich erst gegen Ende des Studiums durch Schwerpunktsetzungen für eine Fachrichtung. Von daher ergibt sich eine andere berufliche Flexibilität im Gegensatz zu der Erzieher/innenausbildung in Deutschland, die keine Aufstiegschancen bietet. In Europa hat sich außerdem die ungleiche quantitative Repräsentanz der Männer im Beruf im Vergleich zu den Frauen zugunsten der Männer verschoben.

Für die Etablierung der Ausbildung von Pädagoginnen und Pädagogen an Hochschulen ist die Einsicht entscheidend, dass gerade jüngere Kinder in einem außerordentlich hohen Maße bildungsfähig sind. Während in Deutschland noch Ende der neunziger Jahre bei den philosophischen Betrachtungen zu Kindergartenkonzepten u. a. der Konflikt zwischen erzieherischer Tätigkeit und „Unterrichtung" von Kindern die Diskussion bestimmte, gehen Fachleute anderer europäischer Länder von Bildung und Erziehung auch im frühen Kindesalter als einer wesentlichen Aufgabe der Tageseinrichtungen für Kinder aus.

Die Erkenntnis, dass die Tageseinrichtung für Kinder gerade auch ein

Ort der Bildung für Kinder ist, ließ das Bundesministerium für Familie, Senioren, Frauen und Jugend 1999 die „Nationale Qualitätsinitiative im System der Tageseinrichtungen für Kinder" starten. Zum ersten Mal werden in einem Länder und Träger übergreifenden Forschungsvorhaben Kriterien zur Erfassung der Qualität der Arbeit im System der Tageseinrichtungen für Kinder erarbeitet. Diese Initiative spielt eine nicht unerhebliche Rolle im Veränderungsprozess des Berufsprofils der Erzieher/innen.

Dazu trägt auch die Arbeit des „Netzwerks Kinderbetreuung der Europäischen Kommission" bei, das in einem Zielkatalog 40 Qualitätsziele der institutionellen Kindertagesbetreuung aufgeschlüsselt hat. Im Folgenden seien nur die Aufgaben genannt, die in der Fachschulausbildung (auch nach den gerade beschlossenen KMK-Richtlinien) keine Berücksichtigung finden können, weil die Zugangsvoraussetzungen und die Dauer der Ausbildung dies nicht erlauben:

- Einbindung von Eltern in Planungsprozesse;
- Unterstützung von Eltern in Netzwerken, sowohl in der Einrichtung als auch in der Region;
- die engere Zusammenarbeit mit Fach- und Beratungsdiensten;
- die Umsetzung kooperativer Formen der innerbetrieblichen Organisation, Entscheidungsfindung und Ressourcenverwaltung.

Die Lehrpläne, Inhalte und Modulsysteme der Ausbildungsgänge für Pädagog/innen an Hochschulen in Europa verbinden Entwicklungspsychologie, Sozialisationstheorie und ein System konkreten pädagogischen Praxislernens, das Erwachsenenbildung und Verwaltungshandeln mit einschließt. Neben dem Fachwissen wird die Stärkung persönlicher Eigenschaften wie Empathie und Konfliktfähigkeit gefördert. Ein solches europäisches Ausbildungsverständnis für Erzieher/innen in Tageseinrichtungen für Kinder und in anderen Bereichen der Kinder- und Jugendhilfe soll mit dem Modellvorhaben erprobt werden. Dies bedeutet auch, dass der Bildungs- und Erziehungsbegriff der Jugendhilfe mit dem des Bildungssystems – speziell der Schule – kompatibel wird.

Die arbeitsmarktpolitische Dimension

Das Feld der sozialpädagogischen Berufe hat sich zu einem der größten Teilarbeitsmärkte entwickelt. Der Bedarf an Pädagog/innen wird aus mehreren Gründen weiter steigen:

▪ Die Überalterung der Erzieher/innen in den Tageseinrichtungen für Kinder wird in wenigen Jahren zu einem Personalmangel führen, der mit den herkömmlichen Ausbildungszahlen nicht zu schließen ist.

▪ Im Bereich der Krippenerziehung ist, wenn Länder und Kommunen sich an den Bedürfnissen junger Familien orientieren, ein Ausbau der vorhandenen Plätze zu erwarten[1].

▪ Gleiches gilt für den Hortbereich und die anderen Angebote außerschulischer Betreuung (vgl. Bundesministerium für Familie, Frauen, Senioren und Jugend 1998, S. 201 f.).

▪ Innerhalb der sozialpädagogischen Berufsfelder ist in den letzten 20 Jahren das Ausbildungsniveau angestiegen und hat die Professionalisierung zugenommen. Dabei sind deutliche Veränderungen im Hinblick auf eine stärkere Verfachlichung, Akademisierung und Professionalisierung zu beobachten (vgl. Böttcher et al. 2001).

▪ In den Tageseinrichtungen für Kinder werden bisher mehr als 50 % der Fachkräfte von Erzieher/innen gestellt. Die an Hochschulen ausgebildeten Fachkräfte – Sozialpädagog/innen – bilden eine Minderheit aus. „Inhaltlich ist es sicherlich durch nichts zu rechtfertigen, dass Erzieher/innen eine im Vergleich zur Grundschullehrerausbildung vom Status her gesehen minderwertige Ausbildung erhalten" (Bundesministerium für Familie, Frauen, Senioren und Jugend 1998, Anm. 4, S. 207)[2]. Die Auffassung, die Arbeit mit kleineren Kindern bedürfe einer geringeren Qualifikation als die mit größeren, findet

---

[1] Im 10. Kinder- und Jugendbericht ergeht die „dringende Auforderung" an die Kirchen und die öffentliche Kinder- und Jugendhilfe, „die Bedarfssituation junger Familien vorurteilsfrei zur Kenntnis zu nehmen, die entsprechenden Daten umfassend und differenziert zu erheben und ein bedarfsangemessenes und qualitativ hochwertiges Angebot umzusetzen. Schon bei ausschließlicher Berücksichtigung des Kriteriums der Beteiligung der Mütter am Erwerbsleben müßten sich die Ausbaustufen in den nächsten Jahren erheblich steigern." (Bundesministerium für Familie, Frauen, Senioren und Jugend 1998, S. 201).

[2] Im folgenden Satz betonen die Autoren, dass eine Fachhochschulausbildung nur dann

sich aber auch im sozialpädagogischen Arbeitsfeld selbst wieder. So ist der Anteil der an Hochschulen ausgebildeten Fachkräfte im Arbeitsfeld Jugendarbeit weitaus höher als der in Tageseinrichtungen für Kinder. Im Arbeitsfeld „Hilfen zur Erziehung" ist ebenfalls ein deutlicher Anstieg an Fachkräften mit sozialpädagogischer Hochschulausbildung zu beobachten.

Ein weiteres arbeitspolitisches Argument resultiert aus der Tatsache, dass es sich beim Erzieher/innen-Beruf primär um einen Frauenberuf handelt. Mit der Gründung der Fachhochschulen sind typische Männerberufe wie die des Ingenieurs und des Technikers aufgewertet worden. Hingegen ist die Aufwertung von typischen Frauenberufen im Bereich der sozialen Dienstleistungen bis heute nur ansatzweise in wenigen Berufen realisiert. Darüber hinaus ist der bisherige Beruf der Erzieherin gesellschaftlich und folglich auch ökonomisch schlechter bewertet als andere pädagogische Berufe, obgleich gerade im Kindesalter die Weichen für die spätere Entwicklung gestellt werden. Die Aufwertung der Ausbildung der Erzieher/innen durch die Verlagerung an die Fachhochschule und die stärkere Professionalisierung der entsprechenden Tätigkeiten tragen dem Erfordernis nach einer Höherbewertung typischer Frauenberufe Rechnung. Damit würden auch die Aufstiegschancen von Pädagog/innen steigen, und die Verweildauer im Beruf würde sich verlängern.

Der Modellversuch „Bachelor of Education"

Die genannten Gründe haben zur Konzeption eines Modellversuchs geführt, in dem die Erzieher/innenausbildung auf Fachhochschulniveau angehoben werden soll. Die Ausbildung zum Pädagogen bzw. zur Pädagogin soll 6 + 2 Semester umfassen und mit dem Grad eines Bachelor of Education abgeschlossen werden.

Die Ausbildung von Pädagog/innen an Fachhochschulen soll auf eine qualifizierte, wissenschaftlich begründete Berufspraxis im Kinder- und Jugendhilfebereich vorbereiten. Das Kinder- und Jugendhilfegesetz

---

eine verbesserte Eingangsqualifikation erreiche, wenn neue Ausbildungsformen und -inhalte entwickelt werden. Diesem Anspruch trägt der vorliegende Antrag Rechnung.

(KJHG) enthält eine Fülle von Anforderungen an die Kompetenzen der Fachkräfte, die das althergebrachte Berufsbild von Erzieher/innen verändern in Richtung einer Fachkraft, die fähig ist zur Teamarbeit, Kooperation und Reflexion in der Arbeit mit Kindern, Jugendlichen, Familien, anderen Bezugspersonen und Institutionen. Deshalb geht es bei der Ausbildung von Pädagog/innen im Rahmen der Fachhochschule um die Vermittlung der Fähigkeit, Entwicklungen zu erkennen, Probleme zu analysieren und Erziehungspartnerschaften aufzubauen. Diese Inhalte sollen Vorrang haben vor der Vermittlung von Detail- und Spezialwissen.

Das Studium basiert auf Modulen, die mit Credit Points bewertet werden. Bei der Konzipierung der Module sind drei unterschiedliche Kompetenzbereiche zu berücksichtigen: personale Kompetenz, Handlungskompetenz, Wissenskompetenz. Ebenso müssen Methoden des lebenslangen Lernens und mediales Lernen im Studium verankert werden.

Konkret geht es bei der Fachhochschulausbildung von Pädagog/innen um die Fähigkeiten,

- sich neue Kenntnisse und Handlungskompetenzen selbstständig anzueignen,
- eigene Erkenntnisse und Handlungskompetenzen weiter zu vermitteln,
- Sprachkompetenzen von Kindern zu fördern,
- partnerschaftlich zusammenzuarbeiten,
- kreativ und selbstkritisch zu sein sowie
- Mehrsprachigkeit zu entwickeln, damit die pädagogischen Fachkräfte wie die Kinder sich im europäischen Raum und im Inland unter anderen Kulturen bewegen können.

Mit dem erworbenen Basiswissen und -können sind die Studierenden in der Lage, sich die spezifischen Kompetenzen für gewählte Arbeitsfelder im Kinder- und Jugendhilfebereich anzueignen. Dabei geht es nicht nur um methodische Belange, sondern um die Anwendung von Wissen und um die Fähigkeit, Wissen immer wieder neu zu erwerben, zu reflektieren und in praktisches Handeln zu übersetzen. Hierdurch wird der pädagogischen Tätigkeit der Charakter der beruflichen Endstation genommen.

Die Fachhochschulausbildung zur Pädagogin bzw. zum Pädagogen im Kinder- und Jugendhilfebereich wird deshalb auf die Vermittlung von Methoden zielen, selbstständig zu arbeiten, Informationen zu sammeln und diese kritisch zu analysieren. Das Fachhochschulstudium wird den Studierenden bewusst machen, dass es sich bei ihrer zukünftigen Tätigkeit nicht nur um die Arbeit mit Kindern und/oder Jugendlichen handelt, sondern dass die Arbeit im Team, mit Eltern und Mitarbeiter/innen des Gemeinwesens gleichberechtigt dazugehören. Die Selbstständigkeit des Denkens und die entsprechenden Handlungsalternativen sind auch erforderlich für die organisatorischen und betriebswirtschaftlichen Entscheidungen, die Pädagog/innen in Zukunft zu treffen haben.

Eine Besonderheit des Studiums der Pädagogik an der Fachhochschule ist die Ausbildung in der sozialpädagogischen Praxis. Die enge Verschränkung von Modulen mit sozialpädagogischen Praxisfeldern verfolgt das Ziel, über das Kennenlernen der Berufspraxis mit Hilfe von Mentor/innen die Auseinandersetzung mit ihr zu üben. Die Studierenden werden so im Laufe ihres Studiums dazu befähigt, pädagogische Prozesse und ihre eigene Rolle in diesen Prozessen zu beobachten und zu reflektieren. Die vier Schwerpunkte in den Praxisphasen des Studiums der Pädagogik sind:

- die Arbeit mit Kindern und Jugendlichen,
- die Arbeit mit Eltern und anderen Personen, die die Entwicklung von Kindern und Jugendlichen begleiten,
- die Arbeit im Team und die Kooperation mit anderen Institutionen,
- die Arbeit mit und an der eigenen Person.

In den Praxisphasen sollen alle diese Schwerpunkte gleichgewichtig vertreten sein, bzw. die Fähigkeiten dazu eingeübt werden. Den Mentor/innen ordnen sich Gruppen von acht Studierenden zu. Gemeinsam suchen sie mit ihnen im Laufe des dritten Semesters die Praxisstellen und begleiten sie über das gesamte Hauptstudium. Während der Praxisphasen erhalten die Studierenden externe Supervision.

Formal ist es möglich, dass die in der Kinder- und Jugendhilfe tätigen Professionellen Praktikant/innen anleiten. Für die Praxisanleitung ist bisher nicht zwingend die gleiche Ausbildung vorgeschrieben wie jene, die die Studierenden anstreben. Schon jetzt gilt in der Praxis der Bundesländer, dass die Fachkräfte zur praktischen Ausbildung befähigt sind, wenn sie die im Grundsatz vorgesehene Ausbildung absolviert haben und eine zweijährige volle Berufstätigkeit nachweisen können. Um die optimale Anleitung in der Praxis zu gewährleisten, wird jedoch im Rahmen des Modellversuchs von der Alice-Salomon-Fachhochschule eine Höherqualifizierung der Anleiter/innen in der Praxis durch eine Weiterbildung durchgeführt. Im Pestalozzi-Fröbel-Haus sind bereits qualifizierte Konzepte zur Anleiter/innenfortbildung erarbeitet worden, auf die hier aufgebaut werden kann.

Die Anhebung der Erzieher/innenausbildung auf Hochschulniveau wird von der Wissenschaft und von der Gewerkschaft Erziehung und Wissenschaft schon seit längerem gefordert. Es gibt bislang keine Institution, die modellhaft die Ausbildung der Erzieher/innen auf Fachhochschulniveau betreibt. Der Modellversuch basiert auf der engen Verzahnung zwischen Fachhochschule und Fachschule.

In Nordrhein-Westfalen, Schleswig-Holstein und Niedersachsen gibt es Bemühungen, für bestimmte Berufsgruppen, deren Ausbildung an Fachschulen geleistet wird, eine Hochschulausbildung entsprechend dem europäischen Standard zu erreichen. Dies ist z. B. an der Fachhochschule Ostfriesland der Fall, die mit der Ausbildungsinstitution für Ergotherapie zusammenarbeitet. Beim Deutschen Caritasverband gibt es Überlegungen zur Kooperation von Fachschulen und Fachhochschule zur Einrichtung eines Bachelor-Abschlusses im Bereich sozialpädagogischer Ausbildungen (Deutscher Caritasverband 2001). Im hier beantragten Modellversuch werden die Erfahrungen der genannten Einrichtungen verwendet. Eine intensive Kommunikation und Kooperation ist angestrebt, damit die (Teil-) Ergebnisse des Modellversuchs auch in anderen Bundesländern ohne Zeitverlust umgesetzt werden können.

Die im Modellvorhaben angestrebte Höherqualifizierung von Pädagog/innen hat keine tariflichen Auswirkungen im Sinne von höherer Vergütung für Tätigkeiten in Einrichtungen der Jugendhilfe. Es handelt sich um eine Höherqualifizierung, für die der Eingruppierungstarifvertrag für den Sozial- und Erziehungsdienst gemäß § 22 des BAT greift. Dort sind die Tätigkeitsmerkmale in den diversen Fallgruppen benannt, die eine Eingruppierung in der Spannbreite von BAT IV bis BAT II, je nach Aufgabenbeschreibung und Dienstzeit, festlegen. Die Qualifikation kommt dabei nur bedingt zum Tragen. So werden z. B. Leitungskräfte von Tageseinrichtungen für Kinder entsprechend der Platzzahl und nicht nach ihrer Ausbildung bezahlt. Eine solche Leitungskraft kann eine Erzieherin mit Fachschulabschluss sein, oder auch eine Diplom-Pädagogin.

Resümee

Dass die Erzieher/innenausbildung auf eine neue Grundlage gestellt werden muss, ist Konsens. Bisher aber sind alle Reformbestrebungen am Beharrungsvermögen der Berufsschulverwaltungen und an den Ängsten der Länder vor einer höheren Besoldung der Erzieher/innen gescheitert. Erst die PISA-Studie hat auch den eingefleischten Gegnern einer Umorientierung in diesem Bereich deutlich gemacht, dass die Vernachlässigung der Bildungsfunktion von Kindertageseinrichtungen politisch und wirtschaftlich schwerwiegende Konsequenzen hat. Der geplante Modellversuch ist deshalb bedeutend, weil Ergebnisse zu erwarten sind, die für alle Länder der Bundesrepublik Relevanz haben werden.

Wenn man den bildungspolitischen Forderungen einer grundlegenden Reform des Bildungssystems, wie sie immer entschiedener von Wissenschaft und Politik wiederholt werden, Rechnung tragen will, muss auch die Verbesserung der Ausbildung von Erzieher/innen einen anderen Stellenwert erhalten. Der Hinweis darauf, dass eine Evaluation der Rahmenvereinbarung, die von den Kultusministern am 28.1.2000 beschlossen wurde, abzuwarten sei, kann nicht mehr überzeugen. Geringfügige Veränderungen reichen nicht aus; es ist zunehmend deutlich geworden, dass das Niveau der Ausbildung angehoben werden muss, um den neuen Aufgabenprofilen und Qualifikationsanforderungen im Bereich frühkindlicher Bildung und in den anderen Arbeitsfeldern der Kinder- und Jugendhilfe gerecht zu werden.

Wie die Anhebung auf Fachhochschulniveau gestaltet werden kann, dazu wird der Modellversuch konzeptionelle Wege aufzeigen und die neuen Erfahrungen – auf Basis einer externen Evaluation – den interessierten Ausbildungsinstitutionen anderer Bundesländer sowie der weiteren bildungspolitischen Diskussion zur Verfügung stellen.

Literatur

Balluseck, Hilde von; Metzner, Helga; Paulsen, Almut; Schmitt-Wenkebach, Barbara (2002): Qualitätssicherung durch Professionalisierung. Reformbedarf in der Ausbildung von Erzieherinnen. In: Konrad-Adenauer-Stiftung (Hrsg.) (2001), Kinder in besten Händen. Sankt Augustin

Böttcher, Wolfgang; Klemm, Klaus; Rauschenbach, Thomas (2001): Bildung und Soziales in Zahlen. Statistisches Handbuch zu Daten und Trends im Bildungsbereich. München

Bundesministerium für Familie, Frauen, Senioren und Jugend (Hrsg.) (1998): Zehnter Kinder- und Jugendbericht. Bonn

Bundesministerium für Familie, Senioren, Frauen und Jugend (Hrsg.) (2000): Familien ausländischer Herkunft in Deutschland. Leistungen, Belastungen, Herausforderungen. Sechster Familienbericht. Berlin

Deutscher Caritasverband e.V. (Hrsg.) (2001): Dokumentation „Bachelor-Abschluss im Bereich sozialpädagogischer Ausbildungen?" Fachgespräch zu den Möglichkeiten der Kooperation zwischen katholischen Fachhochschulen und Fachschulen für Sozialpädagogik. 7./8. Dezember 2000. Freiburg

Expertenrat im Rahmen des Qualitätspakts zur Hochschulreform in Nordrhein-Westfalen (Hrsg.) (2001): Gutachten (Erikson-Papier), Münster

Forum Bildung (2001): Arbeitsstab Forum Bildung: Die zwölf Empfehlungen des Forums Bildung im Überblick. Auszug aus den Empfehlungen des Forum Bildung. Gewerkschaft Erziehung und Wissenschaft, Frankfurt a.M.

Jugendministerkonferenz am 17./18.5.2001 in Weimar: Stellungnahme

OECD (Hrsg.) (2001): Starting Strong. Early Childhood Education and Care. Paris, Organization for Economic Cooperation and Development

PISA-Studie. Deutsches PISA-Konsortium (Hrsg.) (2000): Basiskompetenzen von Schülerinnen und Schülern im internationalen Vergleich. Leske + Budrich, Opladen

Ständige Konferenz der Kultusminister der Länder in der Bundesrepublik Deutschland (Hrsg.) (2002): Pressemitteilung zur 296. Plenarsitzung der Kultusministerkonferenz am 5./6. Dezember 2001 in Bonn. Erste Konseuenzen aus den Ergebnissen der PISA-Studie.

Wallnöfer, Gerwald: Ausbildung von Erzieherinnen und Erziehern im internationalen Vergleich. Vortrag beim Workshop der Bund-Länder-Kommission für Bildungsplanung „Veränderung der Ausbildung von Erzieherinnen und Erziehern. Chancen und Risiken" am 9. Januar 2002 in Berlin

Wissenschaftsrat (Hrsg.) (2000): Stellungnahme zur Strukturplanung der Hochschulen in Berlin. Köln

Sigrid Ebert

Zur Reform der Erzieher/innen-ausbildung

Im Zusammenhang mit den Empfehlungen des Forums Bildung und der Diskussion der PISA-Studie zur Bedeutung der frühkindlichen Bildung ist erneut eine Debatte um eine Reform der Erzieher/innenausbildung entbrannt. So fordert die Gewerkschaft für Erziehung und Wissenschaft (GEW) eine Anhebung der Ausbildung auf Fachhochschulniveau mit der Begründung, nur so könne in den Tageseinrichtungen für Kinder – konkret im Kindergarten – mehr für deren Erziehung, vor allem aber mehr für deren Bildung getan werden. Ohne die Berechtigung einer solchen Forderung infrage stellen zu wollen, handelt es sich meines Erachtens bei dieser gewerkschaftlichen Forderung um eine zu schnelle Antwort. Eine nachhaltige Reform der Erzieher/innenausbildung setzt voraus, dass eine Verständigung darüber stattfindet, was dieser Beruf zur Zeit leisten kann und welches großmaschig angelegte Berufskonzept eine angemessenere Antwort auf die geforderte Leistungsfähigkeit der öffentlichen Erziehung sein könnte. Völlig ausgeblendet wird in der Diskussion, dass wir seit rund vierzig Jahren in der Erzieher/innenausbildung nicht nur auf das Berufsfeld Kindergarten vorbereiten, sondern dass es sich um eine so genannte Breitbandausbildung handelt, die pädagogische Basiskompetenzen für unterschiedliche Handlungsfelder vermitteln will.

Zum Fachlichkeitsanspruch in der Ausbildung

Erzieher/innen werden als Fachkräfte an Fachschulen bzw. Fachakademien ausgebildet, um in Tageseinrichtungen für Kinder (0–12 Jahre), in Praxiseinrichtungen der Jugendarbeit (12–18 Jahre), in der Heimerziehung und sonstigen betreuten Wohnformen zu arbeiten. Gemäß § 1 (3) des Kinder- und Jugendhilfegesetzes (KJHG) ist es die Aufgabe dieser Fachkräfte, junge Menschen in ihrer individuellen und sozialen Entwicklung zu fördern und dem Recht des jungen Menschen auf eine Erziehung zu einer eigenverantwortlichen und gemeinschaftsfähigen Persönlichkeit zu verhelfen. Sie sind außerdem verpflichtet, Eltern und andere Erziehungsberechtigte bei der Erziehung zu beraten und zu unterstützen, sich für das Wohl der Kinder und Jugendlichen einzusetzen und daran mitzuwirken, dass junge Menschen unter positiven Lebensbedingungen in unserer Gesellschaft aufwachsen können.

Betreuen, bilden und erziehen sind nicht nur Wesensmerkmale der pädagogischen Förderung, sondern auch konstituierende Merkmale des beruflichen Handelns von Erzieher/innen. Ein zentrales Element der Berufsarbeit besonders im Kindergarten ist die Zusammenarbeit mit den Eltern, auch weil als Folge des gesellschaftlichen Wandels Tageseinrichtungen für Kinder in zunehmendem Maße familienergänzende Funktionen wahrnehmen. In einer solchen pädagogischen Basisausbildung kann es also nicht um die Spezialisierung für eine bestimmte pädagogische Institution, eine bestimmte Altersgruppe oder einen spezifischen Aufgabenbereich gehen, obwohl gerade in Zeiten erhöhten Innovationsdrucks immer wieder von Fachverbänden Forderungen nach Erweiterung und Vertiefung spezifischer Handlungskompetenzen an die Ausbildung herangetragen werden.

Ein solcher Fachlichkeitsanspruch ist aber weder durch ein normatives Berufskonzept, noch durch das KJHG geregelt. Dort heißt es unter § 72 (1) lapidar: „Die Träger der öffentlichen Jugendhilfe sollen hauptberuflich nur Personen beschäftigen, die sich für die jeweilige Aufgabe nach ihrer Persönlichkeit eignen und eine dieser Aufgabe entsprechende Ausbildung erhalten haben (Fachkräfte) oder aufgrund besonderer Erfahrungen in der sozialen Arbeit in der Lage sind, die Aufgaben zu erfüllen." Dieser eher halbherzig zu nennende Fachlichkeitsanspruch lässt sich auch so interpretieren, dass es den Verantwortungsträgern für das Fachpersonal in den Einrichtungen der Kinder- und Jugendhilfe immer noch an der inneren Anerkennung fehlt, den Erzieher/innenberuf als anspruchsvoll wahrzunehmen und einen adäquaten Qualifizierungsbedarf in einem entsprechenden Berufskonzept zu regeln.

Trotz aller Innovationsbemühungen und offizieller Empfehlungen der Jugendministerkonferenz wird die „Kindergartenarbeit" bei Kommunalpolitikern und Anstellungsträgern häufig noch spiegelbildlich zur privaten Erziehung von Müttern in den eigenen vier Wänden gedacht und als die Fortsetzung der privaten Erziehungsarbeit an einem anderen Ort gewertet.

Weiter heißt es im KJHG § 72: „So weit die jeweilige Aufgabe dies erfordert, sind mit ihrer Wahrnehmung nur Fachkräfte oder Fachkräfte mit einer entsprechenden Zusatzausbildung zu betrauen". Eine solche Zusatzausbildung bzw. Weiterbildungsmöglichkeit für Erzieher/innen gibt es nur für die heilpädagogische Arbeit, andere Erweiterungen bzw. Vertiefungen der beruflichen Handlungskompetenz gibt es nicht, obwohl das Handlungsfeld selbst in seinem Anforderungsprofil immer komplexer geworden ist. Deutlich wird aber auch, dass selbst das KJHG den Qualifizierungsbedarf für die „normale", alltägliche Erziehungs-, Betreuungs- und Bildungsarbeit, die in den Tageseinrichtungen für Kinder von den Fachkräften geleistet wird, eher gering einschätzt. Obwohl es in Deutschland ein Kinder- und Jugendhilfegesetz und einen Rechtsanspruch auf einen Kindergartenplatz gibt, wird Kindererziehung nach wie vor eher als Privatsache angesehen, vor allem wird der überragende Wert dieser reproduktiven Arbeit, die wie andere traditionelle Fürsorgefunktionen der Familie immer umfassender an gesellschaftliche Leistungsträger übergegangen ist, nicht als solche wahrgenommen.

Wenn heute – wieder einmal – die Bedeutung der frühkindlichen Bildung im Zusammenhang mit dem Schulerfolg des Kindes beschworen wird und die Lösung unseres Bildungsdilemmas darin gesehen wird, dass Erzieher/innen vergleichbar den Grundschullehrer/innen eine akademische Berufsausbildung brauchen, so darf die ganzheitliche, familienergänzende Funktion des Kindergartens im Sinne des § 1 des KJHG nicht unberücksichtigt bleiben.

Zur Lage des Erzieher/innenberufs

Hervorgegangen aus dem Beruf der Kindergärtnerin hat der Erzieher/innenberuf eine gut 120-jährige Tradition und seine Geschichte ist aufs engste mit der des Berufsfeldes „Kindergarten" verknüpft. Der Beruf ist aber auch aufs engste verwoben, um nicht zu sagen verstrickt, mit der besonders in Deutschland ausgeprägten Familialisierung der Frauenrolle, denn nicht zuletzt ist die gewachsene Professionalisierung der Institution Kindergarten auch auf den Rollenwandel der Frau in den letzten 30 Jahren zurückzuführen. Nur im Berufskonzept hat sich dieser Wandel noch nicht nachhaltig niedergeschlagen. Trotz einer umfangreichen sozialwissenschaftlichen Forschung über Kind und Kindheit, trotz der normativen Vorgaben des Kinder- und Jugendhilfegesetzes und trotz des gewachsenen Fachlichkeitsanspruchs an das Personal im Kindergarten verfügen wir über relativ wenig Berufswissen. Die Berufsforschung ist überwiegend auf produktorientierte, männliche Arbeit hin ausgerichtet, so dass für das Berufsbild der Erzieherin bis in die 70er Jahre des 20. Jahrhunderts hinein das Konstrukt der „Geistigen Mütterlichkeit" (Schrader-Breymann 1868) konstitutiv war.

Es gibt kaum arbeitswissenschaftliche Forschungen, die sich mit zentralen Fragen des beruflichen Handelns von Erzieher/innen und des Berufslebens befasst. Wir wissen wenig über unterstützende und belastende Faktoren bei der Bewältigung der beruflichen Anforderungen, auch nichts über Schlüsselsituationen bzw. Schlüsselpersonen, die in der Berufsbiografie von Erzieher/innen Aufschluss geben könnten, was zu deren Professionalisierung im Prozess der Arbeit geführt hat. Ein solches Wissen wäre aber notwendig, um den Berufsbildungsprozess zu konzeptionalisieren und einschätzen zu können, welchen Einfluss das Lernen in der Arbeit für die Entwicklung der Erzieher/innenpersönlichkeit und das professionelle pädagogische Handeln hat.

Auf dem Erzieher/innenberuf lastet – wie auch auf anderen sozialen Berufen, zum Beispiel in Gesundheit und Pflege – ein hoher Innovationsdruck. Allen diesen so genannten personenbezogenen Dienstleistungsberufen, die überwiegend von Frauen ausgeübt werden, ist aber auch gemeinsam, dass sie andererseits heute noch als prinzipiell im Privathaushalt zu erbringende Dienstleistung angesehen werden und deshalb als prinzipiell dorthin zurückführbar gelten. Soziale Frauenberufe laufen ständig Gefahr, als durch private Leistungen ersetzbar eingestuft zu werden. Dies mag auch ein Grund sein, dass es trotz aller Reformbemühungen bisher nicht gelungen ist, diese Berufe in ein anerkanntes Qualifizierungssystem einzubinden. Das gesamte Qualifizierungssystem dieser Berufe ist unübersichtlich und historisch eher zufällig gewachsen.

Der Erzieher/innenberuf mündet in eine Sackgasse und ist bezogen auf die Definition von Qualifikationsstandards geprägt von den Interessenlagen der Träger- und Berufsorganisationen, von der Kulturhoheit der Länder und nicht zuletzt von einem Desinteresse der Berufsbildungspolitik und der Berufsforschung.

Eine Reform der Erzieher/innenausbildung kann aber nur dann greifen, wenn es eine Grundlagenforschung über diesen Beruf gibt, die sozial- und arbeitswissenschaftliche Erkenntnisse bündelt und die definiert, was die Kernkompetenz einer professionell handelnden Erzieherin ist. Ein solches Wissen könnte ein zukunftsweisendes Berufskonzept begründen, dem ein modular strukturiertes Aus- und Weiterbildungssystem und eine berufspädagogisch adäquate Bildungsgangdidaktik zur Seite gestellt werden müsste.

Normative Vorgaben der KMK-Rahmenvereinbarung

In der Rahmenvereinbarung zur Ausbildung und Prüfung von Erzieher/innen – Beschluss der Kultusministerkonferenz vom 28.1.2000 – heißt es: „Ziel der Ausbildung ist die Befähigung, Erziehungs-, Bildungs- und Betreuungsaufgaben zu übernehmen und in allen sozialpädagogischen Bereichen als Erzieher oder Erzieherin selbstständig und eigenverantwortlich tätig zu sein."

Diese normative Vorgabe zielt auf zwei Qualifikationsaspekte. Zum einen geht es um die Qualität des pädagogischen Handelns, d. h. um den spezifisch sozialpädagogischen – nicht schulpädagogischen – Ansatz in den Berufsfeldern der Kinder- und Jugendhilfe, es geht also um das, was ich den Kern der beruflichen Handlungskompetenz von Erzieher/innen nennen möchte. Zum anderen geht es in der Ausbildung um die Erzieher/innenpersönlichkeit, um die Herausbildung einer beruflichen Identität, ohne die berufliche Handlungskompetenz nicht erreichbar ist. Auf beide Qualifikationsaspekte, die sich wechselseitig bedingen, muss die Ausbildung ausgerichtet sein, wenn sie zur Bewältigung beruflicher Anforderungen befähigen will.

Die Arbeitssituation von Erzieher/innen ist durch eine Fülle von Widersprüchen und Ambivalenzen gekennzeichnet. In offenen Situationen muss sie handeln, auch wenn ein Rest Ungewissheit bleibt, ob ihr Handeln der Situation gerecht wird. Dies setzt voraus, dass die Erzieherin nicht nur fähig ist, in der Ausbildung erworbenes, deklaratives und methodisches Wissen umzusetzen, sondern auch in der Lage ist, in erfahrenen Zusammenhängen die Situation zu bedenken, Handlungsentscheidungen zu treffen und darüber hinaus selbstsicher genug ist, die Ungewissheit und das Restrisiko, die mit diesen Entscheidungen verbunden sind, zu tragen und die Verantwortung für ihr Handeln zu übernehmen.

Eine genauere Analyse des beruflichen Handelns von Erzieher/innen verweist auf einen starken Gegensatz zwischen den – oberflächlich betrachtet – so trivialen, jeder Frau und jedermann ohne weiteres zuzutrauenden alltäglichen Verrichtungen und der dahinter liegenden Ebene der tatsächlichen Anforderungen. Diese scheinbare Trivialität des „bloß" erzieherischen Handelns ist vielleicht auch der Grund, weshalb für Gewerkschaften, Fachorganisationen und Erziehungswissenschaftler der aus der augenblicklichen Debatte um die Bedeutung der frühkindlichen Bildung abgeleitete Qualifikationsbedarf in Richtung Akademisierung der Erzieherausbildung geht. Auf diese Weise würde die Erzieher/innen in die Nähe der „Bildungsarbeiter" rücken. Wobei wir doch aber eigentlich wissen müssten, dass der „Erfinder" der frühkindlichen Bildung, Fröbel, diese immer und zuallererst als Menschenbildung verstanden wissen wollte.

Frühkindliche Bildung ist Menschenbildung

Warum spricht eigentlich angesichts des „Armutsberichts" und der bedenklich stimmenden Studien über den schlechten seelischen und körperlichen Gesundheitszustand schon kleiner Kinder niemand von einem „Betreuungsnotstand"? Jedes dritte Kind, das in Berlin eingeschult wird, zeigt sprachliche und motorische Auffälligkeiten als Folge der Verwahrlosung in sozial schwachen Familien. Auch zu Fröbels Zeiten sollte der Kindergarten nach seinem Verständnis „betreuen" und nicht „aufbewahren". Wenn man weiß, dass die materielle Not von Familien mit Kindern eine schleichende Zunahme überforderter Familien und vernachlässigter Kinder zur Folge hat, und dass dies insbesondere an dem schlechten Gesundheitszustand sowie an Lern- und Leistungsstörungen der Kinder auch ablesbar ist, so wird deutlich, dass der Kindergarten eben nicht nur Bildungseinrichtung sein kann, sondern elementare Aufgaben der familienergänzenden Erziehung und Betreuung, d. h. Fürsorge, wahrnehmen muss.

Eines der wesentlichen Prinzipien der Erziehung – vielleicht jedes menschlichen Zusammenlebens – ist das Prinzip der Wechselseitigkeit: Was ich bekommen will, das muss ich auch geben. Vertrauen, Bindung – Basiskonstrukt jeder menschlichen Beziehung – ist auch der Dreh- und Angelpunkt der Interaktionen zwischen Erzieherin und Kind. Auch hier gilt das Prinzip der Wechselseitigkeit: Respekt, Zugänglichkeit und Aufrichtigkeit sind die zentralen Koordinaten der Vertrauensbildung. Ebenso wie Zuverlässigkeit, Konsistenz und Berechenbarkeit entscheidende Auswirkungen haben, ob das Kind die Erzieherin als Bezugsperson wahrnimmt. Aus der Bindungsforschung wissen wir, dass besonders das kleine Kind eine Person braucht, der es vertrauen kann, die seine Bedürfnisse nach Sicherheit und Akzeptanz befriedigt. Erst ein solches Sicherheitsnetz garantiert, dass das Kind sich explorierend mit der Welt auseinander setzt, dass es mit Freude und Neugierde lernt. Fehlt diese Vertrauensbasis, so können sich auch nur begrenzt Selbstvertrauen und ein stabiles Selbstwertgefühl beim Kind entwickeln. Sich etwas zutrauen, spielend sich die Welt erschließen wollen, setzt voraus, dass es Bezugspersonen gibt, die dem Kind etwas zutrauen, die Zeit haben, sich auf das Kind als Ganzes einzulassen.

Ein Schlüssel zum Verständnis der Verhaltensauffälligkeiten, die gerade auch leistungsschwache Kinder zeigen, liegt doch darin, dass diese massive Ängste bezüglich ihrer Fähigkeiten bzw. des Werts ihrer eigenen Person haben. In der Spiegelung durch andere erfahren wir, wer wir sind. Vernachlässigte Kinder, Kinder, die – aus welchen Gründen auch immer – nicht genug Beachtung und Wertschätzung durch Bezugspersonen erfahren, fühlen sich wertlos. Eine zentrale Rolle für die Identitätsentwicklung, insbesondere für ein positives Selbstkonzept des Kindes, spielen andere Personen, die in der Lage sind, sich in kindliche Bedürfnisse einzufühlen. Es ist diese Spezifik frühkindlichen Lernens, die bei der Debatte um die „richtige" frühkindliche Bildung nicht unbeachtet bleiben darf.

Zur Entwicklung eines stabilen Selbst, Kern jeder autonomen und eigenverantwortlichen Persönlichkeit, gehört auch die Erfahrung eigener Selbstwirksamkeit. Frühkindliche Bildung ist nicht nur Selbst-Bildung, sondern vor allem auch Bildung mit allen Sinnen. Sich die Welt erschließen, findet für das Kind heute im Spannungsfeld von Reizüberflutung und Sinnesarmut statt. Für den überwiegenden Teil der Kinder ist der Kindergarten der einzige Ort, an dem die sinnliche Wahrnehmung bewusst geübt und erprobt werden kann, wo das Kind Muße hat, zu verweilen, zu genießen, kurz gesagt „ganz bei Sinnen zu sein". In unserer fertigen Welt brauchen Kinder Gelegenheit für selbstbestimmtes Handeln, für sinnliche Welterfahrungen. Nur so können sie sich die Welt erschließen und sie erfassen. Indem das Kind sich körperlich-sinnlich auf die Welt einlässt, bildet es sich. Die Bedeutung des frühkindlichen Spiels und anderer sinnlich-ästhetischer Handlungsformen des Kindes liegt deshalb in der konstituierenden Leistung des Kindes. Für ihre Identitätsentwicklung brauchen Kinder die Erfahrung, Urheber und Gestalter unverwechselbarer „eigener" Produkte zu sein. Diese Bildungsprozesse zu fördern ist Aufgabe der Erzieherin.

Erziehungssituationen sind komplexe Handlungsabläufe, die den Selbstbildungsprozess des Kindes unterstützen, aber auch verhindern können. Es gibt für die Bewältigung dieser offenen Situationen kaum feste Regeln, an die sich die Erzieherin halten könnte. Vielmehr muss sie ihr Handeln immer wieder individualisieren, d. h. sie muss orientiert am Kind, mit dem sie nicht nur interagiert, sondern auch kooperiert, wenn Erziehung gelingen soll, ihr Verhalten ausrichten. Erziehen, bilden und betreuen sind keine isolierbaren Tätigkeitsmerkmale im tayloristischen Sinn, sondern Fassetten ein und derselben pädagogischen Handlung. Die Qualität der pädagogischen Interaktionstätigkeit – und um diese geht es, wenn wir in der Basisausbildung von Berufsbefähigung sprechen – bemisst sich daran, ob die Erzieherin rasch und zutreffend, unter Anwendung fachlichen und methodischen Wissens, eine konkrete Situation, ein spezielles Problem versteht und angemessen handelt.

Diese hermeneutische Kompetenz umfasst Fachkenntnisse und methodische Kompetenzen, ebenso wie Erfahrungswissen und personale Kompetenzen der Berufsträgerin. In der Ausbildung erworbenes Fach- und Methodenwissen kommt nur zum Tragen, wenn es in personale Fähigkeiten wie Selbstkontrolle und Selbstreflexion, Autonomie und Verantwortlichkeit eingebunden ist, also Selbstkompetenzen, die ebenfalls zum Qualifikationsprofil des Erzieher/innenberufs gehören.

Zur Organisation der beruflichen Bildung

Neben dem Fehlen eines an der Berufsrealität ausgerichteten Berufskonzepts, sind es auch Zwänge des Berufsbildungssystems selbst, weshalb Reformansätze in der Erzieher/innenausbildung immer wieder ins Leere gegangen sind. Belastend wirkt sich insbesondere die typisch deutsche Denkweise aus, Allgemeinbildung von der Berufsbildung zu unterscheiden. Das liegt vor allem an einem Verständnis von „Allgemeinbildung" als zweckfreier Menschenbildung handelt, die letztlich auf eine Art „höhere", d. h. akademische Bildung ausgerichtet ist. In Abgrenzung dazu umfasst Berufsbildung alle berufsbezogenen Lernprozesse nichtakademischer Art. Oft spricht man noch nicht einmal von Berufsbildung, sondern von Berufsausbildung und meint damit eine gezielte Vermittlung und Einübung von Kenntnissen und Fertigkeiten, auch von Arbeitstugenden wie Pünktlichkeit und Fleiß zu einem bestimmten Zweck, nämlich der erfolgreichen Ausübung einer in der Regel produktorientierten Berufstätigkeit.

Die Kontroverse um die unterschiedliche Wertigkeit von Bildung und Ausbildung sowie von Allgemeinbildung und Berufsbildung ist, zumindest was den Erzieher/innenberuf betrifft, noch nicht überwunden. Allein der Streit um eine mögliche Akademisierung der Erzieher/innenausbildung macht deutlich, wie kontrovers die Debatte um die Frage „Wie viel?" Allgemeinbildung bzw. „höhere Bildung" denn für die Ausübung des Berufs erforderlich sei, geführt wird. Ganz zu schweigen von der nicht thematisierten Befürchtung, dass bei einer Akademisierung der Ausbildung das „Weibliche" dieses Berufs verloren gehen könnte.

Das Regelsystem für die nichtakademische berufliche Ausbildung in Deutschland ist das duale System. Es hat sich aus der traditionellen, handwerklich orientierten Lehre entwickelt und gilt heute als Regelwerk für alle Berufe im Handwerk, Handel und in der Industrie. Frauentypische Berufe sind in diesem System unterrepräsentiert. Sie haben meistens nur ein be-

grenztes Qualifikationsprofil und eine der dualen Berufsausbildung ent-
lehnten Bildungsgangsystematik und Didaktik. Begriffe wie „Lernfelder",
„Lernort Schule" bzw. „Lernort Praxis", mit denen neuerdings auch in der
vollzeitschulischen Ausbildung von Erzieher/innen operiert wird, stammen aus der dualen Organisationsform der Berufsbildung und suggerie-
ren – leider – die Übertragbarkeit methodisch-didaktischer Prinzipien
dieser Ausbildungsform auf die Erzieher/innenausbildung. Ganz zu
schweigen davon, dass der vollzeitschulisch geregelten Erzieher/innenaus-
bildung die beim dualen System gegebene strukturelle Koppelung zum
Beschäftigungssystem fehlt und Praktika in der Erziehr/innenausbildung
nicht mit einer betrieblichen Ausbildung gleichzusetzen sind.

Schulen, auch berufsbildende, vermitteln Schulwissen und diese Vermittlung erfolgt in einer bestimmten Organisationsform (Unterricht).
Schulen vermitteln ein je nach Schulform spezifiziertes Basiswissen.
Schulisches Lernen folgt Zielen, das einem bestimmten Nutzenkalkül
unterliegt. Effizient ist ein solches Lernen, wenn es dem Lernenden
leicht fällt, also dann, wenn es in möglichst kurzer Zeit hohen Ertrag
bringt. In der berufsbildenden Schule stellt sich deshalb neben der
Dauer auch die Frage nach dem, was zu den Wissensbeständen gehören
soll, die in der Ausbildung zu vermitteln sind. Im Vergleich zu den siebziger Jahren hat sich an den Erzieher/innenschulen die Einstellung zum
wissenschaftlichen, deklarativen Wissen relativiert. Die Produktion von
Wissen ist nicht mehr Monopol der Wissenschaft. Der Konstruktivismus
hat die alte Vorstellung von der Schule als Belehrungsanstalt auch in der
Fachschule bzw. Fachakademie für Sozialpädagogik abgelöst.

Das standortgebundene Wissen, das auch in der Erzieher/innenaus-
bildung von der angehenden Erzieherin subjektiv aufgrund von Erfahrungen im Umgang mit Wissen konstruiert wird, gewinnt für den Berufsbildungsprozess zunehmend an Bedeutung. Deshalb kann meines
Erachtens eine wirksame Professionalisierungsstrategie für den Beruf
nicht unbedingt und vor allem nicht allein in der „Akademisierung" liegen. Die Forderungen nach einer Reform der Lehrerausbildung bestätigen mich in der Annahme, dass es vor allem um eine Reform der Bildungsgangdidaktik in der Ausbildung von Pädagog/innen gehen muss.

Prinzipien einer konstruktivistischen Didaktik in der Erzieher/innenausbildung

In einer neu zu konzipierenden Didaktik für die Erzieher/innenausbildung geht es um einen Wandel im Unterrichtsverständnis und der Lehrerrolle. Gerade letzteres scheint mir im Rahmen der Ausbildung von Pädagog/innen dringend geboten zu sein. Der wissenschaftsorientierte Fachunterricht der vergangenen dreißig Jahre hat ja nicht nur ein vernetztes Denken bei den Auszubildenden erschwert, sondern auch eine Lehrerrolle provoziert, wo die Grenzen zwischen „Mehrwisser" und „Besserwisser" fließend waren.

Der fachwissenschaftliche Unterricht in der Ausbildung hat je nach Qualifikation und Praxisnähe des Lehrers unterschiedlich stark dazu beigetragen, dass die Komplexität der Berufswirklichkeit im Unterricht reduziert und bei den Lernenden eher das lineare, kausale Denken gefördert wurde. Es hängt mit dieser Komplexität und der Nichtvorhersagbarkeit pädagogischer Ereignisse zusammen, dass in der Ausbildung kein Wissen vermittelt werden kann, das sich eins zu eins in die Berufspraxis umsetzen lässt. Dies führt bei manchem in der Erzieher/innenausbildung unterrichtenden Lehrer – insbesondere wenn er die Berufspraxis der Erzieher/innen nicht kennt, was überwiegend der Fall sein dürfte – theoriefixiert und lehrerzentriert seinen Unterricht zu gestalten, was die komplementäre Natur der Beziehung zwischen Lehrer und Schüler auch noch auf der inhaltlichen Ebene verstärkt. Eine symmetrische Beziehung zwischen Lehrer und Schüler in der berufsbildenden Schule, in der beide gleichberechtigt miteinander umgehen können, scheint durch den Wissensvorsprung des Lehrers ausgeschlossen zu sein. Die Versuchung, den Schüler aufgrund dieses Vorsprungs auch auf der Beziehungsebene in eine unterlegene Position zu drängen und die eigene Machtposition zu stärken, ist bei einem Unterricht, wo es ausschließlich um die Vermittlung fachspezifischer Kenntnisse geht, außerordentlich groß und für die Konstituierung einer autonomen Erzieher/innenpersönlichkeit im Rahmen des Berufsbildungsprozesses kontraproduktiv.

Bei der beruflichen Handlungskompetenz von Erzieher/innen geht es um höchst komplexe Handlungsabläufe mit problemlösenden, methodischen und emotionalen Anteilen. Es geht deshalb darum, die angehenden Erzieher/innen dazu zu befähigen, eigenständig und verantwortlich Alltagssituationen der Berufspraxis zu erschließen, Bedingungen pädagogischer Beziehungen und anderer Kooperationsformen zu verstehen und professionell zu gestalten. Eine Schule, die sich auf die Vermittlung von Faktenwissen und auf die Einübung von Methoden reduziert und nicht auch Dinge lehrt, die strittig sind, stellt die Lernenden still. In der Ausbildung von Pädagog/innen gilt es aber, Phänomene zu hinterfragen, es geht um Wahrnehmungen, Interpretationen und Reflexionen und nicht um „richtig" oder „falsch". Es geht um ein Denken auf eigene Rechnung und zwar bei den Lernenden wie bei den Lehrenden. In einem solchen Unterricht steht nicht der Lehrplan im Mittelpunkt des Geschehens, sondern die Selbsttätigkeit der lernenden Person. Eine solcher subjektbezogener, handlungssystematischer Lehrplan verlangt von den Lernenden, dass sie sich mit komplexen Lernsituationen und Problemen auseinander setzen, die einen Bezug zur Berufswirklichkeit haben. Dieser Anspruch an eine veränderte Lehr- und Lernkultur lässt sich aber nur dann umsetzen, wenn bei der Erarbeitung von komplexen Schlüsselthemen das Vorwissen und das Erfahrungswissen der Lernenden systematisch einbezogen wird. Es ist sicherzustellen, dass die Lernenden stabile Wissensstrukturen der für pädagogisches Handeln relevanten Einzeldisziplinen entwickeln können. Ein solches fachliches und methodisches Basiswissen öffnet ihnen den Zugang zu komplexen, problemorientierten Lernaufgaben und macht es ihnen möglich, neue Probleme selbstständig erschließen zu können. Auf diese Weise wird vorhandenes Wissen ausgeweitet und vertieft und nicht zuletzt gewinnen die Lernenden in emotionaler und motivationaler Hinsicht an Selbstvertrauen und Sicherheit.

Die Frage, ob für den Aufbau von Wissensstrukturen das deklarative Wissen systematisch oder kasuistisch vermittelt werden soll, ist nicht entscheidend. Entscheidend ist, welche lernmethodischen Voraussetzungen und personalen Kompetenzen die Auszubildenden in die Ausbildung einbringen. Die PISA-Studie hat u. a. auch hier deutlich gemacht, dass der mittlere Schulabschluss, den die KMK-Rahmenvereinbarung als formale Zugangsvoraussetzung vorsieht, keineswegs ausreichende lernmethodische Kompetenzen bei den Fachschüler/innen garantiert. Unbestritten ist jedoch, dass zum Lernen auf Fachschulniveau das Bearbeiten von komplexen Problemen, die Beurteilung unübersichtlicher sozialer Situationen und die eigenständige Entwicklung neuer Handlungskonzepte gehören muss. In der Ausbildung von Erzieher/innen gilt es eine Didaktik zu entwickeln, die sich nicht nur damit begnügt, deklaratives Wissen richtig zu rekonstruieren und abzubilden und nach einem festen Plan zu vermitteln, sondern es sind auch Lehr- und Lernstrategien einzuführen, die dem subjektbezogenen Lernen Raum bieten. Diese Art von Berufsbildung zielt auf eine persönliche, nicht institutionelle Lernhaltung. Sie hat etwas mit persönlichem Anspruch zu tun, mit Akzeptanz von Schwierigkeiten und mit Erfahrungen des Nicht-Könnens. Auch im Berufsbildungsprozess der angehenden Erzieher/innen haben wir es mit einem subjektiven Vorgang zu tun. Die Auszubildenden haben einen individuell sehr unterschiedlichen Zugang, die Welt zu verstehen und sich in Beziehung zu dieser Welt, auch zu ihrer zukünftigen Berufswelt, zu setzen. Wenn es gut geht, dann ist das in der Fachschule vermittelte Wissen dabei eine Hilfe, es ist aber nicht gleichzusetzen mit Bildung.

Gebildet – auch bezogen auf die Berufsausübung – ist, wer seine kognitiven, sozialen und verhaltensmäßigen Fähigkeiten so zu organisieren und einzusetzen versteht, dass er seine Interessen und Ziele verwirklichen kann. Nicht gebildet ist, wer einfach nur den Lehrbüchern vertraut und sich in sein Schicksal fügt.

Dieser Prozess der Selbst-Bildung im Kontext formaler, organisierter Lernangebote ist entscheidend für die Entwicklung der Erzieher/innenpersönlichkeit und das, was ich als Kern der beruflichen Handlungskompetenz bezeichne, die hermeneutische Kompetenz. Für die richtige, auf den Einzelfall bezogene Anwendung von Fach- und Methodenwissen sind Erfahrungen und personale Kompetenzen, wie die Bereitschaft zur reflexiven Selbst- und Fremdwahrnehmung, die Fähigkeit, sich auf sich selbst wie auch auf andere emotional einzulassen, wie auch die Bereitschaft, Verantwortung für sich und andere zu übernehmen, erforderlich.

Die curricularen Vorgaben der neuen KMK-Rahmenvereinbarung lassen hoffen, dass der Verschulungstendenz in der Erzieher/innenausbildung nun endgültig eine Absage erteilt wurde. Die Umsetzung auf Länderebene wird jedoch eine Herausforderung an die mehr oder weniger verkrusteten schulischen Organisationsstrukturen sein. Die berufsbildende Schule müsste sich von einem Bildungsverständnis verabschieden, für das bislang der Unterrichtsstoff und operationalisierbare Lernziele die Koordinaten des Ausbildungsprozesses waren. Die KMK-Rahmenvereinbarung hat zumindest auf bildungspolitischer Ebene Vorgaben für eine neue Lehr- und Lernkultur an den Fachschulen/Fachakademien für Erzieher/innen gemacht. Entscheidend für die Weiterentwicklung von Ausbildungsqualität wird sein, welche Organisationsprinzipien sich auf Länderebene durchsetzen werden: ob die Leitidee der KMK-Rahmenvereinbarung, gewissermaßen eine neue „Berufsbildungsphilosophie", tatsächlich auch in eine entsprechende Curriculumplanung gegossen wird und ob auf der operativen Ebene, in der Gestaltung der Lehr- und Lernsituationen die Prinzipien einer konstruktivistischen Didaktik erkennbar werden. Wesentliche Elemente dieses didaktischen Ansatzes sind:

- An die Stelle der Fächerorientierung soll ein integrativer Unterricht nach Lernbereichen treten; auf diese Weise soll das lineare Denken durch das vernetzte Denken ersetzt werden und an die Stelle der didaktischen Reduktion treten komplexe Lernaufgaben.

- Das vorherrschende produktionsorientierte Lernen wird stärker mit prozesshaftem Lernen verknüpft, Grundlage dafür sollen problem- und handlungsorientierte Lehr- und Lernarrangements sein. Damit soll erreicht werden, dass die Aneignung deklarativen Wissens und die praktische Erfahrung im Umgang mit diesem Wissen nicht als separate Lernformen betrachtet werden.

- Gefordert wird eine stärkere Selbststeuerung bzw. Selbstregulierung des Lernens, eine größere Autonomie der Lernenden bei der Gestaltung der Lernprozesse, womit auch gemeint ist, dass in einem bestimmten Umfang eine Verlagerung der Verantwortung für das Lernen auf die Lernenden übergeht.

Zur Bedeutung sinnlich-emotionalen Lernens in der Erzieher/innenausbildung

Ob allein mit solchen funktionalen Lernstrategien eine berufliche Handlungskompetenz entwickelt wird, die zur Bewältigung komplexer sozialer Situationen, wie sie der berufliche Alltag mit sich bringt, befähigt, wage ich zu bezweifeln. Für das schnelle Erfassen und Verstehen dieser Alltagssituationen, in denen die Erzieherin unter Handlungsdruck steht, ist das sinnlich-emotionale Wahrnehmen der Situation ebenso bedeutsam wie das analytisch-rationale Denken.

Hermeneutische Kompetenz ist das Ergebnis eines Zusammenspiels von rationalem, logisch geordnetem und objektiv auf die Wirklichkeit gerichtetem Denken und subjektiv-emotionalem Erfahrungswissen. Im Bildungswesen überhaupt und auch in der Berufsausbildung der Erzieher/innen dominiert die kulturtragende Überzeugung, Emotionen seien im Vergleich zum rationalen Verstand diesem unterzuordnen. Erzieher/innen, die ihr pädagogisches Handeln begründen, indem sie unter anderem auf ihr Gefühl Bezug nehmen, werden belächelt und bestenfalls belehrt, sich nicht darauf zu verlassen.

Insbesondere Berufspraktikant/innen, die über ihre Beobachtungen berichten und begründen, warum sie in der Situation so und nicht anders gehandelt haben, beginnen ihren Bericht häufig mit dem Satz: „Ich hatte das Gefühl, dass das Kind (zum Beispiel) überfordert war." In der Regel stellt sich dann in der Reflexion heraus, dass das „Gefühl" durchaus zutreffend und auch theoriegeleitet war. Auch das pädagogische Handeln in der Situation war sowohl in fachlicher als auch methodischer Hinsicht der Situation zumindest – sie sind noch in der Ausbildung! – nicht unangemessen. Das Verstehen eines konkreten Kindes in einer bestimmten Situation bezieht sich nicht nur auf ein Wissen, das deklarativ ist, sondern auch auf ein emotionales Wissen. Erfahrungen mit diesem Kind sind von der Erzieherin kognitiv und emotional im Gedächtnis verarbeitet worden und in das pädagogische Handeln eingegangen.

Aus der Hirnforschung liegen Erkenntnisse vor, die auf die Bedeutung der emotionalen Steuerung von Handlungsentscheidungen in komplexen Situationen verweisen, wo es trotz geringer Informationsbasis um ein rasches Einschätzen und Beurteilen geht. Danach sind Gefühle „Kurzmitteilungen" unseres meist unbewusst arbeitenden emotionalen Erfahrungsgedächtnisses. Dieses wirkt wie ein inneres Bewertungssystem. Alles, was durch uns und mit uns geschieht, bewertet es danach, ob es sozial akzeptabel, vorteilhaft, lustvoll oder auch dem eigenen Anspruch – auch dem fachlichen – genügend war und entsprechend wiederholt werden soll. In konkreten Situationen des beruflichen Alltags kompetent handeln, bedeutet immer auch ein Zusammenwirken von Gefühl und Verstand. In der Ausbildung muss es deshalb auch darum gehen, dass – zugespitzt formuliert – Erzieher/innen lernen, sich nicht nur auf ihren Verstand zu verlassen, sondern auch lernen, Zugang zu ihrem „inneren Bewertungssystem" zu bekommen, auf ihre Gefühle zu achten und diesen auch zu trauen. Für ein solches Lernen ist aus meiner Sicht neben der Vermittlung sinnlich-ästhetischer Bildungsinhalte, das sich auf ein Lernen mit allen Sinnen bezieht, und neben der Einführung narrativer Methoden, vor allem auch die praktische Ausbildung, das „Lernen am Arbeitsplatz", geeignet. Praktika sind für den Berufsbildungsprozess angehender Erzieher/innen in zweifacher Hinsicht bedeutsam. Zum einen bedeutet „Praxis", in der Schule gelernte Handlungsstrategien nun unter realen Bedingungen anzuwenden. „Praxis" bedeutet aber auch, die jeweils individuell von der Praktikantin, also vom Subjekt zu leistende Abklärung des Handlungsrahmens, also der Ziele, der Handlungsspielräume und der Handlungsmöglichkeiten, kurz gesagt der Kontextbedingungen. Dies schließt die Reflexion über mögliche strukturelle Veränderungen des Handlungsfeldes ebenso ein, wie die individuellen Veränderungsmöglichkeiten der Praktikant/innen selbst. Die Lern- und Arbeitsformen in der Praxis zwingen sie dazu, Wissen und methodisches Können einzusetzen und Erfahrungen zu sammeln.

Die Entwicklung beruflicher Handlungskompetenz ist an Realisierungsmöglichkeiten, also an Tätigsein gebunden. Im Praktikum gibt es Bildungsanlässe, die – weil sie „Ernstcharakter" haben im Sinne des oben beschriebenen emotionalen Lernens – die Praktikant/innen zur Autonomie wie auch zur Kontrolle über das eigene Handeln gleichermaßen herausfordern. Das wichtigste Erfolgskriterium für ein solches selbstgesteuertes Lernen ist, dass aus eigener Initiative eine neue signifikante Form von Berufswissen gewonnen und als solches auch erfahren wird. Im Praktikum finden Selbst-Bildungsprozesse statt, weil die

Praktikant/innen – wenn sie eine entsprechende Begleitung und Unterstützung haben – Lernprozesse selbstreflexiv gestalten können. In der Reflexion realer Handlungsentscheidungen wird die pädagogische Kompetenz erfahrbar: Zum einen wird deutlich, welche Situationen bereits bewältigt werden können, zum anderen werden die Grenzen von Wahrnehmungen und Handlungsmustern klarer.

Die Lernortkooperation zwischen Fachschule und Praxiseinrichtung in Form von Praktika hat sich in den letzten Jahren in der Erzieher/innenausbildung mehr und mehr zu einer quasi-dualen Ausbildung ausgestaltet. In der Regel aber geht es dabei um ein schulisch gelenktes Lernen am Arbeitsplatz. Eine didaktisch größere Wirksamkeit der praktischen Ausbildungsphasen wäre zu erreichen, wenn der „Lernort Praxis" sich auch von seinem Selbstverständnis und seinen Bedingungen her als Ausbildungsort begreifen würde und eine auf die Ausbildungsressourcen der Praxis bezogene eigenständige systemisch-interaktionistische Didaktik entwickeln würde. Bisher stehen die beiden „Lernorte" weitgehend isoliert nebeneinander. Die berufspädagogischen Synergieeffekte, die sich aus einem Zusammenwirken für den Berufsbildungsprozess ergeben könnten, bleiben weitestgehend ungenutzt. Das aber ist eine Ressourcenvergeudung, die mit dem Niveau der Ausbildung nichts zu tun hat, sondern damit, dass Praxis noch nicht für Ausbildungsaufgaben qualifiziert ist, also noch keine Ausbildungsstätte im professionellen Sinn ist.

Ausblick

Sollen die Reformbemühungen um eine an der Berufswirklichkeit orientierten Ausbildung von Erzieher/innen nicht wieder ins Leere laufen, so bedarf es einer grundlegenden Neukonzeption des Berufs. Bildung, Erziehung und Betreuung von Kindern in öffentlichen Einrichtungen haben immer stärker familienergänzenden und nicht mehr nur familienunterstützenden Charakter. Immer mehr Kinder verbringen immer mehr Zeit im Kindergarten. Vielfältige, familiär ungelöste Probleme werden auf den Kindergarten und die Erzieher/innen verlagert. Die pädagogische Arbeit hat sich ausdifferenziert in komplexe individuumsbezogene Entwicklungs- und Fürsorgekonzepte sowie in kulturbezogene Sozialisations-

und Bildungskonzepte. Der Qualifikationsbedarf an die Fachkräfte in Tageseinrichtungen für Kinder bezieht sich demgemäß auf ein hoch komplexes Zusammenspiel mehrerer Subqualifikationen. Dieser Funktionswandel öffentlicher Erziehung hat bis heute für das Qualifikationsgefüge zu keiner grundlegenden Änderung geführt, geschweige denn zu einer Auseinandersetzung über die Frage, wie das gegenwärtige Qualifikationsprofil von Erzieher/innen zu diesem Funktionswandel der Tageseinrichtungen für Kinder ins Verhältnis zu setzen wäre.

Angesichts der Bedeutung von Kindertageseinrichtungen als sozialer Infrastruktur für Kinder und Familien und der multifunktionalen Aufgabe, die diese Einrichtungen zu erfüllen haben, ist es kontraproduktiv, daran festhalten zu wollen, dieses alles mit einem Fachpersonal abdecken zu wollen, das lediglich über eine abgeschlossene Erstausbildung verfügt. Die Personalstruktur des Arbeitsfelds „Tageseinrichtungen für Kinder" entspricht in keiner Weise dem Anforderungsprofil der Einrichtungen. Wenn man der These von Giddens (1992) folgt und einen Zusammenhang postuliert zwischen Struktur und Handeln, dann muss an der Personalstruktur der Kindertagesstätten angesetzt werden, wenn die Leistungsfähigkeit dieser Einrichtungen verbessert werden soll. Wir brauchen ein an den Aufgaben der öffentlichen Erziehung in Kindertagesstätten orientiertes innovatives Professionsmodell für das Fachpersonal. Und wir brauchen ein Qualifizierungssystem, das sowohl in vertikaler als auch in horizontaler Hinsicht Durchlässigkeit gewährleistet und die Ressourcen berufsbegleitenden Lernens verwertet. Dies würde auch das durch nichts zu rechtfertigende gegenwärtige Strukturproblem des Qualifikationsprofils von Erzieher/innen lösen, nämlich die fehlende berufsimmanente Aufstiegsperspektive.

Für eine nachhaltige Professionalisierung des Erzieher/innenberufs sind stärker als bisher die Bedeutung informeller Bildungsprozesse, das (Dazu-) Lernen im Vollzug der Arbeit, das „lebensweltliche Wissen" für die Organisation eines Aus-, Fort- und Weiterbildungssystems zu nutzen. Bisher geht dieses Expertenwissen der Erzieherin, das für die Handlungskompetenz von herausragender Bedeutung ist, für das Qualifikationssystem verloren, weil es bei den Anstellungsträgern als Qualitätskriterium nicht wahrgenommen, geschweige denn honoriert wird. In der gegenwärtigen Unterscheidung sozialpädagogischer Ausbildungsgänge zwischen akademischen und nicht akademischen Berufsbildungsgängen und in Verbindung mit der mangelnden Durchlässigkeit, werden für den Erzieher/innenberuf nicht nur strukturelle Bedingungen der Ungleichheit für den Zugang zu Wissen geschaffen, was zutiefst undemokratisch ist, sondern – und das wiegt fast noch schwerer – es wird ein differenziertes Aus- und Weiterbildungssystem, das als Professionsmodell eine angemessene Antwort auf gewachsenen Anforderungen des Berufsfeldes Tageseinrichtungen für Kinder sein könnte, verhindert. Anstöße, ja Forderungen nach einem modularisierten Weiterbildungssystem, das auf einer fundierten Basisausbildung an der Fachschule/Fachakademie für Sozialpädagogik aufbaut und den Berufsträger/innen Wege eröffnet, durch eine in sich abgeschlossene Zusatzausbildung nicht nur spezifischen Berufsanforderungen besser gewachsen zu sein, sondern dafür auch entsprechend bezahlt zu werden, müssten von den Anstellungsträgern kommen. Denn es ist deren Verantwortung, durch eine realistische Personalentwicklung für die Qualitätssicherung der Arbeit in den Einrichtungen der öffentlichen Erziehung zu sorgen. Dazu zähle ich auch die Einsicht, dass eine Erstausbildung – egal auf welchem Niveau sie stattfindet – keine Stopfgans sein kann, die immer dann „gemästet" wird, wenn politisch Druck gemacht wird

Wenn also das Forum Bildung die Bedeutung der frühkindlichen Bildung feststellt und Forderungen nach einer verbesserten Berufsausbildung von Erzieher/innen gestellt werden, dann lässt sich dies nicht vor dem ersten Schritt bewerkstelligen. Zunächst gilt es, ein innovatives Berufskonzept zu entwickeln und in einem zweiten Schritt muss die Passform für ein entsprechendes Qualifikationsprofil erarbeitet werden.

Literatur

Ebert, Sigrid (1999): Breite und Tiefe einer weiterentwickelten Erzieherausbildung. In: Richard Auernheimer (Hrsg.), Erzieherinnen für die Zukunft – Berufsprofil im Wandel. Schneider, Hohengehren, S. 1–6

Ebert, Sigrid (2002): Nach der KMK-Rahmenvereinbarung: Implikationen für einen erweiterten Bildungsbegriff in der Ausbildung von Erzieherinnen und Erziehern. In: Wassilios Fthenakis; Pamela Oberhuemer (Hrsg.), Ausbildungsqualität: Strategiekonzepte zur Weiterentwicklung der Ausbildung von Erzieherinnen und Erziehern. Luchterhand, Neuwied, Kriftel, Berlin, S. 47–62

Dubs, Rolf (2001): Curriculare Vorgaben für Lehr- und Lernprozesse in beruflichen Schulen. In: Bernhard Bonz (Hrsg.), Didaktik der beruflichen Bildung, Band 2, Schneider, Hohengehren, S. 50–70

Gadamer, Hans-Georg (1997): Gadamer-Lesebuch. Hrsg: Jean Grodin, J. C. B. Mohr, Tübingen

Giddens, Anton (1992): Die Konstitution der Gesellschaft. Grundzüge einer Theorie der Strukturierung, Campus, Frankfurt/M., New York

Golas, Heinz G. (1994): Berufs- und Arbeitspädagogik für Ausbilder. Cornelsen, Berlin

Reich, Kersten (2002): Systemisch-konstruktivistische Pädagogik. Luchterhand, Neuwied, Kriftel

Roth, Gerhard (2001): Fühlen, Denken, Handeln. Wie das Gehirn unser Verhalten steuert. Suhrkamp, Frankfurt/M.

Schäfer, Gerd E. (1995): Bildungsprozesse im Kindesalter: Selbstbildung, Erfahrung und Lernen in der frühen Kindheit. Juventa, Weinheim, München

Schrader-Breymann, Henriette (1868): Zur Frauenfrage, Wolfenbüttel. Archiv des Pestalozzi-Fröbel-Hauses, Berlin

Inge Schreyer, Kirsten Hanssen, Bernhard Kalicki, Bernhard Nagel, Pamela Oberhuemer

Trägerqualität

Die Steuerung von Bildungs-, Erziehungs- und Betreuungsqualität durch Evaluation

Bildung beginnt nicht erst in der Schule, sondern bereits in der Familie und nicht zuletzt auch in den vorschulischen Kindertageseinrichtungen. Um die Qualität der Bildung, Erziehung und Betreuung sicherzustellen und weiter zu entwickeln, reicht es nicht aus, lediglich die Einrichtungen und deren Personal in den Blick zu nehmen. In diesem Beitrag soll deshalb die Arbeit der *Träger* von Kindertageseinrichtungen näher betrachtet werden. Es wird aufgezeigt, welche Bedeutung der Trägerqualität für die Bildung, Erziehung und Betreuung der Kinder zukommt und wie diese Trägerqualität zu fördern und zu steuern ist.

Zur Qualitätsentwicklung und Qualitätssicherung bedarf es sowohl der Festlegung von Qualitätsstandards als auch von Verfahren zu deren Überprüfung. Als ein sinnvolles Verfahren hat sich im bildungs- und sozialpädagogischen Feld die Evaluation etabliert. Evaluation bezeichnet ganz allgemein eine Bewertung und umfasst damit Informationen über den bewerteten Gegenstand („Daten") sowie Standards für die Beurteilung („Werte"). Eine zentrale Funktion erfüllt die Evaluation im Qualitätsmanagement. Hier ist die Prüfung der Qualität eines Produktes oder einer Dienstleistung in ein umfassenderes System eingebettet, das zusätzlich Qualitätskriterien festlegt und die Qualitätsverbesserungen initiiert. Die Evaluation dient dabei nicht nur der vergleichenden Beurteilung eines Ist-Zustands, sondern insbesondere der Steuerung der Qualitätsentwicklung. Diese Unterscheidung findet sich auch in den Begriffen der *summativen* und *formativen* Evaluation. Qualitätssicherung und -entwicklung können durch Evaluationsverfahren sinnvoll ergänzt werden. Mit ihrer Hilfe werden entscheidungsrelevante Daten gesammelt und Erkenntnisse gewonnen, die als Grundlage für Steuerungsstrategien der Qualitätsentwicklung genutzt werden können (vgl. Stockmann 2000).

Evaluationskonzepte unterscheiden sich in ihrer Funktion: Sie können entweder zur Kontrolle (Kontrollparadigma) oder zur „Entwicklung" des Handlungsfeldes eingesetzt werden (Entwicklungsparadigma) (vgl. Kromrey 2000). Evaluation ist je nach Zielsetzung darauf ausgerichtet, Handlungsmodelle hinsichtlich ihrer Wirksamkeit zu bewerten, oder im Sinne des Entwicklungsparadigmas Handlungsmodelle selbst zu gestalten. In diesem Fall geht es darum, Konzepte und Vorstellungen von Handlungsstrategien zu entwickeln, die dazu beitragen, die Fähigkeit von Organisationen zur Problemwahrnehmung und -bewältigung zu stärken. Die Evaluation in diesem Sinne wird auch als *formativ*, d. h. die Prozesse begleitend und gestaltend bezeichnet, während die Evaluation im Kontrollparadigma *summativ* genannt wird. Als solche ist sie stärker an den Ergebnissen orientiert, fasst diese zusammen und bilanziert.

Evaluationskonzepte unterscheiden sich auch nach den Aufgaben und Rollen, die den Evaluatoren zugewiesen werden. Der Evaluator kann als technischer oder methodischer Experte (Campbell 1969), als neutraler Vorbereiter von Entscheidungen (Rossi et al. 1999), als Informator, Erzieher und Helfer aller Beteiligten (Cronbach 1982) oder als Mediator und Konfliktlöser auftreten (Chen 1990). Diese verschiedenen Rollen- und Aufgabenschwerpunkte schließen sich nicht gegenseitig aus, prägen jedoch die Ausgestaltung der Evaluation.

Zentral ist in diesem Kontext die Unterscheidung zwischen Selbst- und Fremdevaluation. „Eine *Selbstevaluation* liegt vor, wenn die Untersuchungen und Bewertungen des Evaluationsgegenstandes von Personen vorgenommen werden, die an der Gestaltung dieses Gegenstandes selbst beteiligt sind, eventuell sogar als wesentliche Mitarbeiter oder Verantwortungsträger." (Westermann 2002, S. 11) Bei der *Fremdevaluation* werden Experten beauftragt, die nicht der zu evaluierenden Organisation angehören.

Eine Selbstevaluation birgt die Gefahr der Parteilichkeit und Urteilsverfälschung. Zudem benötigen Selbstevaluatoren bei der Planung und Durchführung in stärkerem Maße Anleitung als erfahrene Evaluationsexperten. Eine Evaluation durch außenstehende Experten ist unter Umständen weniger durch Partikularinteressen beeinflusst und bietet eher die Chance, neue Sichtweisen einzubringen.

Die formative, auf Entwicklung ausgerichtete Evaluation, erfordert zur Bewertung die Vertrautheit mit der Maßnahme und den Kontakt zu den hauptsächlich Beteiligten (vgl. Westermann 2002). Aus diesem Sachverhalt ergeben sich die Vorteile der Selbstevaluation: Die erforderlichen Informationen (Daten) sind der Person, die mit dem zu evaluierenden Dienstleistungsprozess betraut ist, verfügbar und die Ergebnisse der Evaluation können unmittelbar in die künftige Gestaltung dieses Prozesses einfließen. Zudem sind die unmittelbar Beteiligten in der Regel besonders engagiert, da sie neben einem reinen Erkenntnisinteresse ein starkes praktisches Verwertungsinteresse an den Ergebnissen der Evaluation haben. Deshalb sind bei der Planung von Evaluationsprogrammen die Personengruppen zu identifizieren, die spezifische Interessen an Gestaltung und Ergebnissen der Evaluation haben (Clarke 1999; Rossi et al. 1999; Scriven 1991). Folgende Interessengruppen lassen sich unterscheiden:

- Personen, die Gegenstand der Evaluation sind oder die zu einer evaluierten Gruppe oder Institution gehören;
- unmittelbare Zielpersonen der zu evaluierenden Maßnahme (z. B. Kunden, behandelte Patienten) oder ihre organisierten Vertretungen sowie indirekt Betroffene (z. B. Angehörige);
- Auftraggeber und Kostenträger der zu evaluierenden Maßnahme.

Qualitätssicherung im System der Tageseinrichtungen für Kinder – Ergebnisse einer bundesweiten Befragung

Obwohl die Qualitätssicherung längst in zahlreiche Anwendungs- und Praxisfelder Eingang gefunden hat, findet sie im System der Tageseinrichtungen für Kinder erst allmählich Beachtung. Daher fehlen bislang umfassende und verlässliche Angaben über den Stellenwert der Qualitätssicherung im Feld der frühpädagogischen Praxis und über die bisher gesammelten Erfahrungen.

Die Daten einer aktuellen und repräsentativen Befragung der Rechtsträger von Tageseinrichtungen für Kinder, die im Rahmen der ‚Nationa-

len Qualitätsinitiative im System der Tageseinrichtungen für Kinder'
(NQI) von der Projektgruppe ‚Trägerqualität' durchgeführt wurde, können dazu beitragen, diese Lücke zu füllen. Sie geben Aufschluss über die
Verbreitung von elaborierten QM-Systemen sowie einzelner Maßnahmen der Qualitätssicherung und informieren über die sonstigen Bestrebungen der Träger und Einrichtungen auf diesem Gebiet (Kalicki et al.
in Vorb.). Die geschichtete Zufallsstichprobe umfasst 2318 Rechtsträger
von Kindertageseinrichtungen in Deutschland und gliedert sich nach
den Schichtungskriterien Regionalität, Trägerart und Ortsgröße. Die Befragung erfolgte schriftlich mittels eines standardisierten Fragebogens im
Winter 2000/2001.

Einen ersten Eindruck von dem Stellenwert, den das Qualitätsmanagement innerhalb der Trägerarbeit einnimmt, liefern die Zahlen zu ausgewählten Indikatoren für solche Bemühungen. So verfügten knapp
zwei Drittel der berücksichtigten Träger zum Befragungszeitpunkt über
ein schriftlich formuliertes Leitbild, das für ihre Einrichtungen verbindlich ist. Das Leitbild gilt als wichtige Voraussetzung für alle Qualitätsmanagement-Maßnahmen. Es stellt die Grundlage der Trägerarbeit und
ihrer Ausrichtung im Sinne der Trägerphilosophie dar (vgl. Hanssen et
al. in Vorbereitung).

Ein systematisches Qualitätsmanagement wird von deutlich weniger
Rechtsträgern betrieben. Ein Qualitätshandbuch, einen Qualitäts-Leitfa-
den oder ein anderes Regelwerk zur Qualitätssicherung existiert jeweils
nur bei etwa 10 bis 20 Prozent der befragten Träger. Allerdings befanden
sich solche Instrumente in etwas höherem Ausmaß in der Entwicklung.
Zusammengefasst verfügte knapp jeder zweite Träger zum Zeitpunkt der
Befragung über mindestens eines der drei Instrumente zum Qualitätsmanagement oder hatte eines in Vorbereitung. Gut die Hälfte der befragten Träger besaß demnach keines und hatte auch noch keine konkreten Vorbereitungen in diese Richtung unternommen.

Eine andere Möglichkeit, Qualitätssteuerung anhand festgelegter, ob-
jektivierter und standardisierter Kriterien zu betreiben, ist die Zertifizierung. Nur elf Prozent der Träger, die hierzu Angaben machten, hatten
bislang ihre Einrichtungen zertifizieren lassen.

Neben der Zertifizierung bieten sich dem Träger weitere Möglichkeiten der Qualitätsicherung, die teils speziell für frühpädagogische Tages-

einrichtungen entwickelt wurden: etwa die Kindergarten-Einschätz-Skala KES-R (Tietze et al. 2001) oder die Konzeption des Kronberger Kreises (Kronberger Kreis 1998), DIN ISO 9000 (Brommer 1999) oder Qualitätszirkel (Antoni 1996). Neben dem Rückgriff auf bereits vorliegende Ansätze und Verfahren hat der Träger natürlich auch die Möglichkeit, eigene Maßnahmen der Qualitätssicherung zu entwerfen. Die Untersuchung zeigte, dass die direkt verfügbaren Maßnahmen jeweils nur von fünf (DIN ISO 9000) bis elf Prozent (Qualitätszirkel) der befragten Träger genutzt werden. 19 Prozent der Träger geben jedoch an, eine sonstige Maßnahme der Qualitätsfeststellung bzw. Qualitätsentwicklung einzusetzen, die dann im Fragebogen zu benennen war. Ein genauerer Blick auf diese Antworten zeigt, dass hier ganz unterschiedliche Bemühungen angeführt werden: 24 Prozent der freien Nennungen betreffen eine „eigene Konzeption", die in den seltensten Fällen genauer charakterisiert wird; weitere 9 Prozent der Nennungen verweisen auf ein „eigenes Qualitätsmanagement", das ebenfalls unbestimmt bleibt.

Damit bleibt jede dritte Aussage der Träger, eine andere Maßnahme als die im Fragebogen Angegebenen durchzuführen, unklar. Diesen Trägervertretern fällt es offensichtlich schwer, die Maßnahme genauer zu beschreiben, was Zweifel an der Validität und Aussagekraft dieser Antworten rechtfertigt.

- 19 Prozent der Nennungen betreffen konkrete Einzelmaßnahmen, die nicht eingebettet sind in ein umfassenderes Qualitätsmanagement (z. B. Elternbefragungen);
- 9 Prozent der Nennungen lassen sich als andere Verfahren des Qualitätsmanagements zusammenfassen (z. B. das Qualitätssiegel „Blauer Elefant");
- 7 Prozent der Nennungen verweisen auf Qualitätsmaßnahmen des eigenen Trägerverbands, die in den eigenen Einrichtungen durchgeführt werden;
- 6 Prozent der zuordenbaren Nennungen betreffen die Teilnahme an bzw. den Konkakt zu Modellprojekten (etwa dem Trägerprojekt der NQI). Auch hier besteht eine gewisse Unklarheit, inwiefern der Träger konkrete Maßnahmen, die in solchen Modellprojekten entwickelt werden, in seinen Einrichtungen tatsächlich umsetzt.

Somit können 42 Prozent der Schilderungen als mehr oder minder konkret und durchaus glaubwürdig gelten. Die verbleibenden Antworten lassen sich bei der gewählten nachträglichen Kategorisierung nicht zuordnen (Restkategorie: 25 Prozent der Nennungen).

Um abschätzen zu können, welchen Stellenwert die Rechtsträger dem Qualitätsmanagement in ihrer Arbeit zumessen, können wir die Häufigkeit, mit der dieses Thema in den zurückliegenden Jahren mit anderen Beteiligten diskutiert wurde, betrachten und zwar im Vergleich zu anderen Themen, die die Trägerarbeit bestimmen. In der Befragung wurden 14 solcher Themen vorgegeben (z. B. Personal, Finanzen, Konzeption, Bedarfsplanung); abgefragt wurde die Häufigkeit, in der diese mit den Einrichtungen, den Eltern sowie anderen Trägern diskutiert wurde. Die Ergebnisse lassen sich folgendermaßen zusammenfassen: Insgesamt tauschen sich die Träger am häufigsten mit ihren Einrichtungen aus, wobei deutlich unterschieden wird, welche Fragen Aufmerksamkeit verdienen. Mit den Eltern der betreuten Kinder sowie anderen Trägern von Kindertageseinrichtungen werden von Trägerseite deutlich seltener Themen diskutiert, die den Betrieb und die Gestaltung der Tageseinrichtungen betreffen. Nur spezielle Fragen werden häufiger angesprochen, wie z. B. mit den Eltern die Abstimmung der Öffnungszeiten oder mit anderen Trägern Fragen der Finanzierung. Das Thema ‚Qualitätsmanagement' nimmt einen hinteren Rangplatz ein, selbst im Dialog des Trägers mit seinen Einrichtungen.

Die bislang dargestellten Erkenntnisse vermitteln das Bild eines weithin fehlenden oder unsystematisch betriebenen Qualitätsmanagements im Praxisfeld der Frühpädagogik. Während zahlreiche Träger keine systematischen Anstrengungen zur Qualitätssicherung unternehmen, rechnen jedoch nahezu alle Befragten damit, dass das Thema ‚Qualitätsmanagement' künftig an Bedeutung gewinnen wird. Dies zeigen die Einschätzungen zur zukünftigen Bedeutung unterschiedlicher Trägeraufgaben.

Gefragt, ob die jeweilige Aufgabe der persönlichen Einschätzung nach in Zukunft eher an Bedeutung verlieren, gleich wichtig bleiben oder an Bedeutung gewinnen wird, zeigt sich für die vorgelegte Liste von zwölf Aufgabenbereichen ein interessantes Antwortmuster. Die größte Bedeutungszunahme wird für das *Qualitätsmanagement* erwartet. 80 Prozent der Träger rechnen damit, dass dieser Aufgabenbereich an Bedeutung gewinnen wird, nur etwa ein Prozent rechnet mit einer sinkenden Bedeutung dieses Themas. Alle anderen Bereiche, in denen ebenfalls überwiegend von einer zunehmenden Bedeutung ausgegangen wird, beinhalten Planungs- oder Entwicklungsaspekte und sind somit inhaltlich eng verwandt mit dem Qualitätsmanagement (Dienstleistungsentwicklung, Konzeptionsentwicklung, Leitbildentwicklung, Finanzplanung). Ausnahmen bilden jedoch die Aufgabenbereiche ‚Personal' (Personalentwicklung, Personalplanung) sowie Jugendhilfeplanung, bei denen die befragten Träger mehrheitlich mit einer gleich bleibenden Bedeutung rechnen.

Der einzige Aufgabenbereich, in dem die Träger in nennenswertem Ausmaß auch mit einer zukünftig sinkenden Bedeutung rechnen, betrifft die Bau- und Grundausstattung. Doch auch hier erwarten 60 Prozent der Träger eine gleich bleibend hohe Bedeutung, 26 Prozent eine Zunahme und nur 14 Prozent eine sinkende Bedeutung.

Die wachsende Sensibilität für Fragen des Qualitätsmanagements spiegelt sich schließlich auch in den Einschätzungen zur Wichtigkeit verschiedener Fortbildungsinhalte für die Wahrnehmung der Aufgaben des Trägers wider. Fragt man nach der Relevanz unterschiedlicher Fortbildungsthemen, lässt sich identifizieren, wo Wissensdefizite oder ein Bedarf an vertieften Kenntnissen bestehen: Den Themen pädagogische Konzeption, Personal, Zusammenarbeit mit den Eltern, Finanzierung und Verwaltung wird durchweg eine hohe Bedeutung als Inhalte der fachlichen Fortbildung zugeschrieben.

Schon an der nächsten Stelle finden wir das Thema Qualitätsmanagement, dem ebenfalls eine hohe Relevanz beigemessen wird. Mit deutlichem Abstand in der eingeschätzten Wichtigkeit folgen Themen wie Sozialmanagement, Konfliktmanagement, Bedarfsplanung, KJHG, Gesprächsführung, systemisches Denken oder Rechtsfragen. Als Fortbildungsinhalte von marginaler Bedeutung erweisen sich die Themen Europa, theologische Themen oder auch Datenschutz.

Die Trägervertreter erkennen also durchaus den Bedarf an zusätzlichem Wissen und an methodischer Kompetenz auf dem Gebiet des Qualitätsmanagements. Tatsächlich haben einige Trägerverbände bereits Qualitätsbeauftragte benannt oder dieses Aufgabenfeld anderen Mitarbeitern (z. B. der Fachberatung) übertragen. Zur Verunsicherung trägt bei, dass es zwar ein großes Angebot an Konzepten und Verfahren gibt, eigene Qualitätshandbücher und Feststellungsverfahren, die auf die Anforderungen eines Rechtsträgers von Kindertageseinrichtungen zugeschnitten sind, jedoch fehlen. Die Defizite lassen sich zum Teil dadurch erklären, dass die vorhandenen Konzepte sich nicht in ausreichendem Maße an fachlichen Qualitätskriterien für Kindertageseinrichtungen orientieren.

Die Nationale Qualitätsinitiative (NQI)

Politik und Verbände haben diese Defizite erkannt und Modellprojekte zur Entwicklung und Etablierung von Qualitätsstandards in diesem Bereich ins Leben gerufen. Ziel der ‚Nationalen Qualitätsinitiative im System der Tageseinrichtungen für Kinder' (NQI), die das Bundesministerium für Familie, Senioren, Frauen und Jugend Ende 1999 in Form eines Projektverbundes gestartet hat, ist es, Qualitätskriterien sowohl für die Arbeit der Kindertageseinrichtungen als auch für die Arbeit der Rechtsträger zu bestimmen, sowie entsprechende Verfahren und Instrumente zur Qualitätsfeststellung zu entwickeln.[1] Fünf Teilprojekte decken unterschiedliche Bereiche im System der institutionellen Kinderbetreuung ab, befassen sich beispielsweise mit der Qualitätssicherung in Tageseinrichtungen des Krippen-, Kindergarten- und Hortbereichs, aber auch mit der Qualitätssicherung der Rechtsträger. Die Projekte arbeiten innerhalb Deutschlands länderübergreifend und berücksichtigen die Heterogenität des Feldes, z. B. hinsichtlich der weit verbreiteten pädagogischen Ausrichtung des Situationsansatzes und der Trägerschaft (Größe und Professionalisierungsgrad des Trägers; öffentliche und vielfältige freie Trägerschaften).

---

[1] Ausführliche Informationen über die ‚Nationale Qualitätsinitiative im System der Tageseinrichtungen für Kinder' und genauere Angaben zum Teilprojekt V „Entwicklung von Kriterien zur Erfassung der Qualität der Arbeit von Trägern sowie Erarbeitung und Erprobung eines handhabbaren Feststellungsverfahrens" sind auf der Internetseite http://www.ifp-bayern.de abrufbar.

Trägerqualität – ein Ansatz zur Steuerung der Qualität der Arbeit von Rechtsträgern

Das Kinder- und Jugendhilfegesetz (KJHG) weist im § 22 Abs. (2) den Kindertageseinrichtungen mit der „Betreuung, Bildung und Erziehung des Kindes" einen klaren Auftrag zu. Die Ausgestaltung dieses Auftrages sollte sich an den Bedürfnissen und Bedarfslagen der Familien orientieren. Die gesellschaftlichen Veränderungen im Kontext der Kindertagesbetreuung und die aktuelle Qualitätsdiskussion führen zunehmend zu der Frage nach der Qualität der Träger. Daraus resultiert die Herausforderung an die Träger, Kindertageseinrichtungen sowohl als Bildungs- und Entwicklungschance für Kinder als auch als soziale Dienstleistung für Familien zu verstehen. Träger haben als die Verantwortlichen für den Betrieb von Kindertageseinrichtungen eine Vielzahl von Aufgaben- und Verantwortungsbereichen, die die Rahmenbedingungen für eine qualitätsorientierte Bildung, Erziehung und Betreuung darstellen.

Im Rahmen der Nationalen Qualitätsinitiative führt das Staatsinstitut für Frühpädagogik München (IFP) das Teilprojekt V „Trägerqualität" – Entwicklung von Kriterien zur Erfassung der Qualität der Arbeit von Trägern sowie Erarbeitung und Erprobung eines handhabbaren Feststellungsverfahrens – durch. Der Auftrag des Projektes besteht zum einen darin, Qualitätskriterien für die Arbeit von Trägern zu formulieren, auf deren Grundlage sie die Qualität ihres Aufgabenspektrums überprüfen können. Zum anderen werden Verfahren zur Qualitätsfeststellung entwickelt, die Träger in die Lage versetzen sollen, sich ein Bild über den Stand der Qualität ihrer Arbeit machen zu können. Ziel ist es, Träger darin zu unterstützen, Prozesse der Qualitätssicherung und -entwicklung effektiver zu steuern.

Im Folgenden wird das Teilprojekt „Trägerqualität" und sein spezifisches Vorgehen erläutert. Der Ansatz des Projektes basiert auf Konsultation, Kooperation und Partizipation: Mit dem projektbegleitenden Nationalen Beirat, mit Fachexperten-Gruppen und mit den anderen Teilprojekten des Projektverbundes steht die Projektgruppe in laufenden Rückkoppelungs-Prozessen. Zur weiteren Unterstützung in praktischer Hinsicht wurden Arbeitsgruppen von Vertretern von Rechtsträgern gebildet, die sich mit zentralen Aspekten der Entwicklungs- und Erprobungsarbeit befassten.

Zur Bestimmung der Trägerqualität

Zusammen mit diesen Arbeitsgruppen wurde im Projekt ein *Trägerprofil* konzeptualisiert, für das verschiedene Faktoren bedeutsam sind. Berücksichtigt werden hier zum einen die normativen Bedingungen, durch die die Leistungsvorgaben und -anforderungen der Träger mitgestaltet werden (z. B. Bundesgesetzgebung, Landesgesetze, Vorgaben der Trägerorganisation oder landespolitische Förderrichtlinien und Verordnungen). Zum anderen sind situative Bedingungen wie z. B. gesellschaftliche Strukturveränderungen (demographische Veränderungen, Wandel des Arbeitsmarkes o. Ä.), fachwissenschaftliche Entwicklungen und Erkenntnisse sowie aktuelle staatliche Vorgaben relevant.

Auf der Grundlage von Diskussionen mit Experten sind zehn Verantwortungsbereiche eines Trägers herausgearbeitet worden. Als Strukturierungshilfen wurden für jede der Dimensionen folgende Gliederungspunkte gewählt: Zunächst wurden dimensionsrelevante *Ziele aus Trägersicht* formuliert: Was ist die Vision des Trägers im Hinblick auf gute Kinderbetreuung in den Einrichtungen seiner Verantwortung? Daraus leiten sich in der Folge Trägeraufgaben, Maßnahmen der Qualitätssteuerung und -sicherung sowie exemplarische Qualitätsstandards ab. Die Beschreibung der *Trägeraufgaben* erfolgte trägerübergreifend: Was leistet der Träger im Rahmen seiner jeweiligen trägerspezifischen Strukturen, wie verwirklicht er seine Ziele? Ein weiterer wichtiger Aspekt ist die Frage nach *Maßnahmen und Verfahren der Qualitätssteuerung:* Wie können die beschriebenen Aufgaben umgesetzt werden? Mit welchen Steuerungsmöglichkeiten können Qualität und Effektivität der Trägeraufgaben gesichert werden? *Exemplarische Qualitätsstandards,* die sich auf konzeptuelle, strukturelle, prozessuale und ergebnisorientierte Merkmale der Trägerqualität beziehen und sich im Wesentlichen an die Trägeraufgaben anlehnen, wurden durch Diskussionen mit Rechtsträgern verschiedenster Trägerorganisationen für jede der zehn Aufgabendimensionen erarbeitet. Bei der Formulierung wurde darauf geachtet, die zentralen Perspektiven von Trägerarbeit abzudecken und den erforderlichen Praxisbezug herzustellen. Zusammen bilden diese Qualitätsstandards einen Kriterienkatalog, der der Heterogenität der Träger in Deutschland Rechnung trägt.

Im Folgenden werden wesentliche Merkmale der zehn Aufgabendimensionen kurz beschrieben, die für die Qualität der Trägerarbeit entscheidend sind und die Qualität der Erziehung, Bildung und Betreuung der Kinder in Kindertageseinrichtungen maßgeblich beeinflussen.

■ Organisations- und Dienstleistungsentwicklung
Organisations- und Dienstleistungsentwicklung als Aufgabenbereich der Trägerarbeit ist darauf ausgerichtet, die Effektivität und Effizienz der Trägerleistungen zu optimieren. Grundlegend ist die Entwicklung bzw. Weiterentwicklung des Angebots- und Leistungsprofils eines einzelnen Trägers. Die bedarfs- und marktgerechte sowie betriebswirtschaftliche Ausrichtung des Trägers gilt es zu stärken. Hierbei steht die Aufgabe im Mittelpunkt, die Bildungs-, Erziehungs- und Betreuungsangebote an regionale Gegebenheiten, Adressatenwünsche und gesellschaftlichen Rahmenbedingungen anzupassen. Konzepte des Managements und Strategien zur Umsetzung von Qualitätszielen in die Trägerarbeit einzubeziehen, sind wesentliche Aufgabenbereiche, um die Selbstorganisation des Trägers und die Bereitstellung der Strukturen für die Kindertageseinrichtungen zu verbessern. Ingesamt ist es das Ziel der Organisations- und Dienstleistungsentwicklung, die Anpassung und Positionierung des Trägers im System der Kindertageseinrichtungen zu unterstützen.

■ Konzeption und Konzeptionsentwicklung
Eine Konzeption wird als eine einrichtungsspezifische, schriftlich fixierte Beschreibung der Grundsätze, Ziele und Leistungen (Bildung, Erziehung, Betreuung) einer Tageseinrichtung definiert. Die Träger und auch die einzelnen Kindertageseinrichtungen verfügen bisher über eine relativ große Autonomie bezüglich ihrer Bildungs- und Erziehungskonzeption, auch wenn derzeit eine stärkere Regulierung durch staatliche Bildungspläne durchaus diskutiert wird. Aufgrund von Veränderungen im sozialen Kontext von Bildung, Erziehung und Betreuung und auch

in den fachwissenschaftlichen Erkenntnissen über Bildungsqualität, bedarf die Konzeption einer kontinuierlichen Weiterentwicklung. Die Verantwortung des Trägers liegt vorwiegend in der Sicherung der notwendigen zeitlichen, personellen und materiellen Rahmenbedingungen für eine gelingende Entwicklung und Umsetzung der Konzeptionsziele und -vorhaben durch die pädagogischen Fachkräfte. Dazu gehören auch Strategien zur Beteiligung von Eltern in Konzeptionsfragen.

▪ Qualitätsmanagement
Die Aufgaben des Qualitätsmanagements sind in erster Linie Qualitätssicherung und -entwicklung. Dadurch werden die Stabilität der Arbeitsprozesse gefördert und Risiken abgebaut. Außerdem geht es darum, die Innovationsbereitschaft zu fördern, indem Arbeitsprozesse weiter entwickelt oder gegebenenfalls neu gestaltet werden. Die Einführung von Instrumentarien der Qualitätsverbesserung fördert die Dynamik der Trägerarbeit. Ein wichtiges Ziel ist überdies, die Transparenz in Arbeitsprozessen zu erhöhen. Auf dieser Grundlage werden Träger in die Lage versetzt, ihre Arbeit selbst zu überprüfen (*Selbstkontrolle*). Die Vergewisserung über die eigene Arbeit schafft *Handlungssicherheit* und trägt zur *Fehlervermeidung* bei.

▪ Personalmanagement
In den Aufgabenbereich des Trägers gehören Personalplanung, Personalentwicklung, Personalführung, Personalcontrolling und Personalverwaltung. Voraussetzung für ein gelingendes Personalmanagement ist ein Personalkonzept sowie verbindlich geregelte Formen der Kompetenzzuschreibung und Zusammenarbeit zwischen Träger und Einrichtung (Leitung, Mitarbeiterteam). Zur Trägeraufgabe gehört auch ein klarer Blick für die vielfältigen Anforderungen an die Fachkäfte, damit diese in ihrer Arbeit entsprechend unterstützt werden können.

▪ Finanzmanagement
Finanzmanagement ist für die Träger eine immer wichtiger werdende Aufgabe. Je nach Land und Trägerart ist die Finanzierung von Kindertageseinrichtungen unterschiedlich geregelt. Normalerweise teilen sich Jugendämter bzw. Gemeinden, Länder, freie Träger und Eltern die Aus-

gaben, allerdings auch hier länder- bzw. trägerspezifisch in verschiedenem Maße. Im Bereich des Finanzmanagements ist die Autonomie des Trägers eingegrenzt, da er sich in erster Linie an gesetzlichen Vorgaben orientieren muss. Jedoch wird er trotzdem bestrebt sein, seine Kindertageseinrichtung/en bedarfsgerecht und kostendeckend zu betreiben. In seiner Verantwortung liegt es z. B., ein Finanzierungskonzept zu erstellen, für die effiziente Verwaltung der Finanzen zu sorgen sowie im Rahmen seiner Möglichkeiten auch zusätzliche finanzielle Mittel zu beschaffen.

■ Familienorientierung und Elternbeteiligung
Durch die Vorgaben des KJHG sind die Träger verpflichtet, das Leistungsangebot der Tageseinrichtungen an den Bedürfnissen der Familien zu orientieren (KJHG § 22 Abs. (2)). Familien sind sehr heterogen im Hinblick auf ihre Lebensbedingungen und Ansprüche an die Kindertagesbetreuung. Diese Vielfalt bedarf einer strukturellen und konzeptionellen Flexibilität. Wichtig ist der Begriff der Erziehungspartnerschaft, eine Betonung der gemeinsamen Bildungs- und Erziehungsaufgaben von Tageseinrichtung und Familie im Hinblick auf das Wohlergehen der Kinder. Es ist eine Aufgabe der Träger, die Rahmenbedingungen für eine gelungene Zusammenarbeit zwischen Eltern und pädagogischem Personal zu sichern. Dazu gehört, dass die Eltern an möglichst vielen Entscheidungen teilhaben und zu diesem Zweck ein funktionierendes Kommunikationssystem zwischen Einrichtung und Familien besteht.

■ Gemeinwesenorientierte Vernetzung und Kooperation
Vernetzung und Kooperationen zwischen verschiedenen Partnern sind sowohl im KJHG festgeschrieben (vgl. § 78, § 80), als auch in den Vorgaben von Trägerorganisationen. Ziel einer funktionierenden Vernetzung ist es, zwischen verschiedenen Partnern den Austausch von Informationen möglich zu machen, sowie die Zusammenarbeit zu fördern, um damit letztendlich Effizienz und Effektivität in der Bildungs- und Erziehungsarbeit zu steigern. Aufgabe des Trägers ist es hier vor allem, die Vernetzungsbestrebungen anzuregen und zu unterstützen. Zunächst sollte eine interne Vernetzung (innerhalb der Einrichtungen des Trägers) als Grundvoraussetzung vorhanden sein. Der Träger sollte dann versuchen, seine Einrichtungen in ihren Vernetzungsaufgaben (z. B. bei

Kontakten zu familienbezogenen Diensten, Fachdiensten usw.) zielbewusst zu unterstützen.

▪ Bedarfsermittlung und Angebotsplanung

Nach den Empfehlungen des 10. Kinder- und Jugendberichtes (Bundesministerium für Familien, Senioren, Frauen und Jugend 1998) ist es erforderlich, alle Beteiligten (Eltern, Kinder, Träger, pädagogische Fachkräfte) in den Prozess der Jugendhilfeplanung im Bereich von Tageseinrichtungen einzubeziehen. Die Gesamtverantwortung der Planungsprozesse liegt bei den Trägern der öffentlichen Jugendhilfe, doch sollten Bedarfsermittlung und Angebotsplanung bzw. -entwicklung im Kontext der regionalen Jugendhilfeplanung für Kindertageseinrichtungen von allen beteiligten Trägern mitgestaltet werden. Die geforderte Planungsabstimmung zwischen öffentlichen und freien Trägern trägt dazu bei, Planungsprozesse bedarfsgerecht und vorausschauend zu gestalten, sowie eine effiziente und sichere Bedarfsdeckung zu erreichen und Angebote an der Nachfrage auszurichten und zu optimieren. Zu den Aufgaben der einzelnen Träger gehört es, den Bedarf in ihrem Einzugsbereich durch Nutzen von sozialstrukturellen Daten der (über-)örtlichen Jugendhilfeplanung und durch eigene Bedarfsanalysen zu ermitteln. Die Angebotsplanung und -entwicklung sollte unter Beteiligung von Einrichtungsleitungen, Mitarbeitern, Eltern und Kindern gestaltet und mit anderen Trägern sowie mit den (über-)örtlichen Entscheidungsinstanzen abgestimmt werden. Träger sind dazu aufgefordert, eigene Angebotsperspektiven für ihre Kindertageseinrichtungen zu entwickeln und sich für die Umsetzung einzusetzen.

▪ Öffentlichkeitsarbeit

Öffentlichkeitsarbeit strebt die Bildung positiver öffentlicher Beziehungen an. Ziel aus Sicht des Trägers ist es vor allem, sich und auch seine Einrichtung/en bekannt zu machen und sich in der Öffentlichkeit und in der Trägerlandschaft zu positionieren. Eine wichtige Aufgabe des Trägers ist es, dafür zu sorgen, dass sich seine Mitarbeiter mit der Einrichtung und mit ihrer Arbeit identifizieren können (Corporate Identity). Die Darstellung des Trägers und seiner Einrichtungen in der Öffentlichkeit wird dadurch erleichtert, dass ein einheitliches, wiedererkennbares Design verwendet wird (Corporate Design). Der Träger sollte sich außerdem als Lobby für Kinder verstehen und versuchen, die Öffentlichkeit für kinder- und familienpolitische Fragen zu sensibilisieren.

■ Bau und Sachausstattung
Eine gelungene und vielseitige Entwicklung der Kinder kann durch die Ausstattung der Kindertageseinrichtung gefördert werden. Dies bedeutet, dass bereits in der Planung z. B. sowohl Spiel- und Gruppenräume als auch Ruheräume mitberücksichtigt werden sollen. Der Träger hat im Bereich (Um-)Bau relativ viele Vorschriften und Gesetze zu beachten. Jedoch liegt es in seiner Entscheidung, zum einen dafür zu sorgen, dass die Arbeiten ökonomisch und ökologisch sinnvoll durchgeführt werden und zum anderen darauf zu achten, dass auch die jeweilige pädagogische Konzeption berücksichtigt wird. In die Trägerverantwortung fällt ebenfalls die Prüfung der vorhandenen baulichen Situation, die Planung und Durchführung des (Um-)Baus bzw. der Sanierung. Der Träger muss diese Aufgaben nicht notwendigerweise selber ausführen, er kann sie auch delegieren. In letzter Zeit wird außerdem immer mehr Wert darauf gelegt, Wünsche von Eltern und Kindern in die Planungen miteinzubeziehen.

Im Hinblick auf die Sachausstattung einer Kindertageseinrichtung ist es wichtig, dass die Ausstattung regelmäßig überprüft wird, dass auch hier Wünsche von Personal, Eltern und Kindern miteinbezogen werden, dass verantwortlich gewirtschaftet und die Buchführung sorgfältig gehandhabt wird.

Evaluation – Feststellung von Trägerqualität

Träger gewährleisten die strukturellen, personellen und finanziellen Rahmenbedingungen einer funktionierenden und qualitativ hochwertigen Bildung, Erziehung und Betreuung von Kindern in den Tageseinrichtungen. In die Diskussion um den Bildungsauftrag und die Bildungsqualität von Kindertageseinrichtungen sind daher die Träger als verantwortliche Steuerungsinstanz einzubeziehen. Deshalb ist es wichtig, das Profil des Trägers und der Einrichtungen an neuen fachlichen Anforderungen auszurichten. Selbstevaluation trägt dazu bei, Steuerungspotenziale des Trägers zu verdeutlichen und zu stärken. Um die Qualität der Träger und damit auch der Einrichtungen zu optimieren, sollten Evaluationsprozesse (Selbstreflexion, Selbststeuerung, Selbstkontrolle) zu einem festen Bestandteil im System der Kindertageseinrichtungen werden.

Ziel und Aufgabenstellung des Projektes „Trägerqualität" ist es, Verfahren und Instrumente der Qualitätsfeststellung zu entwickeln, die sich auf Selbst- und Fremdevaluation beziehen (s. o.). Durch Evaluationsverfahren soll die Möglichkeit geschaffen werden, Qualitätsaspekte der Trägerarbeit festzustellen und weiterzuentwickeln. Die Ergebnisse ermöglichen es, Steuerungsprozesse von Qualität zu initiieren oder zu sichern. Träger von Kindertageseinrichtungen sollen mit Hilfe der Evaluationsverfahren dazu motiviert werden, ihr Aufgabenspektrum kritisch zu überprüfen, ihre Innovationsbereitschaft zu stärken und Maßnahmen zur Qualitätsentwicklung in der Trägerarbeit umzusetzten.

Um die Relevanz und die Akzeptanz des Evaluationsgegenstandes bzw. der Evaluationsinhalte zu gewährleisten, wurde im Projekt gemeinsam mit der Praxis (s. o., Konsultation, Kooperation und Partizipation) ein Instrument entwickelt, mit dem die Träger von Kindertageseinrichtungen eigenständig den Selbstevaluationsprozess gestalten können. Wichtige Merkmale der Selbstevaluation, wie Freiwilligkeit der Durchführung, eigene Themenwahl sowie die eigene Bewertung der Ergebnisse der Evaluation, wurden bei der Entwicklung berücksichtigt (vgl. Meinhold 1998).

Methoden und Instrumente zur Durchführung einer Selbstevaluation werden vorwiegend aus der empirischen Sozialforschung abgeleitet und auf den jeweiligen Evaluationskontext abgestimmt (vgl. Liebald 1998). Gemäß den Maßstäben eines kriteriengeleiteten Evaluationsprozesses wurden Ziele der Evaluation und Indikatoren, die bewertet werden sollen, festgelegt. Für den Prozess der Selbstevaluation der Träger von Kindertageseinrichtungen wurde ein differenziertes Qualitätsfeststellungsverfahren auf der fachlichen Grundlage des Trägerprofils entwickelt. Das Selbstevaluationsinstrument ist in zehn Module gegliedert. Die Fragen basieren auf den Qualitätskriterien des Trägerprofils und sind damit auf die inhaltlichen Aufgaben der Träger für Kindertageseinrichtungen bezogen. Diese im Projekt entwickelte Selbstevaluationsmethode ist an der Heterogenität der deutschen Trägerlandschaft ausgerichtet. Der Entwicklungsprozess wurde von Trägervertretern aus der Praxis begleitet, so dass die Verschiedenheit der Träger sowohl bei der Formulierung der

Qualitätskriterien als auch bei der Entwicklung des Instrumentes angemessen berücksichtigt werden konnte.

Die Selbstevaluation kann von Trägern unterschiedlicher Organisationsgröße ohne externe Schulung oder aufwändige Beratungsprozesse eigenständig durchgeführt werden. Die Ergebnisse tragen dazu bei, nützliche Entscheidungsgrundlagen für die Qualitätssicherung und -entwicklung zu erhalten. Durch die Evaluation werden Prozesse der Selbstreflexion, Selbststeuerung und Selbstkontrolle unterstützt.

Das Selbstevaluationsinstrument

Das Selbstevaluationsinstrument besteht aus einem Fragebogen mit Protokoll- und Analysebogen für jede der zehn fachlichen Aufgabendimensionen sowie einer Leitfragen gestützten Auswertungsanleitung. Der Fragebogen dient der Qualitätsfeststellung und enthält standardisierte sowie offene Fragen, die zur Reflexion über aktuelle Arbeitsprozesse auffordern. Anhand des Protokoll- und Analysebogens werden die Ergebnisse der Qualitätsfeststellung systematisiert und in Kategorien überführt, die Steuerungsprozesse der Qualitätsentwicklung anregen. Der Selbstevaluationsprozess ermöglicht somit die Selbstkontrolle der Arbeitsprozesse mit Blick auf die erreichte Qualität und bietet zugleich eine Handlungsorientierung bezüglich der Qualitätssicherung, -verbesserung und -entwicklung.

Da Evaluation und Qualitätsentwicklung dynamische Prozesse sind, ist eine Fortschreibung der Qualitätsfeststellung intendiert. Eine Wiederholung der Qualitätsfeststellung zu einem späteren Zeitpunkt trägt dazu bei, sich den Prozess der Qualitätsentwicklung zu vergegenwärtigen und die eigene Entwicklungsdynamik zu kontrollieren. Das Instrument bietet außerdem die Möglichkeit, die Qualitätseinschätzung von verschiedenen Personen durchführen zu lassen und die Ergebnisse zu vergleichen, um so zu einer Kontrolle der eigenen Einschätzung zu gelangen. Durch verschiedene Perspektiven auf die Qualität der Trägerarbeit können Qualitätsentwicklungsprozesse auf einer gemeinsamen Basis gestaltet werden.

Der Bedarf und das Interesse von Trägern, sich in diesem Bereich zu engagieren, ist groß. In Workshops mit Trägervertretern, die die Instrumententwicklung begleitet haben, wurde mehrfach hervorgehoben, dass diese Form der Selbstevaluation einen beachtlichen Beitrag leisten kann, Trägern die Grundlagen ihrer Arbeit zu verdeutlichen und sich im fachlichen Kontext zu positionieren. Auch die Verantwortlichkeit gegenüber den Einrichtungen und die notwendigen Schritte zu einer Profilschärfung sind als Ergebnis der Selbstevaluation deutlich geworden.

Ergänzt werden kann Selbstevaluation durch eine Fremdevaluation, die so gestaltet werden sollte, dass Veränderungsprozesse unterstützt sowie interne und externe Perspektiven aufeinander bezogen werden, um Steuerungsprozesse effektiv gestalten zu können und auf einer breiten Basis zu legitimieren.

Fremdevaluation

Fremdevaluation unterscheidet sich von Selbstevaluation durch die Perspektive auf den Gegenstand der Evaluation. Während bei der Selbstevaluation die Träger selbst die Qualität ihrer Arbeit feststellen und bewerten, geht es bei der Fremdevaluation um eine Bewertung von Außen. Als mögliche Außenperspektiven auf die Träger und die Qualität ihrer Arbeit lassen sich unterscheiden: die Einrichtungsperspektive (Einrichtungsleitungen und Mitarbeiter/innen der Einrichtungen), die Nutzer-Perspektive (Eltern), die Perspektive der Trägerverbände und die Perspektive der Mittelgeber. Dies kann um eine zusätzliche, forschungsgeleitete Perspektive erweitert werden.

Um den im Mittelpunkt der Evaluation stehenden Prozess der Qualitätsentwicklung zu unterstützen, ist es sinnvoll, die möglichen Außenperspektiven zu nutzen. Die mit Hilfe der Selbstevaluation gewonnenen Einsichten können um weitere Perspektiven ergänzt werden. Die Einrichtungs- und Nutzerperspektive stellt hierbei die direkte Perspektive auf den Träger dar und kann als Ergänzung in den Selbstevaluationsprozess miteinbezogen werden (Beteiligungsmodell). Trägerverbände oder auch Mittelgeber, vertreten durch geschulte Berater, können einbezogen werden, um Prozesse der Qualitätsentwicklung mitzugestalten (Beratungsmodell). Eine Außenperspektive auf die Durchführung der Evaluation und Beratungsprozesse durch externe Personen (Meta-Evaluation) stellt eine weitere Alternative der Fremdevaluation dar. Diese ist jedoch erst dann sinnvoll, wenn Evaluationsverfahren im Feld der Träger implementiert sind.

Um die Qualität der Betreuung von Kindern in Tageseinrichtungen, des erzieherischen Handelns und der beim Kind angestoßenen Bildungsprozesse zu sichern und zu steuern, muss auch die Arbeit der Träger von Kindertagesstätten evaluiert werden. Die Evaluation sollte dabei nicht die bloße Qualitätsfeststellung zum Ziel haben, sondern die Weiterentwicklung und Steuerung der Trägerqualität in den Vordergrund stellen. In diesem Beitrag wurde ein Ansatz vorgestellt, der primär auf die Selbstevaluation als Instrument der Qualitätssteuerung setzt. Diese Ausrichtung trägt auch der Tatsache Rechnung, dass die Heterogenität der Trägerschaft von Kindertageseinrichtungen gesellschaftspolitisch gewollt ist (Subsidiaritätsprinzip). Qualitätsentwicklung bedeutet eine immer wieder neu anzugehende Aufgabe, die mit einer normierten Qualitätsfeststellung nicht hinreichend erfüllt wird. Die Wahl der Selbstevaluation als Steuerungsverfahren belässt dem Träger Gestaltungsspielräume, sein individuelles Profil auszubilden und damit zur Vielfalt des Betreuungsangebotes beizutragen.

Literatur

Antoni, Conny-Herbert (1996): Qualitätszirkel als Medium der betrieblichen Personal- und Organisationsentwicklung. In Harald Geissler (Hrsg.), Arbeit, Lernen und Organisation. Deutscher Studien Verlag, Weinheim , S. 191–213

Brommer, Eva (1999): Qualitätsmanagement nach DIN EN ISO 9000 ff. im Dienstleistungsbereich. In: Zfo Zeitschrift Führung und Organisation, 68, S. 37–41

Bundesministerium für Familien, Senioren, Frauen und Jugend (1998): Zehnter Kinder- und Jugendbericht. Universitätsdruck, Bonn

Campbell, Donald-T. (1969): Reforms as experiments. In: American Psychologist, 24, S. 409–424

Chen, Huey-Tsyh (1990): Theory-driven evaluations. Sage, London

Clarke, Alan (1999): Evaluation research: An introduction to principles, methods and practice. Sage, London

Cronbach, Lee J. (1982): Designing evaluations of educational and social programs. Jossey-Bass, San Fancisco, CA

Hanssen, Kirsten; Oberhuemer, Pamela; Schreyer, Inge; Fthenakis, Wassilios E. (in

Vorbereitung): Träger zeigen Profil. Qualitätshandbuch für Träger von Kinder-tageseinrichtungen. (Arbeitstitel)

Heiner, Maja (2001): Evaluation und Evaluationsforschung – Definitionen und Positionen. In: Hans-U. Otto & Hans Thiersch (Hrsg.), Handbuch Sozialarbeit Sozialpädagogik. Luchterhand, Neuwied, S. 481–495

Kalicki, Bernhard; Jäger, Ruth; Hanssen, Kirsten; Nagel, Bernhard; Schreyer, Inge; Oberhuemer, Pamela; Fthenakis, Wassilios E. (in Vorbereitung): Ergebnisbericht zur bundesweiten Befragung von Rechtsträgern im System der Tageseinrichtungen für Kinder. Staatsinstitut für Frühpädagogik, München

Kromrey, Helmut (2000): Die Bewertung von Humandienstleistungen. Fallstricke bei der Implementations- und Wirkungsforschung sowie methodische Alternativen. In: Hildegard Müller-Kohlenberg; Klaus Münstermann (Hrsg.), Qualität von Humandienstleistungen. Evaluation und Qualitätsmanagement in Sozialer Arbeit und Gesundheitswesen. Leske + Budrich, Opladen, S. 19–57

Kronberger Kreis für Qualitätsentwicklung in Kindertageseinrichtungen (Hrsg.) (1998): Qualität im Dialog entwickeln. Wie Kindertageseinrichtungen besser werden. Kallmeyer'sche, Seelze

Liebald, Christiane (1998): Leitfaden für Selbstevaluation und Qualitätssicherung. In: Materialien zur Qualitätssicherung in der Kinder- und Jugendhilfe, 19, S. 7–71

Meinold, Marianne (1998): Qualitätssicherung und Qualitätsmanagement in der Sozialen Arbeit. Lambertus, Freiburg i. Br.

Rossi, Peter-H.; Freeman, Howard E.; Lipsey, Mark W. (1999): Evaluation (6th ed.). Sage, London

Scriven, Michael (1991): Evaluation thesaurus (4th ed.). Sage, London

Stockmann, Reinhard (2000): Evaluation in Deutschland. In: Reinhard Stockmann (Hrsg.), Evaluationsforschung. Grundlagen und ausgewählte Forschungsfelder. Leske + Budrich, Opladen, S. 12–40

Tietze, Wolfgang; Schuster, Käthe-M.; Grenner, Katja; Roßbach Hans-Günther (2001): Die Kindergarten-Skala. Revidierte Fassung (KES-R). Luchterhand, Neuwied

Westermann, Rainer (2002): Merkmale und Varianten von Evaluationen. Überblick und Klassifikation. In: Zeitschrift für Psychologie, 210, S. 4–26

Angaben zu den Autor/innen

Prof. Dr. rer. pol. Hilde von Balluseck, geb. 1940, ist Professorin für Soziologie an der Alice-Salomon-Fachhochschule in Berlin. Schwerpunktmäßig beschäftigt sie sich mit Armut und Marginalisierung; Erziehung und Bildung in der Familie und in öffentlicher Verantwortung; Evaluation von Einrichtungen der Kinder- und Jugendhilfe.

Hedi Colberg-Schrader, geb. 1943, ist Sozialwissenschaftlerin und war viele Jahre wissenschaftliche Mitarbeiterin und Leiterin der Abteilung „Kinder und Kinderbetreuung" im Deutschen Jugendinstitut in München. Seit 2000 ist sie Vorstandsmitglied für pädagogische Angelegenheiten bei der „Vereinigung Hamburger Kindertagesstätten e.V." Ihre Arbeitsschwerpunkte liegen in der Weiterentwicklung von Kindertageseinrichtungen und Professionalisierung des Erzieher/innenberufs.

Sigrid Ebert, geb. 1941, Diplompsychologin und gelernte Erzieherin. Sie ist Leiterin der Abteilung Aus- und Weiterbildung des Pestalozzi-Fröbel-Hauses in Berlin und lehrt an der Fachschule für Sozialpädagogik und der Fachhochschule für Sozialarbeit und Sozialpädagogik. Ihre Arbeitsschwerpunkte liegen in der curricularen Weiterentwicklung der Erzieher/innenausbildung und der Erprobung innovativer Ausbildungskonzepte in der Aus- und Fortbildung sozialpädagogischer Fachkräfte.

Prof. Dr. Dr. Dr. Wassilios E. Fthenakis, geb. 1937, ist Direktor des Staatsinstituts für Frühpädagogik in München und Professor für Erziehungswissenschaft an der Freien Universität Bozen, Fakultät für Bildungswissenschaften. Seine Arbeitsschwerpunkte liegen in der Frühpädagogik, Bildungs- und Familienforschung. Er ist Sprecher des „Bundesforum Bildung für alle Kinder".

Dr. Kristin Gisbert, geb. 1964, Diplompsychologin, ist wissenschaftliche Mitarbeiterin am Staatsinstitut für Frühpädagogik in München. Sie arbeitet schwerpunktmäßig in der Bildungsforschung, insbesondere in den Bereichen lebenslanges Lernen und frühpädagogische Curricula.

Wilfried Griebel, geb. 1951, Diplompsychologe, arbeitet als wissenschaftlicher Mitarbeiter im Staatsinstitut für Frühpädagogik in München. Seine Arbeitsschwerpunkte liegen in der Familienforschung und Frühpädagogik: Übergänge in der Familie, Kinder und Gewalt, breite Altersmischung, Bildungsprozesse in der frühen Kindheit.

Kirsten Hanssen, geb. 1967, Diplom-Soziologin, ist wissenschaftliche Mitarbeiterin des Staatsinstituts für Frühpädagogik in München. Ihre Forschungsschwerpunkte sind die Kinder- und Jugendhilfe, Qualitätsentwicklung, Evaluation, Jugendforschung.

Norbert Hocke, geb. 1952, Erzieher und Sozialpädagoge, ist Leiter des Organisationsbereiches Jugendhilfe und Sozialarbeit beim Hauptvorstand der GEW und stellvertretender Vorsitzender der GEW.

Dr. Bernhard Kalicki, geb. 1966, Diplom-Psychologe, ist wissenschaftlicher Mitarbeiter des Staatsinstituts für Frühpädagogik in München. Seine Forschungsschwerpunkte liegen in den Themen Entwicklung über die Lebensspanne, Familienentwicklung, psychologische Beratung und Qualitätsentwicklung.

Prof. Dr. Dr. habil. Hartmut Kasten, geb. 1945, Diplom-Psychologe, ist Familienforscher und Frühpädagoge am Staatsinstitut für Frühpädagogik in München sowie Professor am Fachbereich Psychologie und Pädagogik der Ludwig-Maximilians-Universität München.

Dr. phil. Tassilo Knauf, geb. 1944, ist Professor für Erziehungswissenschaft mit dem Schwerpunkt Elementarpädagogik und Primarstufenpädagogik an der Universität Essen. Seine aktuellen Arbeitsschwerpunkte liegen im Qualitätsmanagement, der ganztägigen Erziehung, Reggio-Pädagogik und Didaktik.

Toni Mayr, geb. 1949, Diplompsychologe, ist wissenschaftlicher Referent am Staatsinstitut für Frühpädagogik in München. Schwerpunktmäßig beschäftigt er sich mit der Beobachtung von Kindern, Entwicklungsproblemen bei Kindern, Zusammenarbeit von Kindertageseinrichtungen und therapeutischen Fachdiensten sowie Qualitätssicherung in der Fortbildung.

Helga Metzner, geb. 1944, ist Dozentin für Soziologie an der Fachschule für Sozialpädagogik des Pestalozzi-Fröbel-Hauses in Berlin und Lehrbeauftragte an der Alice-Salomon-Fachhochschule. Ihre Arbeitsschwerpunkte sind Migration und interkulturelle Arbeit, Jugendhilfe und Schule.

Dr. Bernhard Nagel, geb. 1949, Diplom-Psychologe, studierte Psychologie und Philosophie und ist Abteilungsleiter und Stellvertreter des Institutsleiters im Staatsinstitut für Frühpädagogik in München. Schwerpunkte seiner Arbeit sind Strukturfragen der Kindertagesbetreuung, Personalentwicklung, qualitative Aspekte der Kinderbetreuung sowie die Erzieheraus- und fortbildung.

Renate Niesel, geb. 1948, ist Diplompsychologin und arbeitet als wissenschaftliche Mitarbeiterin im Staatsinstitut für Frühpädagogik in München. Ihre Arbeitsschwerpunkte sind Kinder in Übergangssituationen, Gender-Forschung, Bildungsprozesse in der frühen Kindheit. Außerdem ist sie Fortbildnerin für pädagogische Fachkräfte in der Kindertagesbetreuung.

Pamela Oberhuemer, geb. 1946, ist wissenschaftliche Referentin am Staatsinstitut für Frühpädagogik in München. Ihre Schwerpunkte liegen in der vorschulischen Bildung und Kindertagesbetreuung, Berufsrolle und Qualifizierung von Fachkräften in internationaler Perspektive; Trägerqualität; interkulturellen Pädagogik. Sie ist Vorsitzende des Pestalozzi-Fröbel-Verbandes (pfv), Berlin sowie Mitglied des internationalen Expertenteams der OECD (Organisation for Economic Co-operation and Development).

Barbara Schmitt-Wenkebach, geb. 1942, ist Fachbereichsleiterin für Pädagogik an der Fachschule für Sozialpädagogik des Pestalozzi-Fröbel-Hauses, Berlin. Ihre Arbeitsschwerpunkte sind Geschichte der Pädagogik und Qualitätsentwicklung in Kindertagesstätten.

Inge Schreyer, geb. 1959, Diplom-Psychologin, ist wissenschaftliche Mitarbeiterin des Staatsinstituts für Frühpädagogik in München. Ihre Arbeitsschwerpunkte liegen in der Evaluations- und Motivationsforschung.

Prof. Dr. Wolf Singer, geb. 1943, ist Direktor am Max-Planck-Institut für Hirnforschung in Frankfurt am Main.

Dr. Michaela Ulich, geb. 1943, ist seit 1981 wissenschaftliche Referentin am Staatsinstitut für Frühpädagogik in München. Schwerpunktmäßig beschäftigt sie sich mit den Themen Kinderbetreuung in Europa, interkulturelle Erziehung sowie der gezielten Beobachtung von Kindern in Tageseinrichtungen, insbesondere zu den Bereichen „Engagiertheit", „Wohlbefinden" und „Sprachverhalten".

Ilse Wehrmann, geb. 1950, Erzieherin und Sozialpädagogin, ist seit 1976 Leiterin des Bremischen Landesverbandes Evangelischer Tageseinrichtungen für Kinder, seit 1991 Abteilungsleiterin der Bremischen Evangelischen Kirche und seit Mai 2000 Vorsitzende der Bundesvereinigung Evangelischer Tageseinrichtungen für Kinder e.V. (BETA). Ihre thematischen Schwerpunkte: neue Finanzierungsmodelle, gemeinsame Erziehung behinderter und nicht behinderter Kinder und Kindergärten als Dienstleistungszentren.

Corina Wustmann, geb. 1976, Diplompädagogin, war wissenschaftliche Mitarbeiterin am Staatsinstitut für Frühpädagogik München mit dem Projektschwerpunkt Resilienz und ist seit 2002 wissenschaftliche Referentin am Deutschen Jugendinstitut e.V. Ihre Forschungsschwerpunkte: Resilienz, Scheidungskinder, Eltern- und Familienbildung.